HANDBUCH EIGENTUMS- WOHNUNG

Annette Schaller ▪ Werner Siepe ▪ Thomas Wieke

Stiftung Warentest

LIEBE LESERIN, LIEBER LESER

Die Volks- und Gebäudezählung aus dem Jahr 2011 hat es an den Tag gebracht: In Deutschland gab es damals bereits 9,3 Millionen Eigentumswohnungen. Fünf Millionen Wohnungen wurden im Jahr 2011 von ihren Eigentümern selbst genutzt, also mehr als die Hälfte. Die übrigen 4,3 Millionen waren vermietet und dienten zur Kapitalanlage. Mittlerweile dürften es deutlich über 10 Millionen sein. Der Trend zum „Eigentum auf der Etage" ist ungebrochen.

Unser Handbuch Eigentumswohnung wendet sich sowohl an Selbstnutzer als auch an Kapitalanleger. Für beide Gruppen von Wohneigentümern steht der individuelle Nutzen ihrer Eigentumswohnung im Vordergrund, wenn auch aus unterschiedlichen Blickwinkeln. Wir wollen Ihnen hier alle notwendigen Informationen rund um Kauf, Finanzierung, Verwaltung, Vermietung und Bewertung vermitteln. Tipps aus der Praxis der Autoren sowie nützliche Checklisten, Tabellen und Beispielrechnungen sollen Ihnen dabei helfen.

Wer eine Eigentumswohnung kaufen will, muss sich bei der Suche und Auswahl nach einer geeigneten und preiswerten Eigentumswohnung viel Mühe geben. Der ausführliche Fahrplan für Käufer, der vor allem beim Kauf von älteren Eigentumswohnungen aus zweiter Hand unverzichtbar ist, hilft Ihnen dabei.

Die nun bereits seit Jahren niedrigen Zinsen für Hypothekendarlehen erleichtern Ihnen den Einstieg trotz gestiegener Immobilienpreise. Eine maßgerechte und individuelle Finanzierung über Banken sorgt für Sicherheit. Für Selbstnutzer gibt es darüber hinaus eine Fülle von weiteren finanziellen Hilfen.

Mit dem Kauf und der Finanzierung einer Eigentumswohnung ist es aber nicht getan. An der Verwaltung geht kein Weg vorbei – egal, ob Sie Ihre Eigentumswohnung selbst nutzen oder an Dritte vermieten. In die Art der Nutzung Ihrer Wohnung selbst redet Ihnen grundsätzlich keiner rein. Um das Gemeinschaftseigentum sollten Sie sich als Mitglied der gesamten Wohnungseigentümergemeinschaft im eigenen Interesse aber auch kümmern. Viel Arbeit nimmt Ihnen dabei eine professionelle Hausverwaltung ab.

Wichtig sind für Wohneigentümer verständlicherweise die laufenden Kosten, also das an den Hausverwalter monatlich zu zahlende Hausgeld sowie die Jahresabrechnung über sämtliche angefallenen Bewirtschaftungskosten, also über Betriebs-, Verwaltungs- und Instandhaltungskosten. Vermieter können zwar die Betriebskosten auf ihre Mieter umlegen, aber nicht die Verwaltungs- und Instandhaltungskosten.

Was ist Ihr Immobilienanteil eigentlich wert? Diese Frage stellt sich insbesondere, wenn Sie Ihre Eigentumswohnung später einmal verkaufen möchten. Bei der Bewertung des erzielbaren Marktpreises geht man üblicherweise von Vergleichswerten aus. Zusätzlich spielt bei Selbstnutzern der Sachwert eine Rolle und bei Kapitalanlegern der Ertragswert.

Welche Maßnahmen zur Werterhaltung und Wertsteigerung zu empfehlen sind, erfahren Sie hier. Dazu gehören die Renovierung, Modernisierung und energetische Sanierung des Gemeinschaftseigentums und des Sondereigentums Wohnung.

Und wenn Sie einmal schnell verständliche Erklärungen wichtiger Fachbegriffe rund um die Eigentumswohnung brauchen, schlagen Sie einfach im ausführlichen Glossar nach.

INHALTSVERZEICHNIS

EIGENTUMSWOHNUNG FÜR SELBSTNUTZER

SERVICE

VOM NUTZEN EINER EIGENTUMS-WOHNUNG

Unter den Begriff Eigenheim fällt neben dem selbstbewohnten Ein- oder Zweifamilienhaus auch die selbstgenutzte Eigentumswohnung.

Der Trend zum Wohnungseigentum hält an. Nach einer Allensbach-Umfrage aus dem Jahr 2012 liegt das Eigenheim als Baustein der Altersvorsorge sowohl bei der Beliebtheit als auch bei der Frage nach einer besonders sicheren Form der Altersvorsorge an erster Stelle.

Unter Eigenheim sind die vom Wohnungseigentümer selbstbewohnten und damit eigenen vier Wände zu verstehen. Zum Eigenheim in diesem Sinne zählt neben dem selbstbewohnten Ein- oder Zweifamilienhaus auch die selbstgenutzte Eigentumswohnung. Drei Viertel der Selbstnutzer wohnen in einem Ein- oder Zweifamilienhaus und ein Viertel in einer Eigentumswohnung.

Erstaunlicherweise liegt die vermietete Wohnimmobilie, also die vermietete Eigentumswohnung oder das Miethaus, bei der Beliebtheit der Altersvorsorgeformen nach dem Eigenheim und Bausparen bereits an dritter Stelle und bei der Bewertung der finanziellen Sicherheit mit immer noch 32 Prozent hinter dem Eigenheim (52 Prozent), der gesetzlichen Rente (45 Prozent) und der betrieblichen Rente (35 Prozent) an vierter Stelle.

WIE ENTSTAND DAS WOHNUNGSEIGENTUM?

Das Eigentum an einer Wohnung ist ein relativ junges Rechtskonstrukt. Es entstand in Deutschland erst nach dem Zweiten Weltkrieg. Mit dem Wohnungseigentumsgesetz von 1951 wurden in der Bundesrepublik Deutschland die gesetzlichen Grundlagen dafür geschaffen. In der DDR, wo es zwar auch privat genutztes Wohneigentum und in den Fünfzigerjahren sogar zeitweilig das Bausparen gab, war das Privateigentum an einer einzelnen Wohnung hingegen unbekannt.

Das Eigentum an einer Wohnung in einem Gebäude, das mehrere Wohnungen umfasst, wäre nach dem Bürgerlichen Gesetzbuch eigentlich nicht möglich. Denn – vereinfacht gesprochen – das Gebäude und der Grund, auf dem es steht, bilden eine untrennbare Einheit. Aus § 93 des Bürgerlichen Gesetzbuchs (BGB), der „Wesentliche Bestandteile einer Sache" definiert, geht hervor: „Bestandteile einer Sache, die voneinander nicht getrennt werden können, ohne dass der eine oder andere zerstört oder in seinem Wesen verändert wird (wesentliche Bestandteile), können nicht Gegenstand besonderer Rechte sein." Und auf das Verhältnis von Grundstück und Gebäude bezogen heißt es in § 94 BGB ausdrücklich: „Zu den wesentlichen Bestandteilen eines Grundstücks gehören die mit dem Grund und Boden fest verbundenen Sachen, insbesondere Gebäude … Zu den wesentlichen Bestandteilen eines Gebäudes gehören die zur Herstellung des Gebäudes eingefügten Sachen."

Ein Gebäude ist in der Regel (Ausnahmen davon gibt es natürlich) nicht aus einzelnen Wohnungen quasi modular zusammengesetzt, sondern ein Ganzes, das nicht real in mehrere kleinere Einheiten, also eben Wohnungen, zer-

legt werden kann. Genauso unmöglich ist, das Grundstück, auf dem das gesamte Gebäude steht, real den einzelnen Wohneinheiten zuzuordnen. Auf welchem Teil des Grundstücks ruht beispielsweise die Wohnung im dritten Obergeschoss rechts? Natürlich auf derselben Fläche wie auch die Wohneinheiten unter dieser Wohnung vom Erdgeschoss bis zum zweiten Obergeschoss. Eine Realteilung wäre hier gar nicht möglich. Auch dass sich ein Gebäude, das mit dem Grundstück fest verbunden ist, vom Grund und Boden real nicht trennen lässt, ohne das Gebäude wesentlich zu verändern oder gar zu zerstören, leuchtet ein. Von dem Sonderfall, dass man mit aufwendigen technischen Hilfsmitteln ein komplettes Gebäude von seinem Fundament trennen und an eine andere Stelle versetzen kann, darf in diesem Zusammenhang abgesehen werden.

Der § 93 BGB verbietet nun aber, an wesentlichen Bestandteilen einer Sache besondere Rechte zu begründen. Darum hat das Wohnungseigentumsgesetz 1951 eine Abweichung vom BGB ausdrücklich festgeschrieben. Dazu musste zunächst das Wohnungseigentum, das es bis dahin gar nicht gab, juristisch definiert werden. „Wohnungseigentum ist das Sondereigentum an einer Wohnung in Verbindung mit dem Miteigentumsanteil an dem gemeinschaftlichen Eigentum, zu dem es gehört", heißt es in § 1 des Gesetzes.

Damit unterscheidet sich die Wohneigentümergemeinschaft substanziell von einer Gesellschaft bürgerlichen Rechts oder einer anderen Personengesellschaft. Auch zu Eigentümergemeinschaften in anderen europäischen Ländern gibt es Unterschiede. So existiert in Dänemark neben der ejerbolig (Eigentumswohnung)

Eine der ältesten Eigentümergemeinschaften bewohnte die Burg Eltz.

auch die private andelsbolig (Anteilswohnung) – sie wird manchmal unzutreffend als „Genossenschaftswohnung" übersetzt. Man erwirbt zum Beispiel für umgerechnet 140 000 Euro Anteile am Vermögen der andelsboligforening (der Wohnungsanteilsgemeinschaft) und damit gleichzeitig das Recht, eine Zweizimmerwohnung von 60 Quadratmetern zu nutzen. Das Nutzungsentgelt im gewählten Beispiel ist wesentlich geringer als der Mietzins für eine vergleichbare Wohnung (im gewählten Beispiel etwa umgerechnet 220 Euro). Der Nutzer erwirbt aber kein Eigentumsrecht an der Wohnung selbst, sondern nur Anteile am Gesamtvermögen der Anteilsgemeinschaft und einen Nutzungsanspruch für die Wohnung.

Die Probleme der Aristokraten

Schon im Mittelalter standen Adelsfamilien manchmal vor der Tatsache, dass mehrere Erben ein und dieselbe unteilbare Sache besaßen – seit altdeutscher Zeit existierte das Rechtsinstitut der Ganerbschaft.

Erbten beispielsweise mehrere Zweige einer Familie eine Burg gemeinschaftlich, so konnten sie auch nur gemeinschaftlich darüber verfügen. Auf der sogenannten Ganerbenburg mussten die verschiedenen Erben miteinander auskommen, bis zu einem gewissen Grad kooperieren, um nebeneinander friedlich zu koexistieren. Um den Alltag des Nebeneinanders verschiedener Familienzweige, die Fragen der Zugangswege und der Nutzungsrechte an gemeinschaftlichen Bauteilen zu regeln, wurde meist ein sogenannter Burgfrieden geschlossen – dieses Rechtsinstitut ist als Begriff (beispielsweise für innerbetriebliche Kompromisse) in unseren alltäglichen Sprachgebrauch eingegangen. Burgfriedensverträge entsprachen in mancher Hinsicht den heutigen Teilungserklärungen, die das Wohnungseigentum begründen.

Die vielleicht bekannteste Ganerbenburg ist die Burg Eltz in Rheinland-Pfalz. Ihr Bild zierte einst die Rückseite der 500-DM-Banknote.

Hier erbten 1268 drei Linien der Familie die Burg gemeinschaftlich und mussten sich miteinander arrangieren: Eltz vom Goldenen Löwen (Kempenich), Eltz vom Silbernen Löwen (Rübenach) und Eltz von den Büffelhörnern (Rodendorf). Die drei Familienzweige bewohnten einerseits separate Teile der Burg, nutzten aber auch andere Teile der Anlage als Gemeinschaftseigentum. Die von den Büffelhörnern starben 1440 aus; ihr Anteil wurde unter die beiden Löwenfamilien aufgeteilt. Aber erst 1815 kaufte ein Goldener Löwe die Anteile eines Silbernen Löwen und brachte damit die gesamte Burg in seinen eigenen Besitz.

Ein Blick zurück

Deutschland ist ein Mieterland. Das selbstgenutzte Wohneigentum ist hier weniger verbreitet als bei manchen unserer west- und nordeuropäischen Nachbarn. Das ist zunächst einmal kein Werturteil, sondern nur die Beschreibung europäischer Verschiedenartigkeit. Und diese Verschiedenartigkeit hat historische Ursachen. Für Deutschlands besondere Situation erlangen mindestens zwei dieser Ursachen besondere Bedeutung.

Die erste Ursache liegt im späten 19. Jahrhundert. Nach den Einigungskriegen 1864 (gegen Dänemark), 1866 (gegen Österreich) und 1870/71 (gegen Frankreich) und der Reichsgründung entwickelte sich Deutschland zur Industrienation. Zwischen 1880 und 1900 entstanden die großen industriellen Ballungszentren. Deren Arbeitskräftehunger ließ viele Städte fast explosionsartig anschwellen. Um 1900 war Deutschland schon ein Mieterland. Der Massenwohnungsbau namentlich in den Großstädten, der um 1880 verstärkt eingesetzt hatte, trug dem enormen Arbeitskräftebedarf der forcierten Industrialisierung Rechnung. Die Einwohnerzahl von Berlin überschritt 1877 die Millionengrenze; 1890 wohnten 1 578 794 Menschen in Berlin, 1905 waren es 2 040 148. Nach dem Zusammenschluss mit den umliegenden Städten und Gemeinden zu „Groß-Berlin" stieg die Einwohnerschaft sprunghaft, 1925 überschritt sie die Viermillionengrenze.

In den meisten Industriestädten zeigte sich ein ähnliches Bild. Die Einwohnerschaft von Essen verdoppelte sich innerhalb eines Jahrzehnts von 1895 bis 1905. Die Einwohnerzahl Hamburgs wuchs von 323 000 im Jahr 1890 auf 705 000 im Jahr 1900 und überschritt 1912 die Millionengrenze.

Die zuziehenden Arbeitskräfte hätten weder genügend Fläche vorgefunden, um sich darauf ihre eigenen Häuser zu bauen, noch wären sie dazu wirtschaftlich in der Lage gewesen. Der Wohnungsbedarf wurde überwiegend mit Geschossbauten befriedigt. Wegen der Gleichförmigkeit der Bebauung, der hohen Bebauungsdichte und der oftmals sehr spartanischen Ausstattung sprach man von Mietskasernen. Ganze Stadtquartiere wurden damit bebaut. Die hygienischen Verhältnisse waren oftmals schwierig, und die Ordnungspolizei hatte mehr als einmal Anlass, gegen unzumutbare gesundheitsschädliche Wohnverhältnisse einzuschreiten. Der Grafiker Heinrich Zille wurde um 1900 zum bekannten künstlerischen Chronisten der prekären Wohnverhältnisse Berlins.

Auch die Akten der Baupolizeibehörden sind voll von Klagen und behördlichen Eingriffen wegen unerlaubter Überbauung, unzureichender Lüftung, miserabler Sanitäreinrichtungen, nicht genehmigter Gewerbebetriebe und vieler anderer Mängel, die das Leben in den Mietskasernen um 1900 kennzeichnen. In den übrigen Großstädten des Deutschen Reichs sah es nicht grundlegend anders aus.

Der Anteil des genossenschaftlichen Wohnungsbaus war bis zum Ersten Weltkrieg noch relativ gering. Die sehr schnelle, gewissermaßen nachzuholende Industrialisierung Deutschlands hatte eine extreme Zunahme der Bevölkerungskonzentration zur Folge, und die wurde in wilhelminischer Zeit überwiegend vom privat finanzierten Mietwohnungsbau aufgefangen. Das ist eine Besonderheit gegenüber den europäischen Nachbarstaaten, in denen sich andere Eigentumsformen auch in den Großstädten schon früher durchsetzten.

Eine zweite Ursache ist der deutsche Mietwohnungsmarkt selbst. Er ist zwar reguliert, aber er funktioniert im europäischen Vergleich außerordentlich gut. Über Jahrzehnte ist es mittels Gesetzgebung und fiskalischer Steuerung gelungen, einen Interessenausgleich zwischen den Marktteilnehmern zu erreichen und dieses Gleichgewicht bei allen Schwankungen bis heute zu erhalten. Der Wohnungsmarkt besitzt in Deutschland eine starke soziale Komponente, aber er lebt nicht ausschließlich von diesen Sozialbindungen. Im europäischen Vergleich besitzen Mietwohnungen in Deutschland auch einen hohen Standard.

Nach dem Zweiten Weltkrieg gab es in den Westzonen für 14,6 Millionen Haushalte nur 9,4 Millionen Wohnungen. Der Fehlbestand war im Grunde noch größer, denn in die Summe der „Wohnungen" waren Behelfsheime wie Baracken und Gartenlauben eingeschlossen. Fünf Personen teilten sich statistisch gesehen eine Wohnung, pro Person standen 15 Quadratmeter Wohnraum zur Verfügung. Drei alternative Wege der Wohnungsbauförderung boten sich an:

▶ Förderung über die Bauträger,
▶ Förderung über das Gebäude (Objektförderung),
▶ Förderung der Mieterkaufkraft (Subjektförderung).

Man entschied sich für den Weg der Objektförderung. Aus Haushaltsmitteln des Bundes wurden zinslose Baudarlehen mit Tilgungsfristen von 30 bis 35 Jahren an private Investoren vergeben. Im Gegenzug verlangte man den Investoren für die Dauer der Förderung eine Sozialbindung ab:

▶ Die geförderten Wohnungen durften nur an solche Haushalte vermietet werden, deren Einkommen bestimmte Grenzen nicht überschritt.
▶ Anders als in der Zeit vor 1933 war die Förderung nicht mehr nur auf Unternehmen beschränkt, die eine Gemeinnützigkeit langfristig garantierten.

Diese Direktsubventionen trieben den sozialen Wohnungsbau innerhalb kurzer Zeit an. Damit war aber auch der Anteil der privaten Bautätigkeit im Wohnungsbau von Anfang an sehr hoch und stieg in der Folgezeit weiter an: In der Mobilisierung privater Investoren für den Mietwohnungsbau liegt die zweite historische Ursache dafür, dass in (West-)Deutschland nach dem Zweiten Weltkrieg ein dynamischer Mietwohnungsmarkt entstand. Dazu trug auch die flexible Handhabung der Mietpreisbindung

bei, die in Deutschland die Marktmechanismen nicht aushebelte. Der sozialpartnerschaftliche Kompromiss bestand darin, dass die Investoren etwas verdienen und die Mieter dennoch günstig wohnen konnten. In anderen europäischen Ländern wie beispielsweise Großbritannien führten starre Regulierungen der Wohnungsmieten dazu, dass sich private Investoren mehr und mehr aus dem Mietwohnungsmarkt zurückzogen und die „Sozialwohnung" zu etwas Anrüchigem wurde, das ihre Bewohner regelrecht stigmatisierte.

Vorläufer: Das Stockwerkseigentum

Der Prager Schriftsteller und promovierte Jurist Max Brod (1884 – 1968) beschreibt in seinem Roman „Ein Sommer, den man sich zurückwünscht" die Verhältnisse im Jahr 1899; er beschreibt unter anderem eine Besonderheit, ein bestimmtes Wohngebäude, an das sich der Romanheld erinnert: „Es war ein sogenanntes ‚Teilhaus'; denn in diesem Stadtviertel, nur hier, gab es noch die Besonderheit, die später den Grundbüchern und Juristen einige Kopfschmerzen machte: Man konnte auch einzelne Stockwerke erwerben, ohne den Boden selbst in Eigentum zu bekommen. Man lebte also eigentlich im wahren Sinn der Worte in der Luft, in einem Luftschloss."

Das hier leicht ironisch beschriebene Eigentumsverhältnis war früher unter dem Namen Stockwerkseigentum bekannt. Nicht nur in Österreich-Ungarn, auch im Deutschen Reich – besonders in Süddeutschland, im früheren Geltungsbereich des Code civile – gab es das Stockwerkseigentum, das Eigentum an einem Gebäudeteil ohne das zugehörige Grundeigentum. 1900 beseitigte das Bürgerliche Gesetzbuch die Möglichkeit, Stockwerkseigentum neu zu begründen. Das bestehende Stockwerkseigentum wurde damit aber nicht automatisch aufgehoben. In der Mehrzahl der Fälle hat man in den folgenden Jahren die Rechtsverhältnisse an die Normen des Bürgerlichen Gesetzbuchs angepasst, in einzelnen Fällen unterblieb das aber, und die eigentlich unmögliche Eigentumsform bestand fort – oftmals ohne dass die Nutzer davon wussten. Das ist auch nachvollziehbar, wenn man unterstellt,

Unmittelbar nach dem Zweiten Weltkrieg lebte die Idee des Stockwerkseigentums wieder auf.

dass innerfamiliäre Regelungen den scharfen Blick ins Grundbuch obsolet machten. Wenn aber der Familienfrieden einmal gestört war und ein Rechtsstreit um eine Immobilie entstand, lebten die längst tot geglaubten Rechtsverhältnisse wieder auf und führten durch die Instanzen das Leben eines gleichsam juristischen „Wiedergängers".

Wo ist solches Stockwerkseigentum potenziell heute noch anzutreffen? Im württembergischen Landesteil Hohenzollern betrifft es zum Beispiel die Keller. Reicht der Keller des eigenen Hauses teilweise unter das Haus des Nachbarn, mit oder ohne Verbindung zu dem darüber befindlichen Gebäude, so durfte von der Existenz eines Stockwerkseigentums ausgegangen werden, wenn der Keller nur vom eigenen Haus aus zugänglich war. Relativ häufig musste Stockwerkseigentum angenommen werden, wenn bei aneinandergebauten Häusern eine Überbauung der Grundstücksgrenze vorgenommen worden war. Häufig standen ja die Gebäude schon Jahrzehnte oder Jahrhunderte, bevor im 19. Jahrhundert die Vermesser loszogen und neue Kataster erstellten.

Gerade bei vermeintlichen „Schnäppchenhäusern" kann man auf Überraschungen stoßen. So ist oft nicht nur die Bausubstanz über Jahrzehnte vernachlässigt worden, sondern auch die juristische Substanz. Das bemerkte zum Beispiel eine junge Familie, die ein Doppelhaus mit zugehörigem geteilten ehemaligen Stallgebäude erwarb und im Grundbuch den Vermerk fand: „Ohne den ganzen Keller." Der ungeteilte Keller unter den Stallungen hatte, wie sich herausstellte, einen anderen Eigentümer, dessen Eigentum mit dem Vermerk „Keller unter dem Stall" beschrieben war. Zuweilen wird noch heute um Zahlungen aus der Ablösung von Rechten an Gebäuden gestritten, die schon vor Jahrzehnten abgerissen wurden.

Unmittelbar nach dem Zweiten Weltkrieg lebte die Idee des Stockwerkseigentums wieder auf. In der Zwischenkriegszeit entschied man sich nach ausgiebigen Diskussionen für das genossenschaftliche Eigentum in Verbindung mit einem verbrieften Wohnrecht des Genossenschafters. Nach dem Zweiten Weltkrieg (namentlich vor der Währungsreform) stellte man verschiedene Überlegungen an, wie der

Wiederaufbau der zerstörten Wohnungen in Deutschland am besten zu finanzieren sei. „Es muss ein Weg gefunden werden, um den dann noch vorhandenen Besitzern von verhältnismäßig kleinen Kapitalien dazu zu verhelfen, Grundbesitz zu erwerben und damit die Finanzierung des Wiederaufbaus zu sichern. Dieses könnte im Wege des Erwerbs einer Wohnung oder einer Etage erfolgen. Voraussetzung hierfür ist die Schaffung von Stockwerkseigentum" hieß es in einem Beitrag der Wochenzeitung „Die Zeit" vom 13. Juni 1946. Bei diesen Überlegungen war auch bereits daran gedacht worden, intakte (beispielsweise am Stadtrand gelegene) und im Gemeindeeigentum befindliche Wohnanlagen etagenweise an die Mieter zu verkaufen, um auf diese Weise Geldmittel für den Aufbau der zerstörten Innenstädte zu beschaffen. Als Modell stellt der Verfasser die Eigentumsverhältnisse in den westeuropäischen Staaten vor, in denen sich das Stockwerkseigentum großen Zuspruchs erfreue, sich bewährt habe und gesellschaftlich weitgehend akzeptiert sei.

Der Unterschied zwischen dem Stockwerkseigentum und der heute üblichen Form des Wohnungseigentums besteht – einfach gesprochen – im Verhältnis mehrerer Eigentümer zu einer Sache. Beim Stockwerkseigentum wird eine Sache, also ein Gebäude, real geteilt (was nach dem Bürgerlichen Gesetzbuch dem Grundsatz nach nicht möglich ist). Jeder einzelne Eigentümer hat dann das volle Eigentumsrecht an dem ihm gehörigen Teil des Hauses, während ihm an den Teilen der anderen Eigentümer keinerlei Recht zukommt. Eine solche Regelung schließt nicht aus, dass gewisse Gebäudeteile (beispielsweise der Keller oder das Dach) dennoch als Gemeinschaftseigentum aller Eigentümer behandelt werden.

Lösung:
Das Wohnungseigentumsgesetz

Mit dem Wohnungseigentumsgesetz von 1951 fand man in der Bundesrepublik Deutschland schließlich eine Alternative, die nicht das alte Stockwerkseigentum im Sinne einer Realteilung wieder aufleben ließ, sondern das „Sondereigentum an einer Wohnung" schuf, das nur „in Verbindung mit dem Miteigentumsanteil an dem gemeinschaftlichen Eigentum, zu dem es gehört" bestand. Das Programm, Mietwohnungen in Eigentumswohnungen umzuwandeln, setzte sich als Trend der allmählichen Veränderung der Eigentumsverhältnisse dennoch durch.

Die Rechtsform des Wohnungseigentums begründet ein echtes, reales Eigentum. Erstmals seit dem Jahr 1900 (dem Jahr der Einführung des Bürgerlichen Gesetzbuchs) war damit eine Möglichkeit eröffnet worden, selbstständiges Eigentum an allen Teilen eines Gebäudes zu bilden. Über dieses Eigentum kann der Eigentümer frei verfügen, es also auch veräußern, selbstständig belasten, vermieten oder vererben.

Beim heutigen Wohnungseigentum verfügt jeder Eigentümer über einen definierten Anteil an der ungeteilten Sache (den Miteigentumsanteil), verbunden mit dem Sondereigentum an einer Wohnung.

Das österreichische Wohnungseigentumsgesetz von 1948 regelt, dass jedem Eigentümer eine Quote an der gesamten Liegenschaft zusteht, das heißt an allem, was diese Liegenschaft ausmacht, also auch eine Quote an je-

---

Begriffsverwirrung bei Eigentumswohnungen

Im allgemeinen Sprachgebrauch und in der Literatur werden die Begriffe Eigentumswohnung und Wohnungseigentum verwendet. Beide Begriffe sind nicht identisch.

▶ **Eigentumswohnung** ist ein Sachbegriff; er bezeichnet ein Objekt, das hergestellt, erworben oder veräußert werden soll. Im Wohnungseigentumsgesetz kommt dieser Begriff nicht vor. Doch erwies sich der Begriff „Eigentumswohnung" als so griffig und nützlich (und letztlich unverzichtbar), dass er 1994 in das 2. Wohnungsbaugesetz aufgenommen wurde. Dieses Gesetz (außer Kraft gesetzt 2002) definiert: „Eine Eigentumswohnung ist eine Wohnung, an der Wohnungseigentum nach den Vorschriften des Ersten Teils des Wohnungseigentumsgesetzes begründet ist."

▶ **Wohnungseigentum** dagegen ist der Rechtsbegriff, der den Sachbegriff „Eigentumswohnung" juristisch definiert.

der Wohnung, wobei jedem Eigentümer das dingliche Recht eingeräumt wird, eine bestimmte abgeschlossene Wohnung (oder sonstige Räumlichkeit) ausschließlich zu benutzen und darüber allein zu verfügen, ohne dass damit eine Realteilung vorgenommen worden wäre.

Für das Wohnungseigentum von Bedeutung ist die Eigentümergemeinschaft. Diese Gemeinschaft ergibt sich notwendig aus dem Miteigentum aller Wohnungseigentümer am Grundstück und an allen dem gemeinschaftlichen Gebrauch dienenden Teilen des Gebäudes. Es sind die Miteigentümer am Gemeinschaftseigentum, die sich quasi gegenseitig Sondereigentum an ihrer Wohnung einräumen. Dadurch wird der Umfang des Gemeinschaftseigentums entsprechend eingeengt. Darum ist das Wohnungseigentum für den Eigentümer rechtlich gesehen ein durch eigenes Sondereigentum gestärktes und durch fremdes Sondereigentum geschwächtes Miteigentum nach Bruchteilen.

In der DDR

In der DDR gab es zwischen 1949 und 1990 keine dem Wohnungseigentum vergleichbare Eigentumsform. Entgegen dem weit verbreiteten Irrtum, sämtlicher Grund und Boden sei sogenanntes Volkseigentum gewesen, gab es privates Eigentum an Grundstücken und den darauf befindlichen Gebäuden sehr wohl. Aber zwei wesentliche Unterschiede bestimmten das Immobilienrecht in der DDR. So fügte § 287 des DDR-Zivilgesetzbuchs (ZGB) dem Eigentumsrecht ein Nutzungsrecht hinzu: „Bürgern kann zur Errichtung und persönlichen Nutzung eines Eigenheimes oder eines anderen persönlichen Bedürfnissen dienenden Gebäudes an volkseigenen Grundstücken ein Nutzungsrecht verliehen werden." Diese Verleihung eines Nutzungsrechts setzt voraus, dass eine Trennung von Grundstück und den darauf befindlichen Baulichkeiten rechtlich möglich ist. Und in der Tat sagte § 295, Abs. 1 ZGB zwar: „Das Eigentum am Grundstück umfasst

den Boden und die mit dem Boden fest verbundenen Gebäude und Anlagen sowie die Anpflanzungen." Aber Absatz 2 verfügte: „Durch Rechtsvorschriften kann festgelegt werden, dass selbständiges Eigentum an Gebäuden und Anlagen unabhängig vom Eigentum am Boden bestehen kann. Für die Rechte an solchen Gebäuden und Anlagen sind die Bestimmungen über Grundstücke entsprechend anzuwenden, soweit nichts anderes festgelegt ist."

Gerade diese Trennung von Grundstück und Gebäude und die „verliehenen" Nutzungsrechte an Grundstücken führten nach der Vereinigung und der Übernahme des Rechtssystems der Bundesrepublik Deutschland zu Rechtsunsicherheiten und zu zahlreichen Härtefällen bei ostdeutschen „Häuslebauern". Denn das Problem bei der Verleihung von Nutzungsrechten war nicht der Akt der Verleihung selbst, sondern das sogenannte Volkseigentum, an dem Nutzungsrechte verliehen wurden. Dieses Volkseigentum war oft genug nur angemaßtes Eigentum. Nach der Wiedervereinigung wurde die Trennung von Grundeigentum und Eigentum am Gebäude wieder aufgehoben.

Die Schaffung von Wohnungseigentum ist auch in der DDR bis 1989 immer wieder einmal von Experten diskutiert worden. Aber die Wohnung als Eigentum passte wohl politisch nicht in ein System, das die Wohnung als – nahezu kostenlose – Sozialleistung des Staates für seine Bürger herauszustellen wünschte. Vielleicht spielten auch die negativen Erfahrungen mit, die man in den Fünfzigerjahren mit dem Bausparen gemacht hatte. Die Hoffnung, den Kaufkraftüberhang der Bevölkerung in den Wohnungsbau umzulenken, war schon nach wenigen Jahren gescheitert, weil den Bausparverträgen seitens der Bauwirtschaft weder ausreichend Material noch Baukapazität gegenüberstanden. So wurde das Experiment Bausparen – in der Bundesrepublik eine der tragenden Säulen für den Immobilienerwerb – in der DDR stillschweigend zu Grabe getragen.

WOHNEIGENTUM ALS ALTERSVORSORGE

Die letzte Volks- und Wohnungszählung im Jahr 2011 hat es an den Tag gebracht: Mittlerweile gibt es 9,3 Millionen Eigentumswohnungen und damit rund 43 Prozent mehr als bisher angenommen. Jede vierte von Eigentümern oder Mietern genutzte Wohnung ist bereits eine Eigentumswohnung. Die Anzahl der Eigentumswohnungen in privater Hand ist mehr als doppelt so hoch wie die Zahl der Genossenschafts- und Gemeindewohnungen.

Die in den 1990er-Jahren bereits totgesagte Eigentumswohnung lebt wieder auf. Vor allem in Großstädten stellt sie für viele Kaufinteressenten schon aus Kostengründen oft die einzige Alternative zu einem Ein-, Zwei- oder Mehrfamilienhaus dar.

Selbstnutzer oder Kapitalanleger

Rund fünf Millionen Eigentumswohnungen werden von den Eigentümern selbstbewohnt. Dies sind 53 Prozent und damit gut die Hälfte aller Eigentumswohnungen. Die restlichen 4,3 Millionen Eigentumswohnungen oder knapp die Hälfte werden vermietet.

Zu den Selbstnutzern als der einen Hälfte von Nutzern gesellt sich also die andere Hälfte der Kapitalanleger, die ihre Eigentumswohnung vermieten. Auch wenn Selbstnutzer und Kapitalanleger im Einzelnen unterschiedliche Interessen haben, eint sie doch das gemeinsame Interesse an einer kostengünstigen Bewirtschaftung und einer guten Verwaltung ihrer Eigentumswohnanlage. Darüber hinaus bilden sowohl Selbstnutzer als auch Kapitalanleger Wohneigentum und damit Grundvermögen, das zum Geldvermögen hinzukommt.

Unter dem Gesichtspunkt der privaten Altersvorsorge stellt die selbstgenutzte oder vermietete Eigentumswohnung zunächst Altersvermögen dar, das zum Beginn des Ruhestands möglichst schuldenfrei sein sollte. Eine schuldenfreie Eigentumswohnung bietet beiden – Selbstnutzern und Kapitalanlegern – im Alter unterschiedliche Vorteile. Der Selbstnutzer genießt das miet- und schuldenfreie Wohnen. Außer der Mietersparnis kommt ihm zugute, dass er seine Hypothekendarlehen vollständig abgetragen hat und weder Zinsen noch Tilgung an seine Bank zahlen muss.

Der Kapitalanleger und Vermieter profitiert mit einer schuldenfreien Eigentumswohnung im Alter vom Mietertrag. Die Mieteinnahmen verschaffen ihm nach Abzug der laufenden Betriebs-, Instandhaltungs- und Verwaltungskosten eine willkommene Zusatzrente.

Förderung des Wohneigentums

Bund, Länder, Kommunen und Kirchen haben sich insbesondere die finanzielle Förderung des selbstgenutzten Wohneigentums auf ihre Fahnen geschrieben. Die Wohn-Riester-Rente für Selbstnutzer hat die frühere Eigenheimzulage abgelöst und bietet eine günstige Möglichkeit zur schnelleren Entschuldung.

Bundesländer und Kommunen vergeben zinsgünstige Fördermittel in erster Linie an einkommensschwächere Familien mit Kindern, die ihr Einfamilienhaus oder ihre Eigentumswohnung selbst nutzen. Einige Länder wie Nordrhein-Westfalen bieten Familien, die bereits Mittel aus dem Wohnungsförderungsgesetz erhalten haben, in finanziellen Notlagen zusätzlich eine spezielle Wohneigentumssicherungshilfe an, um das Wohneigentum zu erhalten und einer Zwangsversteigerung vorzubeugen.

Unter dem Gesichtspunkt der privaten Altersvorsorge stellt die selbstgenutzte oder vermietete Eigentumswohnung zunächst Altersvermögen dar, das zum Beginn des Ruhestands möglichst schuldenfrei sein sollte.

Auf den wenig bekannten Lastenzuschuss haben Selbstnutzer einen Rechtsanspruch, falls ihre monatliche Belastung
für Kapitaldienst und Bewirtschaftung im Verhältnis zu ihrem Einkommen bestimmte Grenzen überschreitet. Der Lastenzuschuss für bedürftige Wohnungseigentümer ist quasi das
Gegenstück zum Mietzuschuss für bedürftige
Mieter. Beides wird im Wohngeldgesetz geregelt. Vor allem Selbstnutzer von Eigentumswohnungen, die Einkommenseinbußen durch
Arbeitslosigkeit, eine länger andauernde Er-
krankung oder Berufsunfähigkeit erleiden, sollten den Weg zum örtlichen Wohnungsamt
nicht scheuen. Dort ist auch die Wohngeldfibel
erhältlich, der alle weiteren Details für den Erhalt eines monatlichen Lastenzuschusses zur
selbstgenutzten Eigentumswohnung zu entnehmen sind.

Die finanziellen Hilfen durch die staatliche
Kreditanstalt für Wiederaufbau (KfW) gibt
es nicht nur für selbstbewohntes, sondern
auch für vermietetes Wohneigentum. Unabhängig vom Einkommen hat darauf jeder
Wohneigentümer Anspruch, sofern er die
Voraussetzungen für die Kreditprogramme
erfüllt.

Wohneigentum als Schonvermögen in Notlagen

Langzeitarbeitslose mit Anspruch auf Arbeitslosengeld II (üblicherweise als Hartz IV bezeichnet) müssen ihre selbstgenutzte Eigentumswohnung nicht verkaufen, sofern diese
angemessen ist und eine von der Bewohner-
zahl abhängige Wohnfläche (zum Beispiel 80
Quadratmeter für ein bis zwei Personen, 100
Quadratmeter für drei Personen plus 20 Quadratmeter für jede weitere Person) nicht überschreitet. Dies hat das Bundessozialgericht bereits Ende 2008 entschieden.

Selbstgenutztes und zugleich schuldenfreies Wohneigentum gilt, sofern es angemessen
ist, somit als Schonvermögen. Hartz-IV-Bezie-
her mit einer selbstgenutzten Eigentumswohnung erhalten infolge der Mietersparnis allerdings nur den Regelsatz von monatlich 416
Euro ab 2018 sowie die Erstattung der angemessenen Bewirtschaftungskosten, sofern ihre
Eigentumswohnung bereits schuldenfrei ist.
Gleiches gilt für Personen, die eine Grundsicherung wegen Alters oder wegen einer dau-
ernden Erwerbsminderung beziehen.

Eine selbstgenutzte Eigentumswohnung
bleibt nach dem Urteil des Bundesgerichtshofs

vom 7.8.2013 (Az. XII ZB 269/12) beim Eltern-unterhalt vor dem Zugriff des Sozialamts geschützt, wenn pflegebedürftige Eltern die Kosten für das Pflegeheim nicht aus eigenen Mitteln bestreiten können und das grundsätzlich unterhaltspflichtige Kind eine schuldenfreie Eigentumswohnung selbstbewohnt. Im Streitfall hatte das Sozialamt den Wert der Eigentumswohnung auf 115 000 Euro geschätzt und forderte eine Verwertung, um die bisher von der Sozialhilfe getragenen Kosten in Höhe von rund 17 000 Euro erstattet zu bekommen. Dies lehnte der BGH mit der Begründung ab, dass die vom Sohn der pflegebedürftigen Mutter selbstgenutzte Eigentumswohnung angemessen sei und nicht verkauft werden müsse. Lediglich der in Höhe der Mietersparnis errechnete Wohnvorteil von monatlich 339 Euro muss dem erzielbaren Nettoeinkommen hinzugerechnet werden. Sofern aber auch nach Hinzurechnung dieses Wohnvorteils der Mindestbehalt von monatlich 1 500 Euro vom unterhaltspflichtigen Sohn nicht überschritten wird, entfällt jegliche Zahlung von Unterhalt an das Sozialamt.

Kaufnebenkosten oft über 10 Prozent

Die meisten Bundesländer haben die Grunderwerbsteuer in den vergangenen Jahren von 3,5 Prozent auf 5,0 bis 6,5 Prozent des Kaufpreises erhöht.

Bundesland	Grund-erwerb-steuer (Prozent)	Notar- und Grund-buch-kosten[1] (Prozent)	Makler-cour-tage[2] (Prozent)	Nebenkosten insgesamt	
				Ohne Makler (Prozent)	Mit Makler (Prozent)
Baden-Württemberg	5,0	1,5	3,57	6,5	10,07
Bayern	3,5	1,5	3,57	5,0	8,57
Berlin	6,0	1,5	7,14	7,5	14,64
Brandenburg	6,5	1,5	7,14	6,5	13,64
Bremen	5,0	1,5	5,95	6,5	12,45
Hamburg	4,5	1,5	6,25	6,0	12,25
Hessen	6,0	1,5	5,95	7,5	13,45
Mecklenburg-Vorpommern	5,0	1,5	5,95	6,5	12,45
Niedersachsen	5,0	1,5	5,95	6,5	12,45
Nordrhein-Westfalen	6,5	1,5	3,57	8,0	11,57
Rheinland-Pfalz	5,0	1,5	3,57[3]	6,5	10,07
Saarland	6,5	1,5	3,57	8,0	11,57
Sachsen	3,5	1,5	3,57	5,0	8,57
Sachsen-Anhalt	5,0	1,5	3,57	6,5	10,07
Schleswig-Holstein	6,5	1,5	3,57	8,0	11,07
Thüringen	6,5	1,5	3,57	6,5	10,07

[1] Zirkaangabe.
[2] Unverbindliche Richtwerte für die vom Käufer zu zahlende Provision (inklusive 19 Prozent Mehrwertsteuer).
[3] In Mainz zahlen Käufer üblicherweise 5,95 Prozent.

Eingriffe in Wohneigentum bei Sonderfällen

Wohneigentum genießt als Vermögen zwar grundsätzlich einen hohen Schutz. Dennoch kann es in Sonderfällen zu Eingriffen kommen, die bis zum Verlust des Wohneigentums führen. Dazu zählen beispielsweise:

► ZWANGSVERSTEIGERUNG einer Eigentumswohnung auf Antrag der Gläubigerbank, wenn der Wohneigentümer mit seinen Zins- und Tilgungsraten in Rückstand geraten ist

► TEILUNGSVERSTEIGERUNG einer Eigentumswohnung auf Antrag eines Miteigentümers (zum Beispiel geschiedener Ehegatte oder Miterbe), da die Gemeinschaft nach Scheidung oder Erbfall aufgehoben werden soll

► ENTZIEHUNG DES WOHNEIGENTUMS auf Antrag der Wohnungseigentümergemeinschaft, da der Eigentümer schwere Verfehlungen begangen hat oder hohe Hausgeldrückstände angefallen sind.

Einige Länder wie Nordrhein-Westfalen und Berlin versuchen mithilfe von Wohnungsaufsichtsgesetzen oder verschärften Zweckentfremdungsverordnungen, unerwünschte Zustände (zum Beispiel längerer Leerstand, Überbelegung oder Fehlbelegung, Verwahrlosung von Wohnraum) durch hohe Ordnungsstrafen für Eigentümer zu bekämpfen. Als Selbstnutzer oder Vermieter einer Eigentumswohnung werden Sie es schon im eigenen Interesse zu solchen Auswüchsen gar nicht kommen lassen. Möglicherweise wird Ihnen dies aber unberechtigterweise von Behörden vorgeworfen, die auf entsprechendes Anschwärzen von Anwohnern reagieren. Hierbei sollten Sie einen kühlen Kopf bewahren und mit höflicher Hartnäckigkeit begründen, dass Sie sich nichts haben zuschulden kommen lassen.

Höhere Steuern und mehr Bürokratie

Seit der Föderalismusreform von 2006 können die Bundesländer die Höhe der Grunderwerbsteuer von seinerzeit 3,5 Prozent des Immobilienkaufpreises (bis Ende 1996 sogar nur 2 Prozent) selbst festsetzen. Inzwischen haben dies bis auf Bayern und Sachsen alle übrigen Bundesländer genutzt, um die Steuersätze teilweise drastisch anzuheben.

In sechs Bundesländern liegt die Grunderwerbsteuer bei 5 Prozent (siehe Tabelle auf Seite 22). Die fünf Spitzenreiter unter den Bundesländern verlangen sogar 6,5 Prozent (Schleswig-Holstein sowie ab 1.1.2015 auch Nordrhein-Westfalen und Saarland). Nur die Bundesländer Bayern und Sachsen begnügen sich noch mit 3,5 Prozent.

Käufer von Eigentumswohnungen müssen für Kaufnebenkosten wie Grunderwerbsteuer sowie Notar- und Grundbuchgebühren somit bis zu 8 Prozent einkalkulieren. Kommt dann noch die Maklerprovision von maximal 7 Prozent des Kaufpreises hinzu, müssen Sie in der Spitze rund 15 Prozent des Kaufpreises allein für „Papierkosten" zahlen.

Auch gestandene Wohneigentümer werden von ihren Gemeinden oder Städten über eine höhere Grundsteuer zur Kasse gebeten. Dies geschieht typischerweise durch Ratsbeschlüsse über die Anhebung der Grundsteuerhebesätze.

Selbstnutzer sind von der höheren Grundsteuer direkt betroffen. Nur Vermieter von Eigentumswohnungen können die höhere Grundsteuer auf ihre Mieter abwälzen, sofern dies im Mietvertrag vereinbart ist. Dies schlägt mit höheren Nebenkosten für die Mieter zu Buche.

Mit höheren Steuern ist es aber nicht getan. Über immer mehr Bürokratie stöhnen viele Wohneigentümer. Ständig werden neue Verordnungen erlassen.

INFO

VERORDNUNGEN RUND UM DAS WOHNEIGENTUM

Darüber sollten Sie als Wohneigentümer Bescheid wissen:

► Reform der Trinkwasserverordnung in 2012 mit Prüfung des aus den Leitungshähnen fließenden Trinkwassers auf Legionellen alle drei Jahre

► Verordnung über die Prüfung von Abwasserleitungen (beispielsweise müssen in Nordrhein-Westfalen Abwasserleitungen auf dem Grundstück ab 2015 alle zehn Jahre daraufhin überprüft werden, ob sie dicht sind)

► Verordnung über Anlagen mit wassergefährdenden Stoffen (AwSV), wonach Auffangwannen rund um Heizöltanks alle zehn Jahre auf Dichtigkeit überprüft werden müssen

► Neue Energieeinsparverordnung (EnEV 2014) ab 1.5.2014: mit Pflicht zur Erneuerung von mehr als 30 Jahre alten Gas- oder Ölheizkesseln und Pflicht zur Angabe von Baujahr, Art der Heizungsanlage, Art des Energieausweises, Energiekennwert und Energieeffizienzklasse in Immobilienanzeigen zwecks Vermietung oder Verkauf

Es ist halt auch beim Wohneigentum nicht alles Gold, was glänzt. Neue Verordnungen mit der damit verbundenen Bürokratie können Ihnen das Leben als Immobilieneigentümer auch manchmal verleiden. Trotz einiger Unkenrufe gilt aber: Die Eigentumswohnung ist grundsätzlich eine relativ sichere Vermögensanlage und Altersvorsorge.

Den Ärger über die höheren Steuern und die zunehmende Bürokratie sollten Sie nicht überbewerten. Lassen Sie sich von Schlagzeilen wie „Wohneigentum vernichtet" nicht in die Irre führen. Die Vorteile des Wohneigentums überwiegen die in Kauf zu nehmenden Nachteile in aller Regel deutlich. Dies gilt für Selbstnutzer von Eigentumswohnungen ebenso wie für Kapitalanleger, die ihre Eigentumswohnung vermieten.

VOM MIETER ZUM SELBSTNUTZER

Acht von zehn Bundesbürgern möchten in den eigenen Wänden wohnen. Nur knapp die Hälfte hat sich ihren Traum vom Eigenheim bereits erfüllt. Nur rund 17 von insgesamt 40 Millionen Haushalten wohnen im eigenen Haus oder in der eigenen Wohnung. Die übrigen 23 Millionen wohnen weiterhin zur Miete. Die Wohneigentumsquote, also der Anteil der von Eigentümern selbstbewohnten Häuser und Wohnungen im Verhältnis zur Gesamtzahl aller Häuser und Wohnungen, steigt seit 2006 aber kontinuierlich und liegt in Deutschland zurzeit bei 43 Prozent.

Im Vergleich zu Ländern wie Frankreich, Großbritannien und Spanien ist die Quote der Selbstnutzer in Deutschland gering. Nur im Saarland und in Rheinland-Pfalz wohnen deutlich mehr als die Hälfte aller Haushalte im Eigenheim. Völlig anders sieht dies in den Stadtstaaten Berlin und Hamburg aus, wo weniger als 20 Prozent der Häuser und Wohnungen von ihren Eigentümern bewohnt werden.

Selbstgenutzte Eigenheime

Rund 70 Prozent der Wohneigentümer haben sich für ein selbstbewohntes Ein- oder Zweifamilienhaus entschieden. Die restlichen 30 Prozent bewohnen ihre Eigentumswohnung oder eine Wohnung in einem ihnen gehörenden Mehrfamilienhaus. Der Anteil der selbstgenutzten Eigentumswohnungen nimmt ständig zu. Zurzeit nutzt etwa jeder vierte Wohneigentümer seine Eigentumswohnung selbst.

Eigentumsförderung

Die Bundesrepublik begann 1951 mit der gezielten Förderung des selbstgenutzten Wohneigentums, indem man die steuerliche Abzugsfähigkeit von Investitionen nach dem damaligen § 7b auch für selbstgenutztes Wohneigentum einführte.

1952 schuf das Wohnungsbauprämiengesetz Grundlagen für eine besondere Form der privaten Vermögensbildung, die dem selbstgenutzten Wohneigentum zugutekam. Auch wenn sich die Fördermodelle und -werkzeuge im Laufe der Zeit mehrfach änderten: Die Subventionen, die in den folgenden 35 Jahren gezahlt wurden, machten etwa 40 Prozent der Finanzierungsmittel aus, die in dieser Zeit für den Wohnungsbau aufgewendet wurden.

Von entscheidender Bedeutung war die Ausdehnung der Förderung auf Altbauwohnungen im Bestand. Das kam der Erhaltung und dem Ausbau von Bestandsimmobilien zugute und verschob den Fokus vom Neubau auf die Sanierung und von den bis dahin favorisierten Eigenheimen auf die sogenannten Eigentumswohnungen.

Seit 1996 wurde eine neue Art der direkten Förderung angewandt, die Eigenheimzulage nach § 10e des Einkommensteuergesetzes. Sie war eine der größten direkten Subventionen, die in die Förderung des selbstgenutzten Wohneigentums flossen. Gefördert wurden sowohl klassische Eigenheime als auch Wohnungseigentum.

Ab 2004 waren Altbauten den Neubauten hinsichtlich der finanziellen Förderung gleichgestellt. Allein in diesem Jahr wurden 11,4 Milliarden Euro als Eigenheimzulage ausgereicht. 2006 wurde die Eigenheimzulage schließlich abgeschafft. Seit 2008 gibt es eine direkte Förderung im Rahmen der sogenannten Riesterverträge.

Im Rentenalter steigen nicht wenige Einfamilienhauseigentümer auf eine Eigentumswohnung um.

Wohn-Riester-Rente löst Eigenheimzulage ab

Das Wort „Eigenheim" im Sinne von selbstgenutztem Wohneigentum wurde schon bei der in den Bau- oder Kaufjahren 1996 bis 2005 möglichen Eigenheimzulage verwendet. Der Selbstnutzer erhielt acht Jahre lang eine Eigenheimzulage von 2 556 Euro (bei einem neu gebauten Eigenheim) oder 1 278 Euro (bei einem Eigenheim aus zweiter Hand, das älter als zwei Jahre war). Nach einer Selbstnutzung von mindestens acht Jahren kamen auf diese Weise je nach Alter des Eigenheims immerhin gut 20 000 oder 10 000 Euro zusammen. Hinzu kam noch eine jährliche Kinderzulage von 767 Euro für jedes zum Haushalt gehörende Kind.

Diese relativ hohe Eigenheimförderung war dem Staat zu teuer. Ab 2008 hat daher der „Wohn-Riester" als staatliche Förderung von Eigenheimen die frühere Eigenheimzulage abgelöst. Die Bezeichnung „Eigenheimrente" in dem entsprechenden Gesetz kann allerdings zu Missverständnissen führen, da der Selbstnutzer keine Geldrente erhält. Nur im übertrage-

nen Sinn könnte die Mietersparnis im Alter als eine besondere Form der Immobilienrente angesehen werden.

Jährliche Beträge für einen Wohn-Riester-Vertrag bis zur Höhe von 4 200 Euro bei einem Doppelverdiener-Ehepaar können mit Zulagen und zusätzlichen Steuerersparnissen gefördert werden. Werden die Riester-Beträge komplett zur Tilgung einer über 20 Jahre laufenden Eigenheimfinanzierung verwendet, und liegen die Zulagen einschließlich zusätzlicher Steuerersparnisse beispielsweise bei 30 Prozent des Riester-Betrags, kommen nach 20 Jahren rund 25 000 Euro für diese spezielle Eigenheimförderung zusammen.

Das auf einem fiktiven Wohnförderkonto angesammelte Riester-Guthaben wird allerdings mit 2 Prozent verzinst und muss in der Zeit ab der völligen Entschuldung des Eigenheims (spätestens zum 68. Geburtstag) bis zum 85. Lebensjahr Jahr für Jahr versteuert werden. Da aber der persönliche Steuersatz im Rentenalter erfahrungsgemäß relativ gering ist, fällt die Steuerbelastung kaum ins Gewicht.

Sofern die beispielsweise auf 20 Jahre (Zeitraum vom 65. bis 85. Lebensjahr) verteilte maximal zu versteuernde Wohn-Riester-Rente zusammen mit anderen Alterseinkünften unter dem steuerlichen Grundfreibetrag liegt, sind überhaupt keine Steuern zu zahlen.

Gründe für den Erwerb eines Eigenheims

Wer sich den Traum vom Eigenheim erfüllen will, nennt vorzugsweise emotionale oder gar ideelle Gründe. Der eine will endlich sein eigener Herr sein und den Wunsch nach persönlicher Freiheit und Unabhängigkeit von seinem Vermieter verwirklichen. Der andere sucht für sich und seine Familie ein eigenes Zuhause als Quelle von Sicherheit und Zufriedenheit. Nicht zu vergessen sind Sprichwörter wie „Eigener Herd ist Goldes wert" und „My home is my castle".

Das Eigenheim dient unbestritten auch zur privaten Altersvorsorge. Die Sparkassen beispielsweise werben mit dem Spruch, dass die eigenen vier Wände die einzige Altersvorsorge sind, in der man schon heute wohnen kann. Rein rationale Gründe für den Erwerb eines Einfamilienhauses oder einer Eigentumswohnung beziehen sich auf den Kostenvergleich für Eigentümer gegenüber Mietern nach dem Motto „Eigentum statt Miete".

Bei einer 80 Quadratmeter großen Eigentumswohnung und einer ortsüblichen Nettokaltmiete von beispielsweise 7,50 Euro pro Quadratmeter im Monat müssen Sie als Mieter bereits 600 Euro netto an Ihren Vermieter zahlen. Hinzu kommen die Nebenkosten von beispielsweise 200 Euro, so dass Ihre Bruttowarmmiete auf 800 Euro steigt.

Die stark gesunkenen Baugeldzinsen machen es möglich, dass die monatliche Belastung für eine vom Eigentümer selbstgenutzte Eigentumswohnung durchaus unter die Mietkosten für eine gleich große Wohnung fallen kann. Zwar müssen Sie als Wohneigentümer im Gegensatz zum Mieter zusätzlich die Instandhaltungs- und Verwaltungskosten tragen und diese im Geiste von der ersparten Nettokaltmiete in Höhe von 600 Euro abziehen. Nach Abzug einer Instandhaltungsrücklage

von monatlich 80 Euro und Verwaltungskosten von 20 Euro verbleibt Ihnen aber immer noch ein Wohnvorteil von 500 Euro.

Sofern Sie es schaffen, eine zinsgünstige Finanzierung zu bekommen, die Sie nicht mehr als 500 Euro im Monat für Zins und Tilgung eines Hypothekendarlehens kostet, sind Sie gegenüber dem Mieter sofort im Vorteil. Das Sprichwort „Zins und Miete schlafen nicht" weist Ihnen den richtigen Weg. Es kommt also insbesondere auf die monatliche Belastung für Zins und Tilgung an. Sofern diese beispielsweise insgesamt 5 Prozent eines Darlehens von 120 000 Euro ausmacht (2 Prozent Sollzins plus 3 Prozent Tilgung), läge Ihre Belastung genau bei 6 000 Euro im Jahr oder 500 Euro im Monat.

Der Haken: Das angenommene Darlehen von 120 000 Euro wird zur Finanzierung einer 80 Quadratmeter großen Eigentumswohnung nicht ausreichen. Sofern die Gesamtkosten einschließlich Kaufnebenkosten beispielsweise 160 000 Euro (2 000 Euro pro Quadratmeter Wohnfläche) betragen, müssten Sie noch 40 000 Euro Eigenkapital aufbringen.

Dennoch geht die Rechnung „Eigentum statt Miete" auf Dauer zu Ihren Gunsten auf, wenn Sie den Wohnvorteil von 500 Euro mit der Summe aus zu zahlenden Hypothekenzinsen von anfangs 200 Euro und entgangenen Guthabenzinsen von beispielsweise 100 Euro vergleichen. Schließlich sorgt die anfängliche Tilgung von monatlich 300 Euro dafür, dass Ihre Eigenheimschulden im Laufe der Jahre immer mehr abnehmen und eines Tages vollständig zurückgezahlt sind.

Auf lange Sicht gilt daher: Zins schlägt Miete. Die anhaltende Niedrigzinsphase bietet Ihnen als Wohneigentümer sogar einen doppelten Vorteil: Sie profitieren einerseits von den niedrigen Hypothekenzinsen, die Sie an die Bank zahlen müssen. Andererseits entgehen Ihnen wegen der niedrigen Zinsen für Tages- oder Festgelder nur relativ geringe Guthabenzinsen für das in der Eigentumswohnung steckende Eigenkapital.

Der 5. Juni 2014 markierte ein historisches Zinstief in doppelter Weise. Die Europäische Zentralbank senkte den Leitzins, zu dem sich die Banken bei ihr Geld leihen können, auf nur noch 0,15 Prozent, was die Tages- und Festgeldzinsen für Anleger noch weiter nach unten trieb. Gleichzeitig sanken die Hypothekenzinsen für eine zehnjährige Zinsbindung bei einigen Banken unter 2 Prozent effektiv. Inzwischen liegt der Leitzins bei null Prozent oder ist sogar negativ. Die Hypothekenzinsen sind weiter gesunken bis auf 1 Prozent bei zehnjähriger Zinsbindung. Für Tages- oder Festgelder gibt es weniger als 1 Prozent.

Sparer sind wütend, da die Zinsen von Steuern und Inflation aufgefressen werden und sie dadurch sogar reale Verluste einfahren. Käufer von Immobilien, die jetzt ein Hypothekendarlehen aufnehmen, freuen sich über die rekordtiefen Baugeldzinsen. Des einen Leid ist halt des anderen Freud.

Eigentumswohnung statt Einfamilienhaus

Warum aber eine Eigentumswohnung, wenn sich der typische Traum vom Eigenheim auf ein frei stehendes Einfamilienhaus oder zumindest ein Reihenhaus oder eine Doppelhaushälfte richtet und dieser Traum angesichts historisch niedriger Baugeldzinsen sogar erfüllbar wäre? Die Antwort kennen Sie: Der Traum vom frei stehenden Einfamilienhaus platzt, weil die meisten potenziellen Hauseigentümer zu wenig Eigenkapital besitzen und die monatliche Belastung für Zins und Tilgung trotz Niedrigzinsphase zu hoch ausfallen würde. Als Alternative bleibt dann meist nur der Erwerb einer Eigentumswohnung. Dies muss aber keineswegs die schlechtere Lösung oder gar ein „Eigenheim zweiter Klasse" sein. Der folgende Faktencheck „Eigentumswohnung contra Einfamilienhaus" (siehe unten) zeigt Ihnen, dass die selbstgenutzte Eigentumswohnung gegenüber dem selbstbewohnten Einfamilienhaus durchaus einige Vorteile aufweist.

Die Distanziertheit, mit der viele Menschen die selbstgenutzte Eigentumswohnung immer noch sehen, ist durchaus verständlich. Schließlich verfügen sie damit nur bedingt über ein „eigenes Reich". Schon an der Wohnungstür endet ihr persönliches Sondereigentum. Alles, was im Gemeinschaftseigentum steht, müssen sie mit ihren Miteigentümern und Wohnungsnachbarn teilen. Die Eigentumswohnung wird daher abwertend auch als „Eigenheim auf der Etage" bezeichnet.

Eigentumswohnung oder Haus – das bleibt am Ende nicht nur aus finanziellen Gründen immer eine individuelle Entscheidung. Ihre Entscheidung dafür oder dagegen sollte vor al-

Eigentumswohnung contra Einfamilienhaus

Vorteile einer Eigentumswohnung	Nachteile einer Eigentumswohnung
▶ Weitaus größere Auswahl vor allem in Großstädten und Innenstadtbereichen, wo Einfamilienhäuser meist gar nicht mehr zu erwerben sind. ▶ Die zentrale Wohnlage bringt kurze Wege und Kostenersparnisse mit sich (zum Beispiel kann die Anschaffung eines Zweitwagens entfallen). ▶ Relativ niedrige Anschaffungskosten bei kleinen bis mittelgroßen Wohnungen und damit geringerer Kreditbedarf. ▶ Mehr Bequemlichkeit für die Eigentümer: Treppenhausreinigung, Gartenpflege, Hausinstandhaltung und -verwaltung werden von der professionellen Hausverwaltung in Auftrag gegeben. ▶ Mehr Flexibilität, da Vermietung oder Verkauf bei späterem Umstieg auf ein Einfamilienhaus leicht möglich ist. ▶ Kein Garten, der regelmäßig Arbeit macht und Geld kostet.	▶ Geringere persönliche Freiheit, da Rücksichtnahme auf Wohnungsnachbarn und die Eigentümergemeinschaft erforderlich ist. ▶ Wohngefühl unterscheidet sich kaum von dem in einer Mietwohnung. ▶ Zusätzliche laufende Kosten für Hausmeister, Gartenpflege, Treppenreinigung und Hausverwaltung. ▶ Kompliziertes Wohnungseigentumsrecht mit Teilungserklärung, Gemeinschaftsordnung und jährlichen Eigentümerversammlungen. ▶ In der Regel steht kein eigener Garten zur Verfügung. ▶ Mögliche Streitigkeiten unter den Wohnungseigentümern.

lem von Ihren persönlichen Lebensumständen und Ihrer weiteren Lebensplanung abhängen.

Manche – insbesondere alleinstehende und ältere Wohneigentümer – schätzen die Kontaktmöglichkeiten zu ihren Nachbarn ebenso positiv ein wie den Wegfall von lästigen Arbeiten wie Treppenhausreinigung und Gartenpflege.

Im Rentenalter steigen nicht wenige ehemalige Einfamilienhauseigentümer auf eine Eigentumswohnung um. Sie verkaufen nach Auszug der Kinder oder Tod ihres Ehepartners das für sie zu groß gewordene Einfamilienhaus und verwenden den Veräußerungserlös für den Kauf einer komfortablen Eigentumswohnung mit fußläufig bestens erreichbaren Geschäften, Ämtern, Ärzten und Freizeiteinrichtungen.

Jüngere Wohneigentümer gehen nicht selten den umgekehrten Weg. Sie erwerben zunächst eine kleinere Eigentumswohnung und steigen bei Familienzuwachs auf ein Einfamilienhaus um. Den Vermögensüberschuss als Veräußerungserlös minus Restschulden verwenden sie dann als Eigenkapital zur Finanzierung des größeren Eigenheims.

Hände weg vom Miet- oder Optionskauf

Den Weg zum Eigenheim über einen Miet- oder Optionskauf sollten Sie auf jeden Fall vermeiden.

Beim klassischen Mietkauf werden Sie zunächst Mieter, schließen aber gleichzeitig einen Kaufvertrag mit einem festen Kaufpreis und einem festen Kauftermin für den Erwerb des zunächst nur gemieteten Eigenheims. Die gezahlten Mieten werden auf den Kaufpreis angerechnet. Allerdings binden Sie sich sehr früh an ein Eigenheim, das Ihnen möglicherweise zehn Jahre lang noch gar nicht gehört. In der Zwischenzeit können die Zinssätze für das Baugeld stark steigen. Außerdem bleiben Sie rechtlich jahrelang Mieter und können die nur gemietete Wohnimmobilie nicht nach Ihren Wünschen gestalten. Aus der vertraglichen Verpflichtung zum Kauf kommen Sie andererseits nicht ohne Weiteres heraus.

Beim Optionskauf wird Ihnen nur eine Option auf den Erwerb eines Eigenheims angeboten, falls Sie bestimmte Voraussetzungen erfüllen. Meist müssen Sie zunächst Genossenschaftsanteile zeichnen und als Mieter neben der Miete noch eine Ansparrate über 25 Jahre zahlen.

Der Optionskauf nach dem GenoKonzept der Wohnungsbaugenossenschaft Genotec eG, vor dem Finanztest bereits im Jahr 2006 gewarnt hat (siehe Finanztest 3/2006, Artikel abrufbar unter www.test.de, Stichwort „Genossen auf der Wartebank"), hat sich beispielsweise nicht bewährt. Die im Jahr 2002 gegründete Genotec hatte erst Anfang 2007 das erste Eigenheim einem Optionskäufer zur Verfügung gestellt. Bundesweit sind es zurzeit gerade einmal 210 Objekte.

Die sogenannte „dritte Wohnlösung" (Optionskauf statt Miete oder Kauf) wurde auch Opfer der anhaltenden Niedrigzinsphase. Um überhaupt noch Interessenten für den Optionskauf zu gewinnen, wurde die anfängliche Festmiete von 4,5 Prozent des bereits vorher festgelegten Kaufpreises für ein gemietetes Eigenheim auf 2,95 Prozent gesenkt.

Da aber zusätzlich noch Ansparraten von 2 Prozent des nach Abzug des Eigenkapitals verbleibenden Restkapitals über 25 Jahre lang verlangt wurden, war eine zinsgünstige Bankfinanzierung für den Kauf eines Eigenheims diesem Optionskauf deutlich überlegen. Inzwischen hat die Genotec eG den Vertrieb ihres Optionskaufmodells über die Genotrade eK ganz eingestellt.

Der klassische Kauf mit Bankfinanzierung ist einem Miet- oder Optionskauf ohne Bankschulden überlegen. Dies gilt vor allem für Niedrigzinsphasen wie zurzeit.

DIE VERMIETETE EIGENTUMSWOHNUNG

Wie viele private Vermieter von Eigentumswohnungen es tatsächlich gibt, kann nur grob geschätzt werden. Zwei Drittel der über vier Millionen vermieteten Eigentumswohnungen werden privaten Wohnungseigentümern gehören. Das übrige Drittel entfällt auf städtische oder private Wohnungsunternehmen.

„Eine vermietete Immobilie muss sich rechnen lassen", lautet der gängige Spruch unter erfahrenen Investoren. In einer Niedrigzinsphase mit rekordtiefen Zinssätzen für Hypothekendarlehen und steigenden Wohnungsmieten gelingt dies immer mehr privaten Kapitalanlegern. Wer richtig rechnen will und kann, sollte den Leitspruch „Von der Miete zur Rendite" beherzigen.

Mietobjekte

Wer eine Kapitalanlage in Immobilien sucht, kann grundsätzlich zwischen der Direktanlage in vermietete Objekte und der indirekten Beteiligung wählen. Der Regelfall ist die Direktanlage, bei der der Käufer eine einzelne Immobilie erwirbt. Bei der indirekten Anlage hingegen beteiligt er sich an Fonds oder kauft Aktien. Eine ganze Palette von Anlageformen lassen sich daher bei Mietimmobilien unterscheiden.

 INFO

ANLAGEFORMEN FÜR MIETOBJEKTE
Direkt in Immobilien investieren oder indirekt über Beteiligungen – das ist die Frage.
Direkte Beteiligung (Direktanlage)
▶ Vermietete Eigentumswohnungen
▶ Vermietete Ein- oder Zweifamilienhäuser
▶ Reine Mietwohnhäuser
▶ Vermietete Wohn- und Geschäftshäuser
▶ Vermietete Gewerbeimmobilien
Indirekte Beteiligung
▶ Geschlossene Immobilienfonds
▶ Offene Immobilienfonds
▶ Immobilienaktien

Kleinkapitalanleger werden die Direktanlage in Mietwohnhäuser (auch als Miet-, Rendite- oder Renditehäuser bezeichnet) wegen der hohen Investitionssummen vermeiden. Für sie ist eine vermietete Eigentumswohnung die „Kapitalanlage des kleinen Mannes".

Vermietete Eigentumswohnungen können je nach Wohnfläche, Lage, Zustand und Ausstattung schon für Summen zwischen 100 000 und 250 000 Euro erworben werden. Für vermietete Apartments aus zweiter Hand mit einer Wohnfläche von rund 30 Quadratmeter reichen eventuell auch fünfstellige Summen aus. Da vermietete Eigentumswohnungen in der Investitionspraxis von Fondsinitiatoren (geschlossene oder offene Immobilienfonds) oder Immobilien-Aktiengesellschaften keine oder nur eine unbedeutende Rolle spielen, befinden sie sich fast ausschließlich im Eigentum von privaten Kapitalanlegern.

Gründe für die Kapitalanlage in eine vermietete Eigentumswohnung

Eine wachsende Anzahl von Kapitalanlegern erwirbt ganz bewusst eine vermietete Eigentumswohnung aus rein finanziellen Gründen. Wenn die Mieteinnahmen auch nach Abzug der nicht auf den Mieter umlagefähigen Verwaltungs- und Instandhaltungskosten über den für mindestens zehn Jahre festgelegten Hypothekenzinsen liegen sollten, und dies auch bei einer zunächst nur mal theoretisch angenommenen Vollfinanzierung des Kaufpreises gelten würde, kann sich der Einstieg lohnen.

Die Gründe für die Vermietung einer Eigentumswohnung können aber auch ganz andere sein. Der eine Wohnungseigentümer ist durch beruflichen Wechsel und Umzug in eine weit entfernte Stadt gezwungen, seine bisher von ihm seit mehreren Jahren selbstgenutzte Wohnung zu vermieten. Ein übereilter Verkauf würde vermutlich zu finanziellen und steuerlichen Nachteilen führen, da die Bank eine hohe Vorfälligkeitsentschädigung für das gekündigte Hypothekendarlehen mit zehnjähriger Zinsbindung und das Finanzamt eine Versteuerung des Veräußerungsgewinns wegen Verkaufs innerhalb des Zehn-Jahres-Zeitraums verlangen. Die zumindest vorübergehende Vermietung ist dann eine gute Kompromisslösung.

Andere Wohnungseigentümer haben eine Eigentumswohnung geerbt und möchten nicht selbst einziehen, da sie in einer anderen Stadt oder bereits in einem eigenen Haus wohnen.

Schließlich gibt es Eigentümer von Zweifamilienhäusern, die neben der größeren, von ihnen selbstgenutzten Eigentumswohnung noch eine kleinere Eigentumswohnung haben, die sie an Angehörige oder Fremde vermieten.

Für alle vermietenden Wohnungseigentümer stellt sich unabhängig vom Motiv zur Vermietung die Frage, ob sich die vermietete Eigentumswohnung auf Dauer tatsächlich lohnt. Die Antwort auf diese Frage hängt ganz wesentlich von den Anlagezielen ab, die Sie sich bei einer Anlage Ihres Geldes setzen, und von den aktuellen Rahmenbedingungen für eine Kapitalanlage in vermietete Wohnimmobilien.

Anlageziele

Für die Direktanlage in eine vermietete Eigentumswohnung gelten zunächst die drei Hauptkriterien jeder Geld- und Kapitalanlage:

1 **RENTABILITÄT**, zum Beispiel laufende Mietrendite und Zusatzrendite bei der Erzielung von Veräußerungsgewinnen
2 **SICHERHEIT**, zum Beispiel Wertzuwachs oder zumindest Werterhalt auf lange Sicht
3 **LIQUIDIERBARKEIT**, zum Beispiel Verfügbarkeit über Geld durch möglichen Verkauf,

der allerdings aufgrund des Langfristcharakters der Immobilie frühestens nach zehn Jahren erfolgen sollte.

Diese Hauptkriterien werden auch als „magisches Dreieck der Anlageziele" bezeichnet. Magisch, weil wohl nur ein Zauberer eine hochrentierliche Kapitalanlage besitzt, die zugleich absolut sicher ist und jederzeit verkauft werden kann. Nicht alle drei Anlageziele können in der Praxis zugleich erfüllt werden.

Eine vermietete Eigentumswohnung können Sie nicht wie an der Aktienbörse heute kaufen und in einigen Tagen wieder mit Gewinn verkaufen. Das über einen meist längeren Zeitraum gebundene Kapital und die damit einhergehende mangelnde Liquidierbarkeit einer vermieteten Eigentumswohnung stellen eindeutig einen Nachteil dar.

Diesem Nachteil stehen die Vorteile einer über dem Anleihe- oder Festgeldzins liegenden Mietrendite in Niedrigzinsphasen und die relative Sicherheit einer Immobilie gegenüber. Allerdings befinden sich die Ziele Rendite und Sicherheit in einem ganz natürlichen Spannungsverhältnis. Je höher die Renditeerwartung, desto geringer die Sicherheit und desto höher fällt das Risiko aus. Umgekehrt geht eine höhere Erwartung an die Sicherheit typischerweise mit einer niedrigeren Rendite einher.

Festgelder und Bundesanleihen sind zwar sicher, werfen aber nur geringe Zinsen ab. Eine vermietete Eigentumswohnung bietet Ihnen eine höhere Mietrendite. Dass diese aber nicht sicher ist, stellen Sie spätestens bei einem vorübergehenden oder sogar längeren Mietausfall fest.

Weitere Nebenkriterien und Anlageziele können bei Ihrer Entscheidung pro oder contra vermietete Eigentumswohnung eine zusätzliche Rolle spielen:

▶ **Steuerersparnis,** zum Beispiel durch Abschreibungen, Schuldzinsenabzug sowie steuerfreie Veräußerungsgewinne nach einer Haltedauer von mehr als zehn Jahren.
▶ **Inflationsschutz:** „Sachwert schlägt Geldwert", wenn bei schleichender Inflation auch die Immobilienwerte steigen und die Hypothekenschulden real sinken.

Für alle vermietenden Eigentümer stellt sich letztlich auch die Frage, ob sich die vermietete Wohnung auf Dauer tatsächlich lohnt.

▶ **Altersvorsorge:** nach Entschuldung der vermieteten Wohnimmobilie stellt der Mietreinertrag quasi eine Zusatzrente dar.

▶ **Verwaltbarkeit:** nur geringer Zeitaufwand, falls Mieter immer pünktlich zahlt und ein professioneller Hausverwalter die Verwaltung des Gemeinschaftseigentums besorgt.

Rahmenbedingungen

Der Wohnungsvermieter ist sehr viel stärker als ein bloßer Zinsanleger von den wirtschaftlichen und rechtlichen Rahmenbedingungen abhängig. Ändern sich diese zu seinen Ungunsten, kann er schnell von der Gewinner- auf die Verliererseite geraten. Zu den wirtschaftlichen Rahmenbedingungen zählen insbesondere:

▶ **Preis- und Wertentwicklung** bei Wohnimmobilien. Vorsichtige Kapitalanleger rechnen nur mit einer geringen jährlichen Wertsteigerung von durchschnittlich 1 Prozent oder gehen von gleichbleibenden Preisen und Werten aus.

▶ **Mietentwicklung** bei Wohnungen. Eine durchschnittliche Mietsteigerung von rund 2 Prozent pro Jahr mag aus heutiger Sicht realistisch sein.

▶ **Zinsentwicklung** bei Hypothekendarlehen. Hypothekenzins kann nach Ablauf der Zinsbindung deutlich höher liegen im Vergleich zu heute.

▶ **Angebots- und Nachfragestruktur,** zum Beispiel Nachfrageüberschuss und Wohnungsmangel mit Preis- und Mietsteigerungen, aber Preis- und Mietrückgang bei Angebotsüberschuss und Wohnungsleerständen.

Doch auch rechtliche Rahmenbedingungen können sich ändern. Zu denken ist hier vor allem an die beiden Rechtsgebiete

▶ **Mietrecht,** zum Beispiel aktuelle Mietpreisbremse bei Neuvermietung von Wohnungen

▶ **Steuerrecht,** zum Beispiel künftige Besteuerung von Veräußerungsgewinnen auch nach einer längeren Haltedauer, wie dies bereits schon einmal geplant war.

Hände weg von Schrottimmobilien und geschlossenen Immobilienfonds

Tausende von Kleinanlegern sind in den letzten Jahrzehnten auf völlig überteuerte Schrottimmobilien reingefallen. Sie wurden gelockt mit dem Versprechen, Eigentumswohnungen ohne Eigenkapital erwerben zu können, um aus Mieteinnahmen und Steuerersparnissen die laufenden Zinsen für ein vollfinanziertes Bankdarlehen zu decken. Nach zehn Jahren könnten sie dann ihre Eigentumswohnung mit hohem Gewinn verkaufen.

Verschwiegen wurden ihnen die hohen Vermittlerprovisionen, die einfach in den hoffnungslos überteuerten Kaufpreis eingerechnet wurden. Die Mietgarantien oder Mietpools platzten meist nach kurzer Zeit, sodass die tatsächlich erzielbaren Mieten deutlich geringer ausfielen. Ein Notverkauf oder gar eine Zwangsversteigerung der Eigentumswohnung bescherte den reingelegten Kleinanlegern zudem hohe Verluste. Nur wenige konnten ein für sie positives Gerichtsurteil gegen die Anbieter, Vermittler oder Banken erstreiten.

Geschlossene Immobilienfonds sind nach mehreren Urteilen des Bundesgerichtshofs grundsätzlich nicht zur Altersvorsorge geeignet. Zu viele Pleiten in der Vergangenheit haben gezeigt, wie unsicher eine Anlage in geschlossene Immobilienfonds für private Investoren sein kann. Nicht selten haben die Anleger ihr Geld vollständig verloren. Das in den Prospekten erwähnte Totalverlustrisiko steht eben nicht nur auf dem Papier, sondern kann im Ernstfall tatsächlich eintreten.

Konzepte für geschlossene Immobilienfonds, die ausschließlich in Eigentumswohnanlagen investieren, sind in der Vergangenheit gescheitert. Dies gilt beispielsweise für Wohnbesitzanteile an Eigentumswohnungen, die in den 1990er-Jahren auf den Markt kamen. Die Anleger erlitten damit hohe Verluste.

Eine Neuauflage solcher „Eigentumswohnungsfonds" ist glücklicherweise nicht in Sicht. Zu hoch sind die einmaligen und laufenden Fondskosten, aber meist auch bei anderen geschlossenen Immobilienfonds, die das Geld der Anleger in Wohn- oder Gewerbeimmobilien investieren. Wenn die einmaligen Fondskosten bereits rund 20 Prozent der Beteiligungssumme ausmachen, werden logischerweise nur 80 Prozent des Anlegergelds tatsächlich in Immobilien angelegt. Darüber hinaus fallen oft noch hohe laufende Fondskosten von bis zu 3 Prozent der Beteiligungssumme pro Jahr an.

Bei solchen Kostenaufblähungsmodellen zählen nicht die Fondsanleger, sondern ausschließlich die Anbieter und Vermittler zu den Gewinnern. Der allzu gutgläubige Anleger hat regelmäßig das Nachsehen.

Auf Fondsanalysen und Ratings können Sie sich als Anleger auch nicht verlassen. Selbst TÜV-geprüfte geschlossene Immobilienfonds sind mittlerweile pleite. Ein Stempel oder Siegel nützt Ihnen nichts, wenn der Prüfer weder unabhängig noch kompetent ist. Die Kosten für die angeblich neutralen Prüfungen bezahlt der Anbieter mit dem Geld der Anleger. Inzwischen gibt es alternative Immobilieninvestmentfonds (AIF), die stärker kontrolliert werden. Auf Eigentumswohnungen hat sich aber keiner dieser neuartigen AIF spezialisiert.

WECHSELNDE NUTZUNGSPHASEN

Selbstnutzung durch Wohneigentümer und spätere oder frühere Fremdnutzung der Eigentumswohnung durch Mieter müssen keine Gegensätze sein. Es kommt sogar vor, dass ein und dieselbe Eigentumswohnung vom Eigentümer erst selbstgenutzt, dann für ein paar Jahre an Dritte vermietet und danach wieder selbstgenutzt wird.

Einen längeren Leerstand als bewusste Nichtnutzung der Eigentumswohnung aus Spekulationsgründen sollten Sie als gewissenhafter Wohneigentümer allerdings auf jeden Fall vermeiden. Wollen Sie trotz Nichtnutzung die laufenden Zins- und Bewirtschaftungskosten steuerlich absetzen, wird Ihnen das Finanzamt unter Berufung auf die steuerlich sogenannte „Liebhaberei" einen Strich durch die Rechnung machen.

Erst Selbstnutzung, dann Vermietung

Der in der Praxis häufigste Fall wechselnder Phasen von Selbst- und Fremdnutzung erfolgt nach einem beruflich bedingten Wechsel des Wohnorts. Der bisherige Selbstnutzer wird das anfängliche Pendeln von seiner Eigentumswohnung zu seiner weit entfernten Arbeitsstätte über kurz oder lang leid und entscheidet sich nach seinem Auszug für die Vermietung.

Ein weiterer Grund für den Auszug kann der Umstieg auf ein größeres Einfamilienhaus sein, da die bisher selbstgenutzte Eigentumswohnung für die Familie nach der Geburt des ersten oder zweiten Kindes zu klein geworden ist.

In eher seltenen Fällen gelingt dem Ex-Selbstnutzer ein schneller Verkauf seiner Eigentumswohnung. Dieser Verkauf kann aber aus steuerlicher Sicht nachteilig sein, wenn er bei einer Besitzdauer von nicht mehr als zehn Jahren Steuern auf den Veräußerungsgewinn zahlen muss. Eventuell entstehende Veräußerungsverluste können andererseits nicht steuerlich abgesetzt werden.

Ungünstig ist auch eine Kündigung des mit der Bank abgeschlossenen Darlehensvertrags vor Ablauf der Zinsbindungsfrist. Für die Restdauer bis zum regulären Ende des Vertrags berechnet die Bank eine happige Vorfälligkeitsentschädigung. Diese liegt umso höher, je größer der Unterschied zwischen dem vertraglich vereinbarten und dem aktuell niedrigeren Darlehenszins ausfällt und je länger der verbleibende Zeitraum bis zum Ende der vertraglich vereinbarten Zinsbindung ist.

Treffen sogar beide Nachteile – Versteuerung des Veräußerungsgewinns und hohe Vorfälligkeitsentschädigung – zusammen, macht der Verkauf aus wirtschaftlicher Sicht wenig Sinn. Es ist dann besser, die Eigentumswohnung zumindest eine gewisse Zeit zu vermieten, bis die steuerliche Frist von zehn Jahren abgelaufen und auch das Ende der Zinsbindung erreicht ist.

Erst Vermietung, dann Selbstnutzung

Der Einzug des Wohneigentümers in seine bisher vermietete Eigentumswohnung kommt eher selten vor. Eher kündigt er die Wohnung wegen Eigenbedarfs für andere Familienangehörige, zum Beispiel für eines seiner erwachsenen Kinder oder einen Elternteil.

Im weiteren und juristischen Sinne liegt auch in diesem Fall eine Selbstnutzung vor. Um die laufenden Zins- und Bewirtschaftungskosten sowie Abschreibungen in voller Höhe absetzen zu können, muss die mit Familienan-

Ein längerer Leerstand als bewusste Nichtnutzung der Eigentumswohnung aus Spekulationsgründen bringt unter dem Strich oft nicht die gewünschten Profite, wenn man einmal nachrechnet.

gehörigen vereinbarte Miete aber mindestens zwei Drittel der ortsüblichen Nettokaltmiete laut Mietspiegel ausmachen.

Ältere Wohneigentümer, denen ihr bisher selbstbewohntes Einfamilienhaus mittlerweile zu groß geworden ist und die eine ihnen gehörende kleinere Eigentumswohnung bisher vermietet haben, könnten auch für sich Eigenbedarf anmelden. Diese Überlegungen stellen sich beispielsweise nach dem Tod des Ehegatten.

Vorübergehende Vermietung oder Selbstnutzung

Auch eine vorübergehende Vermietung der Eigentumswohnung kommt in der Praxis vor. Ein Beispiel hierfür ist die befristete Versetzung des Wohneigentümers an einen anderen Ort aus beruflichen Gründen, die wegen der gro-

ßen Entfernung auch zum Wechsel des Familienwohnsitzes führt.

Während der feststehenden Zwischenzeit von beispielsweise fünf Jahren vermietet der Wohneigentümer seine Eigentumswohnung. Um sein Ziel eines späteren Wiedereinzugs ohne rechtliche Probleme zu erreichen, muss er mit seinem Mieter einen echten Zeitmietvertrag abschließen.

Auch die vorübergehende Selbstnutzung einer ansonsten vermieteten Eigentumswohnung ist denkbar. Nach der ersten Phase der Vermietung zieht der Wohneigentümer für einige Monate oder Jahre selbst ein, um seine Wohnung anschließend wieder zu vermieten. Dies kann in Notsituationen erforderlich werden, wenn der Wohneigentümer beispielsweise wegen eines größeren Brandes seine jetzige Wohnung nicht mehr nutzen kann.

SUCHEN UND KAUFEN: DER FAHRPLAN

Gedrängtes Wohnen in der Stadt: „Townhouses" sind in der Regel deutlich teurer als gleichwertige Eigentumswohnungen.

Für eine Wohnung spricht in der Regel, dass sie in einem städtischen Umfeld mit dichter Infrastruktur liegt. Bei gleichwertiger Lage ist die Wohnung dann im Vergleich zu einem Haus (Reihenhaus oder sogenanntes Townhouse in Großstädten) zu einem deutlich günstigeren Preis zu bekommen. Große Etagenwohnungen (180 bis 190 Quadratmeter) im Berliner Bezirk Friedrichshain-Kreuzberg wurden 2017 zu Neubaupreisen zwischen 4 752 und 6 770 Euro/qm angeboten. Ein Townhouse mit geringerer Wohnfläche (140 Quadratmeter) kam im gleichen Bezirk auf einen Preis von 9 821 Euro/qm. Die Preisunterschiede können auch innerhalb eines Quartiers beträchtlich sein.

Die Frage nach der richtigen Immobilie beginnt also nicht beim Objekt, sondern beim Käufer, beim Subjekt des Immobilienerwerbs. Wie steht es nun um Ihre Bedürfnisse und Möglichkeiten? Wonach suchen Sie? Was erlaubt Ihr finanzieller Rahmen? Diese Fragen scheinen trivial, aber die Erfahrungen sehr

vieler Immobilienkunden, die einem Makler oder Bauträger unvorbereitet gegenübergetreten sind und eine Immobilie erworben haben, die ihren Bedürfnissen am Ende nicht wirklich entsprach, zeugen von der Wichtigkeit dieser Fragen.

Dabei ist es zweitrangig, ob die Wohnung für die Selbstnutzung oder als Kapitalanlage zur Vermietung angeschafft werden soll, ob es sich um einen Neubau oder um eine „gebrauchte Wohnung", also eine Bestandsimmobilie, handelt. Erst wenn diese Fragen beantwortet sind, ist es sinnvoll, mit der genaueren Betrachtung der Objekte zu beginnen, die dafür infrage kommen.

Darum beginnen die Anamnese und die Diagnose der Immobilie auch nicht mit dem Objekt, sondern mit dem Interessenten und potenziellen Erwerber, also mit Ihnen. Wir steigen in die Analyse deshalb mit der Erstellung eines ausführlichen Käuferprofils ein (siehe „Das Käufer- oder Bauherrenprofil", Seite 51).

DER WOHNUNGSMARKT IN DEUTSCHLAND

Die Wohneigentumsquote (Haushalte in Wohnungseigentum) liegt in Deutschland bei rund 52 Prozent. Das ist im Vergleich mit der gesamten Europäischen Union unterdurchschnittlich. Allerdings weist Deutschland eindrucksvolle Steigerungsraten auf: Seit 1968 ist die Quote von 36 Prozent auf heute 52 Prozent gestiegen. Besonders schnell und steil verlief der Anstieg in den neuen Bundesländern: In den letzten 20 Jahren stieg die Quote von 26 auf 34 Prozent.

Die Wohneigentumsquote kann unterschiedlich gemessen werden; daraus ergeben sich auch unterschiedliche Werte. Misst man den Anteil des Wohneigentums im Verhältnis zur Bevölkerungszahl, ergibt sich meist ein höherer Wert, als wenn man die Quote mit Bezug auf die Zahl der Haushalte bzw. Wohnungen bemisst. Die Erklärung dafür ist einfach: Eigentümerhaushalte sind im Durchschnitt größer als Mieterhaushalte. Bezieht man die Wohneigentumsquote auf die Bevölkerungszahl, dann lebt in 27 europäischen Ländern die Mehrzahl der Menschen in den eigenen vier Wänden. Deutschland ist noch mit dabei, wenn auch mit 52 Prozent ziemlich am Ende der Rangliste.

Die auch heute noch oft (zum Beispiel auch in der Wikipedia-Enzyklopädie) wiedergegebene Rangliste der Wüstenrot Stiftung basiert auf statistischem Material, das kurz nach der Jahrtausendwende erhoben wurde; darin sind die Staaten Ost- und Südosteuropas nicht erfasst.

So unterscheiden sich Statistiken: Hier wurde nicht die Anzahl der Haushalte erfasst, sondern die Anzahl der Bürger, die im eigenen Eigentum wohnen.

Die Rangliste der Wohneigentumsquoten ausgewählter europäischer Staaten basiert auf offiziellen europäischen Statistiken und bezieht sich auf das Verhältnis von Wohneigentum zur Bevölkerungszahl. Sie berücksichtigt die ost- und südosteuropäischen Staaten, deren Werte die frühere Dominanz der west- und nordeuropäischen Staaten durcheinanderwirbeln. In vielen Staaten, die bis 1989/90 östlich des Eiser-

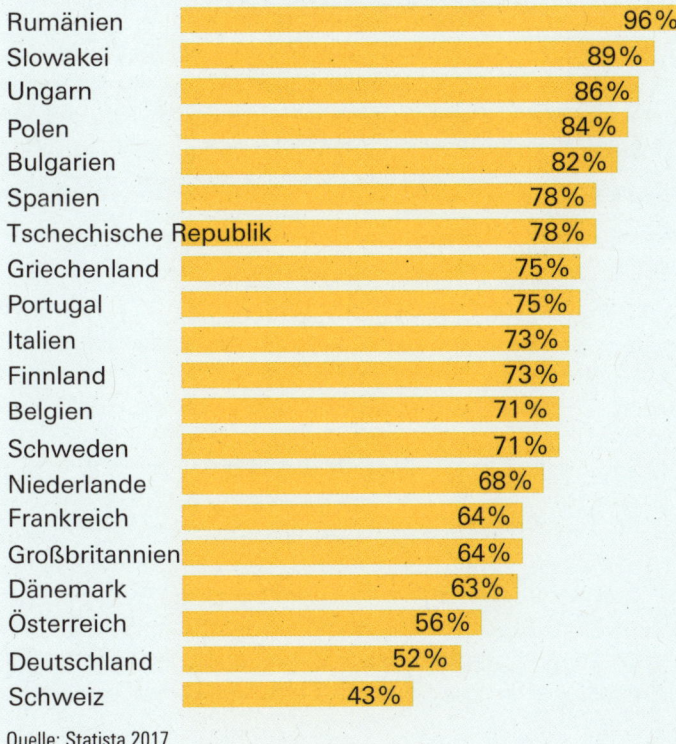

Wohneigentum in Europa (gültig für 2016)

Anteil der Bürger in eigenen vier Wänden.

Rumänien	96%
Slowakei	89%
Ungarn	86%
Polen	84%
Bulgarien	82%
Spanien	78%
Tschechische Republik	78%
Griechenland	75%
Portugal	75%
Italien	73%
Finnland	73%
Belgien	71%
Schweden	71%
Niederlande	68%
Frankreich	64%
Großbritannien	64%
Dänemark	63%
Österreich	56%
Deutschland	52%
Schweiz	43%

Quelle: Statista 2017

Neben der dauerhaften Vermietung kommen auch alternative Nutzungen in Betracht, beispielsweise als Ferienwohnung.

nen Vorhangs lagen, haben die marktwirtschaftlichen Reformen zu einer sehr schnellen Wohneigentumsbildung beigetragen. Staatliche und kommunale Wohnungsbestände wurden dort in großem Umfang privatisiert – teilweise zu sehr geringen Preisen, sodass es auch weniger wohlhabenden Bevölkerungsschichten möglich war, Wohneigentum zu erwerben. Über Qualität, Ausstattung und Erhaltungszustand der Wohnungen ist damit natürlich keine Aussage getroffen.

Diese Form der massenhaften Übertragung von Wohnungsbeständen an die früheren Mieter hat es in der Vergangenheit in Westeuropa – mit Ausnahme Großbritanniens – aber nicht gegeben. In Südeuropa ist das Eigentum an Wohnimmobilien – nicht nur in Form des eigenen Hauses, sondern auch als Eigentumswohnung traditionell stark vertreten.

Auch innerhalb Deutschlands ist das selbstgenutzte Wohneigentum (sowohl Eigenheime als auch Eigentumswohnungen) ungleichmäßig verteilt. Das Saarland (62,6 Prozent) und Rheinland-Pfalz (57,6 Prozent) haben

die höchsten Wohneigentumsquoten in Deutschland. Die neuen Bundesländer haben in den letzten zweieinhalb Jahrzehnten gegenüber dem Altbundesgebiet deutlich aufgeholt. Auffällig sind die sehr geringen Wohneigentumsquoten in den Stadtstaaten Hamburg (mit 22,6 Prozent) und Berlin (mit 14,2 Prozent). Nach Erhebungen des Statistischen Bundesamts ergab sich mit Blick auf die Bundesländer 2014 folgende Situation:

Bundesland und Wohneigentumsquote

Bundesland	Quote
Saarland:	62,6 %
Rheinland-Pfalz:	57,6 %
Niedersachsen:	54,7 %
Baden-Württemberg:	51,3 %
Bayern:	50,6 %
Schleswig-Holstein:	51,5 %
Hessen:	46,7 %
Brandenburg:	46,4 %
Thüringen:	43,8 %

Nordrhein-Westfalen:	42,8 %
Sachsen-Anhalt:	42,4 %
Bremen:	38,8 %
Mecklenburg-Vorpommern:	38,9 %
Sachsen:	34,1 %
Hamburg:	22,6 %
Berlin:	14,2 %
Deutschland gesamt:	46 %

Die Zahlen der statistischen Landesämter gehen von einem etwas niedrigeren Ansatz aus, bestätigen aber die grundsätzlichen Proportionen dieser Verteilung.

Die Wohneigentumsquote sagt allerdings nichts Schlüssiges über die tatsächlichen Eigentums- und Vermögensverteilungen aus. Denn die Wohneigentumsquote spiegelt nur wider, wie viele Haushalte – im Vergleich zur Gesamtzahl der Haushalte – in den „eigenen vier Wänden" leben. Viele Wohnimmobilien werden aber nicht von den Eigentümern selbst genutzt, sondern vermietet. Ererbtes Wohneigentum beispielsweise wird, wenn es die Erben nicht selbst nutzen wollen oder können, häufig vermietet.

Neben der dauerhaften Vermietung kommen auch alternative Nutzungen in Betracht, beispielsweise als Ferienwohnung. Grundsätzlich kann eine Eigentumswohnung auch gewerblich genutzt werden – in der Regel sogar gegen den Widerstand der übrigen Eigner, sofern von der gewerblichen Nutzung keine größere Störung für die übrigen Eigner ausgeht als von einer normalen Wohnraumnutzung. Gegen eine psychoanalytische Praxis wird sich also kaum etwas einwenden lassen, gegen den Proberaum eines Schlagzeugensembles schon. Und wenn sich die psychoanalytische Praxis als Escort-Service entpuppen sollte, weil andere Eigentümerinnen oder Mieterinnen von Männern angesprochen und nach ihrem Preis gefragt werden, hört die Duldsamkeit der übrigen Eigner verständlicherweise auf. Ob es also klug ist, eine gewerbliche Nutzung gegen den Einspruch der Eigentümergemeinschaft durchzusetzen, ist eine andere Frage.

Von 16,9 Millionen Eigentümern von Wohnimmobilien bevorzugen 10 Millionen ein freistehendes Haus. Naturgemäß sind im urbanen Raum Bebauungsformen mit großem Flächenverbrauch (Einfamilienhäuser) seltener anzutreffen. Das erkennt man auch an dem auffallenden Zusammenhang zwischen der Gemeindegröße und der Wohneigentumsquote. In einer bereits 1999 veröffentlichten Studie ergab sich folgendes Bild:

Einwohnerzahl und Wohneigentumsquote

Weniger als 5 000:	65,9 %
5 000 bis 20 000:	58,3 %
20 000 bis 50 000:	47,4 %
50 000 bis 100 000:	38,1 %
100 000 bis 500 000:	24,9 %
Mehr als 500 000:	19,8 %

(Quelle: G. Suchy, Modelle zur Erhöhung der Wohneigentumsquote, Frankfurt 1999)

Auch wenn sich die Eigentumsquote seitdem insgesamt erhöht hat, hat sich die grundsätzliche Proportion zwischen ländlichen Räumen und Großstädten beziehungsweise Ballungsgebieten nicht wesentlich verändert.

GEBRAUCHTE WOHNUNG ODER NEUBAU?

Ein britischer Ökonom hat einmal über die Deutschen gesagt: „Ihr Deutschen seid wirklich komisch. Eure Wohnung, in der Ihr Euch täglich 14 und mehr Stunden aufhaltet, und das 350 Tage im Jahr, Eure Wohnung mietet Ihr. Aber Euer Auto, das Ihr täglich vielleicht für zwei Stunden benutzt, manchmal weniger und an vielen Tagen des Jahres gar nicht, Euer Auto kauft Ihr."

Abgesehen von dem Preisunterschied, der zwischen einem Automobil und einer Eigentumswohnung besteht, hatte der Mann Recht. Grundsätzlich ist es wirtschaftlich sinnvoller, eine Sache als Eigentum zu erwerben, die man regelmäßig und dauerhaft benutzt, und eine Sache, die man nur gelegentlich und kurzzeitig benutzt, stattdessen zu mieten. Dass es sich in Deutschland anders darstellt, hat historische Wurzeln. Deutschland wurde aufgrund der späten, aber schnellen Industrialisierung und des raschen Wachstums der Großstädte ein Mieterland. Und Deutschland ist das Geburtsland des Automobils, hier hat das Auto einen hohen Stellenwert und eine immaterielle Aura, die sich oft über wirtschaftliche Erwägungen hinwegsetzt. Seit einigen Jahren zeichnet sich aber eine Trendwende ab, sowohl hinsichtlich der Autovermietung, des Car-Sharings und ähnlicher Geschäftsmodelle als auch hinsichtlich des Immobilienmarkts.

Wer heute eine Wohnung kauft, folgt in der Regel nicht einer spontanen Eingebung, sondern handelt nach reiflicher Überlegung. Nicht immer sind es gleich Lebensentscheidungen, wie sie mit dem Bau oder Kauf eines eigenen Hauses verbunden sind. Aber Entscheidungen grundsätzlicher Art müssen getroffen werden:

Für die **Selbstnutzer** geht es um eine Entscheidung für den Ort, an dem man dauerhaft leben möchte; eine Immobilie ist nicht nur immobil, das heißt an ihr Grundstück gebunden, sie macht unter Umständen auch den Eigentümer immobil. Hier könnte die Entscheidung für den Erwerb einer Wohnimmobilie mit den Mobilitätsforderungen kollidieren, die das Berufsleben häufig an die heutige Generation der Erwerbstätigen stellt.

Dem Selbstnutzer fordert die Standortfrage die Entscheidung für eine bestimmte, meist städtische Lebensweise ab. Damit verbunden sind oft die Fragen der Familien- und Karriereplanung. Und bei der Entscheidung sollte man schon von Anfang an berücksichtigen, dass sich Wohnbedürfnisse in verschiedenen Lebensphasen und unter verschiedenen Lebensumständen verändern können und dass das Häuschen im Grünen, das einmal eine Traumimmobilie war, eines Tages als Klotz am Bein empfunden werden kann.

Aber auch für den **Kapitalanleger**, der seine Eigentumswohnung nicht (oder nicht mehr oder noch nicht) selbst nutzen möchte, ist die Standortfrage relevant. Denn eine Wohnung als Kapitalanlage wirft nur dann Rendite ab, wenn sie von einem solventen Mieter bewohnt wird, der regelmäßig den Mietzins bezahlt. Solvente Mieter sind aber bei allen Vermietern beliebt. Überwiegt auf dem lokalen oder regionalen Mietwohnungsmarkt das Angebot die Nachfrage, entbrennt ein Wettbewerb um die solventen Mieter. Und in diesem Wettbewerb spielt die Frage des Standorts eine entscheidende Rolle. Sie dominiert andere Faktoren wie beispielsweise die Ausstattung. Warum? Die Ausstattung einer Wohnung lässt sich mit bau-

Wenn die grundsätzliche Entscheidung für eine Eigentumswohnung gefallen ist, steht die Frage an, ob es eine Neubau- oder eine Bestandsimmobilie werden soll.

lichen Maßnahmen verändern und aufwerten, der Standort nicht.

Der Immobilienerwerb zieht die Entscheidung für eine große finanzielle Investition nach sich, die den einen oder anderen Immobilienkäufer bis an die Grenzen seiner wirtschaftlichen Leistungsfähigkeit führen kann.

Die Entscheidung gegen ein Haus und für die scheinbar „kleine Lösung", eben für eine Wohnung, kann die Nachteile der Immobilität teilweise kompensieren und auch die finanzielle Belastung vermindern.

Für den Kapitalanleger, der sich eine Eigentumswohnung als Vermietungsobjekt zulegt, spielen neben dem Standort auch Finanzierungsbedingungen und steuerliche Aspekte eine wichtige Rolle.

Solche Grundsatzentscheidungen können in unterschiedlichen Lebensphasen anstehen. Manche Menschen treffen eine Immobilienentscheidung schon sehr früh, etwa zu Beginn ihrer beruflichen Laufbahn. In manchen Fällen liegen familiäre Entscheidungen zugrunde, wenn es zum Beispiel darum geht, die eigenen Kinder zu unterstützen und etwa am Studienort der Tochter oder des Sohnes eine kleine Eigentumswohnung zu erwerben. Manche treffen ihre Immobilienwahl erst später, wenn die Fami-

lie wächst und man überlegen muss, ob man eine größere Wohnung mietet oder lieber in „etwas Eigenes" investiert, ein Haus baut oder eine Wohnung kauft. Andere treffen ihre Entscheidung spät, auf dem Höhepunkt ihrer beruflichen Laufbahn – oder schon mit Blick auf den bevorstehenden Ruhestand. Oft ist die Entscheidung für den Wohnungskauf auch mit einer beruflich bedingten Ortsveränderung verbunden. Gerade dann, wenn man sich nicht auf einen aufwendigen Eigenheimbau einlassen will, ist die Wohnung – egal ob als Neubau oder aus zweiter Hand – die erste Wahl.

Wenn die grundsätzliche Entscheidung für eine Eigentumswohnung (das heißt zugleich gegen eine andere Immobilien- und Wohnform) gefallen ist, steht die Frage an, ob eine Neubau- oder eine Bestandsimmobilie erworben werden soll.

Als Sonderfall der Neubauwohnung kann man noch die projektierte, das heißt noch nicht fertiggestellte Wohnung in die Überlegungen einbeziehen, ebenso wie man als Sonderfall der Bestandsimmobilie die unsanierte Wohnung, deren Sanierung aber bereits geplant wird, einbeziehen kann. Als weiterer Sonderfall kann die Denkmal-Immobilie in die Überlegungen aufgenommen werden.

1   Bestandsimmobilien
2   Unsanierte Bestandsimmobilien
3   Denkmalimmobilien
4   Neubauimmobilien
5   Projektierte Immobilien

Alle fünf Fälle haben unbestreitbare Vorzüge. Leider haben sie auch Nachteile, die von Verkäufern und/oder Maklern oft verschwiegen oder schöngeredet werden.

1. BESTANDSIMMOBILIEN haben „Jahresringe". Diese Jahresringe lassen sich in Gestalt typischer Bauformen, der verwendeten Baumaterialien und der Ausführungsqualität regelrecht lesen (siehe „Besichtigung und Prüfung", Seiten 55 ff.). Am beliebtesten unter den Bestandsimmobilien ist der saniert Altbau. Er verbindet das Wohngefühl gediegener Bürgerlichkeit des ausgehenden 19. Jahrhunderts mit den Komfortansprüchen des 21. Jahrhunderts. Jedenfalls erwarten genau das die meisten Immobilienkunden, die sich für eine sanierte Altbauwohnung interessieren. Die Bauzeit der Originalsubstanz liegt in der Regel zwischen 1880 und 1915. Wer es hochwertig liebt, der fahndet in den Immobilienangeboten am besten gleich nach dem Begriff „Stilaltbau". Dieser Begriff lässt zwar meistens offen, um welchen Stil es sich dabei handelt – oft geht auch der fragwürdigste architektonische Eklektizismus noch als „Stil" durch –, der Begriff schafft aber einen gewissen Abstand zum Massenwohnungsbau der Zeit um 1900, den sogenannten Mietskasernen.

Was an den Bestandsimmobilien häufig am meisten fasziniert, ist zunächst ihre Lage in innerstädtischen Wohngebieten, sodann sind es Raumgrößen und Raumhöhen, die heute bei einem Neubau gar nicht mehr wirtschaftlich herstellbar wären. Auch die Bauausführung – Fassadenschmuck oder Stuckdecken, kunsthandwerklich gearbeitete Türen und Treppen, Holztäfelungen und Ähnliches – kann zu den Qualitätsmerkmalen zählen, die im Neubau üblicherweise nicht mehr zu finden sind. Zu den Nachteilen kann der Zustand der Bausubstanz gehören – dabei weniger die Schäden und Abnutzungen, die man auf den ersten Blick erkennt (Undichtigkeit der Fenster, veraltete Heizungsanlage, Feuchtigkeit im Keller, fehlende Dämmung der Keller- und der obersten Geschossdecke oder Schäden am Dach), sondern jene, die man nicht sofort erkennt (beispielsweise Wärmebrücken durch Balkone oder Loggien, durch Einbindung von Balken ins Mauerwerk, Schäden des Holzwerks durch Schädlingsbefall, gemeiner Hausschwamm und Ähnliches). Es ist für den Laien fast ausgeschlossen, bei einer flüchtigen Objektbesichtigung alle kritischen Punkte zu sehen, die unter die Lupe genommen werden müssten.

 INFO **GEBÄUDESCHÄDEN BETREFFEN JEDEN EIGENTÜMER** Lassen Sie sich niemals von einem Makler oder Verkäufer einreden, die Mängel an einem Wohngebäude beträfen nicht Ihre Wohnung, sondern nur das Dach, die Etage über Ihnen, die Keller, die Rückseite des Gebäudes oder den Hintereingang. Ein Schaden – zum Beispiel Schwammbefall – oder überhaupt ein Sanierungsstau am gesamten Gebäude betrifft auch Sie als Miteigentümer des Gemeinschaftseigentums, unabhängig davon, ob das Sondereigentum Ihrer Wohnung davon direkt betroffen ist oder nicht.
Die Übersicht rechts zeigt, welche Bauteile in der Regel dem Sondereigentum und welche dem Gemeinschaftseigentum zuzuordnen sind.

2. UNSANIERTE BESTANDSIMMOBILIEN. Eine Altbauwohnung hat immerhin schon gezeigt, was sie kann. Und was sie nicht kann – also wo ihre Probleme liegen. Der unsanierte Zustand einer Bestandsimmobile erfordert besondere Aufmerksamkeit. Aber der unsanierte Altbau gibt wenigstens ehrlicher Auskunft über seine „Macken" als ein Haus in einem frisch gestrichenen Zustand, der möglicherweise einiges verdeckt, was der Kaufinteressent nicht gleich sehen soll. Ein Sanierungsstau bedeutet in der Regel immer ein großes Kostenpaket. Aber er kann auch die Chance bieten, die umfassende Sanierung dann nach eigenen Vorstellungen durchzusetzen.

Der Architekt Ulrich Zink, Vorstandsvorsitzender des Bundesarbeitskreises Altbauerneuerung e. V., der sich selbst als „Immobilientherapeut" versteht, hat für die Bewertung von gebrauchten Immobilien Bewertungstools entwickelt, die Ihnen sowohl bei der Einschätzung Ihres Sondereigentums (also Ihrer Wohnung) als auch bei der Analyse des gesamten Gebäudes, an dem Sie einen Miteigentumsanteil erwerben, helfen können (siehe Interview mit Ulrich Zink, Seite 207).

Das Tool, das speziell für Bauherren (genauso auch für Erwerber einer Eigentumswohnung) relevant ist, findet man auf der Webseite des Bundesarbeitskreises Altbauerneuerung unter der Adresse www.bakaberlin.de/altbauerneuerung/fuer-bauherren.php.

Wer selbst eine erste Einschätzung des Zustands seiner Immobilie vornehmen möchte, findet mit dem Tool idi-al-easy den „idi-alen" Zugang: www.bakaberlin.de/altbauerneuerung/idi-al-easy.php.

Eigenes und gemeinschaftliches Eigentum

Bauteil/Ausstattungselement	Gemeinschaftseigentum	Sondereigentum	Anmerkung
Absperrventile	■		
Abwasserhebeanlagen	■		
Alarmanlage		■	Sofern auf den Bereich des Sondereigentums beschränkt
Armaturen		■	
Aufzüge	■		
Außenanlagen	■		
Badezimmereinrichtung		■	
Balkon	■		Alle festen Bauteile einschließlich Abdichtungen, Abflüsse und Gitter im Gemeinschaftseigentum; der Raum auf dem Balkon selbst sowie darauf zusätzlich angebrachte Gegenstände im Sondereigentum
Briefkastenanlage	■		Auch Briefeinwurf an der Wohnungseingangstür
Carports	■		
Dachfenster	■		Eine Aufteilung in außen (Gemeinschaftseigentum) und innen (Sondereigentum) ist bei Dachfenstern unzulässig
Dachterrassen	■	■	Bei Nutzung durch alle Eigentümer im Gemeinschaftseigentum; bei Nutzung durch nur einen Eigentümer im Sondereigentum, sofern in der Teilungserklärung entsprechend ausgewiesen
Dämm-/Isolierschichten	■		
Decken	■		Als konstruktive Elemente des Gebäudes
Deckenverkleidung		■	

Bauteil/Ausstattungselement	Gemeinschaftseigentum	Sondereigentum	Anmerkung
Doppelparkanlagen	■		Rechtsprechung nicht einheitlich
Estrich	■	■	
Etagenheizung		■	
Fenster (Teil der Gebäudehülle)	■		Innenanstrich der Fenster im Sondereigentum
Fensterbänke und -sims	■	■	Außen: Gemeinschaftseigentum; innen: Sondereigentum
Fensterläden (Außenrollläden, Außenjalousien)	■		Zugvorrichtungen und Gurte sowie Innenverkleidung der Rolllädenkästen im Sondereigentum
Fußböden	■		Als konstruktive Elemente des Gebäudes
Fußbodenbeläge innerhalb der Wohnung		■	
Fußbodenheizung	■		
Garagen	■		Können ggf. dem Sondereigentum zugewiesen werden
Gasuhren	■		
Gemeinschaftsantennen	■		Antennen einzelner Wohnungseigentümer im Sondereigentum
Hauptwasser-, Gas- und Elektroleitungen	■		
Haussprechanlagen und Türöffner	■		Endgeräte in der Wohnung im Sondereigentum
Heizkörper		■	Einschließlich der waagerechten Zuleitungen in die einzelnen Wohnungen von der Steigleitung an. Die Zuordnung zum Gemeinschaftseigentum ist grundsätzlich zulässig, weil die Gesamtheizungsanlage einen funktionellen Zusammenhang bildet.
Heizungsanlage	■		Zentralheizung, einschließlich Kessel, Brenner, Steuereinheit, Rohre
Kamine, offene		■	Schornstein als Teil des Kamins im Gemeinschaftseigentum
Kanalisation	■		
Kinderspielplatz	■		
Leitungen	■		Bis zur Abzweigung in die einzelnen Wohnungen
Licht-/Luftschächte	■		

Bauteil/Ausstattungselement	Gemeinschafts-eigentum	Sonder-eigentum	Anmerkung
Müllabwurfanlagen	■		
Putz innen		■	Sofern Fläche durch dauerhafte Markierung abgegrenzt ist
Putz außen	■		
Schlösser, Schlüssel	■	■	Schlüssel und Schlösser zu gemeinsam genutzten Räumen und zur gemeinsamen Haustür im Gemeinschaftseigentum
Schornstein	■		
Solaranlagen	■		Soweit sie dem gemeinschaftlichen Gebrauch dienen, aber nicht wenn ein Miteigentümer eine Solaranlage auf seinem Teileigentum für den eigenen Gebrauch betreibt
Stellplätze für Pkw im Freien	■		
Stellplätze in Sammelgaragen		■	
Tapeten		■	Innerhalb der Wohnung
Telefonanschlüsse	■		
Terrassen, ebenerdige	■		
Treppen	■		
Trittschalldämmung	■		
Türen	■		Haustüren, Türen zu Gemeinschaftsräumen, Wohnungseingangstüren außen
Türen innerhalb der Wohnung		■	Wohnungstür im Gemeinschaftseigentum, deren Innenseite verantwortet der Inhaber des Sondereigentums
Verbrauchsmessgeräte für Warmwasser- und Heizkosten	■		Auch wenn sie sich innerhalb der Wohnung befinden
Wände, nicht tragende innerhalb der Wohnung		■	Nicht tragende Wände zwischen zwei Wohnungen gehören zum Sondereigentum der beiden Wohnungen
Wände, tragende	■		
Wandverkleidungen		■	
Wärmedämmung	■		Wärmeschutz des Gebäudes steht dem Grundsatz nach im Gemeinschaftseigentum
Wasseruhren	■		Auch innerhalb der Wohnung

INFO ENTSCHEIDENDE BESICHTIGUNG MIT EINEM BAUEXPERTEN Bei Interesse an einer konkreten Bestandsimmobilie, ganz gleich ob in saniertem oder unsaniertem Zustand, raten wir Ihnen dringend, zur entscheidenden Besichtigung einen Experten, am besten einen Architekten mit Altbauerfahrung mitzunehmen. Im Verhältnis zur Investition, die getätigt werden soll, fällt das Honorar für die Beratung kaum ins Gewicht. Selbst ein etwas teureres Gutachten lohnt sich. Im positiven Fall sind Sie auf der sicheren Seite.
Für den Fall, dass Sie sich aufgrund des Gutachtens gegen die Immobilie entscheiden, haben Sie das Geld für eine sachlich begründete Entscheidung ausgegeben, die Ihnen eine Fehlinvestition erspart hat.

3. DENKMALIMMOBILIEN. Die Investition in denkmalgeschützte Immobilien gilt derzeit als sichere und lukrative Kapitalanlage. Wenn Zinsen für Bankeinlagen unterhalb der Inflationsrate liegen und Anleihen relativ krisenfester Staaten kaum noch etwas abwerfen, machen sich Geldvermögen folgerichtig auf die Suche nach Anlageformen, die noch Renditen erwarten lassen. Denkmalimmobilien locken mit einem vernünftigen Chance-Risiko-Verhältnis und attraktiven Rendite- und Wertsteigerungserwartungen. Ob und in welcher Weise sich die erwarteten Erträge realisieren, hängt natürlich vom jeweils einzelnen Objekt ab. Fakt ist: Der Staat lässt es sich etwas kosten, wenn historische Gebäude von privaten Eigentümern saniert werden. Die Sanierungskosten können zu einem beträchtlichen Teil steuerlich geltend gemacht werden. Ein entsprechend hohes Einkommen vorausgesetzt, kann der Erwerber bis zu 35 Prozent des effektiven Kaufpreises infolge der Steuerersparnis wieder hereinholen. Dennoch ist nach zehn Jahren beim Verkauf eines solchen geförderten Renditeobjekts die steuerfreie Vereinnahmung des Verkaufserlöses möglich.
Eine sanierte Denkmalimmobilie vereint den Charme und die Individualität eines historischen Gebäudes mit dem Wohnstandard eines Neubaus. Denkmalimmobilien findet man häufig in bevorzugten Innenstadtlagen. Kapitalanleger profitieren damit von der erstklassigen Vermietbarkeit des Objekts.

Was ist im steuerlichen Sinne eigentlich **ein Denkmal**? Der § 7h Einkommensteuergesetz spricht zunächst nicht vom Denkmal, sondern von „einem im Inland gelegenen Gebäude in einem förmlich festgelegten Sanierungsgebiet oder städtebaulichen Entwicklungsbereich". Damit wird der Denkmalbegriff nicht im architekturgeschichtlichen Sinn verwendet, sondern weiter gefasst, als man auf den ersten Blick annehmen könnte. Die steuerliche Förderung ist an die Bedingung geknüpft, dass „er [der Bauherr] durch eine Bescheinigung der zuständigen Gemeindebehörde" die Voraussetzungen für die Förderung der entsprechenden Maßnahmen nachweisen kann. Die steuerrechtlichen Regelungen gelten im Übrigen ausdrücklich auch für „Gebäudeteile, die selbstständige unbewegliche Wirtschaftsgüter sind, sowie für Eigentumswohnungen und für im Teileigentum stehende Räume". Somit ist klar, dass die steuerliche Förderung für Denkmalimmobilien auch dann greift, wenn das Gesamtgebäude in einzelne Eigentumswohnungen gleichsam zerlegt worden ist.

Der § 7i des Einkommensteuergesetzes beschäftigt sich mit dem „eigentlichen" Denkmal und spricht von „einem im Inland gelegenen Gebäude, das nach den jeweiligen landesrechtlichen Vorschriften ein Baudenkmal ist". Die Förderung erstreckt sich auf Baumaßnahmen, „die nach Art und Umfang zur Erhaltung des Gebäudes als Baudenkmal oder zu seiner sinnvollen Nutzung erforderlich sind". Eine sinnvolle Nutzung wird nur dann angenommen, „wenn das Gebäude in der Weise genutzt wird, dass die Erhaltung der schützenswerten Substanz des Gebäudes auf Dauer gewährleistet ist." Mit diesen Einschränkungen wollte der Gesetzgeber Luxussanierungen und Fehlnutzungen hinter historischer Fassade auf Kosten des Steuerzahlers unterbinden. Die Vorschriften sind entsprechend anzuwenden, wenn nur ein Gebäudeteil denkmalgeschützt ist. Selbst bei einem Gebäude(-teil), das selbst nicht Denkmalstatus besitzt, kann die Förderung noch greifen, sofern es „Teil einer Gebäude-

Die Investition in denkmalgeschützte Immobilien gilt derzeit als sichere und lukrative Kapitalanlage.

gruppe oder Gesamtanlage ist, die nach den jeweiligen landesrechtlichen Vorschriften als Einheit geschützt ist". Allerdings können die erhöhten Absetzungen der AfA (Abschreibung für Abnutzung) Denkmal nur in Anspruch genommen werden, „soweit die Herstellungs- oder Anschaffungskosten nicht durch Zuschüsse aus öffentlichen Kassen gedeckt sind".

Mehr als der reine Gebäudewert einer Denkmalimmobilie bestimmen die Sanierungskosten – oft erreichen sie 70 Prozent des Gesamtpreises – den Kaufpreis einer Denkmalimmobilie. Kapitalanleger können diese Sanierungskosten in voller Höhe zwölf Jahre lang absetzen; die „Afa Denkmal" sieht für die ersten acht Jahre einen Afa-Satz von 9 Prozent, danach weitere vier Jahre lang einen Satz von 7 Prozent vor. Anders als der sprichwörtliche „Häuslebauer" profitiert auch der Eigennutzer von der steuerlichen Förderung der Denkmalimmobilien. Er kann zehn Jahre lang jeweils 9 Prozent der Wiederherstellungskosten steuerlich geltend machen. Voraussetzung ist, dass der Käufer das Objekt erworben hat, bevor die Sanierung beginnt.

Ein Baudenkmal muss besondere Kriterien erfüllen. In der Regel soll es einer bestimmten baugeschichtlichen Epoche zuzuordnen sein und die typischen Merkmale dieser Epoche in besonders hoher architektonischer Qualität repräsentieren und/oder einen besonderen kulturellen oder zeitgeschichtlichen Wert besitzen. Das Amt für Denkmalschutz der jeweiligen Gemeinde überwacht die Einhaltung des Denkmalschutzgesetzes. Alle baulichen Veränderungen an der Denkmalimmobilie muss die Behörde genehmigen; sie kann auch Maßnahmen untersagen oder Auflagen erteilen. Diese Auflagen mögen manchem Bauherrn lästig sein, und sie können auch durchaus die Kosten der Sanierung nach oben treiben. Aber genau dafür hat der Gesetzgeber als Ausgleich die erhöhten AfA-Sätze geschaffen. Niemand, der sich für eine Denkmalimmobilie interessiert, sollte der Illusion erliegen, dass die Steuervorteile zum Nulltarif zu haben sind.

4. DIE NEUBAUWOHNUNG, die gerade frisch fertiggestellt ist, wird man in der Regel von einem Bauträger erwerben, der das Projekt vom Grundstückserwerb bis zur schlüsselfertigen Übergabe der Wohnung entwickelt hat. Zwar ist es vielen Bauträgern am liebsten, ein Objekt schon verkauft zu haben, bevor es gebaut ist. Aber so leicht ist das eben auch nicht, eine Immobilie ausschließlich als Exposé oder mittels Hochglanzprospekt zu verkaufen. Mancher Bauträger möchte sich auf die komplexen Regelungen der Makler- und Bauträgerverordnung nicht einlassen, weil sie sehr viel administrativen Aufwand bedeuten. Und wieder andere Bauträger scheuen den Zeit- und Planungsaufwand, den die Beteiligung des Kunden mit seinen Sonder- und Änderungswünschen mit sich bringt. Sie bieten die Wohnung lieber erst dann zum Verkauf an, wenn Änderungen nicht mehr ohne Weiteres möglich sind. Bestimmte Änderungen sind natürlich an jeder fertiggestellten Wohnung möglich, aber sie kosten dann unter Umständen eine Menge Geld und liegen nicht mehr in der Verantwortung des Bauträgers, sofern er die Wohnung schlüsselfertig übergeben hat.

Begeht man ein komplett fertiggestelltes Objekt, sieht man als Laie in der Regel nur wenig Auffälliges. Denn man sieht nur noch, was die Oberflächengewerke hinterlassen haben. Hinter verputzten und tapezierten Wänden kann man den Mauerstein nicht mehr sehen, der verbaut worden ist.

Es ist zwar nützlich, sich das Exposé und die Baubeschreibung genau anzuschauen und die vorgefundenen Details der Wohnung damit zu vergleichen, aber als Laie entdeckt man bei diesem Abgleich nicht unbedingt, worauf es wirklich ankommt.

5. DIE PROJEKTIERTE ODER IM BAU BEFINDLICHE NEUBAUWOHNUNG kann sich zu einer idealen Traumimmobilie entwickeln – oder zu einem Albtraum. Die projektierte Neubauwohnung existiert nämlich allenfalls als Exposé des Bauträgers – im besten Fall als Rohbau.

Im Unterschied zum Bauunternehmer, der im Auftrag des Bauherrn auf dessen Grundstück tätig wird, sind Bauträger gewerbsmäßig tätige Unternehmen, die auf eigenem Grund und Boden Gebäude errichten und den Vertrieb dieser Immobilien organisieren, das heißt das Haus oder die Wohnungen einer Wohnanlage samt Grund und Boden – in der Regel schlüsselfertig – veräußern.

Der schlüsselfertige Verkauf nach Fertigstellung ist das Ziel – idealerweise. Doch mit dem Vertrieb beginnen Bauträger in der Regel schon einige Zeit vor der Vollendung des Immobilienobjekts. Das hat Vorteile für den Erwerber, kann er doch, wenn er frühzeitig involviert ist, noch Einfluss auf bestimmte Details und Ausstattungsmerkmale nehmen und so seine Wohnung tatsächlich zu einer Wunschimmobilie machen. Es birgt für den Erwerber aber auch Risiken – in allen Fällen, wo er finanziell in Vorleistung geht und im Gegenzug nicht (zum Beispiel wegen Konkurs des Bauträgers) die gewünschte Leistung erhält.

Relevante Rechtsvorschriften, die auch für den Erwerber einer projektierten Eigentumswohnung eine gewisse Rechtssicherheit schaffen, enthält die **Makler- und Bauträgerverordnung** (MaBV). Für den Verbraucher und seinen Schutz ist besonders § 3 „Besondere Sicherungspflichten des Bauträgers" dieser Verordnung wichtig. Hier ist geregelt, unter welchen Bedingungen der Bauträger Vermögenswerte seines Kunden in Anspruch nehmen darf und welche Ratenzahlungen gemäß Baufortschritt von ihm eingefordert werden können (www.gesetze-im-internet.de/gewo_34cdv).

BESICHTIGUNG UND PRÜFUNG

Wie schon erwähnt, beginnt die Analyse der Bedingungen für den Erwerb einer Eigentumswohnung nicht beim Objekt, sondern beim Interessenten und potenziellen Käufer. Für ein zweckmäßiges Vorgehen hat der Architekt Ulrich Zink, Vorstandsvorsitzender des Bundesarbeitskreises Altbauerneuerung, einen Musterfahrplan entwickelt, der Kaufinteressenten hilft, Risiken zu vermeiden, indem er die subjektiven Anforderungen des Käufers mit den objektiven Gegebenheiten der Immobilie abgleicht.

Anamnese, die Aufnahme einer Krankengeschichte, und **Diagnose**, die Erhebung eines aktuellen Befunds, sind dabei sinnbildlich zu verstehen. Das Haus, in dem sich Ihre ins Auge gefasste Wohnung befindet, muss nicht krank sein. Dennoch hat es, je älter es ist, umso mehr erlebt. Und die Spuren dieses Immobilienlebensalters haben es in sich – nur sind sie nicht für jedermann sichtbar, sondern sollten von einem „Hausarzt" gelesen werden.

Anamnese und Diagnose erfordern bei einer gebrauchten Wohnung nicht weniger Aufmerksamkeit als bei einem kompletten Haus. Manches ist sogar – wegen der besonderen Rechtsform des Wohnungseigentums – etwas komplizierter. Der im Folgenden dargestellte Musterfahrplan geht von einer gebrauchten Wohnung aus. Dafür gibt es Gründe. Zum einen: Gebrauchte Wohnungen stellen hinsichtlich der Frage, wie viele Teufel in wie vielen Details stecken, die höchsten Anforderungen. Zum anderen: Nach Jahren des Neubaubooms hat sich in den letzten Jahren eine Trendwende zum Bauen im Bestand vollzogen. Man findet also verlockende „komplett durchsanierte" Wohnungen vor, die beim Besichti-

gen wie Neubauten wirken, denen aber dennoch eine Historie „in den Knochen" steckt. Echte Neubauten sind seltener geworden, da die Grundstücke für den Neubau insbesondere in den Großstädten und Ballungsgebieten knapp und teuer geworden sind. Experten gehen davon aus, dass 80 Prozent des Wohnraums, der in den nächsten 20 Jahren nachgefragt werden wird, heute schon existiert. Aber nicht immer existiert er in einem Zustand, der heutige Ansprüche an Wohnkomfort und Haustechnik befriedigt.

Der Musterfahrplan

Gibt es einen idealen Weg zum wunschlos glücklichen Leben in der eigenen Wohnung? Wahrscheinlich nicht. Aber immerhin gibt es einige exemplarische Fälle, die Ihnen helfen können, sich in der jeweils konkreten Situation zurechtzufinden.

So finden sich charakteristische Merkmale am Gebäude, die auf ähnlich gelagerte Probleme hinweisen, wie sie an anderen Gebäuden auftreten können. Die Beispiele sind also Referenzmuster für den Abgleich mit Ihrer eigenen Immobilie. Und Sie werden auch bei Ihren Vertragspartnern auf immer wiederkehrende Verhaltensmuster stoßen, etwa beim Bauträger, im Maklerbüro oder in der Bankfiliale.

Sie werden nach der Lektüre eines kurzen Kapitels in diesem Buch nicht gleich zum Experten für die Beurteilung von Immobilien werden. Betrachten Sie die Beispiele in diesem Buch vielmehr wie Verkehrsschilder, die dort, wo sie stehen, auf besondere Verkehrs- oder Gefahrensituationen aufmerksam machen. Richtig reagieren und situationsadäquat handeln müssen Sie selbst.

Am besten ist es, wenn Sie nach einem Musterfahrplan vorgehen, der sich in vielen Fällen in der Praxis bereits bewährt hat. Die folgenden elf Schritte begleiten Ihren Weg zur eigenen (gebrauchten) Wohnung. Möglicherweise entstehen einige dieser Probleme nicht, weil Sie eine schlüsselfertige Neubauwohnung erwerben. Umso besser. Wenn Sie sicher sind, dass die Bauausführung Ihren Ansprüchen genügt, können Sie diese Punkte auf Ihrem Fahrplan abhaken. Das betrifft insbesondere die Schritte 7 bis 11. Wenn Ihnen beim Erwerb einer Neubauwohnung daraus schwerwiegende Aufgaben erwachsen, ist irgendwo etwas schiefgelaufen und die Wohnung war nicht wirklich schlüsselfertig. Dass Sie auch in einer Neubauwohnung noch etwas nach Ihren Bedürfnissen umgestalten können, sofern Sie damit nicht in das Gemeinschaftseigentum eingreifen, bleibt Ihnen unbenommen.

Zu diesen elf Schritten werden Sie immer wieder zurückkehren. Es ist ein bisschen wie beim bekannten Spiel Monopoly. „Gehe zurück auf 2 und mobilisiere neue Geldmittel ...". Keiner dieser elf Schritte ist unwichtig, und besonders die ersten sieben Schritte sind nicht ein für alle Mal erledigt, wenn Sie sie einmal gegangen sind.

Es kann sein, dass Sie die Resultate aus Schritt 4 dazu zwingen, sich erneut mit der Raumplanung und Ihrer eigenen Finanzplanung zu beschäftigen. Außerdem sollte keiner dieser elf Schritte ausschließlich auf Ihr Sondereigentum beschränkt bleiben – das gesamte Gebäude, in dem sich Ihre Wohnung befindet, verdient Ihre Aufmerksamkeit.

Müssen Sie sich an die vorgeschlagene Reihenfolge der Schritte halten? Unterschiedlicher Auffassung kann man bei den ersten drei Schritten sein.

Muss man sich nicht über die eigene Finanzlage im Klaren sein, bevor man überhaupt daran denkt, eine Wohnung zu erwerben? Grundsätzlich ja. Aber nach diesem grundsätzlichen Ja folgt sofort die Frage nach Ihren Wohnbedürfnissen, sofern Sie die Wohnung selbst nutzen wollen. Oder die Frage nach der Eignung als Kapitalanlage, wenn Sie Kapital anzulegen haben.

Sollte man nicht besser gleich zu Beginn einen Berater hinzuziehen, bevor man sich eine konkrete Wohnung anschaut und die eigenen Finanzen überprüft? Sicher ist es vernünftig, einen Experten so früh wie möglich einzubeziehen – aber natürlich erst, wenn Sie selbst eine konkrete Vorstellung von dem haben, was Sie sich anschaffen wollen. Wobei sollte er Sie sonst beraten?

Viel hängt hier von Ihrem Zeithorizont und von Ihrem Temperament ab. Unterschiedliches Temperament heißt: Es gibt natürlich Käufer und Anleger, die maximal 300 000 Euro unterbringen wollen, aber auf keinen Fall mehr. Deren Objektwahl wird dann fast ausschließlich von diesem finanziellen Rahmen bestimmt, die anderen Faktoren wie Lage und Ausstat-

Elf Schritte für Ihren Fahrplan

1	Erstellen Sie ein Käufer- bzw. Bauherrenprofil.
2	Nehmen Sie eine Vermögensanalyse vor, und stellen Sie ein Finanzierungskonzept auf.
3	Finden Sie einen Altbauexperten oder Immobiliengutachter, Ihren „Hausarzt".
4	Nehmen Sie eine Gebäudediagnose mit den folgenden Optionen vor: ✓ Grunddiagnose, ✓ Grobkosteneinschätzung, ✓ Energiegutachten, ✓ Thermografieaufnahmen, ✓ Maßnahmenkonzept.
5	Beginnen Sie mit der Planung, und nehmen Sie den Abgleich mit den Bestandsplänen vor. Klären Sie, welche Genehmigungen eingeholt werden müssen.
6	Klären Sie, ob und welche fachlich Beteiligten noch eingeschaltet werden können und müssen, zum Beispiel Statiker, Holzschutzgutachter, Vermesser usw.
7	Erstellen Sie eine Maßnahmen- und Leistungsbeschreibung.
8	Holen Sie Angebote ein. Die Ausschreibung sollte unbedingt ein Fachmann vornehmen.
9	Vergeben Sie die erforderlichen Arbeiten.
10	Sorgen Sie für professionelle Bauleitung und Qualitätssicherung.
11	Vor dem Ziel steht die Abnahme und Dokumentation der Arbeiten.

tung müssen sich diesem Rahmen unterordnen. Ein anderer Typus hat einen ganz konkreten Wohntraum. Er sucht zuerst das Objekt, das diesem Traum am nächsten kommt, und rechnet erst dann, ob sein Geld dafür reicht. Unter Umständen ist er bereit – und hier kommt der Zeithorizont ins Spiel – mehrere Jahre lang auf Urlaub und auf manch andere Annehmlichkeit zu verzichten, um sich schließlich seinen Traum zu erfüllen. Auch unter den Kapitalanlegern gibt es diesen Typ: Sein Anlageobjekt soll so beschaffen sein, dass er selbst gern darin wohnen würde.

Wer seine Wohnung etwa als vorübergehendes Domizil kauft, in dem Wissen, dass sein Job ihn in ein paar Jahren an einen anderen Ort verschlagen wird, der wird möglicherweise nicht allzu viel Kraft darauf verschwenden, seine Traumwohnung zu finden. Für ihn spielt die Wiederverkäuflichkeit der Wohnimmobilie eine viel größere Rolle als für einen Käufer, der sich auf Lebenszeit in der Wohnung einrichten will.

Alles allein?

Beantworten Sie sich bitte selbst die Frage: Schaffen Sie es allein und ohne Expertenhilfe, Budget und Wohnung in ein annäherndes Gleichgewicht zu bringen? Trauen Sie sich zu, alle Kostenfaktoren, die mit dem Erwerb (etwa einer gebrauchten Immobilie) verbunden sind, realistisch abzuschätzen? Sind Sie sicher, dass Sie alle finanziellen Reserven, Hilfsquellen und Fördermöglichkeiten allein finden und mobilisieren können?

Bei den finanziellen Größenordnungen, um die es bei einem Wohnungskauf geht, ist eine Planung „Pi mal Daumen" bei der Finanzierung ebenso gefährlich wie bei der Beurteilung der Gebäudesubstanz oder der möglicherweise erforderlichen Umbau- und Sanierungsarbeiten auf der Baustelle. Darum die dringende Empfehlung, sich möglichst früh einen „Hausarzt" zu suchen: einen unabhängigen Experten, der nicht die Interessen eines Immobilienverkäufers oder Maklers, nicht die Interessen eines Immobilienfinanzierers und auch nicht die Interessen eines Baustoffhändlers vertritt, sondern Ihre eigenen Interessen.

Entscheidend ist also nicht, welchen der drei Schritte Sie an erster, zweiter oder dritter Stelle unternehmen, entscheidend ist, dass Sie keinen Schritt auslassen.

Das Käufer- oder Bauherrenprofil

Wozu ist ein solches Profil notwendig? Das Gebäude mit Ihrer Wohnung steht doch normalerweise schon und soll nicht neu gebaut werden. Dieses Argument, mit dem noch viel zu oft auf ein strukturiertes Bauherrenprofil verzichtet wird, ist ein Scheinargument.

Zum einen wissen Sie noch gar nicht, ob und wie viel in Ihrer Wohnung noch gebaut oder umgebaut werden muss. Selbst bei einer schlüsselfertig übergebenen Wohnung kann es Details geben, die Sie zu korrigieren wünschen. Dann hat der Bauträger seine Schuldigkeit getan, und Sie selbst avancieren zum Bauherrn. So können Sie nach dem äußeren Anschein auch noch gar nicht abschätzen, ob mit dem Gebäude in seiner Gesamtheit alles in Ordnung ist oder ob in nächster Zeit Sanierungen anstehen, die Sie als Miteigentümer erheblich belasten können.

Und zum anderen soll die Immobilie ja nicht abstrakt beurteilt werden. Also geht es nicht darum, welche Qualitäten die Wohnung an und für sich hat, sondern ob sie zu Ihnen passt – also welche Qualitäten sie für Sie hat. Wenn Sie Ihre eigenen Wünsche und Vorstellungen, Vorlieben und Abneigungen, Ihre finanziellen Möglichkeiten und Ihre vielleicht noch nicht erschlossenen Reserven in einem Profil abbilden, kommen Sie am sichersten zum ersten Teilziel, nämlich möglichst genau zu wissen, was Sie selber wollen.

Ein vollständiges Bauherrenprofil, wie es sich in der Praxis seit Jahren bewährt hat, können Sie sich unter der Adresse www.test.de/ shop/eigenheim-miete/die-gebrauchte-wohnung-sp0275 als Formular (PDF-Datei) herunterladen. Beantworten Sie möglichst alle Fragen, auch wenn Ihnen das im Augenblick überflüssig erscheint. Auch wenn es dabei schon manchmal ans Eingemachte geht: Mit diesen Basisfragen werden grundsätzliche Entscheidungen vorbereitet.

Das Käufer- und Bauherrenprofil, wie es hier vorgeschlagen wird, gliedert sich in acht Abschnitte.

1	**Käufer/Bauherr:** ✓ Angaben zu Personen und Nutzern ✓ Angaben zu Objekt und Grundstück
2	**Nutzung:** ✓ Wer soll die Wohnung nutzen? ✓ Welche Art von Nutzung ist geplant? ✓ Für wie viele Personen ist die Wohnung gedacht? ✓ Welche Nutzungsdauer ist ins Auge gefasst? ✓ Was ist Ihnen besonders wichtig/unwichtig? ✓ Welche Rolle spielen Architektur, Ambiente, Stil? ✓ Welche Technik wird gewünscht? ✓ Wie sollen Klima-, Heiz- und Lüftungsanlage aussehen?
3	**Baustoffe, Materialwelt und Form:** ✓ Welche Baustoffe bevorzugen Sie beziehungsweise lehnen Sie ab? ✓ Welche Farben und Formen bevorzugen Sie? ✓ Welche Grundrisslösung wünschen Sie?
4	**Finanzen:** ✓ Wie hoch sind die Investitionskosten? ✓ Welche finanziellen Mittel stehen zur Verfügung? ✓ Sollen öffentliche Mittel genutzt werden? ✓ Sind steuerliche Aspekte zu beachten? ✓ Sind Eigenleistungen geplant?
5	**Zeitrahmen:** ✓ Wollen Sie sofort einziehen/die Wohnung sofort nutzen? ✓ Gibt es ein Zeitfenster zwischen Planung und Einzug?
6	**Wie möchten Sie bauen?**
7	**Wie schätzen Sie den Zustand des Gebäudes als Ganzes und der Wohnung selbst ein?**
8	**Erforderliche Unterlagen**

Das eigene Raumprogramm

Wichtig für Ihre eigene Disposition ist das Raumprogramm, das Ihnen vorschwebt. Dieses wiederum hängt mit der Art der Nutzung zusammen. Dabei können beispielsweise folgende Fragen auftauchen:

► Soll die Wohnung ausschließlich Wohnzwecken dienen?
► Oder soll in der Wohnung auch ein Gewerbe ausgeübt oder eine Praxis eingerichtet werden?
► Wenn ja, welcher Raumbedarf ist für dieses Gewerbe oder die Praxis vorzusehen?
► Wünschen die Bewohner spezielle, ihrem Beruf entsprechende Arbeitsräume?
► Sind Kinderzimmer oder separierbare Gästezimmer vorzusehen? Wenn ja, wie viele?
► Spielt Barrierefreiheit eine Rolle?
► Sind Haustiere erlaubt? Sind besondere Anforderungen an die Haltung von Haustieren zu berücksichtigen?

Auch diese Fragen stehen nur beispielhaft für eine Fülle tatsächlicher und sehr konkreter Fragen, die Sie sich selbst stellen müssen, bevor Sie an den Kauf einer Wohnung denken. Denn es wäre keine sehr gute Idee, sich zuerst eine Wohnung zu kaufen, um anschließend festzustellen, dass das Schlafzimmer zu klein für den Kleiderschrank ist und deshalb noch ein zusätzliches Ankleidezimmer gebraucht wird. Oder die Gemeinschaftsordnung der Wohnungseigentümergemeinschaft, der Sie beiträten, schließt das Halten von Haustieren grundsätzlich aus, und Sie dürften mit Ihrem Hund gar nicht einziehen. Beschränkungen, welche die Gemeinschaftsordnung setzt, sind nur schwer zu ändern.

Die **Checkliste Raumprogramm** (siehe Seite 53) soll Ihnen dabei helfen, sich über den eigenen Raumbedarf klar zu werden.

► In der ersten Spalte finden Sie die häufigsten Raum- und Nutzungsarten.
► In der zweiten Spalte finden Sie Quadratmeterzahlen, wie sie üblicherweise bei Wohnimmobilien veranschlagt werden. Die Größen können bei Neubauimmobilien auch nach unten abweichen.
► In die dritte Spalte können Sie die Quadratmeterzahl eintragen, die Sie mindestens benötigen, damit Sie die von Ihnen gewünschte Lebensqualität erreichen.
► In der vierten Spalte stehen bereits Alternativvorschläge für eine mittlere Quadratmeterzahl.

▶ In der fünften Spalte können Sie die Flächen in der maximalen Größe definieren, die Ihrem Wohn- und Lebensgefühl entspricht.

▶ In der letzten Spalte ist Raum für Hinweise und Bemerkungen, welche die Besonderheiten eines Raumes oder einer Raumnutzung definieren.

Mit dem Raumprogramm werden Sie sich sicher nicht nur einmal beschäftigen. Denn es ist nicht der Regelfall, dass Sie sofort eine Immobilie finden, die all Ihren Wünschen ohne Abstriche gerecht wird. Sie werden also entweder Ihr eigenes Raumprogramm den vorgefundenen Verhältnissen anpassen oder die Verhältnisse nach Ihrem Raumprogramm verändern (das heißt umbauen) müssen. In jedem Fall wird das ausgefüllte Raumprogramm bei umfangreicheren Umbaumaßnahmen von der Planung über die Vergabe der Arbeiten bis zur Abnahme und Dokumentation eine wichtige Rolle spielen.

Gewerbe in den eigenen Räumen?

Für viele Selbstständige und Freiberufler wird die Suche nach Wohneigentum heute durch den Beruf motiviert. In der eigenen Immobilie

Checkliste Raumprogramm

Raum / Nutzung	Üblich qm	Mindestens qm	Mittel qm	Maximal qm	Hinweise
Küche	12				
Essen	12				
Wohnen	28				
Wohnküche			32		Spart Platz
Balkon			10		
Kind 1	14		18		Für 2 Kinder
Kind 2	14				
Kind 3	14		14		
Gäste	14				
Schlafen	16		18		
Arbeiten	14		12		
Hobby	16		12		
Diele	8		6		
Bad/WC	10		8		
Zwischensumme	172		130		
Keller	26				
Speicher /Dach					
Garten					
Garage/Stellplatz					
Grundstücksanteil					

sollen Wohnen und Berufsausübung verbunden werden. Das kann positive Effekte haben.

Für die Frage, ob der Nutzung einer Wohnung als Büro aus juristischen Gründen ein wichtiger Einwand entgegensteht, hat das Bayerische Oberlandesgericht schon 2000 in einer Entscheidung festgestellt, dass es dabei maßgeblich auf die Umstände des Einzelfalls ankommt, insbesondere auf die Art der Büronutzung. Beeinträchtigt die gewerbliche Nutzung das Wohnen der übrigen Parteien mehr als die zweckbestimmte Nutzung zu Wohnzwecken? Für den Fall eines Friseursalons in einer im ersten Obergeschoss gelegenen Wohnung haben die Richter das bejaht.

Das Amtsgericht München hat in einem Urteil von 2014 festgestellt: „Die Nutzung einer Wohnung als Naturheilpraxis stellt keine über das übliche Maß hinausgehende Einwirkung auf das Gemeinschaftseigentum dar. Mit einem frequentierten Patientenverkehr über das im Gemeinschaftseigentum liegende Treppenhaus ist nicht zu rechnen, weshalb eine die Nutzungsuntersagung rechtfertigende Beeinträchtigung ausscheidet."

In der Teilungserklärung wurde bis vor kurzem zwischen dem eigentlichen Wohnungseigentum und dem nicht zu Wohnzwecken bestimmten Teileigentum unterschieden. Das Berliner Kammergericht hält seit einer Entscheidung vom 3.12.2007 eine solche Trennung nicht mehr für erforderlich. „Um verschiedene – möglichst weitgehende – Nutzungsmöglichkeiten zuzulassen, ohne dass es der im Falle nachträglicher Umwandlung von Wohnungs- in Teileigentum und umgekehrt erforderlichen Zustimmung aller Wohnungseigentümer bedarf, ist es möglich, eine Bestimmung der Nutzungsart in der Teilungserklärung beziehungsweise der Gemeinschaftsordnung zu unterlassen", heißt es in dem Beschluss. Dementsprechend kann die Auslegung der Zweckbestimmung einer Sondereigentumseinheit als „Gewerbewohnung" die Nutzung sowohl als Wohnung als auch zu gewerblichen Zwecken zulassen. Oft findet sich in der Gemeinschaftsordnung ein Passus wie dieser: „In den Wohnungen dürfen gewerbliche oder sonstige berufliche Tätigkeiten nur mit schriftli-

cher Einwilligung des Verwalters ausgeübt werden, wenn und soweit mit diesen Tätigkeiten Einwirkungen auf das gemeinschaftliche Eigentum oder auf fremdes Sondereigentum verbunden sind, die über das übliche Maß hinausgehen."

Ist die Nutzungsart in der Teilungserklärung beziehungsweise der Gemeinschaftsordnung ausdrücklich auf Wohnzwecke beschränkt, muss die Wohnungseigentümergemeinschaft der Nutzungsänderung zustimmen. In dem Fall kann aber niemand untersagen, wenn jemand in der eigenen Wohnung ein Arbeitszimmer oder Homeoffice einrichtet. In der Rechtsprechung ist anerkannt, dass eine Nutzung von Räumlichkeiten zu teilweise freiberuflichen Tätigkeiten jederzeit zulässig ist, wenn in einer Wohnung eines der Zimmer als Büro genutzt wird, um zu Hause zu arbeiten, und wenn dort keine Besucher empfangen werden. Aber schon die Anbringung eines Firmenschilds an der Hausfassade berührt das Gemeinschaftseigentum und ist nicht ohne Weiteres zulässig.

Für die gewerbliche (Teil-)Nutzung einer Wohnung ist bei der Suche ferner zu berücksichtigen, ob sich die Immobile mit der Eigentumswohnung in einem reinen Wohngebiet oder in einem ausgewiesenen Mischgebiet befindet. In einem reinen Wohngebiet kann die Ausübung eines Gewerbes untersagt werden.

Das Gebäude

Ihre Wohnung befindet sich in einem konkreten Gebäude. Der Bauzustand des Gebäudes selbst sagt zwar nicht alles über die innere Beschaffenheit der Wohnung aus, kann aber durchaus Probleme bereiten, die man aus der Innenperspektive einer modern ausgestatteten, frisch renovierten Wohnung nicht auf den ersten Blick bemerkt. Denken Sie da nur an die Wasserleitungen und die Elektroinstallation.

Der Gebäudetyp, auf den Sie bei der Suche nach Ihrer Wohnung gestoßen sind, wird den Kaufpreis wesentlich mitbestimmen. Auch der Wiederherstellungsaufwand und der künftige Unterhaltungsaufwand werden von Art und Alter des Gebäudes beeinflusst. Man sollte also schon sehr genau wissen, auf welche Art von

Architektur und welches Alter des Gebäudes man sich einlassen will.

Konstruktion und Material

Das absolute Alter allein sagt nicht alles über ein Gebäude. Eine mögliche Typologie der Gebäude kann nach Art der Konstruktion und verwendetem Material aufgestellt werden.

▶ **Lehmbau** – Die traditionelle Technik des Lehmbaus ist sowohl bei alten Fachwerkbauten als auch bei – selteneren – Stampflehmbauten anzutreffen. Am Fachwerkbau findet sich Lehm entweder bei der Ausfachung mit luftgetrockneten Lehmziegeln oder als Bewurf von Holzgeflecht in den Gefachen. Lehm vermag Wärme und Feuchtigkeit gut zu speichern und sorgt bauklimatisch für Temperaturausgleich und stabile Luftfeuchtigkeit, sodass sich in Lehmbauten ein für den Menschen angenehmes und gesundes Raumklima einstellt.

▶ **Holzbauten** – Holz gehört zu den ältesten Baustoffen der Menschheitsgeschichte. Neben Vollholz – wie beispielsweise bei traditionellen Blockhäusern – werden auch verschiedene, zum Teil moderne Holzwerkstoffe für den Holzbau eingesetzt. Holz findet sich oft in Verbindung mit anderen Bautechniken an ein und demselben Gebäude, häufig zum Beispiel auf massiv gemauerten Untergeschossen in Form von Obergeschossen in Holzbauweise. Fertighäuser werden oft aus Holz, beispielsweise in Holztafelbauweise, gefertigt. Selbst große mehrgeschossige Stadthäuser sind in moderner Holzbauweise errichtet worden.

▶ **Mauerwerksbauten** – Zu den traditionellen Massivbauten gehören die aus Mauerwerk errichteten Häuser. Typisch für Mauerwerksbauten ist die Verwendung von einzelnen druckfesten Elementen, beispielsweise Mauerziegeln, Werksteinen und Betonformsteinen, die in einem bestimmten Mauerwerksverband miteinander verbunden sind. Mauerwerksbauten haben eine landschaftlich sehr unterschiedliche Ausprägung erfahren. In den werksteinarmen Regionen Norddeutschlands dominiert bis heute der Ziegelbau, während in Süddeutschland Mauerwerksbauten aus Werksteinen häufiger anzutreffen sind, wobei auch hier das verwendete Material – Sandstein, Porphyr, Kalkstein … – je nach den lokalen Angeboten schwankt.

▶ **Stahlbetonbau** – Beim Stahlbetonbau wird Beton als druckfestes Material verwendet. Da Beton zugschwach ist, wird Bewehrungsstahl zur Aufnahme der Zugkräfte eingesetzt; daher spricht man vom Stahlbetonbau. An Problembereichen (korrosionsgefährdete oder besonders stark beanspruchte Zonen) werden Bewehrungsstäbe aus Edelstahl oder – neuerdings – glasfaserverstärkten Kunststoffen eingesetzt. Durch Einbringen gespannter Stahleinlagen kann die Festigkeit des Stahlbetons erhöht und das Bauen mit größeren Stützweiten mittels Spannbeton erreicht werden. Risse sind beim Stahlbeton unvermeidlich und, sofern sie in der Norm bleiben, kein Mangel.

▶ **Stahl und Glas** – Reiner Stahlbau, das heißt die Montage der tragenden Bauteile aus Stahl, ist bei Wohnimmobilien selten anzutreffen, häufiger indes beim Industrie- und Brückenbau. Bei Wohn- und Bürohäusern findet man den Stahlskelettbau, der es erlaubt, Decken und Zwischenwände aus Fertigteilen einzufügen. Fassadenelemente bestehen häufig aus Glas – die gläserne Hochhausfassade wird nachgerade zu einem Symbol moderner, aber oft auch als unpersönlich empfundener Architektur angesehen.

▶ **Mischkonstruktionen** – Oft wird man die eine oder die andere Bauweise nicht in ihrer reinen Form antreffen. Landschaftlich typisch sind von alters her Mischformen wie das Lausitzer Umgebindehaus, das Elemente des Holzbaus und des Mauerwerkbaus als auch des Fachwerkbaus vereinigt.

Bauepochen

Oft kann man verschiedenen Bauepochen bestimmte Bauweisen und die bevorzugte Verwendung bestimmter Materialien zuordnen. Auch hierbei gibt es beträchtliche regionale Unterschiede, da die natürlichen Vorkommen an Baumaterial in Nord- und Süddeutschland sehr ungleich verteilt waren.

▶ **Mittelalter (500–1525)** – Vorherrschend Mauerwerk (Ziegel oder Werkstein), teils in Verbindung mit Fachwerk; relativ wenige Zeugnisse im originalen Bauzustand erhalten.

▶ **Renaissance (1500–1600)** – Bevorzugt klare geometrische Grundrisse, Aufnahme antiker Formelemente wie Säule, Pilaster, Kapitell und Dreiecksgiebel; klar gegliederte Fassaden, überwiegend Mauerwerksbau mit teilweise reichen Ornamentierungen. In der Innenarchitektur teils schlichte, teils aufwendig gestaltete Holzarbeiten wie Wandtäfelungen und Kassettendecken.

▶ **Barock (1600–1770)** – Überwiegend Mauerwerksbauten, gelegentlich in Verbindung mit aufwendigen Stuckarbeiten; planmäßige Stadterneuerung mit einheitlichen Traufhöhen und Fassadenordnungen.

▶ **Klassizismus und Historismus (1770–1900)** – Wiederaufnahme klassischer Architekturformen, zum Beispiel durch Säulenordnungen und Dreiecksgiebel, beim Übergang zum Historismus oft scheinbar wahllose Vermischung unterschiedlicher historischer Stilelemente an ein und demselben Gebäude; palastartige Villenarchitektur; neogotische Industriebauten, neobarocke Fassadengestaltung an Wohn- und Geschäftshäusern.

▶ **Gründerzeit und Jugendstil (1870–1915)** – Bevorzugt Mauerwerk in Verbindung mit Holzkonstruktionen, Kellerwände oft aus Bruchsteinmauerwerk; stadtbildprägende Neubebauungen in großen und mittleren Städten; Villenarchitektur mit Rückgriffen auf den Formenvorrat des Historismus. Beim Übergang zum Jugendstil starker Gestaltungswille an reich ornamentierten Fassaden, aber auch in Treppenhäusern und bei Glasfenstern. Neben aufwendig gestalteten Villen und Stadtpalais trifft man aber auch viele einfache Gebäude an, wie Handwerker- und Bauernhäuser mit äußerst sparsamer Ausstattung. Als problematisch könnte sich bei Häusern aus dieser Zeit die oft mangelhafte Sensibilität für bauphysika-

lische Probleme darstellen: Wärmeisolation, Schallschutz und Kellerdichtung haben praktisch kaum Eingang in die Gebäude gefunden. Einfach verglaste Holzfenster sind allgemein verbreitet. Die Haustechnik genügt heutigen Anforderungen nicht oder besitzt (wie manche alte Aufzüge in mehrstöckigen Gebäuden) Wert als Antiquität oder technisches Denkmal.

▶ **Zwanziger- und Dreißigerjahre** – Häufig Mischung von Ziegelmauerwerk mit Holzkonstruktion; wenige oder keine Schmuckelemente; Siedlungsbau; weite Verbreitung von Flachdächern, die manchmal Probleme bereiten. Im Zuge des sozialen Wohnungsbaus entstanden Wohneinheiten mit kleineren und niedrigeren Räumen. Werkbund und Bauhaus sorgten auf ihre Weise für handwerkliche Solidität bei gleichzeitiger Bezahlbarkeit für Mittelschichten. Betonfundamente und -kellerdecken sind hier anzutreffen.

▶ **Fünfzigerjahre** – Schlichte Bauweise mit typischen Stilelementen der Zeit; Konstruktionen aus Mauerwerk, Beton und Holz; Mauerwerk auch aus Bims und Ziegelsplitt; im Osten Deutschlands politisch motivierte Aufnahme historisierender Stilelemente (Berlin: Karl-Marx-Allee; Dresden: Altmarkt; Rostock: Lange Straße). In der Wiederaufbauzeit wurden oft minderwertige Materialien verbaut. Bauphysikalische Aspekte spielten erst ansatzweise eine Rolle. Gegen Ende der Fünfzigerjahre häufiger Beton. Standards beim Schallschutz und bei Heizungsanlagen verbessert.

▶ **Sechzigerjahre** – Bevorzugung einfacher Bauweisen, Zierelemente sehr selten; Mauerwerk in Verbindung mit Betonkonstruktionen; im Mauerverband setzten sich Hohlblocksteine und Hochlochziegel durch. Wärmedämmung und Schallschutz erfuhren mehr Aufmerksamkeit, moderne Heizungsanlagen setzten sich durch, die Kohlefeuerung verschwand allmählich. Erste Kellerdrainagen wurden gelegt.

▶ **Siebzigerjahre** – Konstruktionen überwiegend in Stahlbetonbauweise ausgeführt, auch bei Einfamilienhäusern und dort bei

Kellerwänden, Decken, Balkonen; im Osten Deutschlands Großtafelbauweise für den Massenwohnungsbau. Seit Mitte der Siebzigerjahre verstärkt Gasheizungen und Fernwärmeversorgung. Neben traditioneller Bauweise waren in großem Umfang Fertighäuser und Haustypen aus Betonfertigteilen anzutreffen. Als problematisch können sich der Einbau von asbesthaltigen Werkstoffen und von Dämmmaterialien aus Mineralwolle mit lungengängigen Faserstrukturen sowie die Verwendung gesundheitsschädlicher Holzschutzmittel erweisen. In der DDR überwiegend Massenwohnungsbau in Großtafelbauweise, daneben verstärkt Eigenheim- und Reihenhausbau.

▶ **Achtziger- und Neunzigerjahre** – Mischbauweisen aus Stahlbeton, Stahl und Glas; neue Baustoffe setzten sich durch; Leichtmauerwerk wie Leichtziegel und Porenbeton. Architektonisch ging man vielfach von streng kubischen Bauten ab und bevorzugte wieder traditionelle Haustypen und Dachformen, gelegentlich mit historistischen Zitaten. Ende der Achtzigerjahre griffen Niedrigenergiebauweisen Raum, und in den Neunzigerjahren wurde das sogenannte Passivhaus immer beliebter. In der DDR entstanden zwischen 1980 und 1989 circa 130 000 in der Regel stark typisierte Eigenheime und Reihenhäuser. Sie befanden sich nicht nur im privaten Eigentum der Bewohner, sondern unter Umständen auch im genossenschaftlichen oder staatlichen Eigentum.

▶ **2000 bis heute** – Glas, Stahl und Stahlbeton in Verbindung mit Mauerwerk, zunehmend hochwertige Dämmsysteme, Solarenergieelemente.

Diese Aufstellung der Gebäudearten und Bauepochen gibt nur einen sehr allgemeinen und grob schematisierten Überblick über die tatsächlichen Gebäudearten, auf die Sie stoßen können. In der gebauten Realität wird es oft Mischkonstruktionen geben. Und auch die verschiedenen Bauepochen können einander überlagern.

Der Standort

Für die Beurteilung einer Immobilie gibt es bekanntlich drei Kriterien: erstens die Lage, zweitens die Lage und drittens die Lage. Dieses Bonmot wird sich kaum ein Makler verkneifen können, wenn er Ihnen den Preis für die Wohnung schmackhaft machen will. Wie das mit Allerweltsweisheiten oft so ist – sie haben einen nicht zu leugnenden wahren Kern. Denn die Immobilienpreise stehen mit der Lage der Immobilien in einem sehr direkten Zusammenhang. Wo befindet sich die Wohnung, die zum Ziel Ihrer Wünsche geworden ist? Haben Sie die Lage des Grundstücks bereits analysiert? Und wenn ja, nach welchen Kriterien?

Allgemeine Faktoren

Machen Sie sich zunächst einige der allgemeinen Einflussfaktoren bewusst, die den Wert einer Wohnlage entscheidend mitbestimmen können.

▶ **Äußere Erscheinung:** Das äußere Erscheinungsbild eines bebauten Grundstücks kann je nach Jahreszeit, Wetterlage und Tageszeit sehr unterschiedlich ausfallen. Maklerfotos werden ein Gebäude daher immer von seiner schönsten Seite im Sommer, bei Sonnenlicht und am besten umgeben von blühenden Sträuchern oder wenigstens mit Blumenkästen geschmückt präsentieren. Die mögliche Beschattung des Grundstücks, etwa durch hohen Baumbewuchs oder durch Nachbargebäude werden Sie selber vor Ort erkennen müssen.

▶ **Gefährdungen:** Gefahrenpotenzial liegt seltener in Chemiefabriken oder Atomkraftwerken in der Nachbarschaft. Vielmehr kann die geografische Nähe zu Flussläufen Hochwassergefahr bedeuten und Überschwemmungen mit sich bringen. Aber auch die scheinbar sichere Lage in Innenstadtgebieten kann Ihnen in Erdgeschosswohnungen feuchte Überraschungen bereiten, wenn die in Zukunft häufiger erwarteten Starkregen die städtische Kanalisation überfordern.

▶ **Siedlungsumfeld:** Das Siedlungsumfeld beeinflusst die Bewertung der Lage. Befindet sich das Gebäude in einer Großstadt, in einer Kleinstadt, im Dorf oder in einer ländlichen Region? Liegt es in einem Neubaugebiet oder in einem historisch gewachsenen Wohnviertel? Wie dicht ist das Viertel bebaut? Welche Infrastruktur in unmittelbarer Nähe ist nutzbar? Können Sie sich ein Bild von der Sozialstruktur des Viertels machen?

▶ Altlasten: Viele historische Industriegebäude wurden in den letzten Jahren zu Wohnanlagen umgebaut. Es lohnt sich, wenn Sie sich mit der Geschichte des Wohngebiets und des Grundstücks ein wenig näher befassen. Wenn dabei eine Umnutzung festgestellt wird, sollte man besonders aufmerksam sein. In Deutschland gibt es viele Regionen, die von der Industrialisierung zwischen 1880 und 1960 erfasst wurden. Nach dem Zweiten Weltkrieg ging der Flächenbedarf für Industrie und Gewerbe allmählich zurück und wurde überdies räumlich neu geordnet. Ganze Gewerbezweige verschwanden praktisch vollständig – darunter auch viele Betriebe, die mit umweltbelastenden Substanzen gearbeitet haben. Viele aufgegebene Gewerbeflächen wurden anschließend – manchmal mit langem zeitlichen Abstand – als Bauland ausgewiesen. Wohnanlagen entstanden. Seit 1990 wird außerdem Militärgelände verstärkt wieder in zivile Nutzung genommen. Auch auf diesen Konversionsflächen sollte man sich mit der Frage der Altlasten nicht nur oberflächlich beschäftigen.

▶ Störungen: Störfaktoren können die Wohnqualität beeinträchtigen: viel befahrene Durchgangstraßen in der Nähe, Industriebetriebe und Gewerbehöfe, ein Flughafen, Baugeschehen in der Umgebung. Um Verdachtsmomente auszuschließen oder anderenfalls die Relevanz der Störfaktoren in Bezug auf Ihre Wohnbedürfnisse festzustellen, empfiehlt sich ein Blick über die engere Umgebung hinaus und eine Besichtigung der Wohnanlage nicht nur am Sonntagvormittag.

In die Zukunft denken

Wer an den Kauf einer Wohnung zur Eigennutzung denkt, muss seinen eigenen Zeithorizont abschätzen. Und wenn eine Familie in eine Wohnung einzieht, müssen sehr unterschiedliche Standortanforderungen unter einen Hut gebracht werden. Nicht nur das: Auch die unterschiedlichen Lebensalter stellen ihre spezifischen Anforderungen. Besonders wenn verschiedene Generationen zusammenleben. Aber auch die Lebensstadien, die jeder selbst durchläuft, können die Wohnbedürfnisse verändern. Wie werden Sie sich als Wohnungseigentümer fühlen, wenn Ihre Kinder erwachsen sind und zum Studium oder zur Arbeit „ausgeflogen" sind? Welche Anforderungen an Barrierefreiheit müssten erfüllt sein, wenn Sie als Eigentümer das Seniorenalter erreichen? Ist das Leben in der Großstadt dann immer noch die bessere Option, oder würde man dann eher ländliche Ruhe bevorzugen? Haben Sie umgekehrt die Entscheidung, in die Stadt zu ziehen, vielleicht in Ihren „besten Jahren" schon im Hinblick auf den kommenden Ruhestand getroffen? Wenn Sie aus beruflichen Gründen in die Stadt gezogen sind, fragen Sie sich: Bietet der Standort selbst dann noch die Vorteile, wenn Sie Ihre berufliche Laufbahn beendet haben?

Standortentscheidungen haben immer eine zeitliche Perspektive. Der Standort bleibt, aber die persönlichen Anforderungen an ihn ändern sich mit der Zeit. Legen Sie daher für Ihr persönliches Standortprofil auch einen Zeitrahmen fest. Konsultieren Sie am besten so zeitig wie möglich einen Architekten, der Ihnen sagen kann, ob und wie Ihre Traumwohnung mit Ihnen mitwachsen kann. Wie können Sie trotz der Beschränkungen, denen Sie als Wohnungseigentümer unterworfen sind, das Optimale aus einem Grundriss herausholen? Und wie kompensieren Sie künftige Standortnachteile, in die sich die heutigen Standortvorteile in 30 Jahren vielleicht verwandelt haben könnten?

DIE EIGENE VERMÖGENSANALYSE

Über das Thema Finanzierungsplanung für Selbstnutzer und Kapitalanleger lesen Sie später noch ausführlicher (ab Seite 73). Aber auch schon hier bei der Auswahl des passenden Objekts sollten die eigenen Vermögensverhältnisse einmal in den Blick genommen werden. Denn wenn Sie über Ihr finanzielles Fundament Bescheid wissen und die Möglichkeiten und Grenzen Ihrer Belastbarkeit kennen, können Sie es vermeiden, lange Zeit irgendwelchen Luftschlössern hinterherzuträumen, die außerhalb Ihrer gegenwärtigen wirtschaftlichen Möglichkeiten liegen.

Kassensturz

Die meisten Menschen verwalten ihr eigenes Geld oder ihr Familienbudget nicht nach strengen betriebswirtschaftlichen Maßgaben, sondern eher nach Augenmaß. Mancher hat bessere Augen, mancher schlechtere. Kennen Sie Ihren finanziellen Spielraum?

Fragt man einmal willkürlich ausgewählte Personen nach der Höhe ihrer Ausgaben für ihre Lebenshaltung, wird man meist Angaben erhalten, die von den tatsächlichen Lebenshaltungskosten mehr oder weniger stark abweichen. Nicht einmal von ihren monatlich wiederkehrenden fixen Ausgaben – etwa für Versicherungen, Ratenkredite, Beiträge – haben die meisten Menschen ein exaktes Bild. Da wird hier und dort einmal im Jahr etwas abgebucht, vielleicht der Mitgliedsbeitrag für einen Förderverein, von dem man längst schon nicht mehr weiß, was mit ihm eigentlich gefördert werden soll. Zumindest einen groben Überblick sollten Sie sich schon im ersten Schritt zur Eigentumswohnung verschaffen, in der Phase des Bauherrenprofils:

▶ Über welche Eigenmittel verfügen Sie, und wie sind sie derzeit angelegt?
▶ Welche zusätzlichen Eigenmittel oder eigenkapitalähnlichen Mittel (wie beispielsweise Verwandtendarlehen) können Sie einsetzen?
▶ Wie hoch ist Ihre Belastungsquote, das heißt die positive Differenz zwischen Einkommen und laufenden Ausgaben?
▶ Welche zusätzlichen finanziellen Belastungen (etwa durch Ausbildung der Kinder) können Sie bereits absehen?
▶ Welche Eigenleistungen (für den Fall umfangreicher Baumaßnahmen an einer Bestandsimmobilie), die den Bedarf an Fremdkapital mindern, trauen Sie sich zu?

Der erste Überblick ist zwar noch lange kein Finanzierungskonzept, aber er kann Ihnen wenigstens etwas über die Größenordnungen sagen, in denen Sie disponieren können.

Wie viel Zeit haben Sie?

Vom ersten Moment an, da Sie erkennen lassen, dass Sie eine Immobilie in Form einer Wohnung erwerben wollen, wird man versuchen, Sie unter Zeitdruck zu setzen: Der Makler wird Sie drängen möglichst schnell abzuschließen, weil er ein derart passendes und günstiges Angebot so bald angeblich nicht wieder hereinbekommt. Die Hausbank wird Ihnen ein Kreditangebot machen und nicht versäumen darauf hinzuweisen, dass die angebotenen Konditionen nur wenige Wochen garantiert werden können. Die Bausparkasse – so Sie einen Bausparvertrag haben – wird Ihnen eine Zwischenfinanzierung bis zur Zuteilungsreife Ihres Bausparvertrags anbieten. Und wenn Sie bei Ihrem Lebensversicherer nachfragen, wie Sie Ihren Vertrag eventuell für eine Immobilienfinanzierung einsetzen können, wird auch der Sie mit fürsorglicher Freundlichkeit überschütten und zur Eile mahnen. Und schließlich werden Sie sich selbst unter Druck setzen, wollen Sie doch möglichst bald die Miete Ihrer bisherigen Wohnung sparen, weil Sie glauben, das Geld sinnvoller für die Finanzierung der eigenen vier Wände einsetzen zu können. So verständlich diese von allen Seiten vorgelegte Betriebsamkeit auch ist: Lassen Sie sich nicht unter Termindruck setzen!

Jetzt müssen Sie Ihren eigenen finanziellen Status im Blick haben. Halten Sie sich so eng wie möglich an die Schrittfolge, die Ihnen dieses Buch vorschlägt. Wichtigste Regel: Keinen Cent bezahlen, bevor Sie nicht die Gebäudediagnose erfolgreich durchgegangen sind!

Der Preis ist nicht alles

Nicht die Immobilienpreise spielen bei der Zurückhaltung in Sachen Immobilienerwerb die entscheidende Rolle. Die sind in den nordeuropäischen Staaten, in Großbritannien und Frankreich durchschnittlich höher als in Deutschland. In Spanien und Irland haben sich nach dem Platzen der „Immobilienblase" die Immobilienpreise am deutlichsten nach unten bewegt. Deutschland gilt unter Immobilienfachleuten als „sicherer Hafen". Trotz steigender Immobilienpreise, besonders in den Metropolen, sind Deutschlands Immobilien nicht überbewertet. Das mag zum Teil daran liegen, dass deutsche Banken bei der Finanzierung vorsichtiger vorgehen – auch wenn viele das inzwischen für eine Legende halten. Ein solider Eigenkapitalstock wird hier vorausgesetzt; 100-Prozent-Finanzierungen sind die Ausnahme und setzen eine ausgezeichnete Bonität des Kreditnehmers voraus.

Als deutsche Besonderheit kommt hinzu, dass es hierzulande einen attraktiven und gut funktionierenden Mietmarkt gibt. Statt die gesamte Summe der zur Verfügung stehenden monatlichen Ersparnisse für eine Immobilienfinanzierung der finanzierenden Bank zu überweisen, konnte es unter Hochzinskonditionen, wie sie noch Mitte der Neunzigerjahre vorherrschten, durchaus attraktiver sein, dem Vermieter nur einen Teil des verfügbaren Geldes zu geben und den Rest gewinnträchtig anzulegen.

Auch das hat historische Wurzeln. Nach dem Zweiten Weltkrieg griffen Subventionsprogramme für den sozialen Wohnungsbau, von denen große Teile der Bevölkerung profitierten, weil die Subventionen an die Mieter weitergegeben wurden. Die Entscheidung für die Mietwohnung und gegen das Wohneigentum wurde quasi durch staatliche Subventionen für den sozialen Wohnungsbau gelenkt. Denn nur beim Einzug musste, stichtagbezogen, die soziale Bedürftigkeit nachgewiesen werden. Und während sich die Einkommensverhältnisse vieler Sozialmieter deutlich verbesserten, verharrten die Mieten auf einem so moderaten Niveau, dass von daher die Anreize für den Erwerb von Wohneigentum ausblieben. Hinzu kam, dass in den Anfangsjahren der Bundesrepublik das System der Hypothekenfinanzierung noch unterentwickelt war. Eigenkapitalquoten von 30 bis 40 Prozent mussten für den Erwerb von Wohneigentum aufgebracht werden. Das fiel Bauherren in Städten und Ballungszentren mit ihren ohnehin höheren Immobilienpreisen naturgemäß schwerer. In ländlichen Gebieten hingegen halfen noch lange Zeit die besonders eng verflochtenen Familienstrukturen und die traditionelle Nachbarschaftshilfe, sowohl das erforderliche Eigenkapital aufzubringen als auch die Baukosten zu senken.

Auch die Mentalität der Deutschen, beeinflusst durch die sehr wechselvolle und wendungsreiche Geschichte, spielt beim Immobilienerwerb eine Rolle. Deutsche gelten als sicherheitsbewusst und risikoscheu. Schulden schänden! Und da die Verbindlichkeiten, die aus einer Immobilienfinanzierung über längere Zeit entstehen, im volksläufigen Sinn als „Schulden" angesehen werden, scheuen viele Menschen, die es sich eigentlich leisten könnten, das Risiko einer Immobilienfinanzierung. Auch der Wunsch, unbedingt ein Haus fürs Leben finden zu wollen, der oft das Nachdenken über den Immobilienerwerb dominiert, macht Entscheidungsprozesse langwieriger.

Viele kinderlose Paare entscheiden sich eher für eine Eigentumswohnung als für ein Einfamilienhaus, das für wachsende Familien attraktiver ist.

Neben Mentalitätsfragen spielen bei der deutschen Zurückhaltung gegenüber dem Wohneigentum auch soziale und demografische Faktoren eine Rolle. Unmittelbar nach dem Zweiten Weltkrieg war die Gesellschaft homogener. Die allen Menschen gemeinsame Kriegserfahrung wirkte in Form der Sozialpartnerschaft der sozialen Differenzierung entgegen. Die Erhardsche Losung „Wohlstand für alle", der starke Wille zum friedlichen Wiederaufbau und ein unbegrenzter Fortschritts- und Wachstumsglaube förderten den Erwerb von Wohneigentum. Heute stagnieren die Zuwachsraten vielerorts. Das hat mehrere Gründe.

Heute gibt es viel mehr Singlehaushalte als vor sechzig Jahren, unverheiratete Paare, viele davon in temporären Lebensgemeinschaften. Für viele kinderlose Paare spielt der Erwerb von Wohneigentum eine geringere Rolle als für wachsende Familien; allerdings entscheidet sich diese Gruppe eher für eine Eigentumswohnung als für ein Einfamilienhaus.

Zweitens dauern die Ausbildung und/oder das Studium heute oft länger. Nicht nur der Eintrittszeitpunkt ins Berufsleben verzögert sich; der Ausbildung folgen oft auch instabile Beschäftigungsverhältnisse, die einer Lebens- und Familienplanung inklusive dem Erwerb von Wohneigentum entgegenwirken. 2005 hat die Wochenzeitung „Die Zeit" dafür erstmals die Formel „Generation Praktikum" benutzt. Sie drückt ein Lebensgefühl aus, das seit den Neunzigerjahren zunehmend als negativ empfunden wird: dass viele hochqualifizierte Vertreter der jüngeren Generation zunehmend unbezahlten oder schlecht bezahlten Tätigkeiten (zum Beispiel Praktika oder Aushilfstätigkeiten) nachgehen oder sich mit ungesicherten beruflichen Verhältnissen (zum Beispiel Zeitarbeit oder befristeten Arbeitsverhältnissen) arrangieren müssen.

Drittens stehen dem Erwerb von Wohneigentum beispielsweise die hohen Mobilitätsanforderungen entgegen. Ist die Berufslaufbahn mit Beschäftigungsverhältnissen an wechselnden Orten verbunden, will man sich nicht durch Wohneigentum binden. Wären Immobilien leicht und kostengünstig zu erwerben und zu veräußern, sähe es sicher anders aus.

Viertens nämlich verteuern die Transaktionskosten (von der Maklercourtage über die Notarkosten bis zur Grunderwerbssteuer) den reinen Preis der Wohnung um oft mehr als 10 Prozent. Deutschland liegt hier zwar im europäischen Vergleich im Mittelfeld (weitaus niedrigere Transaktionskosten zahlt man in Großbritannien, weitaus höhere in Spanien), dennoch befriedigt das Ergebnis nicht. Neben den Such- und Informationskosten, um eine passende Immobilie zu finden, umfassen die Transaktionskosten in Deutschland die Grunderwerbssteuer sowie Makler-, Notar- und Grundbucheintragskosten. Waren die Grunderwerbssteuern ursprünglich einmal bundesweit auf 3,5 Prozent festgesetzt worden, sind sie, seit diese Steuerart in die Hoheit der Länder überging, fast überall stark angestiegen. Auch die Notarkosten sind gestiegen (siehe Tabelle „Kaufnebenkosten oft über 10 Prozent", Seite 22).

Hohe Transaktionskosten machen den Immobilienmarkt träge. Ertrags- oder Renditeunterschiede veranlassen den Wohnungseigentümer nicht automatisch zu einem Umzug oder motivieren ihn kaum, sich eine attraktivere Immobilie anzuschaffen. Transaktionskosten (in Belgien können sie zum Beispiel bis zu 18 Prozent des Kaufpreises ausmachen) gelten als „versunkene Kosten"; sie müssen bei jeder neuen Transaktion erst einmal von neuem erwirtschaftet werden. Transaktionskosten treiben nicht nur den Gesamtpreis einer Immobilie in die Höhe, sondern führen auch dazu, dass sich die Haltedauer verlängert. Zusätzliche „versunkene Kosten" müssen von der Wertsteigerung einer Immobilie erst einmal kompensiert werden; ein Wiederverkauf nach kurzer Frist würde zu Verlusten in Höhe der „versunkenen Kosten" führen. Eine verlängerte Haltedauer wiederum impliziert eine sinkende Mobilität des Eigentümers. Hohe Transaktionskosten haben damit auch einen indirekten Einfluss auf den Arbeitsmarkt – und zwar genau auf dasjenige Segment des Arbeitsmarkts, in dem hoch qualifizierte und gut bezahlte Spezialisten gefragt sind.

Strategische Analyse

Eine Vermögensanalyse ist mehr als nur eine Momentaufnahme Ihrer augenblicklichen finanziellen Situation. Sie muss vielmehr eine strategische Orientierung geben. Wichtig zu wissen ist also:

▶ Wie viel Geld können Sie momentan flüssig machen?
▶ Welche Reserven lassen sich aktivieren?
▶ Werden Sie voraussichtlich mittel- oder langfristig Vermögenszuwächse erzielen?
▶ Welche weiteren – gegebenenfalls alternativen – Finanzierungsquellen können Ihnen erschlossen werden?

Da in der Regel das Eigenkapital, das ein Käufer/Bauherr aufbringen kann, für den Kauf einer Wohnung nicht ausreicht, muss ein beträchtlicher Teil des Kaufpreises fremdfinanziert werden. In diesem Zusammenhang steht Ihre finanzielle Belastbarkeit auf dem Prüfstand.

Wenn Sie kein Finanz- und Baufachmann sind, werden Sie auf viele Unsicherheiten stoßen. Beispielsweise ist es fast unmöglich, den Sanierungs-, Renovierungs- oder Umbaubedarf „freihändig" abzuschätzen. Hier kann der erste Augenschein bei einer Besichtigung allenfalls Anhaltspunkte geben. Wenn zum Beispiel an der Fassade der Putz bereits großflächig fehlt, können Sie mit ziemlicher Sicherheit davon ausgehen, dass in näherer Zeit eine Fassadensanierung ansteht. Und nach geltender Rechtslage müssen Fassadensanierungen, wenn sie mehr als 10 Prozent eines Bauteils betreffen, nach den Vorschriften der Energieeinsparverordnung vorgenommen werden. Als Miteigentümer werden Sie dann ebenfalls finanziell belastet. Umgekehrt gilt aber: Wenn die Eindeckung des Daches dem Augenschein nach intakt ist, heißt das nicht, dass das Dach tatsächlich weiterhin jedem Wetter standhalten wird. Wenn es in den letzten 50 Jahren keine Neueindeckung gegeben hat, muss der Wohnungskäufer damit rechnen, dass Reparaturen am Dach vorgenommen werden müssen, vielleicht sogar eine komplette Neueindeckung ansteht.

VON DER ENTSCHEIDUNG ZUM VERTRAG

Von denjenigen, die bereits Wohneigentum (Häuser und Wohnungen zusammengerechnet) besitzen, haben 43 Prozent selbst gebaut, 30 Prozent gekauft, 22 Prozent geerbt. 4 Prozent sind durch Schenkung zu ihrer Wohnimmobilie gekommen, und 2 Prozent halten sie als Nutzungsberechtigte in Besitz.

Eine Wohnung bauen

Mit Blick ausschließlich auf Eigentumswohnungen verändern sich diese Proportionen: Einzelne Bauherren, die ihre Eigentumswohnung selbst errichten, sind im Grunde schon nach dem Begriff des Wohnungseigentums unmöglich, denn das Gemeinschaftseigentum gäbe es nicht, wenn ein Einzelner es – und sei es ihn realen Teilen – errichten könnte. Baugemeinschaften (auch Bauherrengemeinschaft genannt) sind hingegen durchaus üblich.

Eine Baugemeinschaft ist ein freiwilliger Zusammenschluss mehrerer privater Bauherren, die gemeinsam eine Wohnanlage (gegebenenfalls einschließlich Gewerbe- und Gemeinschaftsräume) planen, bauen oder vorhandene Immobilien umbauen. Anders als bei einem Wohnungskauf von einem Vorbesitzer oder Bauträger kann der künftige Nutzer (gleichgültig ob als Eigennutzer oder Vermieter) bereits in der Planungsphase seine eigenen Wünsche und Ideen einbringen. Dennoch werden die Vorzüge eines Mehrfamilienhauses gegenüber dem traditionellen Einfamilienhaus – sowohl beim Bau als auch beim späteren Betrieb, besonders hinsichtlich der Kosten – genutzt. Außerdem kann durch das freiwillige Zustandekommen der Baugemeinschaft auch die Zusammensetzung der späteren Hausgemeinschaft beeinflusst werden.

Oft wählen Bauherren, die besondere soziale und/oder ökologische Ziele verfolgen, beispielsweise ein Mehrgenerationenhaus errichten oder umgestalten oder weitreichende gemeinschaftliche Strukturen (etwa zur Kinderbetreuung) in der Wohnanlage schaffen wollen, das Modell der Baugemeinschaft. Eine Baugemeinschaft besteht, streng genommen, erst vom Erwerb des Grundstücks an und nur so lange, bis alle Baumaßnahmen abgeschlossen, abgenommen und abgerechnet sind.

Bevor die eigentliche Baugemeinschaft entsteht, wird in der Regel eine Interessens- und/oder Planungsgemeinschaft gebildet. Einer Planungsgemeinschaft entstehen bereits rechtliche und finanzielle Verpflichtungen, indem beispielsweise Architekten mit der Entwurfsplanung beauftragt werden. Darum sind auch Planungsgemeinschaften regelmäßig in einer bestimmten Rechtsform (meistens eine Gesellschaft bürgerlichen Rechts – GbR) organisiert.

Nach dem formellen Ende der Baugemeinschaft wird die Wohnanlage dann von der Wohneigentümergemeinschaft entsprechend dem Wohnungseigentumsgesetz oder von einer Genossenschaft betrieben. Ob sich die Bauherren für die Wohneigentümergemeinschaft oder für das Genossenschaftsmodell entscheiden, hängt vom konkreten Objekt und von der Ausgestaltung der Gemeinschaftsbeziehungen ab. In der Regel wird schon vor Beginn der Planung darüber entschieden. Auch Misch- und Sonderformen (etwa nach dem Modell der dänischen andelsbolig) sind möglich und beispielsweise in Hamburg verbreitet.

VORTEILE EINER BAUGEMEINSCHAFT verglichen mit dem Kauf vom Bauträger:

▶ Die volle Entscheidungshoheit bei Planung und Errichtung liegt bei der Gemeinschaft. Planungs-, Bau- und Dienstleistungsverträge werden ausschließlich von der Gemeinschaft geschlossen.

▶ Ein Baugemeinschaftsprojekt bietet dem einzelnen Bauherren größeren Gestaltungsspielraum sowohl für seine eigene Wohnung als auch für die Gemeinschaftseinrichtungen.

▶ Das gesamte Bauwerk wird im Auftrag der Baugemeinschaft ausgeschrieben und an die Gewerke vergeben.

▶ Das Planungs- und Baugeschehen ist für die einzelnen Bauherren transparent, weil sie Einblick in alle Verträge und Protokolle, Pläne und Kalkulationen nehmen können.

▶ Die Kosten fallen gegenüber einem Mehrparteienhaus, das von einem Bauträger errichtet wurde, geringer aus, da die Gewinnmarge des Bauträgers und die Vertriebsprovisionen wegfallen; das kann im Einzelfall 15 bis 20 Prozent Kostenersparnis bringen.

▶ Bei Grunderwerbsteuer und Notargebühren schneidet die Baugemeinschaft in der Regel günstiger ab als die Summe einzelner Käufer bei einem Bauträgerprojekt. Wie kann das sein? Wird ein unsaniertes Gebäude von der Gemeinschaft gekauft, wird die Grunderwerbsteuer auf den (vergleichsweise niedrigen) Kaufpreis fällig, bevor die Sanierung beginnt. Auf das einzelne Mitglied umgelegt ist der Kaufpreis in der Regel niedriger als beim Kauf einer Wohnung im sanierten Gebäude von einem Bauträger, in dessen Preis ja die Sanierungskosten mit eingehen.

NACHTEILE DER BAUGEMEINSCHAFT gegenüber dem Kauf vom Bauträger:

▶ Da Planungen und Entscheidungen (gegebenenfalls auch notwendig werdende Planungsänderungen) innerhalb der Gemeinschaft abgestimmt werden müssen, kann es zu Verzögerungen in den Abläufen kommen, die unter Umständen zusätzlich Geld kosten.

▶ Die Gemeinschaft trägt alle Bauherrenrisiken hinsichtlich Kosten, Terminen und Qualität der Bauausführung. Anders als beim Kauf vom Bauträger zu einem Festpreis sind die Bauherren einer Baugemeinschaft gegen Kostensteigerungen und kostentreibenden Terminverzug nicht abgesichert.

▶ Baugemeinschaften sind oft in der Entscheidungsfindung zu träge, wenn es um schnelles Handeln auf dem Grundstücksmarkt geht, um beispielsweise ein geeignetes Baugrundstück zu erwerben.

▶ Ein „Ich hab's mir anders überlegt" ist problematisch. Wenn die Gemeinschaft von der Interessen- über die Planungsgemeinschaft tatsächlich zur Baugemeinschaft geworden ist, wird es kompliziert, aus der Gemeinschaft wieder auszusteigen.

Interessenten, die sich zu einer Baugemeinschaft zusammenschließen, wird gewöhnlich empfohlen, sich eines Experten zu versichern, der für die Projektsteuerung und Koordinierung (gegebenenfalls auch für eine juristische Vertretung) verantwortlich ist. Handelt es sich um die gemeinschaftliche Sanierung einer Altbauimmobilie, ist dringend anzuraten, einen Experten mit Altbauerfahrung für diese Funktion hinzuzuziehen.

Baugemeinschaften sind längst keine Ausnahme mehr. Sie sind auch aus dem Experimentierstadium der alternativen Gemeinschaftswohnprojekte herausgewachsen und ein etablierter Pfad zu bürgerlichem Wohnen geworden. Für Städte und Gemeinden können Baugemeinschaften adäquate Partner für eine nachhaltige Stadtentwicklung sein. In vielen ostdeutschen Städten sind nach 1990 Baugemeinschaften mit ihren Sanierungskonzepten von verfallenden Immobilien den gewerblichen Bauträgern oft vorausgeeilt. Heute gehören Baugemeinschaften namentlich in den Großstädten zum festen Bestand des Wohnungsbaus. Allein in Berlin errichten Baugemeinschaften mehrere hundert Wohnungen pro Jahr.

Baugemeinschaften ähneln konstruktiv dem **Bauherrenmodell**, das in den Achtzigerjahren Schlagzeilen machte. Diese ursprünglich an der Universität Köln entwickelte (und darum auch Kölner Modell genannte) Konstruktion bot Anlegern Gelegenheit, in einer Bauherrengemeinschaft Steuern zu sparen. Kapitalanleger schließen sich zu einer Bauherrengemeinschaft zusammen und beauftragen einen Treuhänder, der für sie Erwerb und Bebauung regelt. Sofort abzugsfähige Werbungskosten in den Jahren der Errichtung (etwa Vermittlungsprovisionen, Baubetreuungskosten, Treuhandgebühren und Finanzierungskosten) sollten bei den Einkünften aus Vermietung und Verpachtung hohe Verluste produzieren, die mit anderen positiven Einkünften durch Verlustausgleich saldiert werden konnten, um so die Wohnung letztlich aus Steuerersparnissen zu finanzieren. Diese sogenannten weichen Kosten wurden sogar bewusst in die Höhe getrieben, um hohe Buchverluste zu generieren.

Das Modell hatte allerdings gleich zwei Pferdefüße, darum wurde anfänglich das teuflische Hinken nicht bemerkt. Zum einen blieben hohe finanzielle Belastungen für die Fremdfinanzierung bestehen, die durch die Mieteinnahmen nicht gedeckt waren. Zum anderen stellte die Rechtsprechung die Bauherreneigenschaft dieser Gemeinschaften infrage. Der Bundesfinanzhof qualifizierte in einem Grundsatzurteil vom 14. November 1989 die Anleger bei einem Bauherrenmodell regelmäßig nicht als Bauherren, sondern als Erwerber – mit der Folge, dass die Gebühren für Baubetreuung, Treuhandtätigkeit, Vermittlung usw. nicht als sofort abzugsfähige Werbungskosten, sondern als Anschaffungskosten bewertet wurden, die nur über die AfA (Absetzung für Abnutzung) geltend gemacht werden konnten. Damit brachten viele nach dem Bauherrenmodell errichtete Objekte den Anlegern statt Steuerersparnis ein finanzielles Fiasko.

Im Gegensatz dazu zielt die Baugemeinschaft im beschriebenen Sinn nicht auf Steuerersparnis durch Erhöhung der weichen Kosten, sondern auf Kostenersparnis durch möglichst weitgehende Vermeidung solcher Vermittlungskosten, vor allen Dingen aber auf die souveräne Mitwirkung bei der Planung und Errichtung der Immobilie selbst. Die Rechtsprechung legt für Baugemeinschaften und Bauherrenmodelle strenge Maßstäbe an. Grenzüberschreitungen sind im Einzelfall schwer zu beurteilen. So hatte das Finanzgericht Brandenburg 1996 zu entscheiden, ob es sich bei vier gemeinsam bauenden Geschwistern um Bauherren oder um Erwerber handelt. Der Sachverhalt: Die vier Geschwister hatten ein Grundstück erworben und mit einer Baugesellschaft, die nicht Eigentümerin des Grundstücks war, mittels Bauleistungsvertrag die Errichtung von vier Wohngebäuden zu einem Festpreis vereinbart. Die Entscheidung: Die Geschwister sind, obwohl sie weit entfernt vom Bauplatz wohnen, dennoch echte Bauherren, da sie auf eigene Gefahr und Rechnung bauen ließen. Sie konnten den Vertrag mit der Baugesellschaft weitgehend frei bestimmen und übernahmen kein vorgefertigtes, schon im Detail geregeltes Bebauungskonzept.

INFO **STEUERN SPAREN KEIN KAUFARGUMENT** Grundsätzlich gilt: Steuerersparnis ist ein angenehmer Nebeneffekt, der beim Erwerb einer Immobilie gerne mitgenommen wird. Werden Ihnen Steuerersparnisse allerdings als entscheidendes (oder gar einziges) Argument für den Kauf einer Wohnung präsentiert, ist entweder an der Immobilie, am Preis oder am Finanzierungskonzept etwas nicht in Ordnung. Die Wohnung muss als Immobilie funktionieren und als solche Wert besitzen, nicht als Steuersparmodell. In allen Zweifelsfällen oder juristischen Grenzbereichen ist dringend zu empfehlen, sich der Kompetenz eines Fachanwalts zu versichern.

Eine Wohnung kaufen

Wenn Sie Anfänger auf dem Immobilienmarkt sind, lassen Sie sich nie einreden, dass es sich bei der Immobilie, die Ihnen angeboten wird, um ein besonders günstiges Angebot handelt, das nur noch heute zur Verfügung steht, weil sich für morgen ein anderer Kaufinteressent angesagt hat. Gratulieren Sie in dem Fall dem Makler oder Bauträger zu jenem anderen Kaufinteressenten und lassen Sie sich Zeit. Wenn Sie sehr viele Objekte gesehen und miteinander verglichen haben, wenn Sie sich einen Marktüberblick verschafft haben, dann können Sie auch einmal schnell handeln – vorausgesetzt, Sie bestimmen das Tempo. Lassen Sie sich nie von anderen das Tempo Ihres Reagierens vorschreiben.

„Ich habe nur noch diese eine Wohnung für Sie …" Was für ein bemitleidenswerter Makler, der Ihnen nicht mehr zu bieten hat.

„Ich kann Ihnen die Zinskonditionen nur noch für eine Woche garantieren …" Was für eine unflexible Bank, die so mit ihren Kunden umspringen muss.

„Sie müssten sich aber bis Montag entscheiden!" Diese Aufforderung bekam allen Ernstes ein Ehepaar, dem man eine Wohnung in einer ziemlich weit entfernten Universitätsstadt als Anlageobjekt empfohlen hatte. „Ideal für die Vermietung an Studenten" hieß es im Exposé. Das Ehepaar fuhr am Wochenende in die nämliche Universitätsstadt, fand das Objekt ziemlich weit entfernt von einem vermietbaren Zustand im Rohbau vor, allerdings auch ziemlich weit entfernt (20 Kilometer) von der eigentlichen Universitätsstadt in einer stillen, kleinen Landgemeinde ohne ersichtliche Nahverkehrsanbindung. Es mag schon sein, dass es Menschen gibt, die eine solche ruhige Wohnlage schätzen; Studenten gehören eher selten dazu. Kurz: Das Ehepaar entschied sich bis Montag. Sie dürfen raten, wie.

INFO **KEINE KATZE IM SACK KAUFEN – NIEMALS!** Kaufen Sie eine Immobilie niemals allein aufgrund des Exposés, mag es noch so glänzend und solide daherkommen. Selbst wenn das Objekt weit entfernt liegt, an der Costa Brava oder in Florida. Bevor Sie eine sechsstellige Summe für eine Eigentumswohnung ausgeben, nehmen Sie lieber eine dreistellige Summe für ein Flugticket in die Hand, und schauen Sie sich das Angebot mit eigenen Augen an.

Städte mit den höchsten Kaufpreisen für Eigentumswohnungen 2016

Für eine moderne Eigentumswohnung von 60–80 qm (erbaut in den letzten 10 Jahre) mussten Ende 2016 – bemessen an den inserierten Angebotspreisen – durchschnittlich bezahlt werden:

München	7 062 Euro/qm
Stuttgart	5 104 Euro/qm
Freiburg i. Br.	4 894 Euro/qm
Ingolstadt	4 644 Euro/qm
Konstanz	4 558 Euro/qm
Regensburg	4 313 Euro/qm
Hamburg	4 290 Euro/qm
Erlangen	4 241 Euro/qm
Frankfurt a. M.	4 221 Euro/qm
Heidelberg	4 183 Euro/qm
Düsseldorf	4 182 Euro/qm

(Quelle: Statista 2017)

Der Weg zum Vertrag

Gleichgültig, ob Sie in einer hochpreisigen Stadt oder Region eine Eigentumswohnung kaufen oder in einer Stadt mit vergleichsweise niedrigen Quadratmeterpreisen wie Gelsenkirchen (durchschnittlicher Preis für eine 100-qm-Wohnung: 1 102 Euro/qm) Eigentum erwerben: Fast immer handelt es sich um eine erhebliche Investition, die man nicht gern in den Sand setzt.

Wenn Sie eine Wohnung in einem Bestandsgebäude erwerben, kaufen Sie in der Regel vom bisherigen Eigentümer. Das ist in den meisten Fällen eine Privatperson, es sei denn, die Wohnung ist eine Mietwohnung, die in eine Eigentumswohnung umgewandelt werden soll: Dann erwerben Sie die Wohnung vom vormaligen Hauseigentümer, der auch eine Wohnungsbaugesellschaft sein kann, oder von einem Zwischenerwerber, einem Immobilienentwickler beispielsweise, der die Privatisierung bzw. die Umwandlung der Miet- in eine Eigentumswohnung vorbereitet und durchgeführt hat.

Welche Dokumente sollten Sie kennen oder eingesehen und verstanden haben?

Das wichtigste Dokument ist der **Kaufvertrag bzw. Bauträgervertrag** mit sämtlichen Anlagen (falls vorhanden). Der Kaufvertrag muss Ihnen als Entwurf zwei Wochen vor dem Notartermin vorliegen, zu dem der Vertrag beurkundet werden soll. Die gesetzliche Bestimmung dafür ist mit der Neuregelung des notariellen Beurkundungsverfahrens vom 18. April 2013 präzisiert und verschärft worden. Dem Gesetzgeber war wichtig, dass „der Verbraucher ausreichend Gelegenheit erhält, sich vorab mit dem Gegenstand der Beurkundung auseinanderzusetzen; bei Verbraucherverträgen, die der Beurkundungspflicht nach § 311b Absatz 1 Satz 1 und Absatz 3 des Bürgerlichen Gesetzbuchs unterliegen, soll dem Verbraucher der beabsichtigte Text des Rechtsgeschäfts vom beurkundenden Notar oder einem Notar, mit dem sich der beurkundende Notar zur gemeinsamen Berufsausübung verbunden hat, kostenfrei zur Verfügung gestellt werden. Dies soll im Regelfall zwei Wochen vor der Beurkundung erfolgen. Wird diese Frist unterschritten, sollen die Gründe hierfür in der Niederschrift angegeben werden."

Hin und wieder versuchen gewitzte Vertriebsleute, dem Kunden einen Vertragsentwurf vorzulegen und sofort einen Notartermin festzusetzen, möglichst noch am gleichen Tag. Die Ausflüchte, warum das nicht anders möglich ist, sind von fantastischer Vielfalt. Lassen Sie sich auf keinen Fall darauf ein! Nicht der Immobilienverkäufer ist für die Aushändigung des Vertragsentwurfs verantwortlich, sondern der beurkundende Notar. Und lassen Sie sich auch nicht darauf ein, eine Erklärung zu unterschreiben, dass Ihnen der Vertrag bereits vor zwei Wochen vorgelegen habe. Egal welche Gründe Ihnen dafür auch vorgehalten werden: An dem Geschäft dürfte etwas faul sein, wenn es auf diese Art eingefädelt werden soll.

Die Zweiwochenfrist zwischen der Übermittlung des Vertragsentwurfs und dem Notartermin sollte ausreichen, um im Falle von Unklarheiten einen Rechtsanwalt oder, wo es um technische Fragen geht, einen Architekten oder Bauingenieur zu konsultieren.

Kaufen Sie eine noch nicht fertiggestellte oder erst projektierte Wohnung, schließen Sie einen Bauträgervertrag. Er ist seinem Wesen nach ein kombinierter Kauf- und Werkvertrag. Kaufvertrag ist er zufolge der Übereignung der Immobilie; Werkvertrag ist er zufolge der Errichtung der Immobilie, die der Übereignung regelmäßig vorausgehen muss.

Die Baubeschreibung ist eine Art Handbuch oder Betriebsanleitung für die Immobilie. Sie ist besonders beim Neubau wichtig. Sie werden darin möglicherweise allerhand „Fachchinesisch" antreffen und Angaben nicht ohne Weiteres auf ihren Wahrheitsgehalt prüfen können. Oft fehlen aber Angaben zu Baustoffen oder verwendetem Installationsmaterial, oder sie sind so vage formuliert, dass sie im Grunde wertlos sind. Formulierungen wie „Wärmeschutz entspricht Energieeinsparverordnung (EnEV)" oder „Verwendung deutscher Markenprodukte", „Ausführung nach DIN" sind nichtssagend und müssen von Ihnen nicht hingenommen werden. Sie haben ungefähr den Informationswert eines Hinweises in der Betriebsanleitung Ihres Autos, der Ihnen verkündet, dass Ihr Fahrzeug Räder habe.

Achtung: Gewährleistung beim Immobilienkauf

Beim Kauf einer neuen Wohnung hat der Bauträger eine fünfjährige Gewährleistungspflicht nach BGB gegenüber dem Erwerber.

Der Käufer einer gebrauchten Wohnung ist schlechter gestellt als der Käufer eines Gebrauchtwagens. Gebrauchte Wohnungen werden üblicherweise ohne Gewährleistung verkauft, es sei denn, die Immobilie ist noch so neu, dass die Gewährleistungsfristen des Bauträgers noch nicht abgelaufen sind.

Achten Sie darauf, dass im Bauträgervertrag keine Verkürzung der Gewährleistungsfrist eingeschmuggelt oder gar eine Gewährleistung ganz ausgeschlossen wird. Auch eine Formulierung wie „Gewährleistungsfrist ist nach VOB geregelt" sollten Sie nicht unterschreiben; gegenüber einem privaten Wohnungskäufer ist nicht die VOB (Vergabe- und Vertragsordnung für Bauleistungen), sondern das Bürgerliche Gesetzbuch Vertragsgrundlage. Dergleichen Formulierungen hätten zwar vor Gericht keinen Bestand, aber der Rechtsstreit wäre unerfreulich, und ein solches Vertragsgebaren lässt nichts Gutes ahnen.

Unser Tipp: Wegen der Prüfung von Baubeschreibungen können Sie sich zum Beispiel an den Verein „wohnen im eigentum e. V.", Haus- und Grundbesitzervereine sowie die Verbraucherzentralen wenden.

In der Teilungserklärung sind Inhalt und Umfang des Gemeinschaftseigentums und des Sondereigentums der einzelnen Wohnungs- und Teileigentümer festgelegt. Zur Teilungserklärung gehört ein exakter **Aufteilungsplan**. Oft haben Teilungserklärungen mehrere Anhänge, zum Beispiel wenn offensichtliche Irrtümer der ursprünglichen Aufteilung, etwa die fehlerhafte Zuweisung von Garagenstellplätzen, nachträglich korrigiert worden sind. **Die Teilungserklärung** bestimmt

▶ die Art, den Charakter und die Zweckbestimmung der Eigentumsanlage (zum Beispiel ob es sich um eine reine Wohnanlage, eine gemischte Wohn- und Geschäftsanlage, um eine Mehrhausanlage usw. handelt und ob Einrichtungen wie Tiefgarage, Lagerräume oder Gartenanteile dazugehören),

▶ die Miteigentumsanteile – und zwar in Bruchteilen (zum Beispiel 8 400/100 000 oder 840/10 000). Miteigentumsanteile definieren sich in der Regel nach den Wohnungsgrößen, können aber auch andere Faktoren berücksichtigen wie Etage, Himmelsrichtung, Ausstattungsmerkmale und Nutzungsvorteile wie Balkon oder Dachterrasse,

▶ die Zuordnung der einzelnen Einheiten des Wohnungs- bzw. Teileigentums zu den Miteigentumsanteilen,

▶ die Abgrenzung von Gemeinschafts- und Sondereigentum (siehe „Eigenes und gemeinschaftliches Eigentum", Seite 43).

Im Zusammenhang damit fixiert **die Gemeinschaftsordnung** die Rechte und Pflichten der Wohnungseigentümer untereinander und der Verwaltung gegenüber. Paradoxerweise wird die Gemeinschaftsordnung nicht von der Eigentümergemeinschaft aufgestellt (Ausnahme: Baugemeinschaften), sondern vom teilenden Eigentümer des Gebäudes oder von demjenigen, der die Umwandlung von Mietwohnungen in Wohnungseigentum vollzieht. Als Käufer einer Eigentumswohnung treten Sie der Gemeinschaft lediglich bei, Sie haben aber kaum noch Gestaltungsspielraum und müssen die Gemeinschaftsordnung so anerkennen, wie sie ist – oder auf den Kauf verzichten. Gemeinschaftsordnungen können sehr unterschiedlich gestaltet sein. Ist zum Beispiel der teilende Eigentümer des Gebäudes weiterhin Miteigentümer, kann er sich in der Gemeinschaftsordnung besondere Vorrechte eingeräumt haben. Und eine Gemeinschaftsordnung nachträglich zu ändern, ist sehr schwierig und aufwendig und bis auf wenige Ausnahmen nur einstimmig durch alle Wohnungseigentümer möglich.

Muster einer Teilungserklärung und einer Gemeinschaftsordnung können Sie sich auf der Seite www.wohnen-im-eigentum.de/dokumente/ wohnen/muster_teilungserklg.doc herunterladen. Dies hilft beim Vergleich mit der Teilungserklärung und Gemeinschaftsordnung, die Ihnen vorgelegt werden. Dieses Dokument sowie die vom seinerzeitigen Bundesministerium für Landwirtschaft, Ernährung und Verbraucherschutz geförderten Studie „Muster-Teilungserklärung ist nicht gleich Muster-Teilungserklärung" (www.wohnen-im-eigentum.de/dokumente/woh nen/studie_muster-teilungserklgn.pdf) hilft Ihnen da-

---

Die Gemeinschaftsordnung sorgfältig lesen!

Die Gemeinschaftsordnung kann Regelungen festschreiben, die vom Wohnungseigentumsgesetz abweichen. Darunter können auch Festlegungen sein, die nicht unbedingt gerichtsfest sind. Oft betreffen sie die Haltung von Haustieren oder die Ausübung eines Gewerbes oder eines freien Berufs in der Wohnung. Wenn Sie als Eigentümer Ihr Recht gerichtlich erzwingen müssen, kostet das Geld, Zeit und Nerven und trägt nicht unbedingt zum gedeihlichen Miteinander in der Wohnanlage bei. Allgemein gilt: Was die Gemeinschaftsordnung nicht ausdrücklich regelt, ist so zu handhaben wie im Wohnungseigentumsgesetz vorgesehen. Ein Beschluss des Bayerischen Oberlandesgerichts vom 28.10.1997 (Az 2Z BR 88/97) besagt: Kommt es zu Widersprüchen zwischen Teilungserklärung und Gemeinschaftsordnung, beispielsweise über die Zweckbestimmung eines Teileigentums, genießt die Regelung der Gemeinschaftsordnung Vorrang.

bei, wesentliche Regelungen besser zu verstehen. Im Verein „wohnen im eigentum e. V." kann man für einen geringen Jahresbeitrag Mitglied werden und vom Know-how des Netzwerks profitieren

Wenn Sie eine Bestandswohnung erwerben, studieren Sie die Protokolle aller Eigentümerversammlungen, und zwar mindestens der letzten drei Jahre. Dort finden Sie Hinweise auf Reparaturen, sowohl ausgeführte als auch noch anstehende. Sie finden Hinweise auf strittige Fragen, beispielsweise über einen Wechsel des Verwalters, auf Miteigentümer oder Mieter, gegen die häufig Klage geführt wird sowie auf die Störanfälligkeit der Haustechnik von der Abwasserpumpe bis zum Rolltor der Tiefgarage. Manchmal – nicht immer – legen Eigentümergemeinschaften auch eine spezielle Beschlusssammlung an. Hier finden Sie wichtige Informationen zu Ihrem Objekt, zum Beispiel, wie hoch die in der Eigentümergemeinschaft bereits angesammelte Instandhaltungsrücklage ist.

Auch die Jahresabrechnungen geben über den wirtschaftlichen und technischen Zustand der Immobilie Auskunft. Hier interessieren besonders die Warmwasser-, Heiz- und Energiekosten.

Einen Verwaltervertrag kann es, muss es aber nicht geben. Gibt es ihn, legt er die Rechte und Pflichten des Verwalters und die Kosten der Verwaltung fest. Gemäß Wohnungseigentumsgesetz erstellt der Verwalter für jeweils ein Kalenderjahr einen Wirtschaftsplan. Aus ihm geht die voraussichtliche Kostenstruktur der Wohnanlage hervor. Da die Kosten auf die Miteigentumsanteile proportional umgelegt werden, kennen Sie auch die Höhe des individuellen Hausgelds.

Wenn Sie als Anleger die Wohnung im vermieteten Zustand erwerben, interessiert Sie natürlich die tatsächliche Solvenz des Mieters. Die im Mietvertrag und seinen Anlagen ausgewiesene Miethöhe (Kaltmiete und Nebenkostenvorauszahlung) ist die gewissermaßen theoretische Seite dieser Frage. Der praktische Teil: Hat der Mieter in der Vergangenheit tatsächlich gezahlt? Kann der Vorbesitzer das anhand der Kontoauszüge nachweisen?

Was steht im Grundbuch?

Der Notar hat zwar die Pflicht, den Inhalt des Grundbuchs festzustellen und bei der Beurkundung zu erläutern. Wenn Sie aber die Sachlage vor dem Notartermin in Ruhe studieren wollen, sollten Sie vom Verkäufer einen aktuellen beglaubigten Grundbuchauszug verlangen. Sie können daraus ersehen, ob mit dem Grundstück und der Wohnung „alles in Ordnung" ist. Auch die finanzierende Bank wird Ihnen keinen Euro leihen, wenn sie nicht vorher den Grundbuchauszug gesehen hat.

Jedes Grundstück – und auch jede Wohnung im Sinne des Wohnungseigentumsgesetzes (WoEigG) – hat ein eigenes Dokument im Grundbuch, das Grundbuchblatt. Heute werden die Grundbücher in der Regel elektronisch geführt und bei Bedarf Auszüge (auch in körperlicher, das heißt auf Papier ausgedruckter Form) erstellt. Der Name Grundbuchblatt ist für das (elektronische) Dokument erhalten geblieben.

Das Grundbuchblatt (auch im Wohnungs-/Teileigentumsgrundbuch) hat vier Teile:

► Im BESTANDSVERZEICHNIS werden der Miteigentumsanteil, die Lage, die Bezeichnung, die Größe und die Nutzung des Gesamtgrundstücks sowie die genaue Bezeichnung der Wohnung, auf die sich das Grundbuchblatt bezieht, angegeben.

► ABTEILUNG I benennt den oder die Eigentümer der Wohnung. Diese Eintragung ist maßgeblich für die Eigentumsverhältnisse.

► ABTEILUNG II führt die Rechte, die an der Wohnung bestehen (außer Hypotheken, Grund- und Rentenschulden, die in Abteilung III stehen). Hier werden beispielsweise Dienstbarkeiten eingetragen, auch vertragliche Vorkaufsrechte und Vormerkungen. Hier wird auch eine Auflassungsvormerkung (Eigentumsvormerkung) für den Käufer eingetragen, sobald der Kaufvertrag notariell beurkundet ist.

► Die ABTEILUNG III verzeichnet Hypotheken, Grund- und Rentenschulden, die auf der Wohnung lasten. Sofern Sie den Kaufpreis mithilfe einer Bank teilweise finanzieren, wird hier das Grundpfandrecht zur Besicherung Ihres Darlehens eingetragen.

Welche Fallstricke können Ihnen im Grundbuch begegnen?

Im Bestandsverzeichnis kann eine Veräußerungsbeschränkung eingetragen sein, zum Beispiel dass die Wohnungseigentümergemeinschaft einem Verkauf zustimmen muss. Die Zustimmung zu einem Verkauf kann einem Miteigentümer zwar nur aus wichtigem Grund verweigert werden, aber es kann Zeit und Geld kosten, die Verkaufsabsicht durchzusetzen und den Verkauf zu vollziehen.

Als Besonderheit in der Abteilung I kann der Fall eintreten, dass der Verkäufer und der Eigentümer der Wohnung nicht identisch sind. Das kann ausnahmsweise vorkommen, beispielsweise wenn der eingetragene Eigentümer verstorben ist und der oder die Erben den Verkauf der Immobilie betreiben. Spätestens der Notar muss Ihnen Auskunft über die Hintergründe geben.

In der Abteilung II des Grundbuchs kann bereits ein Vorkaufsrecht vermerkt sein, beispielsweise „Vormerkung zur Sicherung des Anspruchs auf Übertragung des Eigentums für die Stadt Musterstadt". Der Vorkaufsberechtigte kann sein Vorkaufsrecht ausüben, muss es aber nicht tun. Er hat von dem Augenblick, da Sie ihm einen Kaufvertrag vorlegen, dem BGB § 469 (2) entsprechend zwei Monate Zeit, das Vorkaufsrecht auszuüben. Auch Grunddienstbarkeiten werden in Abteilung II eingetragen, ferner auch persönliche Dienstbarkeiten, zum Beispiel eine „beschränkte persönliche Dienstbarkeit", dass die Stadtwerke berechtigt sind, in Ihrem Sondereigentum Messgeräte zu installierten und abzulesen.

Auch ein dauerhaftes Wohnrecht kann im Grundbuch eingetragen sein. Das wäre in der Tat eine unangenehme Überraschung, wenn Sie in eine Wohnung einziehen wollen, in der jemand Wohnrecht genießt. Schließlich könnte im schlimmsten Fall der sogenannte Nießbrauch eines Dritten am Grundstück eingetragen sein, der viel weiter reicht als das Wohnrecht als beschränkte persönliche Dienstbarkeit. Derjenige, dem der Nießbrauch zusteht, könnte die Immobilie nicht nur selbst bewohnen, sondern sie auch an andere vermieten.

In der Abteilung III können Sie die Eintragung von Grundpfandrechten einer Bank vorfinden. Das ist normal, wenn der Vorbesitzer einen Teil des Kaufpreises seinerzeit selbst mithilfe einer Bank finanziert hat. Regelmäßig wird die Eintragung aber vor der Eigentumsumschreibung gelöscht.

Diese Einzelheiten und individuellen Bestimmungen, die Ihnen im Grundbuch begegnen können, müssen mit dem Verkäufer sauber geklärt werden. Bestimmte Rechte, zum Beispiel Wegerechte, die einheitlich auf allen Wohnungen eines Objekts lasten, müssen zwingend vom Käufer übernommen werden. Bei vielen anderen Rechten muss mit dem Verkäufer geklärt werden, ob sie gelöscht werden können.

Elektronische Grundbücher lösen mehr und mehr die Papierform ab. Die internetbasierte Einsicht ist möglich, die Vorschriften der Grundbuchordnung (§ 133 II 2 GBO) werden angewendet (siehe http://dejure.org/gesetze/GBO/133.html).

Rangfragen

Kreditinstitute verlangen bei der Ausreichung von Hypothekendarlehen regelmäßig die Bestellung einer Grundschuld. Sie wünschen, dass ihre Grundschuld den sogenannten ersten Rang einnimmt. Das würde aber bedeuten, dass kein bereits eingetragenes Recht der Grundschuld vorgehen darf. Die Rechte, die Sie übernehmen müssen, genießen aber grundsätzlich Vorrang. Sofern also bereits eine erstrangige Grundschuld eingetragen ist, gibt es zwei Lösungswege:

▶ Die Inhaber vorrangiger Rechte erklären einen Rangrücktritt. Das ist möglich; dazu können sie aber nicht verpflichtet werden.
▶ Die Bank begnügt sich mit der Eintragung einer nachrangigen Grundschuld. Dann muss die Nachrangigkeit im Darlehensvertrag ausdrücklich vermerkt werden. Ein nachrangiges Darlehen kann aber für Sie teurer werden. Das Kreditinstitut lässt sich die nachgeordnete Rangstelle gern mit einer „Risikoprämie" in Form höherer Zinsen vergolden.

Stellen Sie sicher, dass wirklich alle Absprachen, auch die nur mündlich mit dem Vertragspartner getroffenen, tatsächlich beurkundet werden.

INFO

RANGFRAGEN KLÄREN Rangfragen zur Grundbuchbestellung sollten unbedingt vor Abschluss des notariellen Kaufvertrags geklärt sein. Verlangen Sie von Ihrer Bank gegebenenfalls eine eindeutige Finanzierungszusage, in der die Rangfrage geklärt ist. Scheitert Ihre Finanzierung nämlich nach Vertragsabschluss an der Rangfrage, könnten Sie mit hohen finanziellen Forderungen konfrontiert werden.

Was steht nicht im Grundbuch?

Sogenannte Baulasten stehen nicht im Grundbuch. Es sind Grundstückslasten, die mit den Dienstbarkeiten vergleichbar sind. Sie beruhen aber nicht wie Dienstbarkeiten auf privaten Abmachungen, sondern auf öffentlichem Interesse. Regelungen zu Abstandsflächen zwischen Gebäuden oder die Nutzung von privaten Wegen durch die Feuerwehr können damit geregelt werden.

Baulasten veranlasst und verantwortet die Gemeinde, die auch ein Baulastenverzeichnis führt. Nur hier sind die entsprechenden Lasten dokumentiert. Meist werden sie beim Verkauf und bei der Beurkundung vernachlässigt. Das ist auch nicht zwingend gefordert. Weder liegt dem Verkäufer regelmäßig ein Auszug des Baulastenverzeichnisses vor noch prüft der Notar das Verzeichnis bei der Gemeinde. Denn da ist nichts, was dem Rechtsgeschäft im Wege stehen könnte. Wenn Sie es dennoch genau wissen wollen, können Sie das Baulastenverzeichnis bei der Gemeinde einsehen und sich einen entsprechenden Auszug erstellen lassen.

Notartermin

Wenn Sie sich zum Kauf entschlossen haben, wartet auf jeden Fall ein Notartermin auf Sie. Schließlich muss ein Immobilienkaufvertrag immer vor einem Notar geschlossen werden. Grundsätzlich können Sie einen Notar Ihrer Wahl mit der Beurkundung beauftragen, doch der Verkäufer hat dieses Recht ebenso; Sie müssen sich also mit ihm einigen. Allerdings können Sie ins Feld führen, dass Sie den Notar bezahlen, somit also auch bestimmen können, welcher Notar die Beurkundung vornimmt. Sollte sich der Verkäufer vehement dagegen wehren, sollten Sie aufmerksam werden. Sie müssen nicht gegen Ihren Willen einen Notar akzeptieren, den der Vermittler oder Verkäufer bevorzugt.

Der Notar ist nicht Partei. Er ist hoheitlich im Auftrag seines Bundeslands tätig. Wie bereits erwähnt, muss der Notar dem Käufer den Entwurf des Kaufvertrags zwei Wochen vor der Beurkundung kostenfrei zur Verfügung stellen. Bei der Beurkundung wird er den Kaufvertrag vollständig verlesen. Er muss alle Fragen beantworten, die vor, während und selbst nach einer Beurkundung entstehen – natürlich nur, insoweit daraus keine parteiliche (das heißt anwaltliche) Beratung entsteht. Der Notar berät und klärt auf über die rechtliche Tragweite des Geschäfts. Über die wirtschaftliche Tragweite des Geschäfts muss er keine Aussagen treffen. Nur in Ausnahmefällen, wenn er den Eindruck gewinnt, dass eine Vertragspartei eindeutig übervorteilt wird, kann er eingreifen. Insofern dient seine Unparteilichkeit insbesondere auch dem Schutz des Schwächeren.

INFO

ABSPRACHEN NUR SCHRIFTLICH AKZEPTIEREN! Stellen Sie sicher, dass wirklich alle Absprachen, auch die nur mündlich mit dem Vertragspartner getroffenen, tatsächlich beurkundet werden. Nur bei einer vollständigen Beurkundung besteht Rechtssicherheit. Das betrifft vor allem Abweichungen von der Baubeschreibung, wie sie bei einer Immobilie, die noch im Entstehen ist, nun einmal zur Realität des Baugeschehens gehören. Die unvollständige Beurkundung eines Immobilienkaufvertrags kann dazu führen, dass der gesamte Vertrag nichtig ist.
Also alle Änderungen und Ergänzungen, die zum Zeitpunkt des Notartermins bereits bekannt sind, vollständig erfassen und beurkunden lassen!

Stellen Sie dem Notar alle Fragen, die Sie in rechtlicher Hinsicht bewegen. Unterbrechen Sie ihn auch jederzeit, wenn Ihnen an seinem Vortrag etwas unklar bleibt. Lassen Sie sich alles so genau erläutern, bis Sie es verstanden haben. Haben Sie auch keine Furcht, die Verhandlungen im letzten Moment scheitern zu lassen, wenn Ihnen an einem Punkt entscheidende Bedenken kommen. Mitunter versuchen Immobilienverkäufer Druck aufzubauen, indem sie von bereits angefallenen Kosten sprechen, die Sie als Kaufinteressent tragen müssten. Oder sie behaupten, eine einmal begonnene Beurkundung könne nicht mehr abgebrochen werden. Das entspricht nicht der Rechtslage.

Auflassungsvormerkung (Eigentumsvormerkung)

Nach der Beurkundung des Kaufvertrags vor einem Notar muss der Eigentümerwechsel im Grundbuch eingetragen werden. Das kann einige Zeit dauern. Um in der Zwischenzeit Sicherheit zu schaffen – theoretisch könnte der bisherige Eigentümer die Wohnung so lange erneut verkaufen, wie er noch als rechtmäßiger Eigentümer im Grundbuch steht –, wird unmittelbar nach der notariellen Beurkundung des Eigentümerwechsels (der seit dem Mittelalter so bezeichneten Auflassung) im Grundbuch regelmäßig eine Auflassungsvormerkung eingetragen. Besser wird sie Eigentumsvormerkung genannt, denn mit ihr wird nicht die Auflassung selbst (die ja bereits vor dem Notar vollzogen ist), sondern der Eigentumswechsel als künftige Rechtsänderung gesichert.

Für den Fall einer Insolvenz des Bauträgers vor Vollendung des Objekts schafft die Vormerkung die Möglichkeit, dass das Objekt im teilfertigen Zustand in das Eigentum des Käufers übergehen kann; damit ist gewährleistet, dass etwa bisher geleisteten Anzahlungen (bzw. der diesen Anzahlungen entsprechende Gebäudewert) nicht in der Konkursmasse untergeht.

Mit dem Eintrag in das Grundbuch schließlich ist das Rechtsgeschäft Wohnungskauf vollzogen. Sie sind nun Eigentümer der Wohnung mit allen Rechten und Pflichten.

DIE FINANZIERUNG RICHTIG PLANEN

Nur im Ausnahmefall kann der Erwerber den gesamten Kaufpreis einschließlich der Kaufnebenkosten mit Eigenkapital finanzieren, oder er bekommt die Immobilie vererbt oder geschenkt.

Nahezu jeder Käufer einer Eigentumswohnung benötigt fremdes Geld, um seine Pläne und Wünsche in die Tat umzusetzen. Er nimmt also einen Kredit bei der Bank oder anderen Geldinstituten auf. Um diese Fremdfinanzierung geht es in der Regel bei der Frage nach dem sichersten und günstigsten Zins- und Tilgungsplan.

Magisches Dreieck der Finanzierungsziele

Ihr Ziel sollte es als Kreditnehmer sein, die bestmögliche Kombination aus Zins, Tilgung und monatlicher Belastung zu erreichen.

Drei Finanzierungsziele müssen Sie also berücksichtigen:
► Niedriger Zinsaufwand
► Schnelle Entschuldung
► Niedrige monatliche Belastung.

Das Problem: Es wird Ihnen nicht gelingen, alle drei Finanzierungsziele zugleich zu erreichen. Wenn Sie beispielsweise einen niedrigen Zinsaufwand über die gesamte Darlehenslaufzeit sowie eine schnelle Entschuldung anstreben, steht dies im Konflikt mit dem Ziel einer niedrigen monatlichen Belastung aus Kapitaldienst. Je höher der Tilgungssatz, desto höher fällt naturgemäß die monatliche Belastung aus.

Andererseits müssten Sie bei einem Tilgungssatz von nur 1 Prozent des Darlehens zuzüglich ersparter Zinsen und einem gleichbleibend niedrigen Zins von 2 Prozent eine extrem lange Laufzeit von 55 (!) Jahren in Kauf nehmen. Niedrige Zins- und Tilgungssätze ziehen also eine sehr langsame Entschuldung nach sich.

Da Sie alle drei Vorteile nicht gleichermaßen realisieren können, spricht man auch vom magischen Dreieck der Finanzierungsziele. Sie können schon stolz sein, wenn Sie bereits zwei von drei Finanzierungszielen (zum Beispiel niedriger Zinsaufwand und schnelle Entschuldung, aber hohe monatliche Belastung oder niedriger Zinsaufwand und niedrige monatliche Belastung, aber langsame Entschuldung) erreichen. Den Finanzierungszielen entsprechen Ihre darauf abgestimmten Finanzierungskonzepte.

Suchen Sie Ihr individuelles und schlüssiges Gesamtkonzept, das wiederum aus den drei folgenden Grundkonzepten besteht.

1 **ZINSKONZEPT:** Höhe des Zinssatzes (Soll- und Effektivzins), der von der Zinsbindungsdauer, dem Darlehensanteil und der Wahl der finanzierenden Bank abhängt.

2 **TILGUNGSKONZEPT:** Höhe des Tilgungssatzes, Wahl der Tilgungsdauer sowie Vereinbarung von Sondertilgungen und Tilgungssatzvarianten.

3 **BELASTUNGSKONZEPT:** Belastung für Zins und Tilgung, also Belastung für Kapitaldienst pro Monat und über die gesamte Laufzeit des Darlehens.

Sie allein prüfen und entscheiden, welches der drei Grundkonzepte für Sie am besten geeignet ist. Im Folgenden werden Ratschläge und Tipps gegeben, wie Sie ein optimales und auf Sie abgestimmtes Finanzierungskonzept selbst entwickeln können.

Niedriger Zinsaufwand

Die anhaltend niedrigen Hypothekenzinsen stellen verständlicherweise einen großen Reiz für den Kauf einer Eigentumswohnung dar. Die Qual der Wahl unter den zahlreichen Baugeldanbietern fällt umso leichter, je besser Ihnen die aktuellen Zinskonditionen vertraut sind.

Die absolute Höhe eines Zinssatzes sagt aber nicht allzu viel aus. Wichtiger ist der Vergleich von Zinssätzen in Abhängigkeit von der Zinsbindungsdauer, dem Darlehensanteil am Kaufpreis und der jeweiligen Bank. Auf die relative Höhe kommt es also an. Vergleichen Sie bei den Zinskonditionen von Banken daher immer nur Effektivzinsen bei gleicher Zinsbindungsdauer und gleich hohem Darlehensanteil.

Ein Vergleich von scheinbar niedrigen Effektivzinsen in Höhe von nur 1,5 Prozent bei der einen Bank (bei einer fünfjährigen Zinsbindung und einem Darlehensanteil von 50 Prozent des Kaufpreises) mit einem Effektivzins von 3 Prozent bei einer anderen Bank (bei einer 15-jährigen Zinsbindung und einem Darlehensanteil von 90 Prozent) ist wegen der mangelnden Vergleichbarkeit wertlos.

Sie sollten daher unter den Baugeldanbietern (Banken, Versicherungen und Bausparkassen) immer nur Zinssätze bei gleichartigen Bedingungen (zum Beispiel zehnjährige Zins-

60-Prozent-Finanzierung

Anbieter	Kontakt	Effektivzins (%)		
		10 Jahre	15 Jahre	20 Jahre
Die besten überregionalen Anbieter mit bundesweitem Filialnetz[1]				
1822direkt	0 69/5 05 09 30	0,93	1,50	1,86
Comdirect Bank	0 41 06/7 08 25 00	0,93	1,50	1,86
CosmosDirekt	06 81/9 66 70 00	0,93	1,50	1,86
Volkswagen Bank	05 31/2 12 85 95 40	0,93	1,50	1,86
Enderlein	05 21/58 00 40	0,97	1,37	1,67
Planethyp	0 89/76 77 41 88	0,97	1,37	1,67
Creditweb	0 800/2 22 05 50	1,01	1,46	1,76
Check24	0 89/24 24 11 22	1,07	1,38	1,68
Fiba Immohyp	07 21/6 27 67 10	1,09	1,43	1,73
Accedo	0 800/2 28 85 00	1,09	1,57	1,83
Sparda Baden-Württemberg	07 11/20 06 38 02	1,09	1,57	2,30
Creditfair	0 800/0 00 55 29	1,10	1,54	1,77
EthikBank	03 66 91/86 23 45	1,10	–	–
DTW	0 800/1 15 56 00	1,11	1,53	1,78
PSD Niederbayern-Oberpfalz	09 41/58 58 01	1,12	1,83	–
Santander Direkt Bank	0 800/1 00 61 62	1,13	1,79	–

Sortiert nach dem Effektivzins für 10 Jahre Zinsbindung. – = Kein Angebot. [1] Angegeben sind bundesweit gültige Konditionen. Bei vielen Anbietern gibt es für den Modellfall auch günstigere regionale Angebote. Quelle: Finanztest; Stand: 4. September 2017 bindung und Darlehensanteil von 80 Prozent) vergleichen.

Bei den Zinssätzen müssen Sie Sollzins (früher auch Nominalzins genannt) und Effektivzins unterscheiden. Der Effektivzins liegt immer etwas höher als der Sollzins, da hierbei auch die monatliche Zins- und Tilgungsverrechnung mit berücksichtigt wird. Soll- und Effektivzins wären nur gleich, wenn die Zins- und Tilgungszahlungen jeweils am Ende eines Jahres geleistet würden, was aber in der Praxis nicht vorkommt.

Dazu ein Beispiel: Ein Sollzins von 3 Prozent führt zu einem Effektivzins von 3,04 Prozent bei monatlicher Zins- und Tilgungszahlung. Die Bank berechnet die Zinsen immer als Sollzins in Prozent der Restschuld. Falls die Restschuld beispielsweise bei 95 000 Euro liegt und der Sollzins bei 3 Prozent, errechnet sich ein jährlicher Zinsaufwand von 2 850 Euro.

Da die Bank mit Ihnen aber eine monatliche Zinszahlung vereinbart, werden bereits am Ende des ersten Monats 237,50 Euro von Ihrem Konto abgebucht. Tatsächlich oder effektiv zahlen Sie aber 3,04 Prozent an Zinsen. Schließlich könnte Ihre Bank die monatlich erhaltenen Zinsen wieder zu 3 Prozent anlegen und durch diesen Zinseszinseffekt auf effektiv 3,04 Prozent im Jahr kommen.

Aktuelle Zinskonditionen

Die Stiftung Warentest ermittelt jeweils zu Monatsbeginn für über 70 regionale und überregionale Anbieter aktuelle Zinskonditionen für Darlehen in Höhe von 150 000 Euro von Banken und Versicherungen in Abhängigkeit von Zinsfestschreibungsdauer (10, 15 oder 20 Jahre), Darlehensanteil von 60 Prozent des Kaufpreises (entspricht rund 90 Prozent des Beleihungswerts) und Tilgungssatz in Höhe von 3 Prozent. Sie können diese Zinstabellen ab Beginn eines Monats auf www.test.de für 2 Euro erwerben oder in der Mitte des Monats erscheinenden Zeitschrift Finanztest in der Rubrik „Marktplatz Immobilienkredite" einsehen.

Die besten Anbieter von Hypothekendarlehen (ohne Riester-Förderung) werden beispielsweise danach unterschieden, ob sie überregional ohne bundesweites Filialnetz, überregional mit bundesweitem Filialnetz oder nur regional tätig sind.

Laut der Mitte September 2017 erschienenen Finanztest 10/2017 lagen die Effektivzinsen beispielsweise für eine 60-Prozent-Finanzierung bei den besten überregionalen Anbietern mit bundesweitem Filialnetz unter den oben genannten Annahmen zwischen 0,93 und 1,19 Prozent (10 Jahre Zinsbindung), 1,37 und 1,70 Prozent (15 Jahre Zinsbindung) sowie zwischen 1,67 und 2,30 Prozent (20 Jahre Zinsbindung), siehe Tabelle auf Seite 74 mit Stand vom 4. September 2017.

Tagesaktuelle Zinskonditionen finden Sie bequem im Internet bei www.fmh.de. Am 30.9.2017 lagen die Effektivzinsen bei einer Zinsbindung von 20 Jahren und einem Darlehen bis zu 80 Prozent des Kaufpreises von 200 000 Euro unter den zinsgünstigsten Anbietern übereinstimmend bei 2,12 Prozent. Bei Volltilgerdarlehen mit 3 Prozent Tilgung über eine Laufzeit von rund 25 Jahren lag der Effektivzins sogar nur bei 1,96 Prozent.

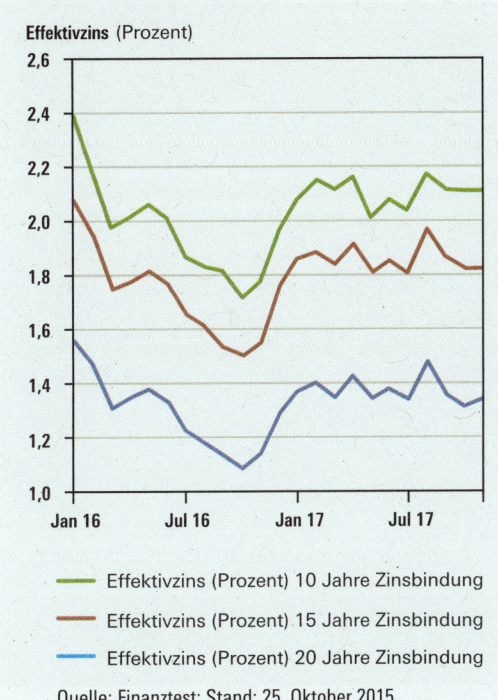

Hypothekenzinsen von Januar 2016 bis November 2017

Effektivzins (Prozent)

— Effektivzins (Prozent) 10 Jahre Zinsbindung
— Effektivzins (Prozent) 15 Jahre Zinsbindung
— Effektivzins (Prozent) 20 Jahre Zinsbindung

Quelle: Finanztest; Stand: 25. Oktober 2015

Einen guten Überblick über die aktuelle Zinsentwicklung gibt auch der FMH-Index für Zinsfestschreibungsfristen von 10 und 15 Jahren. Ausgangsbasis ist hier ein Darlehen von 200 000 Euro bei einer Beleihung bis 80 Prozent. Seit der großen Finanzkrise im Jahr 2008 haben sich die Hypothekenzinsen bis September 2017 mehr als halbiert. Viele Banken verlangen bei einer festen Laufzeit von 10 Jahren nur effektiv rund 1 Prozent. Bei einer festen Zinsbindung von 15 Jahren geben zahlreiche Unternehmen einen Effektivzins von rund 1,5 Prozent an.

Selbstverständlich ist dies nur eine Momentaufnahme. Keiner weiß, wie sich die Hypothekenzinsen künftig entwickeln. Es spricht aber sehr viel dafür, dass die im August 2008 begonnene Talfahrt der Hypothekenzinsen noch ein paar Jahre anhält und die Ausschläge nach oben oder unten relativ gering ausfallen. Zinsprognosen sind allerdings immer mit Vorsicht zu genießen. Auch Finanzierungsexperten haben sich in der Vergangenheit bei ihren Zinsprognosen häufig geirrt.

Die beste Zinsbindung wählen

Das Ziel einer zinsgünstigen und außerdem zinssicheren Finanzierung können Sie in einer Niedrigzinsphase am besten erreichen, wenn Sie beim Vergleich der Zinskonditionen den niedrigen Effektivzins für mindestens zehn Jahre festlegen. Für Selbstnutzer empfiehlt sich aus Sicherheitsgründen nach dem Motto „Niedrige Zinsen – lange Zinsbindung" eine Zinsbindung über 15, 20 oder gar 25 Jahre, auch wenn die Effektivzinssätze für diese relativ langen Fristen etwas höher liegen als bei der zehnjährigen Zinsbindung.

Der Vorteil dieser zinssicheren Finanzierung: Sie müssen sich 15, 20 oder 25 Jahre lang keine Sorgen über einen drastischen Anstieg des künftigen Zinsniveaus machen. Die Warnung in einigen Medien, dass Käufer von Eigentumswohnungen bei deutlich höherem Zinsniveau nach Ablauf der zehnjährigen Zinsbindung in die Zwangsversteigerung getrieben würden, können Sie dann getrost in den Wind schlagen.

Andererseits können Sie Ihr auf 15 oder 25 Jahre hinsichtlich der Zinsen fest gebundenes Darlehen zum Ende des zehnten Jahres kündigen, falls die Hypothekenzinsen wider Erwarten zu diesem Zeitpunkt nochmals niedriger liegen als heute. Insofern schlagen Sie mit einer langen Zinsbindung gleich zwei Fliegen mit einer Klappe. Sie erhalten Zinssicherheit über eine sehr lange Zeit und können sich dennoch nach zehn Jahren für eine Anschlussfinanzierung mit noch günstigeren Zinskonditionen entscheiden.

In der Tabelle auf Seite 77 finden Sie überregionale und regionale Banken, die im Februar 2017 Hypothekendarlehen mit 20- und 25-jähriger Zinsbindung zu Effektivzinsen zwischen 1,68 und 2,02 Prozent (bei 20 Jahren Zinsbindung) oder zwischen 1,88 und 2,28 Prozent (bei 25 Jahren Zinsbindung) anboten.

Ganz im Gegensatz zu Festzinsdarlehen mit langer Zinsbindung besteht auch die Möglichkeit von variablen Darlehen mit veränderlichen Zinsen (auch Geldmarktdarlehen genannt), die Sie jederzeit mit einer nur dreimonatigen Kündigungsfrist kündigen können. Der veränderliche Zins richtet sich nach dem Drei-Monats-Euribor plus Zuschlag von 1,25 bis 2 Prozentpunkten. Der veränderliche Zins plus Zuschlag lag aber Ende September 2017 im Durchschnitt eher über dem Effektivzins für eine fünfjährige Zinsbindung bei den zinsgünstigsten Anbietern.

Variable Darlehen mit veränderlichen Zinsen empfehlen sich nur in Hochzinsphasen oder für risikobereite Kapitalanleger, die ihre vermietete Eigentumswohnung in Kürze verkaufen wollen. Selbstnutzer sollten das Zinssteigerungsrisiko bei variablen Darlehen insbesondere in einer Niedrigzinsphase nicht in Kauf nehmen und daher aus Sicherheitsgründen ganz darauf verzichten.

Hohe Zinsaufschläge vermeiden

Erfahrungsgemäß fallen die Effektivzinsen bei einer bestimmten Zinsbindungsdauer von beispielsweise zehn Jahren am geringsten aus, wenn Ihr benötigtes Darlehen nicht mehr als 50 Prozent des Kaufpreises ausmacht.

Die Banken rechnen üblicherweise so: Vom Kaufpreis in Höhe von beispielsweise 200 000 Euro erfolgt zunächst ein Risikoabschlag von 10 bis 15 Prozent, sodass der für die Bank maßgebliche Beleihungswert hier 170 000 bis 180 000 Euro ausmacht. Im zinsgünstigsten Erstrang, der bis zu 60 Prozent des Beleihungswerts reicht, erhalten Sie dann die besten Zinskonditionen. Im Beispielfall würde dies einem Darlehensanteil von 102 000 bis 108 000 Euro (60 Prozent des Beleihungswerts von 170 000 bis 180 000 Euro)

entsprechen oder 51 bis 54 Prozent des Kaufpreises.

Die Faustregel lautet daher: Sofern Sie nicht mehr als 50 Prozent des Kaufpreises über ein Hypothekendarlehen finanzieren, müssen Sie keinen Zinsaufschlag befürchten.

Geht Ihr Darlehensbedarf wie üblich aber darüber hinaus und macht bis zu 80 Prozent des Beleihungswerts aus (entspricht 68 bis 72 Prozent des Kaufpreises), berechnet die Bank einen Zinsaufschlag von 0,1 bis 0,2 Prozentpunkten auf das Gesamtdarlehen. So wer-

Finanzierung mit langer Zinsbindung

Modellfall: Kauf einer Immobilie für 250 000 Euro. Kreditsumme 180 000 Euro. Das Darlehen ist nach 20 Jahren bzw. 25 Jahren vollständig getilgt (Volltilgerdarlehen).

Anbieter	Effektivzins (%)		Anbieter	Effektivzins (%)	
	20 Jahre	25 Jahre		20 Jahre	25 Jahre
Überregionale Anbieter ohne Filialnetz			**Überregionale Anbieter mit Filialnetz**		
Enderlein	1,68	1,88	Hypovereinsbank	1,65	1,88
Planethyp	1,68	1,88	Targobank	1,69	1,88
Santander Direkt Bank	1,69	1,88	Hypofact	1,79	1,97
Baufi Direkt	1,78	1,96	Baugeld Spezialisten	1,82	1,94
Haus & Wohnen	1,78	1,96	Allianz	1,85	2,05
Creditweb	1,81	1,97	Dr. Klein	1,85	2,05
Fiba Immohyp	1,83	2,01	Commerzbank	1,86	2,28
Kredite-Direkt	1,83	2,01	Interhyp	1,86	2,28
MKiB	1,83	1,99	**Regionale Anbieter**		
C + C Credit Consult	1,84	2,02	Freie Finanzierer München	1,65	1,97
Accedo	1,85	1,99	Sparkasse Nürnberg	1,87	k. A.
Competence	1,85	2,05	Sparda Hessen	1,92	1,99
Creditfair	1,85	2,07	Leipziger Volksbank	1,93	2,09
DTW	1,85	1,99	PSD Nürnberg	1,94	2,19
Geld & Plan	1,85	2,05	Sparda Nürnberg	2,02	k. A.
Teuerster Anbieter im Test				**2,71**	**3,87**

k.A. = Kein Angebot. Quelle: Finanztest 4/2017; Stand: 8. Februar 2017

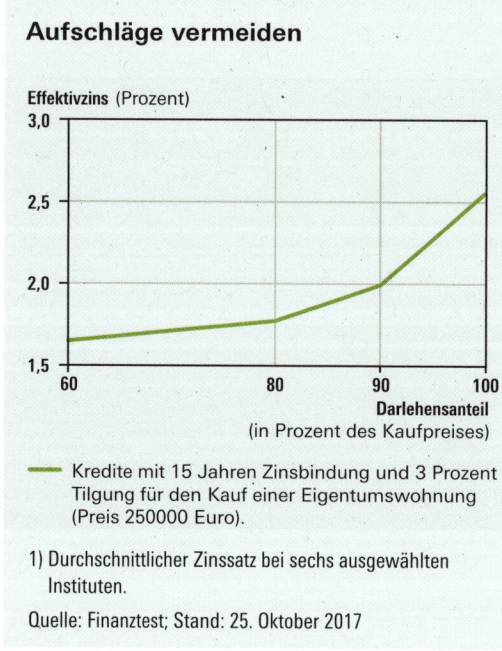

Aufschläge vermeiden

Effektivzins (Prozent)

Darlehensanteil
(in Prozent des Kaufpreises)

— Kredite mit 15 Jahren Zinsbindung und 3 Prozent Tilgung für den Kauf einer Eigentumswohnung (Preis 250000 Euro).

1) Durchschnittlicher Zinssatz bei sechs ausgewählten Instituten.

Quelle: Finanztest; Stand: 25. Oktober 2017

den etwa aus 2,4 Prozent Effektivzins für einen Darlehensanteil von 50 Prozent des Kaufpreises 2,6 Prozent bei einem Darlehen in Höhe von 70 Prozent des Kaufpreises (siehe Grafik oben mit Effektivzinsen von Oktober 2017).

Richtig teuer wird es bei einem Darlehensanteil von 90 bis 100 Prozent des Kaufpreises. Der Effektivzins schießt dann regelrecht in die Höhe bei einer zehnjährigen Zinsbindung. Im Grenzfall einer Vollfinanzierung des Kaufpreises mit hohem Risiko für die Bank liegt der Effektivzins also einen vollen Prozentpunkt über dem Topzins der Bank für ein Darlehen in Höhe des halben Kaufpreises mit geringem Risiko.

Die Bank lässt sich das mit steigendem Darlehensanteil steigende Risiko eines Ausfalls also teuer bezahlen. Sofern es Ihnen möglich ist, sollten Sie als Selbstnutzer daher so viel Eigenkapital wie möglich in Ihre Finanzierung einbringen.

Für Kapitalanleger in vermietete Eigentumswohnungen können andere Regeln gelten, da den zu zahlenden Hypothekenzinsen laufende Mieteinnahmen gegenüberstehen. Die völlig entgegengesetzte Regel „So viel Fremdkapital wie möglich" und damit eine Vollfinanzierung des Kaufpreises sowie eventuell auch

noch der Kaufnebenkosten würde aber einen recht hohen Zinsaufschlag nach sich ziehen.

Planmäßige Entschuldung

Niedrige Hypothekenzinsen erfreuen zwar jeden Käufer einer Eigentumswohnung, der einen größeren Teil des Kaufpreises über eine Bank finanzieren muss. Zinsen sind aber nicht alles. Oft wird die Tatsache unterschätzt, dass ein niedriger Zins in Verbindung mit einem niedrigen Tilgungssatz von nur 1 Prozent zu einer extrem langen Tilgungsdauer führt.

Bei gleichbleibendem Zins von 2 Prozent und einem Tilgungssatz von nur 1 Prozent wäre das Hypothekendarlehen erst nach 55 Jahren vollständig getilgt (siehe Tabelle „Tilgungsdauer"). Auch bei 3 oder 4 Prozent sind es noch rund 46 – 40 Jahre bis zur Entschuldung.

Die zunächst seltsam erscheinenden Regeln „Niedriger Zins – lange Tilgungsdauer" und „Hoher Zins – kurze Tilgungsdauer" bei gleichbleibendem Tilgungssatz werden verständlich, wenn Sie sich die Besonderheiten für das klassische Annuitätendarlehen klar machen.

Bei diesem typischen Hypothekendarlehen der Banken bleibt die jährliche Zins- und Til-

Tilgungsdauer in Jahren bis zur Entschuldung

Zinssatz [1]	Tilgungssatz [2]		
	1%	**2%**	**3%**
1,00%	72,3	40,7	28,9
1,50%	61,1	37,3	27,0
2,00%	55,0	34,7	25,6
2,50%	50,2	32,5	24,3
3,00%	**46,3**	**30,6**	**23,1**
3,50%	43,0	29,0	22,1
4,00%	40,3	27,5	21,1
4,50%	37,8	26,2	20,4
5,00%	35,9	25,1	19,7

1) Sollzins als jährlicher Zinssatz in % der Darlehenssumme (der anfängliche effektive Jahreszins liegt bei monatlicher beziehungsweise vierteljährlicher Zahlung höher)

2) Jährlicher Tilgungssatz in % der Darlehenssumme zuzüglich ersparter Zinsen

gungsrate während der Zinsbindungsdauer immer gleich. Wenn Sie beispielsweise einen Zinssatz von 2 Prozent und einen Tilgungssatz von 3 Prozent für ein Darlehen von 100 000 Euro mit einer Zinsbindung über die gesamte Laufzeit von 25,6 Jahren vereinbaren, zahlen Sie jedes Jahr insgesamt 5 Prozent von 100 000 Euro, also 5 000 Euro pro Jahr. Die jährliche Leistungsrate (Annuität genannt) bleibt also immer gleich.

Tatsächlich werden die Zinsen aber immer nur von der jeweiligen Restschuld berechnet und sinken mit jeder Tilgung. Um dennoch die gleiche jährliche Leistungsrate zu erreichen, wird die Tilgungsrate um die jeweils ersparten Zinsen erhöht. Daher lautet auch die übliche Formulierung: „Tilgung 3 Prozent zuzüglich ersparter Zinsen".

Wenn der Zins aber sehr niedrig liegt, werden bei der Tilgung auch nur geringe Zinsen erspart. Also verlängert sich entsprechend die Tilgungsdauer. Bei einem hohen Zins fällt auch die Zinsersparnis mit jeder Tilgung höher aus, sodass sich die Tilgungsdauer verkürzt.

In der Tabelle rechts finden Sie einen vollständigen Zins- und Tilgungsplan für ein Annuitätendarlehen von 100 000 Euro (Sollzins 2 Prozent, Tilgungssatz 3 Prozent zzgl. ersparter Zinsen, Tilgungsdauer 25,6 Jahre).

Die Auswertung dieses Zins- und Tilgungsplans ergibt: Die Summe aller Zins- und Tilgungszahlungen, also die Gesamtbelastung über die gesamte Laufzeit von 25,6 Jahren, macht 127 813 Euro aus (= jährliche Leistungsrate 5 000 Euro x 25,56 Jahre). Davon entfallen 100 000 Euro auf die vollständige Tilgung (jeweils 3 Prozent zuzüglich der ersparten Zinsen) und demzufolge nur 27 813 Euro auf den Gesamtzinsaufwand.

Nachteil dieser zinsgünstigen und -sicheren Finanzierung: Von einer schnellen Entschuldung kann man angesichts einer Darlehenslaufzeit von über 25 Jahren nicht sprechen. Wer beispielsweise erst im Alter von 45 Jahren eine Eigentumswohnung nach diesem Finanzierungsplan kauft, wäre die Schulden erst mit über 70 Jahren los.

Eine sinnvolle Entschuldungsstrategie sähe in diesem Fall anders aus. Beispielsweise

Zins- und Tilgungsplan für ein Annuitätendarlehen von 100 000 Euro

Jahr	Jahresrate	Zinsen	Tilgung	Restschuld
1	5 000 €	1 972 €	3 028 €	96 972 €
2	5 000 €	1 911 €	3 089 €	93 884 €
3	5 000 €	1 849 €	3 151 €	90 732 €
4	5 000 €	1 786 €	3 214 €	87 518 €
5	5 000 €	1 720 €	3 280 €	84 238 €
6	5 000 €	1 654	3 346 €	80 892 €
7	5 000 €	1 587 €	3 413 €	77 479 €
8	5 000 €	1 518 €	3 482 €	73 997 €
9	5 000 €	1 447 €	3 552 €	70 444 €
10	5 000 €	1 376 €	3 624 €	66 820 €
11	5 000 €	1 303 €	3 697 €	63 122 €
12	5 000 €	1 228 €	3 772 €	59 350 €
13	5 000 €	1 152 €	3 848 €	55 503 €
14	5 000 €	1 074 €	3 926 €	51 577 €
15	5 000 €	995 €	4 005 €	47 572 €
16	5 000 €	914 €	4 086 €	43 486 €
17	5 000 €	832 €	4 168 €	39 317 €
18	5 000 €	748 €	4 252 €	35 065 €
19	5 000 €	662 €	4 338 €	30 727 €
20	5 000 €	574 €	4 426 €	26 301 €
21	5 000 €	485 €	4 515 €	21 786 €
22	5 000 €	394 €	4 606 €	17 179 €
23	5 000 €	301 €	4 699 €	12 480 €
24	5 000 €	206 €	4 794 €	7 686 €
25	5 000 €	109 €	4 891 €	2 795 €
26	28 130 €	18 €	2 795 €	0 €
Summe	**127 813 €**	**27 813 €**	**100 000 €**	

Erläuterungen:
Sollzinssatz 2 % und **Tilgungssatz 3 %** zzgl. ersparter Zinsen = insgesamt 5 % pro Jahr bis zur Entschuldung nach 25,6 Jahren (Volltilgerdarlehen),
jährliche Belastung (Annuität) 5 000 € = 5 % von 100 000 €, monatliche Zahlung und Verrechnung für **Zins und Tilgung** 416,67 € = 5 000 € : 12 Monate,
effektiver Jahreszins 2,02 % p.a.,
Summe aller Zins- und Tilgungszahlungen 127 813 € = 25,6 Jahre x 5 000 €, darin enthalten **Gesamtzinsaufwand** 27 813 € und **Gesamttilgung** 100 000 €

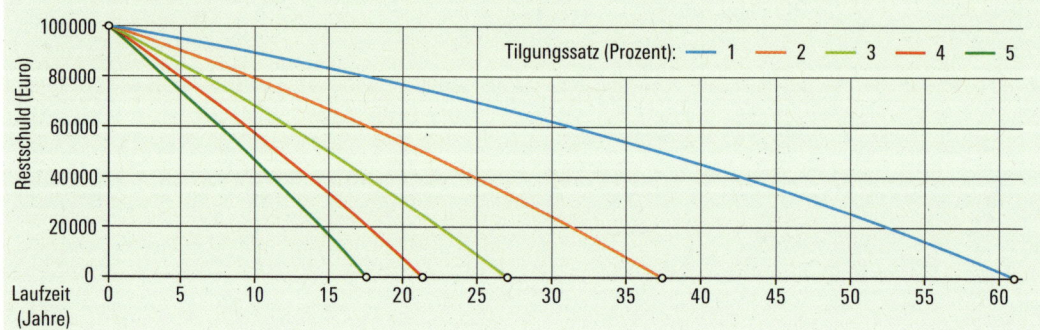

Niedrige Tilgung – lange Laufzeit
Die Grafik zeigt am Beispiel eines 100 000-Euro-Darlehens (Zinssatz 1,5 Prozent)
die Entwicklung der Restschuld und die Laufzeit je nach Höhe der Anfangstilgung.

könnte der 45-jährige Käufer den Tilgungssatz auf 4 Prozent zuzüglich ersparter Zinsen erhöhen und wäre dann mit 65 Jahren schuldenfrei.

Die richtigen Regeln „Niedrige Tilgung – lange Laufzeit" beziehungsweise „Hohe Tilgung – kurze Laufzeit" werden anhand der Abbildung oben verständlich. Je nach Tilgungssatz (1, 2, 3 oder 4 Prozent) liegt die Tilgungsdauer bei rund 46, 30, 23 oder 18 Jahren. Zwangsläufig erhöht sich mit einem höheren Tilgungssatz von beispielsweise 3 Prozent (statt 2 Prozent) auch die monatliche Belastung. Statt rund 417 Euro sind dann 500 Euro pro Monat bei einem Annuitätendarlehen von 100 000 Euro zu zahlen. Bei einem Tilgungssatz von 4 Prozent wären es sogar 583 Euro.

Zins- und Tilgungsanteile verändern sich fortlaufend beim Annuitätendarlehen. Im Laufe der Jahre steigt der Tilgungsanteil genau in dem Maße, wie der Zinsanteil sinkt. Bereits ab dem zehnten Jahr liegt der Tilgungsanteil in Euro bei einem Darlehen mit 3 Prozent Zins und 2 Prozent Tilgung zuzüglich ersparter Zinsen über dem Zinsanteil (siehe Grafik „Steigender Tilgungsanteil", Seite 81).

Die planmäßige Entschuldung sollte sich aber nicht auf die einmalige Wahl des Tilgungssatzes beschränken. Sie sollten auf jeden Fall mit Ihrer Bank Sondertilgungsrechte ver-

einbaren, um Ihr Darlehen je nach Einkommenssituation flexibel zu tilgen.

Folgende Möglichkeiten für eine flexible Tilgung sind teilweise schon Standard bei Banken:
► Jährliche Sondertilgung (zum Beispiel bis zu 5 bis 10 Prozent der Darlehenssumme pro Jahr),
► Änderung des Tilgungssatzes während der Zinsbindungsfrist nach oben oder unten (zum Beispiel ein- oder zweimalige Erhöhung bis auf 5 Prozent oder Minderung bis auf 1 Prozent der Darlehenssumme zuzüglich ersparter Zinsen).

Nach Ablauf der vertraglichen Zinsbindung können Sie selbstverständlich ebenfalls Sondertilgungen leisten oder die Restschuld auf einen Schlag tilgen. Im Regelfall werden Sie aber eine Anschlussfinanzierung zu neuen Zins- und Tilgungskonditionen benötigen.

Um eine Anschlussfinanzierung kommen Sie nur bei Volltilgerdarlehen herum. Dabei lassen Sie den Zins- und Tilgungssatz bis zum Ende der Darlehenslaufzeit festlegen, also bis zur völligen Entschuldung. Die meisten Banken bieten eine Volltilgung aber nur für eine Laufzeit von 10 bis 15 Jahren an. Um in einer solch kurzen Zeit das gesamte Darlehen zu tilgen,

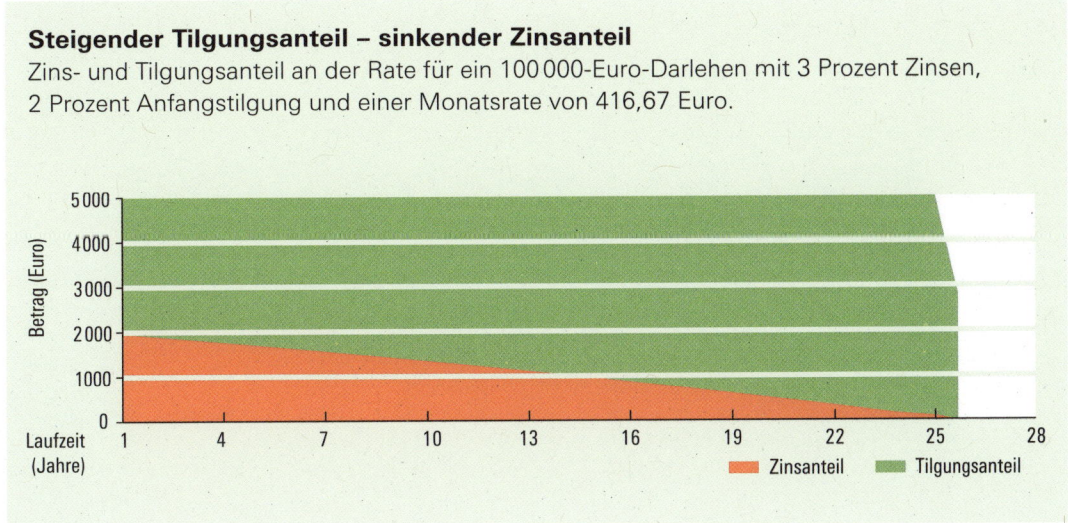

Steigender Tilgungsanteil – sinkender Zinsanteil
Zins- und Tilgungsanteil an der Rate für ein 100 000-Euro-Darlehen mit 3 Prozent Zinsen, 2 Prozent Anfangstilgung und einer Monatsrate von 416,67 Euro.

müssen Sie einen relativ hohen Tilgungssatz akzeptieren, zum Beispiel 5,5 Prozent bei einer zehnjährigen Zinsbindung mit einem Sollzins von 2,5 Prozent. Die Belastung aus Zins und Tilgung steigt in diesem Fall auf immerhin 8 Prozent der Darlehenssumme pro Jahr.

Die tragbare Belastung

Niedrige Zinsen und hohe Tilgungsraten ermöglichen Ihnen zwar eine schnelle Entschuldung. Die entsprechend höhere Belastung aus Zins und Tilgung – von Bankern auch als Belastung aus Kapitaldienst bezeichnet – müssen Sie aber finanziell verkraften können.

Die dauerhaft tragbare monatliche Belastung aus Kapitaldienst muss also Ihr drittes und nicht zu unterschätzendes Finanzierungsziel sein. Finanzierungsmodelle mit einer niedrigen Anfangsbelastung (zum Beispiel Tilgungsaussetzung für fünf Jahre oder nur 1 Prozent Tilgungssatz über zehn Jahre) und deutlich steigenden Belastungen sollten Sie meiden, da bei gleichzeitig sinkendem Einkommen finanzielle Engpässe eintreten können.

Auch die andere Variante einer hohen Anfangsbelastung (zum Beispiel hoher Tilgungssatz von 5 Prozent in den ersten zehn Jahren) mit der Aussicht auf sinkende Belastungen in der Zukunft ist wenig reizvoll, da Sie

anfangs eine finanzielle Durststrecke zu überwinden haben.

Am besten fahren Sie mit einer möglichst gleichbleibenden Belastung über eine Darlehenslaufzeit von mindestens zehn oder besser 15 Jahren. Die Berechnung Ihrer monatlichen Belastung für Kapitaldienst, also für Zins und Tilgung, ist denkbar einfach, wie Sie der folgenden Beispielrechnung entnehmen können.

Rechnung für monatliche Belastung

Darlehenssumme	150 000 Euro
Sollzins	2 Prozent
Tilgungssatz	3 Prozent
Belastungssatz (2 + 3 =)	5 Prozent
Jährliche Belastung (Annuität): 5 Prozent von 150 000 Euro =	7 500 Euro
Monatliche Belastung für Kapitaldienst: 7 500 Euro : 12 Monate =	625 Euro

Eckdaten für Ihre Finanzierung

Um den Überblick bei der Finanzierungsplanung nicht zu verlieren, empfiehlt es sich, alle wichtigen Eck- oder Kerndaten zur Finanzierung Ihrer Eigentumswohnung zusammenzustellen. Sie können dazu die folgende Tabelle verwenden und Ihre eigenen Zahlen eintragen.

Schritt für Schritt zur Finanzierung

Eckdaten	Beispiel	Ihre Zahlen
Objekt		
Eigentumswohnung	ETW	
Nutzung	Selbstgenutzt	
Wohnfläche	80 qm	
Baujahr	1994	
Stadt	Düsseldorf	
Straße	Weststr. 100	
Gesamtkosten		
Kaufpreis	200 000 €	
Kaufnebenkosten	16 000 €	
Kosten insgesamt	216 000 €	
Finanzierungsmittel		
Eigenkapital	56 000 €	
Fremdkapital	160 000 €	
Kapital insgesamt	216 000 €	
Zinsen		
Zinsbindung	20 Jahre	
Sollzins	1,98 %	
Effektivzins	2,00 %	
Tilgung		
Tilgungssatz	3 %	
Tilgungssatz-Änderung	Zweimal möglich	
Sondertilgung	Bis 10 % pro Jahr	
Belastung		
Jährlich	7 968 €*	
Monatlich	664 €**	

*) 4,98 % (= 1,98 % Sollzins plus 3 % Tilgung) des Darlehens von 160 000 Euro = 7 968 Euro

**) Jährliche Belastung 7 968 Euro : 12 Monate = 664 Euro

Das Musterbeispiel bezieht sich auf eine selbst genutzte Eigentumswohnung in Düsseldorf mit einer Wohnfläche von 80 Quadratmetern und einem Kaufpreis von 200 000 Euro.

Der Kaufpreis wurde zu 25 Prozent aus Eigenkapital finanziert. Zusätzlich wurden die Kaufnebenkosten (6,5 Prozent Grunderwerbsteuer plus 1,5 Prozent Notar- und Grundbuchgebühren) aus eigenen Mitteln aufgebracht.

Der Vorteil einer solchen Finanzierungsplanung: Sie können die Eckdaten für Ihre Finanzierung (ohne Angabe von Soll- und Effektivzins sowie jährlicher und monatlicher Belastung) für eine Darlehensanfrage bei einer Bank verwenden und um ein entsprechendes Darlehensangebot bitten.

Darlehensanfrage und -angebot

Es lohnt sich immer, schon im Vorfeld der Finanzierung einen Vergleich der Zinskonditionen bei verschiedenen Kreditgebern vorzunehmen. Ein zeitnaher Konditionenvergleich kann schon über das Internet (zum Beispiel www.test.de oder www.fmh.de) erfolgen. Außerdem können Sie die aktuellen Zinskonditionen der Banken auf eigene Faust durch Anrufe bei der jeweiligen Baukreditabteilung erfragen.

Man wird Ihnen die aktuellen Standardkonditionen telefonisch durchgeben. Am besten fragen Sie nach den Sollzinsen bei 100 Prozent Auszahlung des Darlehens sowie den Effektivzinsen, und zwar getrennt für unterschiedliche Zinsbindungsfristen (zum Beispiel 10, 15 oder 20 Jahre). Etwa fünf Telefonanrufe reichen erfahrungsgemäß aus, um einen brandaktuellen Überblick über die Hypothekenzinsen zu gewinnen. Selbstverständlich sollten Sie unbedingt auch Ihre Hausbank konsultieren.

Haben Sie nach dem Konditionenvergleich einige Banken in die engere Wahl gezogen, sollten Sie alles dransetzen, eine vorläufige Darlehenszusage zu bekommen. Dies setzt voraus, dass Sie einen Darlehensantrag oder zumindest eine Darlehensanfrage stellen. Die Darlehensanfrage ist völlig unverbindlich und verpflichtet Sie zu nichts. Ein Darlehensantrag, der zur Annahme durch die Bank führt, kann Sie aber rechtlich bereits binden.

Ihre schriftliche Darlehensanfrage könnte wie folgt lauten:

Darlehensanfrage zur Finanzierung einer Eigentumswohnung

Sehr geehrte Damen und Herren,
in Kürze werde ich eine Eigentumswohnung in .... zu einem Kaufpreis von .... Euro erwerben. Alle wesentlichen Daten zur Finanzierung können Sie der beigefügten Anlage „Eckdaten für meine Finanzierung" entnehmen.
Ich darf Sie bitten, mir die Zinskonditionen mitzuteilen und eine vorläufige Darlehenszusage zu erteilen. Nach Erhalt dieser Zusage werde ich dann alle von Ihnen benötigten Unterlagen über das Objekt einschließlich Kaufvertragsentwurf und Grundbuchauszug sowie über meine Einkommens- und Vermögensverhältnisse zusenden.

Mit freundlichen Grüßen

Nach Einreichung Ihrer Darlehensanfrage nebst Angabe Ihrer Eckdaten für die geplante Finanzierung werden Sie im Normalfall schon einige Tage später ein Schreiben der Bank in Ihren Händen halten. Darin erklärt sich das Finanzierungsinstitut grundsätzlich bereit, ein Hypothekendarlehen zu gewähren. Der Text sieht in der Regel wie folgt aus:

Sehr geehrte(r) Frau (Herr) ....
wir bestätigen dankend den Eingang Ihrer Darlehensanfrage nebst Eckdaten zur Finanzierung einer Eigentumswohnung.
Nach Vorprüfung aller Unterlagen sind wir – vorbehaltlich einer endgültigen Beleihungsprüfung – grundsätzlich bereit, Ihnen ein Darlehen in der gewünschten Höhe von .... Euro zu gewähren. Hierfür können wir Ihnen heute freibleibend die folgenden Konditionen anbieten...

Es handelt sich bei einem derartigen Schreiben um eine vorläufige Darlehenszusage. Die Unverbindlichkeit wird meist mit folgenden Worten unterstrichen:

Wir bitten Sie um Verständnis dafür, dass wir das Darlehen erst nach Vorlage aller Unterlagen (insbesondere der notariellen Abschrift des Kaufvertrages) und einer Wertschätzung des Beleihungsobjekts verbindlich zusagen können. Aufgrund der Veränderlichkeit des Geld- und Kapitalmarktes können wir Ihnen die genannten Konditionen nur freibleibend anbieten.

Es ist jedoch auch möglich, dass Ihre Bank Ihnen direkt ein Darlehensangebot mit den folgenden Worten unterbreitet:

Wir danken Ihnen für Ihre Anfrage und erklären uns vorbehaltlich der endgültigen Bewilligung nach abschließender Beleihungsprüfung bereit, Ihnen ein durch Grundpfandrecht gesichertes Darlehen bis zu .... Euro zur Verfügung zu stellen. Für das Darlehen bieten wir Ihnen freibleibend zurzeit folgende Konditionen an:
....
Wenn Sie von unserem Angebot, das für uns bis zum ....verbindlich ist, Gebrauch machen wollen, bitten wir Sie, die beiliegende Annahmeerklärung zu unterschreiben und bis zum vorstehenden Termin zurückzusenden. Danach gelten gegebenenfalls andere Konditionen.
Zur endgültigen Darlehensbewilligung bitten wir Sie, uns neben der unterzeichneten Annahmeerklärung eine Abschrift des notariellen Kaufvertrages zuzusenden.

Wie Sie den obigen Schreiben entnehmen können, liegt eine endgültige Bewilligung Ihres gewünschten Darlehens noch nicht vor. Auch die angegebenen Konditionen sind noch nicht das letzte Wort und lassen Ihnen noch Spielraum bei der finanziellen Verhandlung mit der Bank.

Zumindest können Sie nach Erhalt der vorläufigen Darlehenszusage oder des Darlehensangebots davon ausgehen, dass Ihre Finanzierung sichergestellt ist. Damit hätten Sie den Grundsatz „Erst finanzieren, dann investieren" befolgt. Sie können den notariellen Kaufvertrag nun bereits vor Erhalt des von beiden Seiten unterschriebenen und damit verbindlichen Darlehensvertrags abschließen oder aber erst nach Erhalt mit gleichzeitiger Übersendung der Unterlagen zur notariellen Bestellung der Grundschulden zugunsten der Bank.

Beide Varianten haben ihre Vor- und Nachteile. Für die erste Variante „erst Kaufvertrag, dann Darlehensvertrag" spricht, dass Sie eventuellen anderen Kaufinteressenten zuvorkommen und den Kauf so früh wie möglich unter Dach und Fach bringen. Dass Ihnen ein Darlehensvertrag nach einer bereits erfolgten vorläufigen Darlehenszusage verweigert wird, ist höchst unwahrscheinlich. Allerdings müssen Sie beim Notar zweimal erscheinen – das erste Mal zusammen mit Ihrem Verkäufer zur Unterzeichnung des Kaufvertrags und ein zweites Mal allein zur Bestellung der Grundschuld.

Die zweite Variante „erst Darlehensvertrag, dann Kaufvertrag" bietet Ihnen den Vorteil, dass Sie hinsichtlich Ihrer Finanzierung ganz auf Nummer sicher gehen und nur einen einzigen Notartermin mit Beurkundung des Kaufvertrags sowie Bestellung der Grundschuld wahrnehmen. Probleme gibt es aber, wenn es auch nach Abschluss des Darlehensvertrags nicht mehr zum Kaufvertrag kommt, da der Verkäufer die Eigentumswohnung an einen anderen verkauft hat. In diesem Fall könnte die Bank von Ihnen eine hohe Nichtabnahmeentschädigung verlangen.

Die Kreditverhandlung

Solange Sie den Darlehensvertrag noch nicht unterschrieben haben, können Sie immer noch mit Ihrer Bank über Zins- und Tilgungskonditionen verhandeln. Sie stärken Ihre Verhandlungs-

position, wenn Sie der Kreditabteilung eine aussagefähige Unterlagenmappe übersenden und aufgrund Ihrer gesicherten Einkommensverhältnisse mit Ihren Pfunden wuchern können.

Sie können Ihren Darlehensantrag auf bankeigenen Formularen stellen, die Sie sich vorher von der Bank zusenden lassen und diese dann ausfüllen. Erfahrungsgemäß hinterlassen Sie aber einen noch besseren Eindruck, wenn Sie den Darlehensantrag formlos stellen und als Anlage eine fast schon professionell gestaltete Unterlagenmappe beifügen.

Da jeder Kreditgeber ganz besonders auf Ihre Bonität, die Beleihung des Objekts und Ihre Belastung aus Kapitaldienst achtet, empfiehlt sich folgende Gliederung der Unterlagenmappe:

 WAS IHRE UNTERLAGENMAPPE ENTHALTEN SOLLTE So bereiten Sie alle wichtigen Daten übersichtlich geordnet vor.

▶ **Persönliche Verhältnisse:** Angaben zu Ihrer Person und Ihrer Familie

▶ **Wirtschaftliche Verhältnisse:** Einkommens- und Vermögensverhältnisse, zum Beispiel monatliches Brutto- und Nettogehalt, außerdem Einkommen anderer Familienmitglieder und vorhandenes Eigenkapital

▶ **Beleihungsobjekt:** Angaben zur Immobilie und Höhe der Investitionskosten

▶ **Finanzierung:** Finanzierungsplan und Höhe der monatlichen Belastung

---

Jede Immobilienfinanzierung setzt vonseiten der Bank eine sorgfältige Prüfung der Bonität des potenziellen Darlehensnehmers, des Beleihungsobjekts und der persönlichen Belastbarkeit voraus. Vor allem will Ihr Kreditgeber wissen, ob Sie kreditwürdig sind und eine ausreichende Bonität besitzen.

Bonitätsprüfung und Schufa-Auskunft

Die Bonitätsprüfung erstreckt sich auf die Prüfung der Kreditwürdigkeit des Darlehensnehmers. Im Gegensatz zur Kreditfähigkeit, die le-

Lösen Sie sich von der Vorstellung, Sie müssten Ihre Bank gnädigst um die Gewährung eines Darlehens bitten.

diglich Volljährigkeit und damit die Vollendung des 18. Lebensjahrs voraussetzt, geht es bei der **Kreditwürdigkeit** um die Frage, ob der Darlehensnehmer auf Grund der persönlichen und wirtschaftlichen Verhältnisse einen Kredit erhalten kann. Folgende Bereiche werden dabei unterschieden:

▶ Persönliche **Kreditwürdigkeit**: Beruf und Dauer des Beschäftigungsverhältnisses, Alter und Familienstand mit Zahl der Kinder,

▶ Sachliche Kreditwürdigkeit: wirtschaftliche Verhältnisse, also Einkommens- und Vermögensverhältnisse.

Bei der Prüfung der **Einkommensverhältnisse** werden folgende Angaben verlangt:

▶ Monatliches Nettogehalt, Jahresbruttoverdienst und letztes zu versteuerndes Einkommen,

▶ Monatliche Ausgaben für Lebenshaltung und sonstige Zahlungsverpflichtungen,

▶ Einnahmenüberschuss.

Die Vermögensverhältnisse werden aufgrund folgender Daten überprüft:

▶ Höhe des Geld- und Grundvermögens ohne Beleihungsobjekt: Bank- und Bausparguthaben, Wertpapiere und Investmentfonds, Kapitallebensversicherungen, Immobilien ohne Beleihungsobjekt, Beteiligungen,

▶ Schulden ohne neu aufzunehmende Hypothekenschulden für das Beleihungsobjekt: Überziehungskredite, Ratenkredite, Hypothekendarlehen mit der jeweiligen Restschuld,

▶ Geplanter Eigenkapitaleinsatz.

Nahezu alle Banken sind dazu übergegangen, die Kreditwürdigkeit mit Hilfe eines **Kreditscoring**, also eines Punktesystems, zu überprüfen. In jedem Falle werden routinemäßig Auskünfte bei der **Schufa** (Schutzgemeinschaft für allgemeine Kreditsicherung) eingeholt. Die Schufa ist eine Gemeinschaftseinrichtung der kreditgebenden Wirtschaft. Ihr gehören rund 20 000 Banken und Sparkassen, Versandhäuser und andere warenkreditgebende Unternehmen an.

Seit dem 1.4.2010 können Verbraucher einmal jährlich eine kostenlose Auskunft von der Schufa darüber verlangen, was über sie gespeichert wurde. Außerdem muss ihnen der persönliche „Score" mitgeteilt werden. Diese kostenlose **Selbstauskunft** nebst Score-Wert sollten Sie sich auf jeden Fall besorgen.

Im „Score" werden nicht nur harte Fakten wie beispielsweise unbezahlte Rechnungen berücksichtigt, sondern auch weiche Merkmale wie Wohnort, Alter, Familienstand, Zahl der Bankkonten und Zahl der Umzüge. Unter www.schufa.de ist ein Muster der „Datenübersicht nach § 34 Bundesdatenschutzgesetz" zu finden. Einen Musterbrief, mit dem die Auskunft angefordert werden kann, sowie weitere Informationen hat der Bundesdatenschutzbeauftragte im Internet unter www.bfdi.bund.de veröffentlicht. Der Bundesverband der Verbraucherzentralen hat unter www.vzbw.de eine Liste aller bekannten Auskunfteien in Deutschland mit Adressen online gestellt.

Ein vom Bundesverbraucherschutzministerium in Auftrag gegebener Prüfbericht ergab, dass fast 45 Prozent der zur Score-Berechnung herangezogenen Daten falsch oder unvollständig waren. Falls Sie Ihren Score-Wert mit den angegebenen Daten kennen, können Sie falsche Angaben korrigieren lassen.

Achten Sie auch darauf, dass Ihr persönlicher Score-Wert nicht durch Darlehensanträge bei einer Fülle von Banken herabgesetzt wird. Banken holen bei einem Darlehensantrag meist sofort eine Schufa-Auskunft ein. Das kann dazu führen, dass die Schufa bei einer Häufung von Darlehensanträgen Ihre Kreditwürdigkeit geringer einschätzt. Wählen Sie stattdessen eher eine unverbindliche Darlehensanfrage.

Kreditgespräch auf gleicher Augenhöhe

Eine gründliche und geschickte Vorbereitung stellt die beste Voraussetzung für ein erfolgreiches Kreditgespräch mit der Bank oder einem anderen Kreditgeber (zum Beispiel Baugelddiscounter im Internet) dar. Wenn Sie sich mit Ihrer Bank oder einem anderen Finanzierungsinstitut in dem vor Ort oder am Telefon geführten Kreditgespräch über alle Finanzierungskonditionen geeinigt haben, steht einem sicheren Abschluss des Darlehensvertrags und einer erforderlichen Grundschuldbestellung beim Notar nichts mehr im Wege.

Lösen Sie sich von der Vorstellung, Sie müssten Ihre Bank gnädigst um die Gewährung eines Darlehens bitten. Eine unterwürfige Bittstellerhaltung ist völlig fehl am Platz. Es geht schlicht und einfach um ein Geschäft. Ihre Bank will als Kreditgeber ein für sie lukratives Kreditgeschäft abschließen und damit Geld verdienen. Das ist ihr gutes Recht.

Sie als potenzieller Kreditnehmer benötigen einen Kredit und wollen die Kreditkosten so weit wie möglich minimieren. Das ist Ihr gutes Recht.

Es ist somit völlig klar, dass Bank, sprich Kreditgeber, und Sie als Kreditnehmer grundsätzlich unterschiedliche Interessen haben. Das wird aber beide nicht daran hindern, in offene Verhandlungen einzutreten und einen möglichst fairen Interessensausgleich herbeizuführen.

Das **Kreditgeschäft** unterscheidet sich insofern überhaupt nicht von anderen Geschäften. In der Praxis dominiert jedoch häufig immer noch der Banker mit seinem oft zur Schau getragenen Informations- und Wissensvorsprung. Es liegt an Ihnen, diesen Vorsprung abzubauen und ein gleichberechtigter Gesprächs- und Verhandlungspartner zu werden.

Ihr Bestreben sollte es sein, auf gleicher Augenhöhe mit Ihrem Kreditgeber zu verhandeln. Dies wird Ihnen eher gelingen, wenn Sie

Was Banker über Ihr Objekt wissen wollen

1	**Objektangaben** ✓ Lage des Objekts: Straße, Postleitzahl, Ort ✓ Art des Objekts: Eigentumswohnung, Etage ✓ Nutzung des Objekts: Selbstnutzung oder Vermietung ✓ Alter des Objekts: Neubau/Gebrauchtimmobilie (Baujahr) ✓ Wohnfläche in Quadratmetern
2	**Objektunterlagen und Dokumente** ✓ Aktueller beglaubigter Grundbuchauszug ✓ Auszug aus dem Liegenschaftsbuch und Abzeichnung der Flurkarte ✓ Feuerversicherungsnachweis ✓ Notariell beurkundeter Kaufvertrag bzw. Kaufvertragsentwurf ✓ Lichtbilder (Amateuraufnahmen) von Haus und/oder Wohnung ✓ Aufstellung der Gesamtkosten ✓ Teilungserklärung mit Aufteilungsplan und Gemeinschaftsordnung.

die mit Fachbegriffen gespickte Bankersprache verstehen (siehe „Glossar", Seite 210) und vorab Informationen über die Finanzierungspraxis Ihres Kreditgebers einholen.

Beleihungsprüfung der Bank

Die endgültige Beleihungsprüfung durch den Kreditgeber erfolgt meist erst nach Erteilung einer vorläufigen Darlehenszusage und Abschluss des Kaufvertrags. Dennoch sollten Sie schon im Vorfeld Angaben und Unterlagen über das Beleihungsobjekt vorlegen. Ihr Kreditgeber will schließlich einen ersten Eindruck über die grundsätzliche Beleihbarkeit Ihrer Immobilie gewinnen. Die Bank will sich am fraglichen Objekt schadlos halten, falls Sie als Darlehensnehmer wider Erwarten finanziell ausfallen sollten.

Der Darlehensvertrag

Wenn Sie sich mit Ihren Kreditgebern über alle Rahmen- und Zinskonditionen des Darlehens geeinigt haben, ist das weitere Verfahren im Prinzip nur noch Formsache. Es geht nun hauptsächlich darum, das Verfahren so zu beschleunigen, dass einer zügigen Auszahlung des Hypothekendarlehens nichts mehr im Wege steht. Schließlich möchten Sie teure Bereitstellungszinsen für bereits bewilligte, aber noch nicht ausgezahlte Darlehen vermeiden.

Als Erstes schließen Sie einen schriftlichen Darlehensvertrag ab. Meist wird Ihnen die Bank einen bereits komplett ausgefüllten und von ihr unterschriebenen Vertrag zusenden mit der Bitte, diesen gegenzuzeichnen. Da der Darlehensvertrag wie jeder Vertrag durch Antrag und Annahme zustande kommt, stellt die Zusendung des von der Bank bereits unterschriebenen Darlehensvertrags rechtlich nichts anderes als einen Antrag dar. Mit Ihrer Unterschrift nehmen Sie dann diesen Antrag an. Damit ist der Darlehensvertrag rechtswirksam abgeschlossen. Die wichtigsten Vertragsdaten entnehmen Sie der Aufstellung rechts.

Gehen Sie jeden Passus im Darlehensvertrag auf versteckte Fallen durch, und haken Sie beim künftigen Kreditgeber nach, wenn Sie etwas nicht richtig verstanden haben. Eventuell lassen Sie den Darlehensvertrag nebst allge-

Prüfung des Darlehensvertrags

1	**Vertragsparteien:** Darlehensgeber und Darlehensnehmer
2	**Darlehenshöhe:** Darlehenssumme nominal und Auszahlungssumme
3	**Zinsen:** Sollzinssatz und anfänglicher effektiver Jahreszins
4	**Kosten:** nicht im anfänglichen effektiven Jahreszins enthaltene Kreditnebenkosten wie Bereitstellungszinsen, Wertschätzungsgebühren, Teilzahlungszuschläge
5	**Zinsbindungsdauer** bei Festzinsdarlehen
6	**Tilgung:** jährlicher Tilgungssatz zuzüglich ersparter Zinsen, evtl. Sondertilgungsrecht bis zu 5 oder 10 Prozent der Darlehenssumme, evtl. zweimalige Änderung des Tilgungssatzes nach oben oder unten während der Zinsbindungsdauer
7	**Belastung:** monatliche oder vierteljährliche Rate für Zins und Tilgung, Gesamtbelastung für die Dauer der Zinsbindung
8	**Sicherheiten:** dingliche Absicherung über Grundschuld oder Hypothek, Übernahme der persönlichen Haftung, evtl. Zusatzsicherheiten

meinen Darlehensbedingungen zuvor von einem Finanzierungsfachmann prüfen.

Übertriebene Angst ist jedoch fehl am Platze, da Sie durch das Verbraucherkreditgesetz, das Gesetz über die Allgemeinen Geschäftsbedingungen und andere gesetzliche Vorschriften weitgehend geschützt werden.

Einen späteren Kreditverkauf (Ihres Finanziers an andere Banken oder Kapitalgesellschaften) können Sie bereits im Darlehensvertrag ausschließen. Nach dem Urteil des Bundesgerichtshofs vom 30.3.2010 (Az. XI ZR 200/09) wird der Kreditnehmer vor rechtswidrigen Zwangsvollstreckungen auch bei Kreditverkäufen vor dem August 2008 wirksam geschützt.

Bestellung und Eintragung der Grundschulden

Bei Immobilienfinanzierungen ist die dingliche Absicherung durch Eintragung eines Grundpfandrechts (Grundschuld, Hypothek, Rentenschuld) in der Abteilung III des Grundbuchs gang und gäbe.

Die Grundschuld ist die Belastung eines Grundstücks zugunsten eines Gläubigers. Im Gegensatz zur Hypothek braucht der Grundschuld keine konkrete Forderung des Grundschuldgläubigers zugrunde zu liegen. Die Grundschuld ist somit rein formal eine „Schuld ohne Grund" und kann daher auch zugunsten des Eigentümers bestellt und eingetragen werden (sogenannte Eigentümergrundschuld).

Grundschuld statt Hypothek

Der Grundschuld wird heute fast immer der Vorzug vor einer Hypothek gegeben, weil sie flexibler ist. So kann beispielsweise nach Teilrückzahlung eines durch die Grundschuld gesicherten Darlehens problemlos ein neues Darlehen aufgenommen werden, ohne dabei eine neue Eintragung in das Grundbuch vornehmen zu müssen. Auch nach vollständiger Rückzahlung des Darlehens kann die Grundschuld bestehen bleiben, wenn der Darlehensnehmer auf eine Löschung verzichtet.

Die Grundschuld wird meist brieflos als sogenannte Buchgrundschuld mit 15 bis 18 Prozent Jahreszinsen plus einer einmaligen Nebenleistung von 10 Prozent zugunsten der Gläubigerbank im Grundbuch eingetragen. Die in der Abteilung III des Grundbuchs eingetragenen „dinglichen" Zinsen von beispielsweise 15 Prozent dienen aber nur zur pfandmäßigen Absicherung der Zinsansprüche des Gläubigers. Zu zahlen sind selbstverständlich nur die „schuldrechtlichen" Zinsen laut abgeschlossenem Darlehensvertrag.

Die Bank sichert sich mit den hohen dinglichen Zinsen von 15 bis 18 Prozent nur für den Fall ab, dass die Zinsen bei der Anschlussfinanzierung extrem steigen oder Verzugszinsen bei Zinsrückständen fällig werden.

Mit Eintragung der Grundschuld sichert sich die Bank vor allem ein sogenanntes dingliches Recht gegenüber dem Kreditnehmer und Eigentümer der Immobilie. Das heißt, sie kann sich im Falle der Zwangsversteigerung aus dem Pfandobjekt befriedigen.

Üblicherweise wird die Grundschuld notariell anhand eines vom Kreditgeber vorgelegten Formulars, der sogenannten Grundschuldbestellungsurkunde, bestellt. In dieser Urkunde unterwirft sich der Eigentümer der Immobilie der sofortigen Zwangsvollstreckung in den belasteten Grundbesitz und übernimmt die persönliche Haftung für die Zahlung des Geldbetrags, dessen Höhe der vereinbarten Grundschuld entspricht.

Die fast schon furchterregend klingende Unterwerfungsklausel sollte Sie aber nicht unnötig erschrecken. Selbstverständlich kann eine Zwangsversteigerung nur eingeleitet werden, wenn Sie mit Zins- und Tilgungszahlungen in Rückstand geraten sind und das Darlehen von der Bank gekündigt wird. Sofern Sie die im Darlehensvertrag vereinbarten Zins- und Tilgungsleistungen regelmäßig von Ihrem Konto abbuchen lassen, haben Sie nichts zu befürchten.

Die dingliche Absicherung kann sowohl bei Realkrediten, die bis zur jeweiligen Beleihungsgrenze des Objekts gewährt werden, als auch bei Personalkrediten erfolgen. Dinglich gesicherte Realkredite stehen an erstrangiger (1a-Hypothek) oder an nachrangiger Stelle (1b-Hypothek).

Persönliche Haftung

Der Kreditgeber wird neben der dinglichen Absicherung fast immer auch die Übernahme der persönlichen Haftung durch den Eigentümer und Darlehensnehmer verlangen.

Auch diese persönliche Haftung setzt voraus, dass der Darlehensnehmer schuldhaft Pflichten aus dem Darlehensvertrag (zum Beispiel Zinsrückstände über mindestens drei Monate) verletzt hat.

Wenn Eheleute eine Immobilie wie üblich je zur Hälfte erwerben, werden auch beide den Darlehensvertrag unterschreiben und die Grundschuld nebst Übernahme der persönlichen Haftung durch beide Ehegatten eintragen lassen.

Die Mithaftung Ihres Ehegatten in Form eines gemeinsamen Darlehensvertrags oder zumindest einer Mitverbindlichkeitserklärung werden Sie nicht vermeiden können, wenn Sie

Kalkulieren Sie eventuell höhere Kauf- und Finanzierungsnebenkosten bei Ihrer Finanzierungsplanung auf jeden Fall schon vorher ein.

die Immobilie gemeinsam erwerben und/oder mit Ihrem Ehegatten im gesetzlichen Güterstand der Zugewinngemeinschaft leben.

Die Unterschrift des Ehegatten ist aber entbehrlich, wenn Sie den Kaufvertrag allein abschließen und Alleineigentümer der Immobilie werden. Ihre Bank wird auf die Mithaftung Ihres Ehegatten verzichten, wenn Sie mit Ihrem Ehegatten zusätzlich Gütertrennung vereinbart haben.

Eventuelle Zusatzsicherheiten

Weitere Zusatzsicherheiten können erforderlich werden, wenn sich der Darlehensgeber mit der dinglichen Absicherung auf dem Beleihungsobjekt und der Übernahme der persönlichen Haftung durch die Darlehensschuldner nicht zufriedengibt. Denkbar sind folgende zusätzliche Kreditsicherheiten:

► Zusätzliche dingliche Absicherung auf einer weiteren Immobilie des Darlehensnehmers,
► Bürgschaft eines Drittschuldners (bei Privatbürgen in Form der selbstschuldnerischen Bürgschaft),

► Abtretung der Versicherungsansprüche aus einer zur Sicherung und Tilgung des Darlehens abgeschlossenen Kapitallebensversicherung,
► Abtretung der Ansprüche aus einem Bausparvertrag bei Vorausdarlehen,
► Verpfändung bzw. Abtretung von Bankguthaben, Sparbriefen, Wertpapieren oder Fondsanteilen,
► Abtretung von Lohn- und Gehaltsansprüchen.

Unser Tipp: Vermeiden Sie, wenn möglich, solche Zusatzsicherheiten, die Sie in Ihrer finanziellen Handlungsfreiheit stark einschränken. Eine „Übersicherung" sollten Sie keinesfalls akzeptieren.

Auszahlung des Darlehens

In der Regel wird das Darlehen erst nach Eintragung der Grundschuld ausgezahlt.

Will man erreichen, dass die Auszahlung bereits vor der Grundschuldeintragung erfolgt, ist ein Treuhandauftrag oder eine Rangbescheinigung des Notars erforderlich. Meist erteilt die finanzierende Bank dem Notar zuvor eine entsprechende Auszahlungsbescheinigung.

Der Notar wird im Fall eines Immobilienkaufs den Auszahlungsbetrag des Darlehens zusammen mit den von Ihnen eingesetzten Eigenmitteln auf das Konto des Verkäufers überweisen.

Über die Kosten der Grundschuldbestellung und -eintragung (Kredit- bzw. Finanzierungsnebenkosten als Kosten der dinglichen Sicherung) in Höhe von rund 0,5 Prozent der Grundschuldsumme erhalten Sie später eine Rechnung des Notars, meist zusammen mit der Rechnung über die Kosten der Eigentumsumschreibung (Kaufnebenkosten) in Höhe von rund 1,5 Prozent des Kaufpreises.

Außerdem wird das Finanzamt noch die Grunderwerbsteuer in Höhe von beispielsweise 5 Prozent des Kaufpreises einfordern.

Nach Erhöhung der Notar- und Gerichtsgebühren im Jahr 2012 können die Notar- und Grundbuchgebühren für den notariellen Kaufvertrag und die Eigentumsumschreibung auch über 1,5 Prozent des Kaufpreises steigen. Auch die zusätzlichen Notar- und Grundbuchgebühren für die Grundschuldbestellung und -eintragung könnten auf über 0,5 Prozent der Grundschulden steigen.

Gleiches gilt für einen eventuell steigenden Grunderwerbsteuersatz für den Kauf Ihrer Eigentumswohnung, der zurzeit je nach Bundesland zwischen 3,5 und 6,5 Prozent liegt.

Auch eine eventuelle Maklerprovision müssen Sie bei Ihrer Finanzierungsplanung mit einkalkulieren. Die gesamten Kaufnebenkosten für Notar- und Grundbuchgebühren, Grunderwerbsteuer und Maklerprovision werden dann meist über zehn Prozent des Kaufpreises hinausgehen und erreichen in der Spitze mittlerweile sogar 15 Prozent.

Unser Tipp: Kalkulieren Sie diese eventuell höheren Kauf- und Finanzierungsnebenkosten bei Ihrer Finanzierungsplanung auf jeden Fall schon vorher ein.

EIGENTUMS-WOHNUNG FÜR SELBSTNUTZER

Niedrige Zinsen und zahlreiche Fördertöpfe für Selbstnutzer – nie war es aus finanzieller Sicht so leicht, den Traum von den eigenen vier Wänden zu verwirklichen. Trotz steigender Immobilienpreise bleiben Eigentumswohnungen vor allem im Umland von Großstädten noch erschwinglich.

Dennoch gibt es Mieter, die sich eine selbstgenutzte Eigentumswohnung finanziell leisten könnten, aber aus Furcht vor hohen Schulden, die sie lange belasten würden, oder aus Unkenntnis über die Vorteile eines Immobilienkaufs lieber jeden Monat einen Gutteil ihres Einkommens an die Vermieter überweisen.

VERGLEICH „EIGENTUM STATT MIETE"

Die möglichen Nachteile einer selbstgenutzten Eigentumswohnung wie geringere Flexibilität bei beruflich bedingtem Ortswechsel oder langfristige Bindung von eigenen Geldmitteln sollen selbstverständlich nicht verschwiegen werden. Der Traum von den eigenen vier Wänden kann außerdem tatsächlich zum Albtraum werden, wenn eine Finanzierung trotz unzureichender eigener Mittel und hoher monatlicher Belastung auf Biegen und Brechen in Kauf genommen wird.

Andererseits sprechen bei Mietern mit vorhandenem Eigenkapital und einer dauerhaft tragbaren monatlichen Belastung viele wirtschaftliche Faktoren für den Umstieg von Miete auf Eigentum: Sicherheit vor Mietsteigerungen und Kündigungen, Hoffnung auf Wertsteigerung der selbstgenutzten Eigentumswohnung sowie miet- und schuldenfreies Wohnen im Alter nach vollständiger Rückzahlung des Hypothekendarlehens.

Ob für Sie Eigentum besser als Miete ist, können Sie mithilfe des kostenlosen Rechners „Immobilien: Kaufen oder Mieten?" unter www.test.de/rechner selbst überprüfen.

Die Beispielrechnung für eine 80 Quadratmeter große Eigentumswohnung zeigt, dass der Eigentümer auf lange Sicht besser abschneidet als der Mieter (siehe Tabelle „Vergleich Eigentum statt Miete", Seite 93). Ab dem 16. Jahr ist seine Belastung geringer als beim Mieter, und bereits ab dem fünften Jahr übersteigt sein Grundvermögen das Geldvermögen des Mieters. Insofern stimmt also der Spruch „Grundbuch schlägt Sparbuch".

Folgende Annahmen liegen dieser Beispielrechnung zugrunde, wobei die monatlichen Beträge für Miete, Verwaltungs- und Instandhaltungskosten, Zinsen und Tilgung laut Tabelle in Jahresbeträgen angegeben wurden:

► Monatliche Nettokaltmiete 720 Euro (also 9 Euro x 80 Quadratmeter Wohnfläche)
► Monatliche nicht umlagefähige Verwaltungs- und Instandhaltungskosten 144 Euro (20 Prozent der Nettokaltmiete, und zwar 25 Euro für die Hausverwaltung und 119 Euro für die Instandhaltung von Haus und Eigentumswohnung)
► Kaufpreis 200 000 Euro (2 500 Euro pro Quadratmeter Wohnfläche)

▶ Kaufnebenkosten 20 000 Euro (10 Prozent des Kaufpreises für Grunderwerbsteuer, Notar- und Grundbuchgebühren sowie Maklerprovision)
▶ Eigenkapital 60 000 Euro
▶ Hypothekendarlehen 160 000 Euro (mit 2 Prozent Zins und 3 Prozent Tilgung zuzüglich ersparter Zinsen über die gesamte Laufzeit)
▶ Monatliche Kreditrate 800 Euro (5 Prozent von 160 000 Euro für Zins und Tilgung im Jahr, geteilt durch 12 Monate)
▶ Laufzeit des Darlehens 25 Jahre und 7 Monate bei gleichbleibendem Zins- und Tilgungssatz
▶ Miet-, Kosten- und Wertsteigerung 1 Prozent pro Jahr
▶ Guthabenzinsen für Festgeldkonto des Mieters 1,5 Prozent nach Steuern (Sparerfreibetrag von 1 602 Euro bei Verheirateten und Abgeltungsteuer berücksichtigt)

Die **Mietersparnis** für den Eigentümer fällt anfangs noch relativ gering aus. Die monatliche Nettokaltmiete in Höhe von 720 Euro muss noch um die Verwaltungs- und Instandhaltungskosten von 144 Euro vermindert werden, da diese Kosten nur auf den Eigentümer zukommen und nicht auf den Mieter umgelegt werden können. Nach Abzug dieser nicht um-

lagefähigen Kosten von der Nettokaltmiete verbleibt eine Mietersparnis von anfangs 576 Euro oder 6 912 Euro im Jahr.

Mit 8 000 Euro im Jahr liegt **die Kreditrate** im ersten Jahr rund 1 088 Euro über der Mietersparnis, sofern ein Darlehen von 160 000 Euro mit einem Zins- und Tilgungssatz von zusammen 5 Prozent aufgenommen wird. Wenn der Zinssatz bis zum Ende der Darlehenslaufzeit gleich bleibt, sind jeden Monat 666,67 Euro für Zins und Tilgung fällig bis zur völligen Entschuldung nach 25 Jahren und 7 Monaten.

Unter der Annahme, dass die Nettokaltmiete ebenso wie die nicht umlagefähigen Verwaltungs- und Instandhaltungskosten jährlich um 1 Prozent steigen, liegt die Mietersparnis ab dem 16. Jahr über der Kreditrate. Spätestens ab diesem Zeitpunkt verwandelt sich die bisherige **Mehrbelastung** in einen Überschuss für den Eigentümer.

Der **Wert der Immobilie** ist zunächst identisch mit dem Kaufpreis, da die Kaufnebenkosten für Grunderwerbsteuer, Notar- und Grundbuchgebühren sowie eine eventuelle Maklerprovision keinen zusätzlichen Wert bilden. Bei einer Wertsteigerung von jährlich 1 Prozent des Kaufpreises sind die Kaufnebenkosten von 10 Prozent des Kaufpreises bis zum Ende des zehnten Jahres aber wieder hereingeholt.

Vergleich Eigentum statt Miete

Jahr	Ersparte Miete (Euro)	Kreditrate (Euro)	Mehrbelastung (Euro)	Wert der Immobilie (Euro)	Restschuld (Euro)	Vermögen Käufer (Euro)	Vermögen Mieter (Euro)	Vorteil/ Nachteil Käufer (Euro)
0	-	-	-	200 000	160 000	40 000	60 000	−20 000
1	6 912	8 000	1 088	202 000	155 200	46 800	61 974	−15 174
5	7 193	8 000	807	210 202	135 021	75 181	69 460	5 721
10	7 560	8 000	440	220 924	107 441	113 483	77 796	35 687
15	7 946	8 000	54	232 194	76 992	155 202	84 824	70 378
20	8 351	8 000	−351	244 038	43 373	200 655	89 731	110 321
25	8 777	6 380	−777	256 486	6 255	250 332	94 136	150 096
30	9 225	0	−9 225	269 570	0	269 570	61 509	208 061

Letztlich kann es sich beim Vergleich „Eigentum statt Miete" immer nur um langfristige Schätzungen auf der Basis von mehr oder weniger realistischen Annahmen handeln.

Gleichzeitig ist die **Restschuld** bis auf rund 107 000 Euro gesunken, sodass der Eigentümer nach zehn Jahren bereits ein **Reinvermögen** von rund 113 000 Euro besitzt.

Das **Geldvermögen des Mieters** liegt nach zehn Jahren aber nur bei rund 78 000 Euro, obwohl außer dem Anfangsvermögen von 60 000 Euro auch alle für den Mieter ersparten Mehrbelastungen zu einem aus aktueller Sicht eher noch zu hohen Zins von 1,5 Prozent angelegt wurden. Tatsächlich wird das Geldvermögen des Mieters schon nach vier Jahren vom Immobilienvermögen des Eigentümers übertroffen.

Der anfängliche Nachteil des Käufers wird also nach relativ kurzer Zeit durch einen **Vermögensvorteil zugunsten des Eigentümers** abgelöst. Dieser finanzielle Vorteil setzt sich in den Folgejahren fort und steigt insbesondere in den Jahren nach völliger Entschuldung.

Die Zahlen in der Beispielrechnung sind hinsichtlich der Mietersparnis und der Wertsteigerung der Eigentumswohnung aus aktueller Sicht eher noch zu niedrig angesetzt. Bei einer Miet- und Wertsteigerung von 2 Prozent pro Jahr würde der Eigentümer schon nach

acht Jahren einen laufenden Überschuss erzielen und bereits nach drei Jahren einen Vermögensvorteil gegenüber dem Mieter haben.

Der Mieter wäre nur dann im Vorteil, wenn Mieten und Preise in den nächsten Jahren und Jahrzehnten gleich bleiben oder gar fallen würden. Ähnliches gilt für den Fall, dass die Hypotheken- und Guthabenzinsen auf 5 Prozent steigen würden. In beiden Fällen könnte das Geldvermögen des Mieters deutlich stärker steigen als das Immobilienvermögen des Eigentümers. Dafür, dass einer dieser beiden Fälle künftig eintritt, gibt es zurzeit zwar keine Anzeichen. Jedoch gleichen alle getroffenen Annahmen für die Zukunft einem Blick in die berühmte Glaskugel und sind daher grundsätzlich mit Vorsicht zu genießen. Letztlich kann es sich beim Vergleich „Eigentum statt Miete" immer nur um langfristige Berechnungen auf der Basis von Annahmen handeln und nicht um verlässliche Prognosen, die nach dem bekannten Spruch von Mark Twain unsicher sein müssen, da sie in die Zukunft gerichtet sind.

Am besten bilden Sie sich als künftiger Selbstnutzer eine eigene Meinung über die künftige Miet-, Preis- und Zinsentwicklung.

FINANZIERUNG FÜR SELBSTNUTZER

Für Selbstnutzer einer Eigentumswohnung muss die optimale Finanzierung der eigenen vier Wände kein Wunschtraum bleiben. Sofern das Eigenkapital ausreicht und die monatliche Belastung für Zins und Tilgung aus dem laufenden Nettoeinkommen tragbar ist, steht einer sicheren Finanzierung nichts im Wege.

Hinzu kommen vor allem die ausschließlich für Selbstnutzer gedachten Fördermöglichkeiten durch KfW-Mittel bis zu 50 000 Euro für das Wohneigentum und der Wohn-Riester. Beide Förderarten bleiben Vermietern verwehrt.

Wer KfW-Mittel in Höhe von 50 000 Euro mit einem zinsgünstigen Riester-Darlehen der Bank kombiniert, macht alles richtig. Gleiches gilt für einen zinsgünstigen Riester-Kombikredit der Bausparkasse.

Hohe Eigenkapitalquote

Ohne eigene Geldmittel geht auch beim Erwerb einer Eigentumswohnung zur Selbstnutzung nichts. Banken als Kreditgeber erwarten typischerweise, dass Sie ein Eigenkapital von mindestens 20 bis 30 Prozent der gesamten Anschaffungskosten in die Finanzierung einbringen. Andernfalls wird der Kredit deutlich teurer ausfallen.

Zu den **Anschaffungskosten** zählen außer dem Kaufpreis noch die einmaligen Kaufnebenkosten wie Grunderwerbsteuer (5 Prozent in den meisten Bundesländern), Notar- und Grundbuchgebühren für die Eigentumsumschreibung (circa 1,5 Prozent) sowie eine eventuelle Maklerprovision (3,57 bis 7,14 Prozent des Kaufpreises). Im Beispielfall „Eigentum statt Miete" lagen der Kaufpreis bei 200 000 Euro und die Kaufnebenkosten bei 20 000 Euro, zusammen also bei 220 000 Euro.

Eine **Eigenkapitalquote** von 20 bis 30 Prozent der Gesamtkosten von 220 000 Euro würde demnach eigene Geldmittel von 44 000 bis 66 000 Euro erfordern. Im Beispielfall waren es sogar 70 000 Euro Eigenkapital, sodass ein Darlehen von 150 000 Euro die Lücke zwischen Anschaffungskosten und Eigenkapital schließen konnte.

Für eine selbstgenutzte Eigentumswohnung gilt wie für jedes vom Eigentümer bewohnte Eigenheim die Regel „So viel Eigenkapital wie möglich, so viel Fremdkapital wie nötig". Je höher die Eigenkapitalquote, desto geringer sind daher Ihre finanziellen Risiken. Eigenmittel in Höhe von über 30 Prozent der Gesamtkosten sind sicherlich eine ausreichende Quote. 15 Prozent der Gesamtkosten sollten die absolute Untergrenze bilden. Schließlich müssen auch die Kaufnebenkosten wie Grunderwerbsteuer, Notar- und Grundbuchgebühren und eventuell Maklerprovision komplett aus Eigenmitteln bestritten werden.

Auf keinen Fall sollten Sie als Selbstnutzer eine „Finanzierung ohne Eigenkapital" anstreben, auch wenn Ihnen das zuweilen immer noch von einigen ausländischen Banken oder windigen Vermittlern angeboten wird. Eine Voll- oder gar Überfinanzierung Ihrer Eigentumswohnung wird für Sie wegen des deutlich höheren Zinssatzes nicht nur sehr teuer, sondern auch höchst riskant.

Nur in ganz seltenen Ausnahmefällen sollte eine Finanzierung ohne jegliches Eigenkapital in Betracht kommen wie zum Beispiel bei langfristig angelegtem Vermögen, das nicht kurzfristig oder nur mit Verlusten zu Geld gemacht werden kann. Auch Besser- und Spitzenverdiener ohne vorhandenes Eigenkapital

Eigenkapital in Abhängigkeit von Gesamtkosten

Gesamtkosten	20 % Eigenkapital	25 % Eigenkapital	30 % Eigenkapital
100 000 €	20 000 €	25 000 €	30 000 €
150 000 €	30 000 €	37 500 €	45 000 €
200 000 €	40 000 €	50 000 €	60 000 €
250 000 €	50 000 €	62 500 €	75 000 €
300 000 €	60 000 €	75 000 €	90 000 €
350 000 €	70 000 €	87 500 €	105 000 €
400 000 €	80 000 €	100 000 €	120 000 €

könnten ausnahmsweise ihre Eigentumswohnung komplett mit Kredit finanzieren, falls sie die finanzielle Belastung für Zins und Tilgung bequem aus ihrem hohen Nettoeinkommen tragen können. Abgesehen von diesen seltenen Ausnahmefällen muss es für Selbstnutzer bei der Forderung nach einem Eigenkapitaleinsatz in Höhe von 20 bis 30 Prozent der Gesamtkosten bleiben.

Wenn man eine Eigenkapitalquote von 20 bis 30 Prozent und Gesamtkosten für die selbstgenutzte Eigentumswohnung von 100 000 bis 400 000 Euro zugrunde legt, beträgt das notwendige Eigenkapital gemäß der obigen Tabelle 20 000 bis 120 000 Euro. Steigen die Gesamtkosten beispielsweise um 50 000 Euro, erhöht sich auch der Eigenkapitalbedarf um jeweils 10 000 bis 15 000 Euro.

Da Sie spätestens beim ersten Kreditgespräch mit einer Bank nach der Höhe Ihres Eigenkapitals gefragt werden, geht kein Weg an der genauen Erfassung Ihrer eigenen finanziellen Mittel vorbei.

Falls Sie überhaupt keine Schulden haben (kein Ratenkredit für den Autokauf, kein Dispokredit auf dem laufenden Bankkonto und keine Kreditkartenschulden), ist Ihr Eigenkapital identisch mit Ihrem Vermögen. Um zu entscheiden, ob das gesamte Vermögen zur Finanzierung der selbstgenutzten Eigentumswohnung eingesetzt werden soll, ist eine Aufgliederung der einzelnen Vermögensteile wie in der folgenden Checkliste sinnvoll.

Geldmittel, die sofort oder kurz- bis mittelfristig verfügbar sind und nur geringe Zinsen bringen, eignen sich zum Eigenkapitaleinsatz für Ihre eigenen vier Wände besonders gut.

Über Guthaben auf Girokonten und Tagesgeldkonten können Sie sofort verfügen. Guthaben auf Sparbüchern sollten Sie rechtzeitig

Was zum Eigenkapital gehört

1	**Sofort verfügbare Geldmittel:** ✓ Bargeld und Guthaben auf Girokonto ✓ Guthaben auf Tagesgeldkonten
2	**Kurz- bis mittelfristig verfügbare Geldmittel:** ✓ Festgeldguthaben ✓ Sparguthaben Sparbriefe
3	**Jederzeit veräußerbare Anlagen:** ✓ Bundesanleihen und Bundesobligationen ✓ Sonstige Anleihen und Pfandbriefe ✓ Aktien ✓ Anteile an Renten-, Aktien- oder offenen Immobilienfonds ✓ Gold (Edelmetalle) oder ETF
4	**Langfristig angelegtes Geldvermögen:** ✓ Angespartes Guthaben in Riester-Verträgen ✓ Bausparguthaben ✓ Kapitallebensversicherung oder private Rentenversicherung (mit aktuellem Rückkaufswert)
5	**Immobilienvermögen und Beteiligungen:** ✓ Verkehrswert einer vermieteten Immobilie ✓ Anteile an geschlossenen Immobilienfonds, Schiffsfonds oder an anderen geschlossenen Fonds

kündigen, um keine Vorschusszinsen zahlen zu müssen.

Sparbriefe und Festgelder bei Banken und Sparkassen sind jedoch grundsätzlich nicht kündbar. Sie werden erst am Ende der Laufzeit zurückgezahlt, können aber bis zum Rückzahlungstermin beliehen werden.

Börsenfähige Wertpapiere und Anteile an Investmentfonds können durch Verkauf jederzeit zu Geld gemacht werden. Sie zählen daher ebenfalls zum sofort verfügbaren Eigenkapital. Meist bietet es sich an, zumindest einen Teil der Wertpapiere oder Fondsanteile quasi als finanzielle Reserve im Wertpapierdepot zu belassen.

Guthaben aus Riester-Verträgen können ab 2014 in voller Höhe für den Kauf einer selbstgenutzten Eigentumswohnung verwendet werden. Dadurch gewinnen Sie zusätzliches Eigenkapital. Wer beispielsweise in der Zeit von 2008 bis Ende 2017 immer den höchstmöglichen Anlagebetrag von jährlich 2 100 Euro einschließlich Zulage investiert hat, könnte ein Riester-Guthaben von 21 000 Euro zuzüglich Zinsen entnehmen. Das Riester-Guthaben würde sich bei einem Ehepaar auf 42 000 Euro zuzüglich Zinsen verdoppeln, wenn beide Ehegatten Arbeitnehmer oder Beamte waren und beide den Höchstbetrag von 2 100 Euro angelegt haben.

Bausparguthaben und bestehende Kapitallebensversicherungen sollten Sie im Regelfall nicht kündigen, sondern als Tilgungsersatz für ein noch aufzunehmendes Hypothekendarlehen einsetzen.

Nur in den seltensten Fällen werden Sie als künftiger Selbstnutzer auf vermietete Immobilien oder Anteile an geschlossenen Immobilienfonds zurückgreifen können. Selbst wenn Ihnen eine vermietete Eigentumswohnung oder ein Anteil an einem geschlossenen Immobilienfonds gehört, ist ein überstürzter Verkauf fast immer mit finanziellen Nachteilen verbunden.

Aus Sicherheitsgründen sollten Sie sich immer für den Einsatz einer höheren Eigenkapitalquote entscheiden, sofern Sie genügend Eigenmittel haben. Allerdings sollten Sie zunächst eine Sicherheits- oder Liquiditätsreserve

von drei Nettomonatsgehältern zurücklegen, um für unvorhergesehene Ausgaben gewappnet zu sein. Es ist nicht sinnvoll, auch noch den letzten verfügbaren Euro in die selbstgenutzte Eigentumswohnung zu stecken.

Eigenkapitalersatzmittel

Liegt Ihr reines Eigenkapital deutlich unter 20 Prozent des Kaufpreises, wird Ihr finanzieller Spielraum automatisch enger. Sie müssen aber in diesem Fall Ihre Pläne zum Kauf einer selbstgenutzten Eigentumswohnung nicht sofort aufgeben.

Wenn Ihr reines Eigenkapital zur Finanzierung tatsächlich nicht ausreicht, könnte die mögliche Lösung in **Eigenkapitalersatzmitteln** liegen. Dies sind Eigenkapital ersetzende Geldmittel, die weder zum reinen Eigenkapital noch zum üblichen Bankkredit zählen.

Ihr Vorteil: Aus Sicht der Banken gelten auch indirekte Eigenmittel wie Arbeitgeber- und Verwandtendarlehen als Eigenkapital im weiteren Sinne. Diese nicht von Banken gewährten Darlehen ersetzen praktisch Eigenkapital und nehmen eine Sonderstellung zwischen reinem Eigenkapital und Bankdarlehen ein. Bei der Berechnung der Eigenmittel und der entsprechenden Eigenkapitalquote werden sie bei der Bank mitgezählt.

Weiterer Vorteil: Die meisten Banken zählen auch die zinsgünstigen Darlehen der staatlichen Kreditanstalt für Wiederaufbau (KfW) zu den Eigenkapitalersatzmitteln. Diese können bis zu 30 Prozent der Gesamtkosten und maximal bis zu 50 000 Euro betragen und werden an zweitrangiger Stelle im Grundbuch abgesichert.

KfW-Mittel für Selbstnutzer

Jeder Selbstnutzer sollte beim geplanten Erwerb einer Eigentumswohnung das **KfW-Wohneigentumsprogramm** nutzen. Danach können künftige Haus- und Wohneigentümer ein zinsgünstiges KfW-Darlehen in Höhe von 50 000 Euro für den Bau oder Kauf ihrer eigenen vier Wände erhalten.

Die KfW-Zinskonditionen (zum Beispiel Sollzins 1,50 Prozent bei einer zehnjährigen Zinsbindung, Stand Mitte September 2017) sind gar nicht so extrem günstig. Meist liegen die Standardkonditionen der zinsgünstigsten Banken sogar noch darunter (zum Beispiel im Bestfall nur 1 Prozent Sollzins, falls das Bankdarlehen höchstens 54 Prozent des Kaufpreises ausmacht).

Die entscheidenden Vorteile des KfW-Kredites für Selbstnutzer in Höhe von bis zu 50 000 Euro liegen aber auf einem ganz anderen Gebiet. Wer beispielsweise nur 20 Prozent der Gesamtkosten aus Eigenmitteln finanzieren kann, müsste ohne KfW-Mittel 80 Prozent relativ teuer durch eine Bank finanzieren lassen.

Beispielrechnung für eine reine Bankfinanzierung:

Kaufpreis (für eine 80 qm große Eigentumswohnung)	200 000 Euro
+ Kaufnebenkosten	20 000 Euro
= **Gesamtkosten**	**220 000 Euro**
Reines Eigenkapital	44 000 Euro
+ Bankdarlehen	176 000 Euro
= **Finanzierungssumme**	**220 000 Euro**

Da das Bankdarlehen immerhin 88 Prozent des Kaufpreises ausmacht und sogar 98 Prozent des Beleihungswerts von 180 000 Euro (nach Abzug eines Sicherheitsabschlags von 10 Prozent des Kaufpreises), wird die Bank einen **Zinsaufschlag** von 0,2 bis 0,5 Prozentpunkten berechnen und daher den ursprünglichen Sollzins von 1 Prozent auf 1,2 bis 1,5 Prozent anheben.

Möglicherweise ist ihr das Risiko auch dann noch zu groß, und sie lehnt den Kreditwunsch mit Hinweis auf das relativ geringe Eigenkapital und das nach ihrer Ansicht zu geringe monatliche Nettoeinkommen sogar ab.

Genau an dieser Stelle springt der **KfW-Kredit** in Höhe von 50 000 Euro mit einem Sollzins von nur 1,50 Prozent in die Bresche. Da sich die KfW mit einer Absicherung dieses Kredits im Grundbuch an nachrangiger Stelle zufrieden gibt, kann das Bankdarlehen in Höhe von nunmehr 126 000 Euro (Kreditbedarf 176 000 Euro minus KfW-Kredit 50 000 Euro) mühelos vergeben werden. Schließlich liegt der sogenannte **Beleihungsauslauf** dann

nur noch bei 63 Prozent des Kaufpreises beziehungsweise 70 Prozent des Beleihungswerts.

Fazit: Die Finanzierung dieser Eigentumswohnung ist machbar. Der KfW-Kredit von 50 000 Euro wird zu 1,90 Prozent finanziert und das Bankdarlehen von 126 000 Euro sogar nur zu 1 Prozent bei einer Zinsbindung von zehn Jahren. Die gesamte Zinsbelastung macht somit 2 010 Euro im Jahr oder im Durchschnitt nur 1,14 Prozent der Finanzierungssumme von 176 000 Euro aus. Das ist sogar deutlich günstiger als ein Bankdarlehen in Höhe von 176 000 Euro mit einem Sollzins von 1,5 Prozent, das eine jährliche Zinsbelastung von 2 640 Euro nach sich ziehen würde. Mit besonders hohen Zinsaufschlägen bis zu 0,7 Prozent der Darlehenssumme müssten Sie rechnen, wenn das Bankdarlehen sogar 90 bis 100 Prozent des Kaufpreises ausmachen würde.

Durch die Kombination von KfW-Kredit und Bankdarlehen sparen Sie also im Beispiel mindestens 110 Euro pro Jahr bei einer Zins-

Was Beleihungswert und Beleihungsauslauf bedeuten

Beleihungswert: Wert, der vom Kreditgeber für Beleihungszwecke festgesetzt wird und einen dauerhaft erzielbaren Immobilienwert darstellen soll. Typischerweise liegt der Beleihungswert bei 90 Prozent des reinen Kaufpreises, da der Kreditgeber einen Sicherheitsabschlag von 10 Prozent vornimmt.

Beleihungsauslauf: Darlehenssumme in Prozent des Beleihungswerts der Immobilie. Bei einem Beleihungsauslauf von bis zu 60 Prozent liegt ein erstrangig gesichertes Darlehen mit günstigsten Zinskonditionen vor. Steigt der Beleihungsauslauf auf 80 Prozent des Beleihungswerts, berechnen die Banken einen Zinszuschlag von 0,1 bis 0,2 Prozent auf das Gesamtdarlehen. Bei einem Darlehen in Höhe von 90 bis 100 Prozent des Beleihungswerts liegt der Zinszuschlag bei 0,3 bis 0,6 Prozentpunkten.

Die letzten 20 000 Euro Kredit sind teuer

Der Kaufpreis beträgt 200 000 Euro. Die Grafik zeigt den durchschnittlichen Effektivzins bezogen auf die letzten 20 000 Euro des Darlehens. Beispiel: Bei einem 200 000-Euro-Darlehen mit 20 Jahren Zinsbindung zahlt der Kunde für den Anteil von 180 000 bis 200 000 Euro im Schnitt 8,44 Prozent Zinsen pro Jahr. Im Durchschnittszinssatz für den Gesamtkredit (2,87 Prozent) ist das nicht zu erkennen.

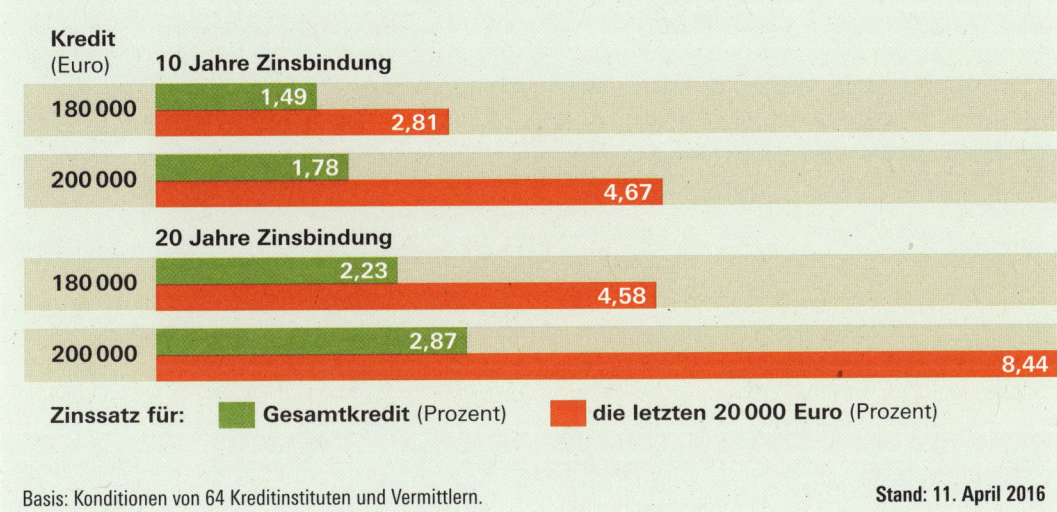

Kredit (Euro)

10 Jahre Zinsbindung

180 000 — 1,49 / 2,81

200 000 — 1,78 / 4,67

20 Jahre Zinsbindung

180 000 — 2,23 / 4,58

200 000 — 2,87 / 8,44

Zinssatz für: ■ **Gesamtkredit** (Prozent) ■ **die letzten 20 000 Euro** (Prozent)

Basis: Konditionen von 64 Kreditinstituten und Vermittlern. **Stand: 11. April 2016**

bindung von zehn Jahren. Sicherlich ist es aber besser, beim Bankdarlehen eine 15-jährige oder sogar 20-jährige Zinsbindung zu wählen und dafür einen Zinsaufschlag von 0,5 bis 0,7 Prozentpunkten zu akzeptieren.

Wenn der Kaufpreis beispielsweise 200 000 Euro ausmacht, verteuern sich insbesondere die letzten 20 000 Euro des Darlehens ganz erheblich, sofern die Darlehenssumme bei 90 oder 100 Prozent des Kaufpreises liegt.

Ihre Bank wird den KfW-Kredit von 50 000 Euro als Eigenkapital oder zumindest als Eigenkapitalersatzmittel anerkennen, da ihr eigenes Darlehen im Gegensatz zum KfW-Kredit an erster Stelle im Grundbuch abgesichert wird.

Einige Besonderheiten müssen Sie aber beachten, wenn Sie den KfW-Kredit nach dem Wohneigentumsprogramm in Anspruch nehmen wollen.

Die Tabelle „Das KfW-Wohneigentumsprogramm" auf Seite 101 oben zeigt den Zins- und Tilgungsverlauf für die ersten zehn Jahre. Bei einem KfW-Kredit von 50 000 Euro und einem Sollzins von 1,90 Prozent sind in den ersten drei Jahren nur Zinsen in Höhe von 950 Euro pro Jahr zu zahlen.

Im vierten bis zehnten Jahr steigt die jährliche Belastung infolge der hohen Tilgungsrate von anfangs knapp 5 Prozent auf 3 444 Euro, dies sind immerhin 6,89 Prozent des ursprünglichen Kredits von 50 000 Euro. Vorteil der recht hohen Tilgungsrate: Nach zehn Jahren liegt die Restschuld nur noch bei 31 344 Euro beziehungsweise rund 63 Prozent des KfW-Kredits. Die Zinskonditionen für die Anschlussfinanzierung stehen erst kurz vor Ende des zehnten Jahres fest.

Finanzierungs-Mix für Selbstnutzer

Für Selbstnutzer einer Eigentumswohnung ist eine dreistufige Finanzierung aus Eigenkapital, KfW-Kredit und Bankdarlehen besonders empfehlenswert. Diesen Finanzierungs-Mix sollten Sie auch dann wählen, wenn die Gesamtkosten für Ihre Eigentumswohnung über 200 000 Euro liegen und beispielsweise auf 250 000

Wichtiges beim KfW-Wohneigentumsprogramm

▶ Antragstellung grundsätzlich vor Beginn des Bau- oder Kaufvorhabens, spätestens aber unmittelbar nach Abschluss des notariellen Kaufvertrags.

▶ Antragstellung nicht direkt bei der KfW, sondern ausschließlich über die Bank, die auch das Bankdarlehen zur Verfügung stellt.

▶ Bei zehnjähriger Zinsbindung und 20-jähriger Laufzeit zunächst drei tilgungsfreie Anfangsjahre, danach jährliche Tilgung von 3,84 Prozent des Darlehens zuzüglich ersparter Zinsen.

▶ Es gilt der Sollzins zum Zeitpunkt der Zusage oder des Antragseingangs („Best-Zins-Garantie").

▶ Belastung für Kapitaldienst und Bewirtschaftung muss auf Dauer aus dem Einkommen gedeckt werden.

oder gar 300 000 Euro steigen (siehe Tabelle „Dreistufiges Finanzierungsmodell", Seite 101).

Setzen Sie dabei den KfW-Kredit immer mit 50 000 Euro an und das zusätzlich benötigte Bankdarlehen zunächst mit 50 Prozent der Gesamtkosten, um eine zinsgünstige erstrangige Finanzierung mit rund 60 Prozent des Beleihungswerts sicherzustellen.

Je höher die Gesamtkosten, desto höher fallen das benötigte Eigenkapital und die in Prozent der Gesamtkosten ausgedrückte Eigenkapitalquote aus. Die erforderliche Eigenkapitalquote kann dann bis auf 33 Prozent bei Gesamtkosten von 300 000 Euro steigen, 30 Prozent bei 250 000 Euro und sogar auf 33 Prozent bei Gesamtkosten von 300 000 Euro. Falls Sie diese Eigenkapitalquote nicht erreichen können, müssten Sie ein entsprechend höheres Bankdarlehen mit einem Zinsaufschlag wegen Überschreitens von 60 Prozent des Beleihungswerts in Kauf nehmen.

KfW-Mittel für Sanierung und Energieersparnis

Grundsätzlich zählen beim Kauf einer selbstgenutzten Eigentumswohnung auch Kosten für Instandsetzung, Umbau und Modernisierung zu den förderfähigen Kosten nach dem Wohneigentumsprogramm der KfW. Dies trifft aber

nur auf das Sondereigentum Wohnung zu, da sich die typischen Instandsetzungs-, Umbau- und Modernisierungsmaßnahmen bei Eigentumswohnanlagen auf das Gemeinschaftseigentum beziehen.

Es gibt besonders zinsgünstige KfW-Mittel für das **energieeffiziente Bauen** (Errichtung oder Ersterwerb eines KfW-Effizienzhauses 70, 50 oder 40 mit einem Höchstkredit von 50 000 Euro pro Wohneinheit, 1,36 Prozent Effektivzins bei zehnjähriger Zinsbindung sowie Tilgungszuschuss), für die **energieeffiziente Sanierung** von älteren Gebäuden mit Bauantrag vor dem 1.1.1995 (Höchstkredit von 50 000 oder 75 000 Euro ebenfalls mit nur 0,75 % Effektivzins bei zehnjähriger Zinsbindung plus Tilgungszuschuss je nach Effizienzhaus-Standard) oder den **altersgerechten Umbau** (Höchstkredit 50 000 Euro, Effektivzins 0,75 Prozent bei zehnjähriger Zinsbindung).

Diese Zins- und Tilgungskonditionen (Stand Mitte September 2017) stehen außer Selbstnutzern auch Kapitalanlegern zur Verfügung. Das Problem bei Eigentumswohnanlagen: Die Finanzierung von Maßnahmen zur Modernisierung, Sanierung und Energieersparnis des Gemeinschaftseigentums und der Antrag auf zinsgünstige KfW-Mittel erweisen sich weitaus schwieriger als beim Ein- oder Zweifamilienhaus.

Über die Bank könnte zwar ein KfW-Kredit beantragt werden. Typischerweise wird die KfW ihre Kredite zur Sanierung und Energieersparnis aber meist nur an Einzelpersonen vergeben. Nach eigenen Angaben der KfW stammen nur 12 Prozent der Anträge für das Kreditprogramm „Energieeffizient sanieren" von Wohnungseigentümergemeinschaften.

Spezielle Förderbanken in den Bundesländern wie die Investitionsbank in Berlin oder Schleswig-Holstein oder die Hamburgische Wohnungsbaukreditanstalt vergeben nur Einzeldarlehen an die Wohnungseigentümer zur Finanzierung zum Beispiel einer Sonderumlage. Die Mittel dafür stammen letztlich aus den KfW-Kreditprogrammen „Energieeffizient sanieren" oder „Altersgerecht umbauen". Die Kredithöhe liegt zwischen 5 000 und

Das KfW-Wohneigentumsprogramm

Jahr	Zins*	Tilgung*	Annuität	Restschuld
1	750 €	0	750 €	50 000 €
2	750 €	0	750 €	50 000 €
3	750 €	0	750 €	50 000 €
4	737 €	1 933 €	2 670 €	48 067 €
5	708 €	1 962 €	2 670 €	46 105 €
6	678 €	1 992 €	2 670 €	44 113 €
7	648 €	2 022 €	2 670 €	42 091 €
8	618 €	2 052 €	2 670 €	40 039 €
9	586 €	2 084 €	2 670 €	37 955 €
10	555 €	2 115 €	2 670 €	35 840 €
	6 778 €	14 160 €	20 938 €	

*) Konditionen vom 30.09.2017 für: KfW-Darlehen nach Wohneigentumsprogramm: Darlehenssumme 50 000 €, 10 Jahre Zinsbindung, Sollzins 1,5 %, Effektivzins 1,51 %, drei tilgungsfreie Anfangsjahre, danach anfänglicher Tilgungssatz 3,84 %

Dreistufiges Finanzierungsmodell

Gesamtkosten	Eigenkapital +	KfW-Kredit +	Bankdarlehen	Eigenkapitalquote
200 000 €	50 000 €	50 000 €	100 000 €	25,0 %
250 000 €	75 000 €	50 000 €	125 000 €	30,0 %
300 000 €	100 000 €	50 000 €	150 000 €	33,0 %

25 000 Euro je Wohnung. Zusätzlich zu den niedrigen Effektivzinsen von nur 0,75 Prozent fallen allerdings noch einmalige Beratungskosten an.

In Baden-Württemberg reicht die Landeskreditbank Baden-Württemberg (L-Bank) zinsgünstige KfW-Mittel an Wohnungseigentümergemeinschaften durch. Dies ist beispielsweise zur Sanierung einer großen Eigentumswohnanlage in Freiburg geschehen. Die in den 1970er-Jahren erbauten 339 Eigentumswohnungen in der Alban-Stolz-Straße von Freiburg konnten so umfassend saniert werden.

Das Institut für Städtebau, Wohnungswirtschaft und Bausparwesen (IFS) fordert in einem Positionspapier, dass die Förderung der energetischen Sanierung von Gebäuden im gemeinschaftlichen Eigentum von Wohnungseigentümergemeinschaften hinsichtlich Antragstellung und Bewilligung durch die KfW weiter vereinfacht werden soll.

Oft sind die Probleme der Finanzierung der eigentliche Grund für die geringe Sanierungstätigkeit. Laut dem Dachverband Deutscher Immobilienverwalter (DDIV) beträgt die jährliche Sanierungsrate beim Gemeinschaftseigentum in Eigentumswohnanlagen nur 0,6 Prozent. Beim gesamten Wohnungsbestand ist es zumindest 1 Prozent. Immerhin stellen die mittlerweile 9,3 Millionen Eigentumswohnungen inzwischen ein Viertel des gesamten Wohnungsbestands in Deutschland dar.

Wohn-Riester

Um Ihre individuelle Finanzierung noch weiter zu optimieren, sollten Sie versuchen, die Vorteile von **Wohn-Riester** zu nutzen. Diese im Jahr 2008 für Selbstnutzer von Wohnimmobilien eingeführte und ab Anfang 2014 deutlich verbesserte Riester-Förderung für Selbstnutzer bietet Ihnen inzwischen eine ganze Fülle von Möglichkeiten:

1 Verwendung eines Riester-Guthabens als **Eigenkapital** für die Finanzierung der selbst genutzten Eigentumswohnung (dadurch Erhöhung des reinen Eigenkapitals und der Eigenkapitalquote)

2 Aufnahme eines Riester-Darlehens bei der Bank, das mit jährlich 2 100 Euro einschließlich Zulage getilgt wird (also laufende **Tilgung** statt Sparen mit Riester)

3 Aufnahme eines **Bauspar-Kombikredits** (mit jährlichen Riester-Bausparbeiträgen von 2 100 Euro einschließlich Zulage in der Sparphase und Riester-Tilgungsbeiträgen von 2 100 Euro in der Darlehensphase nach Zuteilung der Bausparsumme)

4 Verwendung des Riester-Guthabens zur völligen **Entschuldung** (zum Beispiel bei Rentenbeginn)

5 Verwendung des Riester-Guthabens für den **altersgerechten Umbau** der selbstgenutzten Eigentumswohnung (zum Beispiel Installation einer bodengleichen Dusche, Abbau von Schwellen, Einbau von breiteren Türen).

1. Variante:
Riester-Guthaben als Eigenkapital

Falls Sie einen bestehenden Riester-Vertrag besitzen, können Sie das angesammelte Riester-Guthaben bis auf einen im Altvertrag verbleibenden Restbetrag von 3 000 Euro für den Bau oder Kauf Ihrer Eigentumswohnung entnehmen und als **Eigenkapital** in Ihre Finanzierung einbringen.

Achten Sie darauf, dass eine Auszahlung für Ihre selbstgenutzte Eigentumswohnung laut Riester-Vertrag meist nur zum Ende eines Kalenderquartals möglich ist. Daher sollten Sie Ihrem Riester-Anbieter (zum Beispiel Versicherung oder Bank) mindestens drei Monate vor Quartalsende Ihre Entnahmeabsicht mitteilen und das Riester-Guthaben bis auf 3 000 Euro kündigen.

Gleichzeitig müssen Sie bei der Zentralen Zulagestelle für Altersvermögen (ZfA) einen Antrag auf Entnahme stellen. Ohne Bescheid der ZfA darf Ihnen der Anbieter das Geld nicht auszahlen. Rechnen Sie mit einer Bearbeitungszeit von zwei bis drei Monaten.

Ihrem Antrag auf Entnahme müssen Sie einige Unterlagen beifügen, damit es nicht zur zulagen- und steuerschädlichen Verwendung des Riester-Guthabens kommt. Dazu gehört beispielsweise ein Kaufvertragsentwurf mit der Absichtserklärung, dass Sie die noch zu erwerbende Eigentumswohnung als Hauptwohnung oder Lebensmittelpunkt für sich und Ihre Familie selbst nutzen werden. Legen Sie auch einen unbeglaubigten aktuellen Grundbuchauszug bei, den Sie von Ihrem potenziellen Verkäufer erhalten.

Sofern Sie den Bescheid der ZfA in Händen und die Auszahlung des Riester-Guthabens auf Ihrem Konto haben, können Sie das Geld direkt als Eigenkapital zur Finanzierung Ihrer selbstgenutzten Eigentumswohnung einsetzen. Eine nachträgliche Versteuerung erfolgt erst zum Rentenbeginn oder nach völliger Entschuldung Ihrer selbstgenutzten Eigentumswohnung, spätestens ab dem 68. Lebensjahr bis zum vollendeten 85. Lebensjahr.

Da die Riester-Förderung erst ab 2002 möglich war (anfangs nur für 525 Euro im Jahr, ab 2004 mit 1 050 Euro und in 2006 sowie 2007 jeweils mit 1 575 Euro) und erst ab 2008 mit dem höchstmöglichen Förderbetrag von 2 100 Euro pro Jahr, wird Ihr Riester-Guthaben in aller Regel zwischen 10 000 und 30 000 Euro liegen.

Wer beispielsweise erst ab 2008 den jährlichen Höchstbetrag von 2 100 Euro einschließlich Zulage investiert hat, wird Ende 2017 bei einer jährlichen Rendite von 2 Prozent gerade einmal auf ein Riester-Guthaben von 23 000 Euro kommen. Nur im günstigsten Fall (Riester-Höchstbeiträge von 2002 bis 2017 und Rendite von 3 Prozent) würde sich ein relativ hohes Riester-Guthaben von rund 33 000 Euro ergeben.

2. Variante: Riester-Darlehen

Statt eines Bankdarlehens ohne Riester-Förderung können Sie sich für ein spezielles **Riester-Darlehen** entscheiden, das inzwischen immer mehr Banken anbieten.

Der Clou hierbei: Sie setzen den jährlichen Riester-Beitrag von 2 100 Euro (einschließlich Zulage) zur laufenden Tilgung ein. Bei einer Darlehenssumme von beispielsweise 100 000 Euro läge der jährliche Tilgungssatz bei 2,1 Prozent.

Bei einer möglichst langen Zinsbindung von 20 Jahren lag der Sollzins im September 2017 bei rund 2 Prozent, sofern das Riester-Darlehen im Erstrang bis zu 80 Prozent des Kaufpreises ausmacht und die Bank keinen Zinsaufschlag für den höheren Bearbeitungsaufwand bei Riester-Darlehen berechnet.

Zinsaufschläge von mehr als 0,3 Prozent sollten Sie auf keinen Fall akzeptieren. Ist das Riester-Darlehen mehr als 0,3 oder gar 0,5 Prozentpunkte teurer als ein Darlehen ohne Riester-Förderung, lohnt sich das Riester-Darlehen kaum noch. Vergleichen Sie auf jeden Fall die Zinskonditionen für Hypothekendarlehen mit und ohne Riester-Förderung bei der gleichen Bank.

Tilgen statt Sparen mit Riester lohnt sich. Mit jeder Tilgung über den Riester-Beitrag sinken Ihre Restschulden und damit die von der Restschuld berechneten Zinsen. Sie ersparen sich somit 2 Prozent Zinsen. Diese **Tilgungsrendite** von 2 Prozent wird aktuell über der Sparplanrendite bei neu abgeschlossenen Ries-

ter-Verträgen (zum Beispiel Riester-Versicherungen, Riester-Banksparpläne) liegen. In einer Niedrigzinsphase gilt also die Regel: Tilgen schlägt Sparen!

Bei einem Sollzins von 2 Prozent und einer jährlichen Tilgung von 2,1 Prozent zuzüglich ersparter Zinsen wäre ein Riester-Darlehen von 100 000 Euro allerdings erst nach 33,5 Jahren vollständig getilgt. Um die Tilgungsdauer auf 19,5 Jahre zu verkürzen, müsste der Tilgungssatz auf 4,2 Prozent erhöht werden. Läge der Tilgungssatz bei 5 Prozent, wäre das Darlehen nach knapp 17 Jahren vollständig getilgt (siehe Tabelle „Riester-Darlehen" unten).

Eine höhere Tilgung können Sie beispielsweise dadurch erreichen, dass Sie die Zulage (zum Beispiel Grundzulage von 175 Euro ab 2018) sowie die zusätzliche Steuerersparnis direkt in die laufende Tilgung Ihres Riester-Darlehens stecken.

Beispiel: Bei einem Bruttojahresgehalt von 50 000 Euro und einem jährlichen Riester-Beitrag von 2 100 Euro liegt die jährliche Steuerersparnis einschließlich Zulage bei 742 Euro (Alleinstehender mit Lohnsteuerklasse I) oder 551 Euro (Verheirateter mit Lohnsteuerklasse III). Sie könnten also diesen Betrag zur Erhöhung des Tilgungssatzes von 2,1 Prozent auf 2,84 Prozent (alleinstehend) beziehungsweise 2,65 Prozent (verheiratet) nutzen.

Wenn Sie verheiratet sind und Ihr Ehegatte als Arbeitnehmer oder Beamter ebenfalls einen jährlichen Riester-Beitrag von 2 100 Euro leistet, steigt der förderfähige Riester-Beitrag be-

Riester-Darlehen: Schnellere Entschuldung und geringerer Zinsaufwand bei höherer Tilgung

Tilgungssatz	Tilgungsdauer	Jährliche Belastung*	Zinsaufwand insgesamt**
1,00 %	55,0 Jahre	3 000 €	65 000 €
2,10 %	33,5 Jahre	4 100 €	37 268 €
3,00 %	25,6 Jahre	5 000 €	27 813 €
4,20 %	19,5 Jahre	6 200 €	20 838 €
5,00 %	16,8 Jahre	7 000 €	17 880 €

*) Belastung aus Kapitaldienst bei einem Darlehen von 100 000 € (Sollzins 3 % und Tilgungssatz von 1 % bis 5 %)
**) Gesamtzinsaufwand über die gesamte Tilgungsdauer (Gesamtbelastung aus Kapitaldienst minus Darlehen von 100 000 Euro)

reits auf 4 200 Euro pro Jahr und der Tilgungssatz entsprechend auf 4,2 Prozent bei einer Darlehenssumme von 100 000 Euro.

Falls beide Ehegatten Arbeitnehmer oder Beamte sind und zusammen 50 000 Euro brutto im Jahr verdienen, kämen noch 551 Euro Steuerersparnis einschließlich Zulage hinzu. Falls auch diese 551 Euro in die Tilgung fließen, steigt der Tilgungssatz bereits auf 4,75 Prozent. In diesem Fall wäre das Riester-Darlehen von 100 000 Euro bereits nach 16,3 Jahren vollständig getilgt.

Die jährliche Belastung von 7 750 Euro vor Zulage und Steuern bei einem Darlehen von 100 000 Euro mit einem Sollzins von 3 Prozent und einem Tilgungssatz von 4,75 Prozent läge auf den ersten Blick relativ hoch. Allerdings würde die tatsächliche Belastung auf rund 7 200 Euro pro Jahr nach Berücksichtigung von Zulage und Steuerersparnis sinken.

Die schnellere Tilgung können Sie bei Bankdarlehen auch erreichen, wenn Sie ein **Sondertilgungsrecht** (zum Beispiel bis zu 5 oder gar 10 Prozent der Darlehenssumme pro Jahr) oder einen **Tilgungssatzwechsel** während der Zinsbindungsfrist (zum Beispiel zweimaliger Wechsel auf einen höheren oder niedrigeren Tilgungssatz) vereinbaren. Fragen Sie Ihre Bank, ob diese besonderen Möglichkeiten auch für Riester-Darlehen gelten.

Falls dies möglich ist, sollten Sie beim Riester-Darlehen mindestens den Tilgungssatz wählen, der sich aus dem jährlichen Riester-Beitrag (2 100 Euro für Alleinstehende oder 4 200 Euro für Arbeitnehmer-Ehepaare) in Prozent der Darlehenssumme ergibt. Die laufende Tilgung in Euro und den Tilgungssatz in Prozent der Darlehenssumme sollten Sie dann noch erhöhen, indem Sie die jährliche Zulage und zusätzliche Steuerersparnis für die Riester-Beiträge zur schnelleren Entschuldung verwenden. Bedenken Sie aber: Eine deutlich höhere Tilgung zieht immer eine höhere Belastung aus Kapitaldienst nach sich. Diese müssen Sie sich auch finanziell leisten können. Die **Belastungsquote** für Zins und Tilgung sollte im Regelfall 40 Prozent Ihres monatlichen Netto-Haushaltseinkommens nicht überschreiten.

3. Variante: Bauspar-Kombikredite mit Riester

Besonders attraktiv können spezielle Kombikredite der Bausparkasse sein, die über die Gesamtlaufzeit von meist 20 bis 30 Jahren gehen und den Riester-Vertrag sowohl in die Sparphase des Bausparvertrags als auch in die Tilgungsphase beim Bauspardarlehen einbauen.

Die Wohn-Riester-Darlehen der Bausparkassen in Form eines Kombikredits bestehen somit aus zwei Phasen. In der ersten Phase wird ein Vorausdarlehen mit einem Bausparvertrag bis zur Zuteilung kombiniert. Nach Ablösung des Vorausdarlehens durch das Bausparguthaben und -darlehen folgt die zweite Phase, in der das Bauspardarlehen getilgt wird.

Letztlich kommt es auf den **Gesamteffektivzins** und die zu tragende Belastung an. Zinssichere Bauspar-Kombikredite sind in Niedrigzinsphasen teilweise zu Effektivzinsen von 1,7 bis 2,4 Prozent zu haben und dies über die Gesamtlaufzeit von 18 bis 28 Jahren.

4. Variante: Riester-Guthaben zur völligen Entschuldung

Wer kurz vor dem Rentenbeginn steht oder bereits in Rente ist, kann sein angesammeltes Riester-Guthaben direkt zur teilweisen oder vollständigen Entschuldung seines Eigenheims verwenden.

Seit Anfang 2014 kann diese Entschuldung aber auch zu jedem beliebigen Zeitpunkt vorher erfolgen. Eine zumindest teilweise Entschuldung durch Entnahme des Riester-Guthabens bietet sich nach Ablauf der Zinsbindung für den KfW-Kredit oder des Bankdarlehens an. Sie lösen beispielsweise die Restschuld eines KfW-Kredits am Ende des zehnten Jahres komplett durch Ihr Riester-Vermögen ab, sofern dieses rund 32 000 Euro ausmacht (bei einem ursprünglichen KfW-Kredit über 50 000 Euro mit 2,3 Prozent Sollzins über zehn Jahre sowie 4,81 Prozent Tilgung vom dritten bis zehnten Jahr). Die Ablösung der Restschulden aus dem KfW-Kredit in Höhe von 32 000 Euro wird Ihnen gelingen, wenn Ihr Riester-Vertrag rund 14 Jahre läuft und Sie jedes Jahr den Höchstbetrag von 2 100 Euro einschließlich

Zinssichere Kombikredite der Bausparkassen

Modellfall: Bauspar-Kombikredite für den Kauf eines Hauses für 250 000 Euro, Kredit 180 000 Euro, Angebote mit festen Zinsen für die gesamte Laufzeit.[1]

Bausparkasse		Gesamtlauf-zeit (Jahre/ Monate)	Laufzeit bis Zuteilung (Jahre/ Monate)	Zins fest bis tatsächliche Zuteilung[2]	Monatsrate (Euro) (ohne Zulagen)		Gesamt-effektivzins (Prozent)
					bis Zuteilung	nach Zuteilung	
Kombikredite mit 18 bis 28 Jahren Laufzeit (ohne Riester-Förderung)							
LBS Südwest	Ⓔ	18/0	9/11	☐	921	1 021	1,67
Deutsche Bank Bauspar		18/0	7/7	■	1 038	954	2,04
Wüstenrot		18/4	10/0	☐	937	1 037	2,04
LBS Bayern	Ⓔ	18/7	7/5	☐	1 000	900	1,81
LBS Saar	Ⓔ	19/1	9/0	■	873	973	1,73
Schwäbisch Hall		19/1	10/1	■	921	1 021	2,25
LBS Hessen-Thüringen	Ⓔ	19/5	9/11	☐	995	895	2,25
BHW		19/5	8/9	■	905	997	2,30
Debeka		21/7	6/10	☐	906	906	2,65
Alte Leipziger		22/1	10/11	■	838	838	2,05
LBS Südwest	Ⓔ	23/0	10/0	☐	847	751	1,82
Deutsche Bank Bauspar		23/0	9/9	■	880	788	2,23
Wüstenrot		23/4	10/0	☐	867	767	2,15
LBS Saar	Ⓔ	24/5	10/0	■	806	720	1,82
LBS Bayern	Ⓔ	24/7	10/5	☐	820	720	2,00
Schwäbisch Hall		24/9	14/4	■	808	808	2,49
BHW		25/5	11/11	■	748	844	2,49
LBS Ost	Ⓔ	26/3	11/7	■	818	720	2,44
LBS Hessen-Thüringen	Ⓔ	27/3	14/10	☐	760	760	2,55
LBS West	Ⓔ	27/11	13/4	■	727	720	2,29
Riester-Kombikredite mit 18 bis 28 Jahren Laufzeit							
LBS Südwest	Ⓔ	18/0	10/0	☐	936	941	1,67
BHW		18/0	8/6	■	975	1 014	2,40
LBS Saar	Ⓔ	18/1	8/0	■	995	900	1,79
LBS Bayern	Ⓔ	18/2	7/3	☐	1 000	900	1,85
Schwäbisch Hall		18/3	9/6	■	922	1 022	2,12
LBS Nord	Ⓔ	20/10	10/0	☐	820	900	2,05
LBS West	Ⓔ	21/3	10/4	■	816[3]	874[3]	2,03

Bausparkasse		Gesamtlauf- zeit (Jahre/ Monate)	Laufzeit bis Zuteilung (Jahre/ Monate)	Zins fest bis tatsächliche Zuteilung[2]	Monatsrate (Euro) (ohne Zulagen)		Gesamt- effektivzins (Prozent)
					bis Zuteilung	nach Zuteilung	
Riester-Kombikredite mit 18 bis 28 Jahren Laufzeit							
LBS Südwest	Ⓔ	23/0	10/0	☐	822	730	1,84
LBS Saar	Ⓔ	23/2	10/0	■	782	758	1,83
LBS Bayern	Ⓔ	23/6	10/0	☐	820	720	1,99
BHW		23/11	11/11	■	767	866	2,58
LBS Ost	Ⓔ	24/3	10/0	☐	805	720	2,09
Schwäbisch Hall		26/4	15/1	■	706	806	2,41
LBS West	Ⓔ	28/0	13/4	■	703[3]	694[3]	2,30

Ⓔ = Angebot regional eingeschränkt.
■ = Ja.   ☐ = Nein.

Reihenfolge nach Gesamtlaufzeit. Die Angebote mit den im Verhältnis zur Laufzeit günstigsten Effektivzinsen sind gelb markiert. Monatsraten sind kaufmännisch auf volle Euro gerundet.

[1] Nur Angebote, bei denen sich die Monatsbelastung vor und nach Zuteilung um maximal 100 Euro unterscheidet. Bei Kombikrediten mit und ohne Riester-Förderung durften die Bausparkassen je zwei Angebote einreichen, deren Laufzeit sich um mindestens fünf Jahre unterscheidet. Für Riester-Kredite wurden die Grundzulagen für ein Ehepaar (308 Euro pro Jahr) berücksichtigt. Um die Förderung auszuschöpfen, nimmt das Ehepaar zwei Kredite à 90 000 Euro auf.

[2] Ja bedeutet: Der Zinssatz für das Vorfinanzierungsdarlehen bleibt fest, falls sich die Zuteilung verzögern sollte. Nein bedeutet: Die Zinsbindung endet zum Termin der voraussichtlichen Zuteilung oder kurze Zeit später. Verzögert sich die Zuteilung, muss das Vorausdarlehen zu einem neuen Zinssatz verlängert werden.

[3] Durchschnittsbelastung. Die Rate ist zeitweise etwas höher oder niedriger.   Stand: 8. Februar 2017

Zulage eingezahlt sowie eine Rendite von mindestens 1 Prozent erzielt haben.

Es ist aber nicht sinnvoll, einen langfristigen Riester-Sparplan mit jährlich 2 100 Euro über beispielsweise insgesamt 30 Jahre (zum Beispiel vom 35. bis 65. Lebensjahr) durchzuhalten und erst am Ende des Riester-Vertrags das komplette Riester-Kapital zwecks Entschuldung Ihrer selbstgenutzten Eigentumswohnung zu entnehmen. Bei einer Rendite von nur 1 Prozent kommen Sie gerade einmal auf rund 73 400 Euro und bei 2 Prozent Rendite auf 86 000 Euro.

Riester-Sparplanrenditen von deutlich mehr als 3 Prozent werden Sie mit einer klassischen Riester-Rentenversicherung oder einem Riester-Banksparplan angesichts eines aktuellen Garantiezinses von nur noch 0,9 Prozent für ab 2017 abgeschlossene Neuverträge höchstwahrscheinlich nicht erzielen können. Bei einer

neu abgeschlossenen Riester-Versicherung über eine Beitragsdauer von 30 Jahren à 2 100 Euro liegt die Beitragssumme einschließlich Zulagen bei 63 000 Euro. Um ein Riester-Kapital von 101 400 Euro bei einer Ablaufrendite von 3 Prozent zu erreichen, müsste der vom Versicherer im Durchschnitt erzielbare Zins schon bei deutlich über 3 Prozent liegen. Diese Annahme ist angesichts einer zu erwartenden längeren Niedrigzinsphase unrealistisch.

Zum Vergleich bieten sich Zahlen aus dem map-report für den Abschluss einer Kapitallebensversicherung am 1.4.2014 mit einer Beitragsdauer von 30 Jahren an. Danach liegt die prognostizierte Ablaufrendite im Durchschnitt bei 3,07 Prozent. Nur die beiden Direktversicherer HUK und Europa kamen auf eine prognostizierte Ablaufrendite von über 4 Prozent.

Das Renditerisiko bei einem langfristigen Riester-Vertrag sollten Sie daher erst gar nicht in Kauf nehmen, sondern auf Tilgen statt Sparen setzen. Eine Tilgungsrendite von 2 bis 4 Prozent ist Ihnen zumindest sicher, sofern für das Riester-Darlehen Sollzinsen von 2 bis 4 Prozent anfallen. Jede Tilgungsrate in Höhe des Riester-Beitrags von maximal 2 100 Euro pro Jahr und Arbeitnehmer geht mit ersparten Schuldzinsen einher.

5. Variante: Riester-Guthaben für altersgerechten Umbau

Ältere Wohneigentümer können ihr angesammeltes Riester-Guthaben auch für den altersgerechten Umbau ihrer selbstgenutzten Eigentumswohnung verwenden. Allerdings muss nach Ablauf von drei Jahren seit Erwerb der Eigentumswohnung eine Mindestsumme von 20 000 Euro aus dem Riester-Vertrag entnommen werden. Die meisten Riester-Sparer müssen daher noch einige Jahre weiter Beiträge einzahlen, bis sie ein Riester-Vermögen in dieser Höhe gebildet haben. Und mindestens die Hälfte des Entnahmebetrags, also 10 000 Euro, muss nach der DIN-Norm für barrierefreies Bauen (DIN 18040 Teil 2) verwendet werden. Die anderen Maßnahmen müssen ebenfalls zum Abbau von Barrieren führen.

Außerdem darf der Eigentümer keine weiteren öffentlichen Zuschüsse oder Steuervorteile (zum Beispiel Steuerermäßigung für Handwerkerleistungen) in Anspruch nehmen. Zinsgünstige KfW-Mittel nach dem Programm „Altersgerecht umbauen" bis zu einem Höchstkredit von 50 000 Euro sind aber ausdrücklich erlaubt. Mitte September 2017 lag der Effektivzins für solche KfW-Mittel im Fall einer zehnjährigen Zinsbindung und Laufzeit bei nur 0,75 Prozent.

Nachgelagerte Besteuerung der Wohn-Riester-Rente

Trotz aller Vorteile dürfen Sie die nachgelagerte Besteuerung der fiktiven Wohn-Riester-Rente im Alter nicht völlig außer Acht lassen. Die Zentrale Zulagenstelle erfasst alle geförderten Riester-Beträge (also auch Entnahmen und laufende Tilgungen) auf einem speziellen Wohnförderkonto, das fiktiv mit 2 Prozent pro Jahr verzinst wird. Die komplette Summe einschließlich 2 Prozent Zins pro Jahr ist im Alter zu versteuern. Sie können dann die Summe in jährlichen Raten bis zum 85. Lebensjahr versteuern oder auf einen Schlag 70 Prozent der Summe sofort versteuern lassen. Seit 2014 ist auch ein Wechsel von der jährlichen zur einmaligen Besteuerung mit einem Rabatt von 30 Prozent jederzeit möglich.

Dazu ein **Beispiel:** Nach 30 Jahren mit einem Riester-Beitrag von 2 100 Euro jährlich und einem fiktiven Zins von 2 Prozent sammeln sich auf dem Wohnförderkonto insgesamt 86 000 Euro an. Wenn Sie diese 86 000 Euro steuerlich auf 20 Jahre (65. bis 85. Lebensjahr) verteilen, errechnet sich ein jährlich zu versteuernder Betrag von 4 300 Euro. Bei einem persönlichen Grenzsteuersatz von 20 Prozent wären dann jedes Jahr 860 Euro an Steuern zu zahlen.

Die Einmalbesteuerung von 60 200 Euro, also nur 70 Prozent von 86 000 Euro, in einem Jahr wird aber kaum günstiger sein. Infolge des auf beispielsweise 35 Prozent steigenden Grenzsteuersatzes müssten auf einen Schlag rund 21 000 Euro an Steuern gezahlt werden. Das wäre letztlich deutlich mehr als bei der regelmäßigen Besteuerung, die zu insgesamt 17 200 Euro an Steuern (= 860 Euro pro Jahr x 20 Jahre) führt.

FINANZIELLE UND STEUERLICHE HILFEN

Zinsgünstige KfW-Mittel nach dem Wohneigentumsprogramm und die besonderen Vorzüge von Wohn-Riester sind ganz speziell für Selbstnutzer gedacht. Diese beiden staatlichen Förderungen für das selbstgenutzte Wohneigentum sollten Sie sich auf keinen Fall entgehen lassen, wenn Sie Ihre neugebaute oder gebraucht gekaufte Eigentumswohnung selbstbeziehen wollen.

Darüber hinaus gibt es aber noch eine Fülle von weiteren finanziellen und steuerlichen Fördermöglichkeiten. Auch wenn es sich teilweise nur um kleine Beträge handelt, sollten Sie nicht darauf verzichten. Schließlich haben Sie einen Rechtsanspruch auf die Förderbeträge, sofern Sie die Voraussetzungen erfüllen. In diesem Fall trifft das Sprichwort „Kleinvieh macht auch Mist" durchaus zu.

Steuervergütung für haushaltsnahe Dienstleistungen und Handwerkerleistungen

Viele Selbstnutzer von Eigentumswohnungen unterschätzen oft die Steuervergütung für haushaltsnahe Dienstleistungen beim Gemeinschaftseigentum und Lohnkosten in Handwerkerrechnungen für das Sondereigentum Wohnung.

Wichtig: Es handelt sich bei dieser im Jahr 2006 eingeführten Steuervergütung oder -ermäßigung nicht um eine bloße Steuerersparnis, sondern um eine direkte Verminderung Ihrer zu zahlenden Einkommensteuer. Die Höhe Ihres persönlichen Steuersatzes spielt bei der Berechnung dieser Steuervergütung in Höhe von pauschal 20 Prozent der anteiligen Lohnkosten keine Rolle.

Vom Hausverwalter erhalten Sie beispielsweise zusammen mit der jährlichen Verwalterabrechnung auch eine Bescheinigung über **haushaltsnahe Dienstleistungen** nach § 35a Abs. 2 EStG. Darin wird Ihnen Ihr Anteil der Aufwendungen für das Gemeinschaftseigentum bescheinigt, die zur direkten Steuerermäßigung berechtigen.

Zu den haushaltsnahen Dienstleistungen bei selbstgenutzten Eigentumswohnungen zählen typischerweise die Löhne für die Hausreinigung, den Hausmeister (mit Winterdienst) und die Gartenpflege oder Pflege der Außenanlagen. Bei einer 80 Quadratmeter großen Eigentumswohnung fallen allein für diese Posten im Jahr rund 600 Euro an. Wenn Sie diese 600 Euro in Ihrer Einkommensteuererklärung geltend machen, zieht Ihr Finanzamt davon 20 Prozent, also in diesem Fall 120 Euro, direkt von Ihrer tariflichen Einkommensteuer ab. Unter Berücksichtigung des Solidaritätszuschlags von 5,5 Prozent und der eventuell zu zahlenden Kirchensteuer von 9 Prozent der tariflichen Einkommensteuer macht diese Steuerermäßigung somit 137 Euro aus.

Sie könnten rein theoretisch sogar 4 000 Euro direkt von Ihrer Steuerschuld abziehen lassen, wenn die haushaltsnahen Dienstleistungen 20 000 Euro und mehr im Jahr ausmachen würden. Diese Höchstgrenze von 20 000 Euro für haushaltsnahe Dienstleistungen wie Hausreinigung, Hausmeister und Gartenpflege oder 4 000 Euro für die entsprechende Steuerermäßigung werden Sie aber allein mit Ihrem Anteil am Gemeinschaftseigentum niemals erreichen. Auch wenn Sie mögliche haushaltsnahe Dienstleistungen für Ihre Eigentumswohnung hinzuzählen, werden Sie wohl kaum auf Lohnkosten in Höhe von 20 000 Euro im Jahr kommen. Es sei denn, Ihre Helfer im Haushalt übernehmen praktisch alle nur denkbaren Arbeiten.

Doch für Ihre selbstgenutzte Eigentumswohnung als Sondereigentum gibt es eine zweite Möglichkeit zur Steuerermäßigung in Höhe von 20 Prozent der Lohnkosten bei Handwerkerleistungen (Renovierungs-, Erhaltungs- und Modernisierungsmaßnahmen) nach § 35a Abs. 3 EStG. Falls Sie beispielsweise eine komplette Badsanierung mit Lohn- und Fahrtkosten inklusive Mehrwertsteuer in Höhe von 5 000 Euro von Handwerkern durchführen lassen und die Rechnung bargeldlos bezahlen, können Sie 20 Prozent von 5 000 Euro, also 1 000 Euro direkt von Ihrer Steuerschuld abziehen. In diesem Fall liegt die Höchstgrenze für die berücksichtigungsfähigen Lohnkosten bei 6 000 Euro und für die Steuerermäßigung demzufolge bei 1 200 Euro zuzüglich erspartem Solidaritätszuschlag und eventuell ersparter Kirchensteuer.

Steuerersparnis für häusliches Arbeitszimmer

Was viele nicht wissen: Nach wie vor gibt es in bestimmten Fällen eine Steuerersparnis für das häusliche Arbeitszimmer in einer selbstgenutzten Eigentumswohnung. Bis zu jährlich 1 250 Euro pro Jahr können Sie als Arbeitnehmer oder Beamter unter den Werbungskosten aus nichtselbstständiger Arbeit oder als Selbstständiger unter den Betriebsausgaben aus selbstständiger Arbeit steuerlich absetzen, wenn Ihnen für bestimmte berufliche Tätigkeiten kein anderer Arbeitsplatz zur Verfügung steht (zum Beispiel bei Lehrern oder Außendienstmitarbeitern) und die private Nutzung des Arbeitszimmers unter 10 Prozent ausmacht.

Ob Sie nun Mieter oder Eigentümer des Hauses oder der Wohnung sind, spielt keine Rolle. Beim Wohnungseigentümer, der seine Eigentumswohnung selbstnutzt, errechnen sich die anteiligen Kosten für das häusliche Arbeitszimmer aus den Kosten für die Eigentumswohnung insgesamt und dem auf die gesamte Wohnfläche entfallenden Anteil des Arbeitszimmers.

Wenn die Gesamtkosten für die Eigentumswohnung beispielsweise mindestens 12 500 Euro im Jahr und die auf das Arbeitszimmer entfallende Fläche 10 Prozent der gesamten Wohnfläche (einschließlich Arbeitszimmer) ausmachen, wären 1 250 Euro steuerlich abzugsfähig.

Eine Summe von jährlich 12 500 Euro und mehr für eine 100 Quadratmeter große Eigentumswohnung mit einem darin enthaltenen Arbeitszimmer von 10 Quadratmetern ist so ungewöhnlich nicht. An jährlichen Bewirtschaftungskosten (Betriebs-, Verwaltungs- und Instandhaltungskosten) fallen zum Beispiel 4 800 Euro an, sofern man die Bewirtschaftungskosten mit 4 Euro pro Quadratmeter Wohnfläche im Monat ansetzt.

Hinzu kommen Schuldzinsen von beispielsweise 4 000 Euro bei einem Darlehen von 200 000 Euro zu 2 Prozent Zinsen, sodass die Summe aus Zins- und Bewirtschaftungskosten bereits 8 800 Euro ausmacht. 10 Prozent davon, also in diesem Fall 880 Euro, sowie eine anteilige Abschreibung wären dann steuerlich abzugsfähig.

Grund: Liegen die tatsächlichen laufenden Kosten pro Jahr bei einer beispielsweise kleineren Eigentumswohnung unter 12 500 Euro, kann der Ansatz einer Abschreibung von 2 Prozent der anteiligen Gebäudekosten (zum Beispiel 200 000 Euro für eine Eigentumswohnung, die 250 000 Euro inklusive Kaufnebenkosten gekostet hat) zu weiteren Werbungskosten oder Betriebsausgaben führen. In diesem Beispiel wären es immerhin 4 000 Euro (2 Prozent von 200 000 Euro). Obwohl nur eine vermietete Eigentumswohnung steuerlich abgeschrieben werden kann, lässt das Finanzamt bei der Berechnung der Kosten für das häusliche Arbeitszimmer eines Wohneigentümers auch den Ansatz dieser fiktiven Abschreibung zu.

Denkmal-Abschreibung

Die Abschreibung (steuerlich „Absetzung für Abnutzung" genannt und oft mit AfA abgekürzt) spielt für Kosten von Baumaßnahmen bei denkmalgeschützten Gebäuden und Gebäuden, die in Sanierungsgebieten selbstbewohnt werden, eine ganz entscheidende Rolle.

Die auch „Denkmal-AfA" genannte Abschreibung kann nicht nur für vermietete, sondern grundsätzlich auch für selbstgenutzte Eigentumswohnungen angesetzt werden. Nur der Fachbegriff und die Höhe der steuerlich abzugsfähigen Aufwendungen heißen hier anders: Statt von „Abschreibung" spricht man von **steuerlich abzugsfähigen Sonderausgaben**, die nach § 10f EStG zehn Jahre lang zu je 9 Prozent der Herstellungskosten abgezogen werden können und dann zu einer erheblichen laufenden Steuerersparnis führen können.

Diese spezielle Steuerersparnis sollten Sie unbedingt vor Kauf einer denkmalgeschützten Eigentumswohnung mit Selbstnutzung abklären, am besten durch einen Steuerberater.

INFO **NICHT DURCH „STEUERGESCHENKE" BLENDEN LASSEN** Lassen Sie sich vor dem Kauf nicht durch die hohe Steuerersparnis blenden, denn oft werden solche denkmalgeschützten Eigentumswohnungen völlig überteuert angeboten. Die erhoffte Steuerersparnis bezahlen Sie also eventuell durch einen höheren Kaufpreis im Voraus selbst.
Für spezielle Steuerspar-Immobilien gilt der bewährte Grundsatz: „Nicht nur nach Steuern steuern". Eine selbstgenutzte Eigentumswohnung muss sich auch vor Steuern rechnen. Die Steuerersparnis stellt dann nur das „Sahnehäubchen" dar.

Bausparförderung

Wenn Sie einen Bausparvertrag abgeschlossen haben oder noch abschließen wollen, können Sie bei Unterschreiten bestimmter Einkommensgrenzen die spezielle Bausparförderung durch Wohnungsbauprämie und Arbeitnehmersparzulage nutzen.

Eine **Wohnungsbauprämie** von jährlich 45 Euro (für Verheiratete 90 Euro) steht Ihnen zu, wenn Ihr zu versteuerndes Einkommen unter 25 100 Euro (für Verheiratete unter 50 200 Euro) liegt und Ihre jährlichen Bausparbeiträge mindestens 512 Euro (für Verheiratete 1 024 Euro) ausmachen. Bei ab dem Jahr 2009 neu abgeschlossenen Bausparverträgen muss

das Geld aus dem Bausparvertrag später für wohnwirtschaftliche Zwecke (zum Beispiel Kauf oder Modernisierung einer Eigentumswohnung) verwendet werden.

Für die **Arbeitnehmersparzulage** von jährlich 43 Euro pro Arbeitnehmer und Bausparbeitrag von mindestens 470 Euro gelten noch geringere Einkommensgrenzen. Sofern Sie die vermögenswirksame Leistung über das Bausparen nutzen und die Arbeitnehmersparzulage bekommen wollen, muss Ihr zu versteuerndes Einkommen sogar unter 17 900 Euro (bei Verheirateten unter 35 800 Euro) liegen.

Lastenzuschuss für bedürftige Selbstnutzer

Bedürftige Selbstnutzer einer Eigentumswohnung haben Rechtsanspruch auf einen **Lastenzuschuss**. Darunter ist ein Zuschuss zur monatlichen Belastung für Kapitaldienst und Bewirtschaftung bei Niedrigverdienern mit relativ hoher Belastung zu verstehen. Er entspricht dem Mietzuschuss (Wohngeld) eines bedürftigen Mieters und kann daher als „Wohngeld für Wohneigentümer" angesehen werden. Die Höhe des Lastenzuschusses für Selbstnutzer hängt wie der Mietzuschuss oder das Wohngeld des Mieters vom Familieneinkommen, der Haushaltsgröße und der jeweiligen Mietenstufe der Gemeinde ab. Nähere Informationen sind der Wohngeldfibel zu entnehmen, die beim örtlichen Wohnungsamt erhältlich ist.

Bafa-Zuschuss für neue Ökoheizung

Von der Bafa (Bundesamt für Wirtschaft und Ausfuhrkontrolle) gibt es Zuschüsse für eine neue Ökoheizung (zum Beispiel Solaranlage, Heizkessel für Holzpellets oder Wärmepumpe) beim Ersatz der alten Heizung durch eine neue.

Dieser **Bafa-Zuschuss** ist zusätzlich zu KfW-Mitteln möglich, aber nicht zusätzlich zu speziellen Steuerersparnissen oder -ermäßigungen.

Außerdem gibt es einen Bafa-Zuschuss für ein ausführliches Energiegutachten. Dieser Zuschuss beträgt 400 Euro für Ein- und Zweifamilienhäuser und 500 Euro für Mehrfamilienhäuser. Der Bauantrag für das Haus muss vor dem 1.1.1995 gestellt worden sein. Nähere Informationen über Bafa-Zuschüsse gibt es

unter www.bafa.de oder über Telefon unter
0 61 96/9 08 80. Über die Internetseite www.
energie-effizienz-berater.de können Sie nach Angabe der Postleitzahl zugelassene Energieberater vor Ort finden.

Mittel von Ländern, Kommunen und Kirchen

Hartnäckig hält sich das Gerücht, nur Bauherren und Geringverdiener ohne Eigenkapital
könnten von Ländern und Gemeinden günstige
Darlehen erhalten. Zwar haben die Bundesländer ihre Programme zur **Wohnraumförderung** aus finanziellen Gründen zurückgefahren
oder sogar ganz eingestellt wie in Mecklen-
burg-Vorpommern, Berlin und Bremen. In allen
anderen Bundesländern haben aber vor allem
Familien mit zwei Kindern und mehr eine Chance auf günstige Landesmittel, sofern sie bestimmte Einkommensgrenzen unterschreiten.
Der Antrag auf Förderung ist über die Stadt-
oder Kreisverwaltung oder spezielle Woh-
nungsbauförderungsanstalten zu stellen.

Einen guten Überblick über Förderricht-
linien, Adressen und spezielle Förderrechner
bietet das Internetportal www.baufoerderer.de.
Ist der Fördertopf leer, gehen die Antragsteller
allerdings leer aus.

Im Gegensatz zu früher werden nicht nur
der Wohnungsbau, sondern auch der Erwerb
und die Modernisierung von bestehendem
Wohnraum gefördert. Die Landesmittel werden
gezielt für selbstgenutzte Häuser und Eigentumswohnungen von Haushalten mit niedri-
gem Einkommen, von kinderreichen Familien
oder von Alleinerziehenden verwendet.

Meist sind es **drei persönliche Voraussetzungen**, die der Bauherr oder Neubaukäu-
fer eines Einfamilienhauses oder einer selbstgenutzten Eigentumswohnung erfüllen muss:

1 **Einkommen** unterhalb der Einkommens-
grenze, die abhängig von der Haushaltsgröße ist (zum Beispiel im Ersten Förder-
weg Nettoeinkommen von 12 000 Euro pro
Jahr für eine Person bzw. 18 000 Euro für
zwei Personen, wobei das Bruttoeinkom-
men bis zu 43 Prozent darüber liegen und
somit bis zu 17 140 bzw. 25 710 Euro ausmachen kann)

2 **Eigenkapitalquote** von mindestens 15 Prozent der Gesamtkosten

3 **Mindestrückbehalt** in Höhe von beispielsweise 800 Euro monatlich für den Lebensunterhalt nach Abzug der monatlichen Belastung aus Kapitaldienst und Bewirtschaftung bei einem Ehepaar plus 200 Euro pro
Kind.

Da die Richtlinien zur Wohnraumförderung von
Bundesland zu Bundesland und von Jahr zu
Jahr unterschiedlich sind, sind rechtzeitige Informationen unerlässlich. Falls tatsächlich Landesmittel bewilligt werden, können diese aus
zinsgünstigen öffentlichen Baudarlehen, zusätzlichen Familienzusatzdarlehen und/oder
Aufwendungsdarlehen zur Senkung der monatlichen Belastung aus Kapitaldienst bestehen.

Förderbeispiel Hessen: In Hessen vergibt
die Wirtschafts- und Infrastrukturbank (WI-
Bank) für den Kauf einer Neubauwohnung beispielsweise ein Darlehen bis zu 115 000 Euro
und für eine gebrauchte Eigentumswohnung
bis zu 100 000 Euro. Um das zinsgünstige Darlehen zu 1,7 Prozent Zins bei einer zehnjährigen Zinsbindung zu bekommen, darf ein Ehepaar mit zwei Kindern rund 81 000 Euro brutto
im Jahr verdienen. Für Singles liegt die Ein-
kommensgrenze bei einem Bruttojahresgehalt
von gut 34 000 Euro.

Das „Hessen-Darlehen" wird durch eine
Landesbürgschaft nachrangig im Grundbuch
gesichert. Dadurch bekommt der Käufer auch
das zusätzlich benötigte Darlehen einer Bank
als Erstrangdarlehen zu besonders zinsgünstigen Konditionen.

Auch Kommunen und Kirchen bieten zuweilen zinsgünstige Darlehen an oder zahlen
Zuschüsse. Eine Datenbank zur Förderung
durch Städte und Kirchen ist unter www.aktion-
pro-eigenheim.de zu finden. Auskünfte gibt es
auch direkt vor Ort bei der Stadt- oder Kirchen-
verwaltung.

Förderbeispiel Stuttgart: Eine Familie
mit zwei Kindern erhält für den Kauf einer Neu-
bau-Eigentumswohnung je nach Einkommen
einen nicht rückzahlbaren Zuschuss von 10 000
bis 20 000 Euro. Beim Kauf einer Gebrauchtimmobilie gibt es noch 6 000 bis 16 000 Euro.

BELASTUNG AUS BEWIRTSCHAFTUNG

Mit der Belastung für Zins und Tilgung von Darlehen zur Finanzierung Ihrer selbst genutzten Eigentumswohnung ist es nicht getan. Hinzu kommt die finanzielle Belastung aus der laufenden Bewirtschaftung Ihrer Eigentumswohnung.

Anders als ein Mieter müssen Sie als Wohnungseigentümer nicht nur die auf Mieter umlagefähigen Betriebskosten, sondern auch alle nicht umlagefähigen Betriebskosten sowie zusätzlich noch Verwaltungs- und Instandhaltungskosten tragen.

Betriebskosten

Was unter laufenden Betriebskosten im Einzelnen zu verstehen ist, geht aus der 2004 in Kraft getretenen **Betriebskostenverordnung** (BetrKV) hervor, die mit § 27 der II. Berechnungsverordnung (II. BV) und der Anlage 3 zu § 27 Abs. 1 II. BV weitgehend identisch ist.

Betriebskosten sind nach § 1 Abs. 1 BetrKV grundsätzlich die Kosten, die dem Eigentümer durch das Eigentum am Grundstück oder „durch den bestimmungsgemäßen Gebrauch des Gebäudes, der Nebengebäude, Anlagen, Einrichtungen und des Grundstücks laufend entstehen". Was offiziell Betriebskosten heißt, wird von Mietern meist als „Nebenkosten" bezeichnet. Richtigerweise muss es „umlagefähige Betriebskosten" heißen, da nur diese Kosten laut BetrKV auf den Mieter umgelegt werden können.

Nicht zu den Betriebskosten gehören laut § 1 Abs. 2 BetrKV Verwaltungskosten sowie Instandhaltungs- und Instandsetzungskosten. Daher sind diese Kosten auch nie umlagefähig.

Bis auf die Grundsteuer sind dies genau die Betriebskosten, die Sie als Wohnungseigentümer an den Hausverwalter zu zahlen haben (Heizungs- und Warmwasserenergie können vom Versorger auch direkt abgerechnet werden). In Jahresabrechnungen und Wirtschaftsplänen werden sie als „umlagefähige Kosten" bezeichnet.

Als Anhaltspunkt für die Höhe der üblichen Betriebskosten kann der jährlich aktualisierte **Betriebskostenspiegel** des Deutschen Mieterbunds (DMB) dienen, der seit 2010 veröffentlicht wird. Laut DMB basiert der Betriebskostenspiegel auf mehr als 10 Millionen Quadrat-

---

Was (nach § 2 BetrKV) zu den Betriebskosten zählt

▶ Kalt- und Abwasserkosten

▶ Heiz- und Warmwasserkosten

▶ Grundsteuer

▶ Müllabfuhr- und Straßenreinigungsgebühren

▶ Kosten der Haus- bzw. Gebäudereinigung

▶ Kosten der Gartenpflege

▶ Kosten der Beleuchtung (nur Allgemeinstrom für Außenbeleuchtung, nicht Stromkosten für die Wohnung)

▶ Hausmeisterkosten

▶ Antennen- und Kabelanschlussgebühren

▶ Kosten der Wohngebäudeversicherung (meist die Feuerversicherungsprämie) und der Haftpflichtversicherung für Gebäude

▶ Sonstige Betriebskosten

meter Mietwohnungsfläche. Über den veröffentlichten Betriebskostenspiegel hinaus gibt es Durchschnittszahlen für die einzelnen Bundesländer und für einzelne Städte. Am Betriebskostenspiegel des DMB können Sie sich als Selbstnutzer also gut orientieren. Allerdings stellt er kein Rechtsinstrument wie beispielsweise der Mietspiegel dar.

Nach DMB Betriebskostenspiegel lagen die monatlichen Betriebskosten für das Abrechnungsjahr 2014 im Durchschnitt bei 3,18 Euro pro Quadratmeter Wohnfläche im Monat, sofern man alle nach BetrKV denkbaren Betriebskosten berücksichtigt. Somit sind aktuell rund 3 Euro pro Quadratmeter Wohnfläche im Monat für umlagefähige Betriebskosten in vermieteten Eigentumswohnungen durchaus repräsentativ. Die nach DMB-Übersicht denkbaren Betriebskosten von 3,18 Euro pro Quadratmeter Wohnfläche und Monat im Jahr 2014 können bei kostengünstigen Eigentumswohnungen aber durchaus unterboten werden.

Die vom Deutschen Mieterbund ebenfalls genannten durchschnittlich 2,17 Euro treffen wohl hauptsächlich für reine Mietwohnungen ohne zusätzliche Kosten für Hausmeister, Hausreinigung und Gartenpflege zu.

Die Aufteilung aller denkbaren 15 Betriebskostenarten in Euro pro Quadratmeter Wohnfläche und Monat für das Abrechnungsjahr 2014 können Sie der Abbildung des Deutschen Mieterbunds (rechts) entnehmen. Interessant für Sie als Wohnungseigentümer – egal ob Selbstnutzer oder Vermieter – sollte die Aufteilung innerhalb der Betriebskosten sein. Die **warmen Betriebskosten** (Heiz- und Warmwasserkosten) machten 2014 laut Mieterbund durchschnittlich 1,39 Euro pro Quadratmeter Wohnfläche und Monat aus, die sogenannten **kalten Betriebskosten** (also alle übrigen Kosten) 1,79 Euro.

Sehr aussagekräftig ist für Sie als Selbstnutzer auch die folgende Aufteilung laut Betriebskostenspiegel des DMB:

▶ **Verbrauchsabhängige Betriebskosten** (Kalt- und Abwasserkosten, Heiz- und Warmwasserkosten) in Höhe von monatlich 1,73 Euro pro Quadratmeter

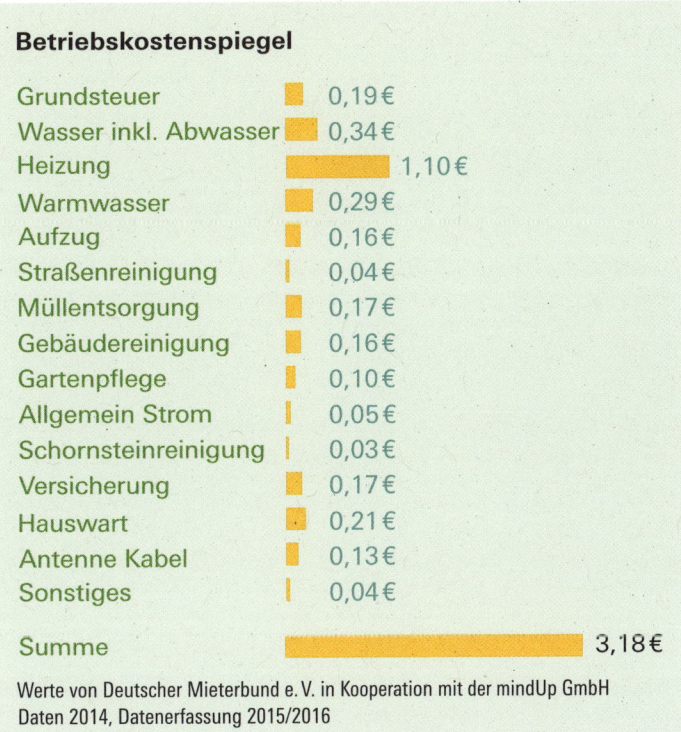

Betriebskostenspiegel

Grundsteuer	0,19 €
Wasser inkl. Abwasser	0,34 €
Heizung	1,10 €
Warmwasser	0,29 €
Aufzug	0,16 €
Straßenreinigung	0,04 €
Müllentsorgung	0,17 €
Gebäudereinigung	0,16 €
Gartenpflege	0,10 €
Allgemein Strom	0,05 €
Schornsteinreinigung	0,03 €
Versicherung	0,17 €
Hauswart	0,21 €
Antenne Kabel	0,13 €
Sonstiges	0,04 €
Summe	**3,18 €**

Werte von Deutscher Mieterbund e. V. in Kooperation mit der mindUp GmbH Daten 2014, Datenerfassung 2015/2016

▶ **Verbrauchsunabhängige Betriebskosten** (zum Beispiel Grundsteuer, Müllabfuhr, Feuerversicherungsprämie, Hausreinigung, Hausmeister, Gartenpflege) in Höhe von monatlich 1,45 Euro pro Quadratmeter Wohnfläche und Monat.

Auf die Höhe der verbrauchsunabhängigen Betriebskosten wie Grundsteuer, Müllabfuhr und Feuerversicherungsprämie haben Sie als Wohnungseigentümer praktisch keinen Einfluss. Möglicherweise kann aber der Wechsel des Versicherers zu einer kostengünstigeren Wohngebäudeversicherung führen. Auch die stark lohnabhängigen Hausmeister-, Hausreinigungs- und Gartenpflegekosten können gesenkt werden, wenn die anfallenden Arbeiten kostengünstiger und dennoch qualitativ gleichwertig oder besser durchgeführt werden.

Bei Ihrer Eigentumswohnung können Sie darauf zwar nicht direkt einwirken. Sie können aber über Schreiben an den Hausverwalter und Anträge in der Eigentümerversammlung auf mögliche Ersparnisse bei den

Hausmeister-, Hausreinigungs- und Gartenpflegekosten können gesenkt werden, wenn die Arbeiten kostengünstiger und dennoch qualitativ gleichwertig oder besser von anderen Anbietern durchgeführt werden.

verbrauchsunabhängigen Betriebskosten hinwirken.

Je niedriger die Betriebskosten in Ihrer Eigentumswohnanlage im Vergleich zu fremden Objekten oder den Durchschnittswerten laut Betriebskostenspiegel ausfallen, desto zufriedener können Sie als Wohnungseigentümer sein. Zählen Sie beim Vergleich mit dem Betriebskostenspiegel des Deutschen Mieterbunds aber immer die von Ihnen als Eigentümer direkt an die Gemeinde bzw. Stadt gezahlte Grundsteuer zu den vom Hausverwalter genannten umlagefähigen Betriebskosten noch hinzu.

Verwaltungskosten

Die Vergütung des Hausverwalters für das gemeinschaftliche Eigentum (WEG-Verwaltung) ist grundsätzlich frei vereinbar zwischen Verwalter und Wohnungseigentümergemeinschaft. Die **Verwaltervergütung** je Wohneinheit liegt meist zwischen 200 und 300 Euro im Jahr. Üblicherweise wird sie im Verwaltervertrag mit monatlich 15 bis 21 Euro netto

zuzüglich 19 % Umsatzsteuer pro Wohnung vereinbart.

Als Orientierungshilfe kann auch die **Zweite Berechnungsverordnung** (II. BV) gelten, die aber nur für den öffentlich geförderten Wohnungsbau verpflichtend ist. Die Verwaltungskosten nach § 26 Abs. 2 und 3 sowie § 41 Abs. 2 II. BV liegen ab dem 1.1.2017 auf folgender Höhe:

► bis zu 284,63 Euro pro Jahr je Eigentumswohnung und

► bis zu 37,12 Euro pro Jahr je Garage bzw. TG-Stellplatz.

Die hier genannten Pauschalen verändern sich durch Anpassung an die durch den Verbraucherindex des Statistischen Bundesamts gemessene Inflationsrate jeweils zum 1. Januar jedes darauffolgenden dritten Jahres.

Mit der üblichen Verwaltervergütung zwischen 200 und 300 Euro pro Jahr für Eigentumswohnungen werden nur die Verwaltungskosten für das Gemeinschaftseigentum abgegolten. Zusätzliche Kosten für die Verwaltung des Sondereigentums Wohnung (Mietverwaltung) kämen nur für einen Vermieter hinzu, falls er diese Dienstleistung überhaupt in Anspruch nehmen will.

Instandhaltungskosten und -rücklagen

Bei Eigentumswohnungen ist es üblich, die regelmäßig anfallenden, meist relativ geringen Instandhaltungskosten als nicht umlagefähige Kosten im Wirtschaftsplan mit einzukalkulieren und darüber nach Ablauf eines Jahres abzurechnen.

Die in der Eigentümerversammlung festgelegte Instandhaltungsrücklage (im Wohnungseigentumsgesetz als „Instandhaltungsrückstellung" bezeichnet) wird meist in Anlehnung an die Instandhaltungspauschalen laut II. BV kalkuliert. Bei älteren Wohnungen aus den Nachkriegsjahren bis Ende der 1970er-Jahre legt man meist 12 Euro pro Quadratmeter Wohnfläche im Jahr beziehungsweise 1 Euro pro Monat zugrunde. Fallen dann größere Instandhaltungsarbeiten an, wird diese Rücklage teilweise aufgelöst. Sofern die angesparte Rücklage aber nicht ausreicht, müssen Sonderumlagen beschlossen werden.

Bei in den 1990er-Jahren fertig gestellten Wohnungen müsste eine Instandhaltungsrücklage von 6 Euro pro Quadratmeter Wohnfläche im Jahr beziehungsweise 0,50 Euro pro Monat in der Regel reichen. Es kommt aber auch ganz wesentlich auf den aktuellen Zustand des Wohngebäudes an. Liegt ein Reparatur- oder Renovierungsstau vor, muss die Instandhaltungsrücklage höher ausfallen. Bei Neubau-Wohnimmobilien reicht in den ersten fünf Jahren wegen der meist fünfjährigen Gewährleistungsfrist eine Instandhaltungsrücklage von nur 3 Euro pro Quadratmeter Wohnfläche im Jahr meist aus.

Belastung aus Bewirtschaftungskosten

Unter den Bewirtschaftungskosten ist die Summe aus Betriebs-, Verwaltungs- und Instandhaltungskosten zu verstehen.

Wenn die Betriebskosten beispielsweise im Monat 3 Euro pro Quadratmeter Wohnfläche ausmachen, sollten Sie für die Verwaltungs- und Instandhaltungskosten zusätzlich

noch bis zu 1,50 Euro pro Quadratmeter ansetzen.

Typischerweise liegen die gesamten Bewirtschaftungskosten für Ihre selbstgenutzte Eigentumswohnung daher bei 4,50 Euro pro Quadratmeter Wohnfläche im Monat oder 54 Euro pro Quadratmeter im Jahr. Bei einer Eigentumswohnung von 80 Quadratmetern kommt also für laufende Bewirtschaftungskosten eine jährliche Belastung von 4 320 Euro beziehungsweise 360 Euro monatlich auf Sie zu.

Instandhaltungspauschalen nach der II. Berechnungsverordnung

Die Höhe der Pauschale für Instandhaltungskosten hängt nach § 28 Abs. 2 II. BV davon ab, wie viele Jahre die Bezugsfertigkeit der Wohnung am Ende eines Kalenderjahrs zurückliegt. Daher gibt es grundsätzlich drei Instandhaltungspauschalen ab 1.1.2017:

▶ bis zu 8,78 Euro pro Quadratmeter Wohnfläche und Jahr bei weniger als 22 Jahren (z.B. Bezugsfertigkeit ab dem 1.1.1995 aus Sicht des Jahres 2017),

▶ bis zu 11,14 Euro pro Quadratmeter Wohnfläche und Jahr bei mindestens 22 und weniger als 32 Jahren (z.B. Bezugsfertigkeit zwischen dem 1.1.1985 und 31.12.1994 aus Sicht des Jahres 2017),

▶ bis zu 14,23 Euro pro Quadratmeter Wohnfläche und Jahr bei mindestens 32 Jahren (z.B. Bezugsfertigkeit bis zum 31.12.1984 aus Sicht des Jahres 2017).

Hinzu kommt noch die Instandhaltungspauschale bis zu 84,16 Euro je Garage bzw. TG-Stellplatz nach § 28 Abs. 5 II. BV. Die genannten Instandhaltungspauschalen ab 1.1.2017 erhöhen sich um 1,24 Euro pro Quadratmeter Wohnfläche und Jahr für Wohnungen, für die ein Aufzug vorhanden ist.

Gesamtbelastung aus Bewirtschaftung und Kapitaldienst

Die Gesamtbelastung aus Bewirtschaftung und Kapitaldienst ermitteln Sie, indem Sie zur Belastung aus Bewirtschaftung noch die Belastung aus Zins und Tilgung für Darlehen hinzuzählen. Wenn Sie beispielsweise ein Darlehen von 120 000 Euro mit 2 Prozent Zins und 3 Prozent Tilgung zuzüglich ersparter Zinsen bedienen müssen, liegt Ihre jährliche Belastung aus Kapitaldienst bei 6 000 Euro.

Zusammen mit einer Belastung aus Bewirtschaftung in Höhe von beispielsweise 4 320 Euro liegt Ihre jährliche Gesamtbelastung dann bei 10 320 Euro. Pro Monat werden Sie also finanziell mit 860 Euro belastet. Diese Belastung muss für Sie dauerhaft aus Ihrem monatlichen Nettoeinkommen tragbar sein.

Ein Vergleich dieser monatlichen Gesamtbelastung von 860 Euro für den Selbstnutzer mit der Bruttowarmmiete eines Mieters für die gleich große Mietwohnung liegt nahe. Wenn der Mieter eine monatliche Nettokaltmiete von 8 Euro sowie umlagefähige Betriebskosten von 3 Euro pro Quadratmeter Wohnfläche zahlt, kostet seine 80 Quadratmeter große Wohnung inklusive Nebenkosten 880 Euro. Dies sind sogar 20 Euro mehr als beim Selbstnutzer und Eigentümer.

Dieser Vergleich hinkt aber. Beim Selbstnutzer müsste die Tilgung des Kredits von monatlich 300 Euro von der Gesamtbelastung abgezogen werden, da dies zum Schuldenabbau beziehungsweise Vermögensaufbau dient. Im Gegenzug könnte der Mieter die Zinserträge für das nicht für den Kauf eingesetzte Eigenkapital in Höhe von rund 100 Euro pro Monat im Geiste von seinen Mietkosten abziehen. Dann läge die Gesamtbelastung des Wohneigentümers mit 560 Euro (vor Tilgung) unter der Miete abzüglich Zinseinnahmen von 780 Euro. Nach dieser Vergleichsrechnung wäre der Selbstnutzer finanziell im Vorteil gegenüber dem Mieter.

Sinkende Belastung durch Sondertilgung

Die jährliche Belastung aus Bewirtschaftung und Kapitaldienst von anfangs 10 320 Euro jährlich bzw. 860 Euro mag für einige Selbstnutzer zu hoch sein. Dies gilt umso mehr, wenn das aufgenommene Darlehen höher als 120 000 Euro sein müsste oder der Zins über 2 Prozent steigen würde.

Hoffnung, die Belastung zu senken, ist aber in Sicht. Sofern Sie eine Sondertilgung von jährlich 5 Prozent der Darlehenssumme pro Jahr mit Ihrer Bank vereinbart haben und dieses Geld in Höhe von 6 000 Euro (gleich 5 Prozent von 120 000 Euro) in einem der folgenden Jahre übrig haben, sinkt die Restschuld – und damit Ihre Zinsbelastung.

Die jährliche Belastung aus Kapitaldienst bleibt zwar gleich hoch, da die ersparten Zinsen der laufenden Tilgung zugeschlagen werden. Je häufiger Sie aber eine Sondertilgung leisten, desto schneller wird Ihre Eigentumswohnung schuldenfrei.

Beispiel: Wenn Sie jeweils 6 000 Euro am Ende eines jeden dritten Kalenderjahres zahlen, erreichen Sie die völlige Entschuldung Ihrer Eigentumswohnung bereits nach 17 Jahren und 9 Monaten und nicht erst nach 25 Jahren und 7 Monaten bei einem Darlehen ohne Sondertilgung. Sie verkürzen also die Darlehensdauer um rund acht Jahre. Statt rund 153 600 Euro an Zins und Tilgung über 25 Jahre und 7 Monate zahlen Sie bei sechsmaliger Sondertilgung in Höhe von insgesamt 36 000 Euro nur noch Zinsen und laufende Tilgungen von 106 500 Euro. Ihre Gesamtbelastung aus Zins und Tilgung in Höhe von 142 500 Euro über 17 Jahre und 9 Monate liegt also noch rund 11 000 Euro darunter

Die Belastung aus Zins und Tilgung entfällt ab dem 18. Jahr völlig, sodass Sie in den folgenden Jahren nur noch die Belastung aus Kapitaldienst in Höhe von anfangs 4 320 Euro tragen müssen. Selbst wenn die Betriebs-, Verwaltungs- und Instandhaltungskosten dann bei monatlich 6 Euro pro Quadratmeter Wohnfläche liegen würden, läge Ihre Gesamtbelastung nach völliger Entschuldung nur noch bei monatlich 480 bzw. jährlich 5 760 Euro.

Ihre selbstgenutzte Wohnung können Sie dann endlich miet- und schuldenfrei genießen.

VERMIETETE WOHNUNG ALS KAPITALANLAGE

Gründe für den Kauf einer vermieteten Eigentumswohnung gibt es genug: stabile bis steigende Mieten, niedrige Kreditzinsen und Hoffnung auf eine Wertsteigerung der Immobilie in der Zukunft.

Eine vermietete Eigentumswohnung als Kapitalanlage wird aus finanzieller Sicht in Zeiten niedriger Baukreditzinsen und niedriger Sparzinsen in der Regel deutlich besser abschneiden als eine mäßig verzinste Anlage in Festgeld oder Bundesanleihen. Dennoch gilt: Die Eigentumswohnung muss sich für Sie als Vermieter natürlich auch auf lange Sicht rechnen.

VON DER MIETE ZUR RENDITE

Ob sich eine vermietete Eigentumswohnung für Kapitalanleger lohnt, hängt vor allem von der tatsächlich erzielbaren Netto-Mietrendite und dem auf mindestens zehn Jahre festgelegten Hypothekenzinssatz ab. Sofern die Mietrendite mehr oder minder deutlich über dem Sollzins für das aufgenommene Hypothekendarlehen liegt, rentiert sich die Anlage.

Hinzu kommen eventuelle Miet- und Wertsteigerungen. Da aber der Spatz in der Hand bekanntlich besser ist als die Taube auf dem Dach, sollten Sie künftige Miet- und Wertsteigerungen in Ihrer Rechnung aus Vorsichtsgründen entweder gar nicht oder nur mit beispielsweise 1 Prozent pro Jahr berücksichtigen.

Ihren Investitionsplan über den von Ihnen gewünschten Anlagezeitraum von beispielsweise 20 Jahren können Sie bequem mit dem Excel-Programm „Lohnt der Kauf einer vermieteten Eigentumswohnung" (siehe www.test.de/rechner) kostenlos erstellen.

Der folgenden **Beispielrechnung** (siehe auch Tabelle „Investitionsplan", Seite 119) liegen diese Annahmen zugrunde:

- ▶ Kauf einer gebrauchten Eigentumswohnung (Baujahr 1994) mit 80 Quadratmeter Wohnfläche,
- ▶ Kaufpreis 200 000 Euro (80 Quadratmeter x 2 500 Euro),
- ▶ Kaufnebenkosten 20 000 Euro (Grunderwerbsteuer 5 Prozent = 10 000 Euro, Notar- und Grundbuchgebühren 1,43 Prozent = 2 860 Euro, Maklerprovision 3,57 Prozent = 7 140 Euro),
- ▶ Anschaffungskosten 220 000 Euro (Kaufpreis 2000 000 Euro plus Kaufnebenkosten 20 000 Euro),
- ▶ Hypothekendarlehen 180 000 Euro (90 Prozent des Kaufpreises) zu folgenden Konditionen: Sollzins 2 Prozent mit 20-jähriger Zinsbindung und Tilgungssatz 2 Prozent zuzüglich ersparter Zinsen),
- ▶ Eigenkapital 40 000 Euro (für Kaufnebenkosten und 10 Prozent des Kaufpreises),
- ▶ Monatliche Nettokaltmiete 10 Euro pro Quadratmeter Wohnfläche,
- ▶ Anfängliche Jahresnettokaltmiete 8 640 Euro (= 9 Euro x 80 Quadratmeter x 12 Monate),

▶ Anfängliche nicht umlagefähige Bewirtschaftungskosten 1 728 Euro (20 Prozent
der Jahresnettokaltmiete für Verwaltungs-
und Instandhaltungskosten),

▶ Jährliche Miet- und Kostensteigerung
1 Prozent,

▶ Verkauf der vermieteten Eigentumswohnung nach 20 Jahren für 220 000 Euro (also
zu den heutigen Anschaffungskosten und
damit ohne Veräußerungsgewinn).

Die **Objektrendite nach Steuern und vor Finanzierung** liegt bei 2,7 Prozent. Sie berechnet
sich wie folgt: Jahresreinertrag von 6 912 Euro
macht 3,14 Prozent der Anschaffungskosten
von 220 000 Euro aus. Zieht man vom Jahresreinertrag die Gebäudeabschreibung von jähr-

lich 3 520 Euro (gleich 2 Prozent von 176 000
Euro anteiligen Gebäudekosten) ab, sind noch
3 392 Euro zu versteuern. Bei einem Steuersatz
von 30 Prozent sind 1 018 Euro an Steuern zu
zahlen. Der Jahresreinertrag sinkt nach Abzug
der Steuerzahlung somit auf 5 894 Euro beziehungsweise rund 2,7 Prozent der Anschaffungskosten nach Steuern. Infolge der zinsgünstigen und langfristig festgelegten Finanzierung ist nach 20 Jahren eine **Eigenkapital-
rendite** von 5,8 Prozent nach Steuern erzielbar.

Dies ist noch recht konservativ gerechnet,
da kein Veräußerungsgewinn angenommen
wird. Optimisten werden auf dem Papier Veräußerungsgewinne einkalkulieren und dadurch
mit noch höheren Eigenkapitalrenditen rechnen.

Investitionsplan für die vermietete Immobilie

Prognose der Einnahmen und Ausgaben für einen Anlagezeitraum von 20 Jahren

Jahr	Mietein-nahmen[1]	Nicht umlegbare Kosten[2]	Jahres-reinertrag[3]	Kreditrate[4]	Rest-schulden[5]	Steuer-zahlung[6]	Unter-deckung/Über-schuss[7]
Beginn					180 000 €		− 40 000 €
1	8 640 €	1 728 €	6 912 €	7 200 €	176 400 €	− 64 €	− 224 €
5	8 902 €	1 798 €	7 104 €	7 200 €	161 265 €	88 €	− 184 €
10	9 356 €	1 890 €	7 466 €	7 200 €	140 581 €	328 €	− 62 €
15	9 833 €	1 986 €	7 847 €	7 200 €	117 744 €	590 €	57 €
20	10 335 €	2 088 €	8 247 €	7 200 €	92 529 €	874 €	+ 127 644 €

[1] Mieteinnahmen: Jahresnettokaltmiete ohne Betriebskosten plus 1 % Mietsteigerung pro Jahr (erste Mieterhöhung nach
3 Jahren)

[2] Nicht umlegbare Kosten: Verwaltungs- und Instandhaltungskosten (20 % der Nettokaltmiete) plus 1 % Kostensteigerung pro Jahr

[3] Jahresreinertrag: Mieteinnahmen abzüglich nicht umlegbare Kosten

[4] Kreditrate: 4 % von 180 000 Euro (2 % Zins und 2 % Tilgung) mit einer Zinsbindung über 20 Jahre

[5] Restschulden: Darlehenssumme 160 000 Euro minus Tilgung

[6] Steuerzahlung bei einem zu versteuernden Einkommen von 60 000 Euro (Splittingtabelle für Verheiratete) und einer linearen Abschreibung von 2 Prozent auf anteilige Gebäudekosten von 176 000 Euro (= 80 Prozent der Anschaffungskosten)

[7] **Unterdeckung:** Zu Beginn und bis zum 10. Jahr entsteht eine Unterdeckung in Höhe von 40 000 Euro für das eingesetzte Eigenkapital sowie laufende Unterdeckung.
Überschuss: laufender Überschuss nach Steuern ab 15. Jahr sowie einmaliger Überschuss nach Verkauf der Eigentumswohnung
am Ende des 20. Jahres für 220 000 Euro (also in Höhe der Anschaffungskosten von 220 000 Euro)

MIETRENDITEN BRUTTO UND NETTO

„Eine vermietete Immobilie muss sich rechnen lassen", lautet der gängige Spruch von Investoren. Ihr Ziel sollte eine Rendite von 4 Prozent und mehr nach Steuern sein, um die Renditen für Zinsanlagen zu übertreffen. Als Kapitalanleger sollten Sie das Motto „Von der Miete zur Rendite" beherzigen.

Rendite ist zwar nicht alles, aber ohne Rendite ist alles nichts. Leider rechnen Anbieter, Vermittler und Anleger die mit vermieteten Eigentumswohnungen erzielbaren und erzielten Renditen nicht einheitlich und oft auch falsch aus.

Am gebräuchlichsten ist es, die **Objekt-oder Mietrendite** aus dem Vielfachen der Jahresnettokaltmiete abzuleiten. Beträgt der Kaufpreis beispielsweise das 20-Fache der Jahresnettokaltmiete, liegt die Mietrendite bei 5 Prozent (= 100 : 20). Das ist sicherlich kein Schnäppchen im Vergleich zum nur 15-Fachen und einer entsprechenden Mietrendite von 6,7 Prozent (= 100 : 15). Es gilt also die einfache Regel: Je geringer das Vielfache der Jahresnettokaltmiete, desto höher die Mietrendite.

Allerdings enthält diese Rechnung nur die halbe Wahrheit. Bei der vermieteten Eigentumswohnung müssen Sie als Kapitalanleger die nicht umlagefähigen Verwaltungs- und Instandhaltungskosten selbst tragen. Üblicherweise machen diese nicht auf den Mieter umlegbaren Kosten 15 bis 25 Prozent der Jahresnettokaltmiete aus. Außerdem fallen beim Kauf noch Nebenkosten wie Grunderwerbsteuer sowie Notar- und Grundbuchgebühren in Höhe von bis zu 8 Prozent des Kaufpreises und eventuelle Maklerprovisionen an. Durch diese Zusatzkosten rutschen die oben errechneten Mietrenditen auf höchstens 4 Prozent im ers-

Brutto- und Netto-Mietrendite

Brutto-Mietrendite: Objektrendite vor Berücksichtigung von einmaligen Kaufnebenkosten und nicht umlagefähigen laufenden Verwaltungs- und Instandhaltungskosten.

Berechnung: Jahresnettokaltmiete (ohne Bewirtschaftungskosten) in Prozent des reinen Kaufpreises (ohne einmalige Kaufnebenkosten).

Berechnungsbeispiel: Kaufpreis 200 000 Euro, Jahresnettokaltmiete 9 600 Euro, Brutto-Mietrendite 4,8 Prozent (= 9 600 x 100 : 200 000)

Netto-Mietrendite: Objektrendite nach Berücksichtigung von einmaligen Kaufnebenkosten (Grunderwerbsteuer, Notar- und Grundbuchgebühren, eventuell Maklerprovision) und nicht umlagefähigen Verwaltungs- und Instandhaltungskosten

Berechnung: Jahresreinertrag (als Jahresnettokaltmiete minus Verwaltungs- und Instandhaltungskosten) in Prozent der Anschaffungskosten (als Kaufpreis plus Kaufnebenkosten)

Berechnungsbeispiel: Anschaffungskosten 220 000 Euro (= Kaufpreis 200 000 Euro plus 20 000 Euro für Grunderwerbsteuer, Notar- und Grundbuchgebühren sowie Maklerprovision), Jahresreinertrag 7 800 Euro (= Jahresnettokaltmiete 9 600 Euro minus Verwaltungskosten 300 Euro und minus Instandhaltungskosten 1 500 Euro, Netto-Mietrendite 3,5 Prozent (= 7 800 x 100 : 220 000 Euro)

Da Mieteinnahmen zu versteuern sind, sollten Sie Ihre Netto-Mietrendite nach Abführung der Steuern und vor Finanzierung kennen.

ten Fall (20-fache Jahresmiete) bzw. 5,3 Prozent im zweiten Fall (15-fache Jahresmiete).

Es ist daher sinnvoll, streng zwischen Brutto-Mietrendite (ohne Verwaltungs- und Instandhaltungskosten, ohne Kaufnebenkosten, also Jahresnettokaltmiete in Prozent des Kaufpreises) und Netto-Mietrendite (nach Berücksichtigung der Verwaltungs- und Instandhaltungskosten sowie Kaufnebenkosten, also Jahresreinertrag in Prozent der Anschaffungskosten) zu unterscheiden. Letztlich kommt es für den Vermieter auf die Netto-Mietrendite an: auf das, was unter dem Strich für ihn übrig bleibt.

Da Mieteinnahmen zu versteuern sind, sollten Sie auch Ihre Netto-Mietrendite nach Steuern und vor Finanzierung kennen. Bei einem steuerpflichtigen Mietreinertrag und einer steuerlich abzugsfähigen Abschreibung von 2 Prozent der anteiligen Gebäudekosten bzw. rund 1,6 Prozent der gesamten Anschaffungskosten und einem persönlichen Steuersatz von 30 Prozent bleibt im ersten Fall (20-fache Jahresmiete) nur noch eine Nachsteuer-Mietrendite von 3,3 Prozent beziehungsweise im zweiten Fall (15-fache Jahresmiete) von 4,2 Prozent übrig. Bei einem momentanen Höchststeuersatz von 44,31 Prozent sind es sogar nur noch 2,9 Prozent (1. Fall) bzw. 3,7 Prozent (2. Fall).

Trotz dieser auf den ersten Blick niedrigen Netto-Mietrenditen nach Steuern gibt es für Sie als Vermieter doppelten Trost. Erstens können Sie Ihre Rendite auf das eingesetzte Eigenkapital steigern, wenn Sie Hypothekenschulden aufnehmen und der zurzeit sehr niedrige Hypothekenzins nach Steuern unter diesen Nachsteuer-Mietrenditen liegt. Man spricht von der Hebelwirkung des Fremdkapitals. Je höher der Fremdkapitalanteil im Vergleich zum Eigenkapital ausfällt und damit der Verschuldungsgrad, desto höher ist auch die Hebelwirkung. Allerdings gehen ein hoher Verschuldungsgrad und demzufolge eine hohe Hebelwirkung einher mit einem größeren Risiko.

Das zweite Trostpflaster ist risikoloser und bedeutend angenehmer. Steigen die erzielten Mieten während der Vermietungsphase, heben sie auch die anfänglich meist niedrige Mietrendite an. Sofern außerdem die Immobilienpreise steigen (der Wert Ihrer vermieteten Eigentumswohnung), winken im Falle des Verkaufs noch zusätzliche Veräußerungsgewinne (als Differenz zwischen Verkaufspreis und Anschaffungskosten). Diese Gewinne sind sogar steuerfrei, wenn zwischen Kauf und Verkauf der Mietimmobilie mehr als zehn Jahre vergangen sind. Ausdauer wird hier belohnt.

VERMIETETE WOHNUNG RICHTIG FINANZIEREN

An einer Kreditaufnahme führt bei der Kapitalanlage in eine vermietete Eigentumswohnung selten ein Weg vorbei. Hohe sechsstellige Investitionssummen können nur in ganz seltenen Fällen komplett aus Eigenmitteln aufgebracht werden. Das wäre in einer Niedrigzinsphase auch gar nicht so sinnvoll.

Da Vermieter im Gegensatz zu Selbstnutzern die Schuldzinsen für die vermietete Eigentumswohnung steuerlich von ihren Mieteinnahmen abziehen können, wird auch das Finanzierungskonzept anders aussehen. Schließlich drückt die Zinslast bei einem Sollzins von beispielsweise 2 Prozent nicht mehr so stark, wenn dieser bereits bei einem Grenzsteuersatz von 30 Prozent auf 1,4 Prozent nach Steuern absinkt.

Niedrige Eigenkapitalquote

Am Anfang steht auch beim Vermieter einer Eigentumswohnung die Frage nach der Höhe der Darlehenssumme. Die für selbstgenutzte Eigentumswohnungen typische Regel „So viel Eigenkapital wie möglich, so wenig Fremdkapital wie nötig" muss für ihn aber nicht gelten.

Die auf die Spitze getriebene völlig gegensätzliche Empfehlung „So viel Fremdkapital wie möglich, so viel Eigenkapital wie nötig" für die Finanzierung einer vermieteten Eigentumswohnung sollte aber nicht als Aufforderung zur Voll- oder gar Überfinanzierung missverstanden werden.

Meist empfiehlt es sich, nur die Kaufnebenkosten und darüber hinaus einen geringen Teil des Kaufpreises aus Eigenmitteln zu bestreiten. Mit einer **relativ niedrigen Eigenkapitalquote** von beispielsweise 15 bis 20 Prozent

der Anschaffungskosten fahren Sie meist am besten. Allerdings müssen Sie in Kauf nehmen, dass die Bank wegen der relativ hohen Fremdfinanzierung und Beleihung einen Zinsaufschlag berechnet.

Eine Darlehenssumme in Höhe von 90 Prozent des Kaufpreises entspricht beispielsweise dem von der Bank angesetzten Beleihungswert. Der Sollzins von 2 Prozent bei einem Darlehen bis zu 60 Prozent des Beleihungswerts wird sich beispielsweise bei einer 20-jährigen Zinsbindung auf rund 2,5 Prozent bei einem Darlehen zu 100 Prozent des Beleihungswerts erhöhen.

Beispiel: Wer eine Eigentumswohnung zwecks Vermietung ersteigern will, muss am Versteigerungstermin eine Sicherheitsleistung von 10 Prozent des vom Gutachter ermittelten Verkehrswerts erbringen. Wenn diese Sicherheitsleistung aus eigenen Mitteln erfolgt und darüber hinaus auch die zusätzlichen Kosten für Grunderwerbsteuer, Zuschlag und Eigentumsumschreibung aus Eigenkapital aufgebracht werden, kann der Ersteigerungspreis nach Abzug von 10 Prozent des Verkehrswerts komplett von Banken finanziert werden.

Bei hohem Einkommen des Darlehensnehmers und zusätzlich vorhandenen Sicherheiten ist die finanzierende Bank sogar bereit, die gesamten Investitionskosten zu finanzieren, also den Kauf- oder Ersteigerungspreis plus sämtliche Erwerbsnebenkosten. Eine solche „Überfinanzierung" sollte aber auch bei einer vermieteten Eigentumswohnung die große Ausnahme sein. Schließlich sind die Erwerbsnebenkosten nicht werthaltig, sondern müssen erst durch eine zu erwartende Wertsteigerung wieder ausgeglichen werden. Würde die erworbene Immobilie sofort wieder zum gleichen Preis verkauft, wären die Erwerbsnebenkosten verloren und es entstünde ein finanzieller Verlust.

Eine Fremdfinanzierung in Höhe von 100 oder gar 110 Prozent des Kaufpreises wird auch relativ teuer, da die Bank einen saftigen Zinszuschlag von bis zu einem Prozentpunkt fordert. Darüber hinaus bringt dies auch die Gefahr einer zu starken Abhängigkeit vom Kreditgeber mit sich. Hohe Schulden führen zu entsprechend hohen Belastungen aus Kapitaldienst (Zins und Tilgung), die auch bei Mietausfällen von Ihnen als Kapitalanleger getragen werden müssen und dann zu finanziellen Engpässen führen können.

Die Darlehenshöhe sollte daher aus Sicherheitsgründen in aller Regel geringfügig unter dem Kauf- oder Ersteigerungspreis liegen und bei einer vermieteten Eigentumswohnung insbesondere nach der nachhaltig erzielbaren Mieteinnahme ausgerichtet sein. Falls das Darlehen nur so hoch ist, dass die laufende Belastung für Zins und Tilgung aus dem Mietreinertrag zu bedienen ist, stellen Sie Ihre Finanzierung auf ein relativ sicheres Fundament.

Niedriger Tilgungssatz

Zwischen zwei Tilgungsmethoden können Sie grundsätzlich wählen, der regelmäßigen Tilgung (Annuitätendarlehen) und der endfälligen Tilgung (Kombinationsmodell).

Bei der regelmäßigen Tilgung zahlen Sie Jahr für Jahr einen bestimmten Tilgungssatz von beispielsweise 1 Prozent der Darlehenssumme zuzüglich ersparter Zinsen. Was Sie infolge der Teilrückzahlung des Darlehens jeweils an Zinsen sparen, wird dann dem Tilgungssatz zugeschlagen. In gleichem Maße, wie der Zinsanteil infolge sinkender Restschulden sinkt, steigt Ihr Tilgungsanteil. Worauf es ankommt: Die Summe aus Zins und Tilgung – Annuität genannt – bleibt während der Dauer der Zinsbindung immer gleich.

Für Vermieter stellen Annuitätendarlehen mit regelmäßiger Tilgung fast immer die beste Tilgungsmethode dar. Infolge der regelmäßigen Tilgung vermindern sich die Zinskosten und damit die steuerlich abzugsfähigen Beträ-

ge. Daher kann es aus steuerlichen Gründen sinnvoll sein, nur eine Anfangstilgung von 1 Prozent der Darlehenssumme zuzüglich der ersparten Zinsen zu wählen. In diesem Fall sinken die Restschulden und die daraus berechneten steuerlich abzugsfähigen Schuldzinsen nur relativ langsam. Allerdings erhöht sich dadurch die Tilgungsdauer.

Eine schnellere Entschuldung erreichen Sie nur durch einen höheren Tilgungssatz oder durch vertraglich vereinbarte Sondertilgungen. Sie sollten den niedrigen Tilgungssatz von 1 Prozent pro Jahr zuzüglich ersparter Zinsen nicht für alle Zeiten festzurren, sondern zusätzlich ein Sondertilgungsrecht (zum Beispiel 5 bis 10 Prozent der Darlehenssumme pro Jahr) sowie die Option auf einen Tilgungssatzwechsel (zum Beispiel zweimalige Erhöhung oder Verminderung des Tilgungssatzes während der Zinsbindungsfrist) vereinbaren. Auf diese Weise bleiben Sie hinsichtlich der Tilgung flexibel und können die Entschuldung an Ihre persönlichen Bedürfnisse anpassen.

Die endfällige Tilgung geht von einer Kombination von Festdarlehen und Anlagesparplan aus. Dabei wird das Festdarlehen am Ende der Anlagelaufzeit durch die Ablaufleistung auf einen Schlag abgelöst. Meist wird das Vermögen der Geldanlage über einen Ratensparplan aufgebaut. Möglich sind jedoch auch eine Einmalanlage sowie eine Mischung aus Einmalanlage und Sparplan. Angesichts der anhaltenden Niedrigzinsphase sind aber mit einem Anlagesparplan nur relativ geringe Renditen zu erzielen, die unter dem Effektivzins für die Hypothekendarlehen liegen.

Auch das früher bei Kapitalanlegern beliebte Kombinationsmodell Festdarlehen / Kapitallebensversicherung lohnt sich bei Neufinanzierungen von vermieteten Immobilien nicht mehr. Der Garantiezins für den Sparanteil, also die Beiträge abzüglich der Vertriebs- und Verwaltungskosten, liegt bei Neuabschlüssen ab 2017 nur noch bei 0,9 Prozent. Auch die mögliche Ablaufrendite unter Zugrundelegung der Überschussanteile wird nur bei kostengünstigen und leistungsstarken Versicherern über 3 Prozent hinausgehen und sich eher bei 2 Prozent einpendeln.

Hinzu kommt, dass auch die bis Ende 2004 gültigen Steuervorteile weitgehend verschwunden sind. Der Unterschied zwischen der Ablaufleistung und der Beitragssumme muss zur Hälfte besteuert werden, und Beiträge für Kapitallebensversicherungen sind bei ab 2005 abgeschlossenen Verträgen steuerlich nicht mehr absetzbar.

Bei einer Ablaufrendite von nur 2 Prozent nach Steuern oder noch weniger lohnt sich jedoch das Kombinationsmodell Festdarlehen / Kapitallebensversicherung nicht mehr. Dies gilt auch für Alternativen zur Kapitallebensversicherung wie:

► Private Rentenversicherung mit Kapitalwahlrecht (keine Todesfallleistung, daher in der Regel etwas höhere Rendite),
► Fondsgebundene Lebensversicherung (höhere Renditechancen bei Einsatz von Aktienfonds, aber auch höhere Risiken),
► Sparpläne mit Aktienfonds (höhere Renditechancen, aber auch höheren Risiken).

Die Ungewissheit über die Höhe der Ablaufleistung birgt zusätzliche Risiken bei der Finanzierung über ein tilgungsfreies Darlehen. Daher sollten Sie als Vermieter dem Annuitätendarlehen mit regelmäßiger Tilgung den Vorzug geben. Sie haben es dann nur mit einem Finanzierungsprodukt zu tun und nicht mit einer Kombination aus Finanzierung und Geldanlage.

Zinsbindungsdauer 10 Jahre

Nie war es so leicht wie in den Jahren 2014 bis 2017, eine zinsgünstige Finanzierung unter Dach und Fach zu bringen. Historisch einmalige Tiefstzinsen von deutlich unter effektiv 3 Prozent bei Hypothekendarlehen mit zehnjähriger Zinsbindung lassen die Herzen der Kreditnehmer höher schlagen.

Ist es bald vorbei mit den rekordtiefen Hypothekenzinsen? Wohl eher nicht. Angesichts der Staatsschuldenkrise und der Geldschwemme durch die Nullzinspolitik der EZB (Europäische Zentralbank) hält die Niedrigzinsphase weiter an. Sofern der aktuelle Effektivzins für Hypothekendarlehen wie in den letzten Jahren zwischen 1 und 3 Prozent pendelt und damit mehr als 3 Prozentpunkte unter dem langjährigen Mittel von rund 6 Prozent liegt, können Sie sich gerade auch als Kapitalanleger über einen relativ niedrigen Zinsaufwand freuen.

Günstige Hypothekenzinsen sollten Sie sich daher nicht entgehen lassen. Doch auch in einer Niedrigzinsphase stehen Sie als Kapitalanleger vor den Fragen: Wie lange soll ich die Zinsen festlegen? Was ist die richtige Zinsbindungsdauer?

Die Zinsbindungsregel für eine Niedrigzinsphase lautet: „Niedrige Zinsen – lange Bindung". Eine Zinsbindungsdauer von mindestens zehn Jahren sollte bei Effektivzinsen unter 2 Prozent daher Pflicht sein. Ihr entscheidender Vorteil: Sie schließen damit das Risiko steigender Zinsen für eine längere Zeit aus.

Sie erkaufen sich die längere Zinsbindung bei Festzinsdarlehen über zehn oder 15 Jahre im Vergleich zu fünfjährigen Hypotheken zwar mit einem höheren Effektivzins. Dies sollte Sie aber nicht von einer längeren Zinsbindung abhalten, schließlich gewinnen Sie eine langfristige Zinssicherheit.

Ein vorzeitiger Ausstieg aus einem Hypothekendarlehen mit fester Zinsbindung ist allerdings nicht so ohne Weiteres möglich. Sie können ein Darlehen mit bis zu zehn Jahren Zinsfestschreibung grundsätzlich erst zum Ende der Zinsbindungsfrist kündigen. Nur bei Darlehen mit mehr als zehnjähriger Zinsbindung dürfen Sie nach Ablauf von zehn Jahren kündigen.

Wollen Sie trotz fehlender Kündigungsmöglichkeit vorher aussteigen, müssen Sie den Darlehensvertrag im Einvernehmen mit Ihrer Bank aufheben. Dies wird aber in der Regel teuer, da die Bank eine meist saftige Vorfälligkeitsentschädigung verlangt.

Ein Hypothekendarlehen mit variablen Zinsen kostet Sie zwar in einer Niedrigzinsphase noch weniger als ein Festzinsdarlehen. Allerdings werden Sie bei einem schnellen Zinsanstieg auf dem falschen Fuß erwischt. Nur außerordentlich risikofreudige Anleger vereinbaren variable, also jederzeit veränderliche Hypothekenzinsen. Wer ein gewisses Zinsrisiko eingehen möchte, könnte auch eine Kombination von Festzinsdarlehen für den größeren Teil (zum Beispiel 60 Prozent des Kaufpreises) und

Es muss sich rechnen: Wenn Sie Ihre vermietete Eigentumswohnung zum größten Teil fremd finanzieren, sollten Sie Ihre Gesamtausgaben für Zins und Tilgung genau kennen.

Darlehen mit variablem Zins für den kleineren Teil (zum Beispiel 30 Prozent des Kaufpreises) wählen.

Die Wahl der richtigen Zinsbindungsdauer ist das eine, die Suche nach dem zinsgünstigsten Kreditgeber das andere. Besonders attraktive Zinskonditionen erhalten Sie bei Baugelddiscountern wie Interhyp und Dr. Klein, die das gesamte Darlehensgeschäft vorzugsweise per Telefon, Brief und Internet abwickeln. Am besten konfrontieren Sie Ihre Hausbank mit diesen Top-Zinsen und handeln deren Zinssatz herunter. Gelingt Ihnen dies nicht, sollten Sie neben den klassischen Banken auch die Baugelddiscounter in die engere Wahl nehmen.

Für viele Anbieter und Vermittler von vermieteten Immobilien war früher Disagio ein Zauberwort. Mit einem hohen Disagio von beispielsweise 10 Prozent der Darlehenssumme konnten sie den laufenden Sollzins optisch nach unten drücken, um so eine höhere Wirtschaftlichkeit vorzuspiegeln. Es wurden nur 90 Prozent der Darlehenssumme ausgezahlt, getilgt werden mussten aber 100 Prozent.

Das Disagio (auch Damnum genannt) stellt also eine vorweggenommene Zinszahlung dar. Die Disagiovariante schneidet vor Steuern weder besser noch schlechter als eine Finanzierung ohne Disagio ab, sofern der Effektivzins in beiden Fällen gleich ist.

Ein Disagio von maximal 5 Prozent bei mindestens fünfjähriger Zinsbindung ist für Vermieter steuerlich abziehbar. Das lohnt sich für Kapitalanleger aus steuerlichen Gründen aber nur, wenn sie im Jahr der Erst- oder Anschlussfinanzierung unter einer höheren Steuerprogression leiden als in späteren Jahren und wenn die Bank trotz der höheren Darlehenssumme keinen weiteren Zinsaufschlag auf den Effektivzins berechnet.

Belastung aus Kapitaldienst

Wenn Sie Ihre vermietete Eigentumswohnung zum weitaus größten Teil fremdfinanzieren, sollten Sie auch die Gesamtausgaben für Zins und Tilgung genau unter die Lupe nehmen. Beides zusammen macht die Belastung aus Kapital- oder Schuldendienst aus. Diese Belastung müssen Sie auch tragen können, falls infolge von Mietausfällen keine Mieteinnahmen fließen. Nur ein kleiner Trost wird es sein, dass Sie zumindest die Schuldzinsen steuerlich abziehen können. Regelmäßige Tilgungsbeträge sind aber nie steuerlich abziehbar.

Von der Höhe der Mieteinnahmen und den möglichen Steuerersparnissen hängt es ab, ob letztlich eine Belastung nach Steuern übrig bleibt oder ein laufender Überschuss der Mieteinnahmen über die Zins- und Bewirtschaftungskosten nach Steuern erzielt werden kann.

STEUERN SPAREN ALS VERMIETER

„Wer die Pflicht hat, Steuern zu zahlen, hat auch das Recht, Steuern zu sparen." (Bundesfinanzhof 1970)

Das Recht, legal Steuern zu sparen, wird Ihnen niemand streitig machen können. Auch der Bundesfinanzhof nicht, wie sich bereits aus dem obigen Urteil ablesen lässt.

Steuerersparnisse mit einer vermieteten Eigentumswohnung sollten aber immer nur das Sahnehäubchen darstellen. Sie dürfen nicht den Blick auf die eigentliche Immobilienrendite verstellen. Eine attraktive Nettomietrendite mit zinsgünstiger Finanzierung als Hauptspeise und zusätzliche Steuerersparnis als Nachspeise – dieses Gericht dürfte dem erfolgreichen Kapitalanleger besser bekommen.

Steuerersparnisse durch Verluste aus Vermietung

In der Vermietungsphase geht es steuerlich um die Gegenüberstellung von Mieteinnahmen und Werbungskosten. Im Prinzip ist alles ganz einfach: Liegen die Mieteinnahmen einschließlich Umlagen über der Summe aus Zinskosten, Bewirtschaftungskosten und Abschreibungen, entsteht ein steuerlicher Gewinn, der Ihr zu versteuerndes Einkommen erhöht und zusätzliche Steuerzahlungen nach sich zieht.

Wenn die Werbungskosten (Zinskosten, Bewirtschaftungskosten und Abschreibungen) indes die Mieteinnahmen übersteigen, kommt es zu einem steuerlichen Verlust, den Sie mit anderen positiven Einkünften verrechnen können. Dadurch erzielen Sie gemäß Ihrer individuellen Steuerprogression eine entsprechende Steuerersparnis.

In der nur zweiseitigen **Anlage V** zu Ihrer Einkommensteuererklärung (V steht für Vermietung) führen Sie alle Einnahmen und Werbungskosten für Ihre vermietete Eigentumswohnung auf. Auf der Vorderseite geht es um die steuerpflichtigen Mieteinnahmen einschließlich Umlagen (Zeilen 9 bis 21) und auf der Rückseite um die steuerlich abzugsfähigen Werbungskosten (Zeilen 33 bis 50).

Nach Ermittlung aller Werbungskosten tragen Sie die Summe wieder auf der Vorderseite (Zeile 22) direkt unter der Summe aus den Mieteinnahmen (Zeile 21) ein. Wenn sich nach Abzug der Werbungskosten von den Mieteinnahmen ein Minus ergibt, markieren Sie diesen Verlust auch entsprechend mit einem Minuszeichen in der Zeile 23.

Diese Eintragungen können Sie nach ein bisschen Übung auch selber erledigen. Einen Steuerberater brauchen Sie dafür nicht. Wenn Sie nur eine einzige vermietete Eigentumswohnung besitzen, ist das Ausfüllen der Anlage V sogar ein Kinderspiel. Dies setzt aber voraus, dass Sie die Mieteinnahmen und Werbungskosten vorher sorgfältig zusammengestellt haben. Ihre Unterlagen dazu legen Sie der Anlage V bei oder bewahren Sie in einem Ordner auf, falls Sie die Einkommensteuererklärung mit einem speziellen Steuerprogramm erstellen.

Mit der Checkliste auf Seite 130 können Sie erkennen, worauf es bei der Ermittlung der steuerlichen Einkünfte aus einer vermieteten Eigentumswohnung ankommt.

Steuern sparen mit Verlusten

Als renditeorientierte Kapitalanleger werden Sie sich hüten, nur zum Zweck einer Steuerersparnis ganz bewusst laufende wirtschaftliche Verluste zu produzieren. Etwas anderes gilt für steuerliche und nur buchtechnische Vermietungsverluste, die durch den Ansatz von Abschreibungen entstehen.

Beispiel: Sie erzielen mit Ihrer vermieteten Eigentumswohnung nach Abzug aller nicht umlagefähigen Bewirtschaftungskosten einen jährlichen Mietreinertrag von 8 000 Euro. Da Sie die Anschaffungskosten von 200 000 Euro über ein Hypothekendarlehen fremdfinanzieren bei einem Sollzins von 2 Prozent, zahlen Sie Hypothekenzinsen (ohne Tilgung) von ebenfalls 4 000 Euro. Vor Steuern entsteht ein Überschuss von 4 000 Euro. Ihre Mieteinnahmen liegen also doppelt so hoch im Vergleich zu den Zins- und Bewirtschaftungskosten.

Steuerlich erzielen Sie jedoch einen geringeren Gewinn. Wie kommt das? Bei anteiligen Gebäudekosten von 160 000 Euro, also 80 Prozent der Anschaffungskosten, und einer Abschreibung von 2 Prozent fallen Abschreibungen in Höhe von 3 200 Euro pro Jahr an. Ihr steuerlicher Gewinn beträgt nach Abzug der Abschreibungen nur 2 400 Euro und führt bei einem persönlichen Steuersatz von beispielsweise 35 Prozent zu einer jährlichen Steuerersparnis von 840 Euro.

So sieht Ihre Steuerrechnung aus:

Jahresbruttomiete	10 000 Euro
– Bewirtschaftungskosten	– 2 000 Euro
= Jahresreinertrag	8 000 Euro
– Hypothekenzinsen	– 4 000 Euro
– Abschreibungen	– 1 600 Euro
= Steuerlicher Gewinn	2 400 Euro
Steuerzahlung bei 35 Prozent Steuerprogression: 35 Prozent von 2 400 Euro	= 840 Euro

Für Ihre Vermietungseinkünfte gilt das Nettoprinzip. Das heißt, Sie versteuern nur den Überschuss der Mieteinnahmen über die Werbungskosten. Liegen aber die Werbungskosten (Bewirtschaftungskosten, Hypothekenzinsen, Abschreibungen) wie in diesem vereinfachten Beispiel über den Mieteinnahmen, entstehen negative Vermietungseinkünfte oder steuerliche Verluste.

Vor allem bei überfinanzierten und renditeschwachen Mietobjekten können die steuerlichen Verluste stark anwachsen. Problematisch wird es, wenn die Hauptursache für die steuerlichen Verluste in einem deutlichen Überschuss der Hypothekenzinsen über den Mieterträgen liegt. Steuerliche Verluste gehen dann mit echten wirtschaftlichen Verlusten einher.

Völlig anders sieht die Situation aus, wenn die Mietreinerträge trotz hoher Fremdfinanzierung zur Deckung der Hypothekenzinsen ausreichen und die steuerlichen Verluste allein auf den Ansatz von Abschreibungen zurückzuführen sind. Die Verluste in Höhe der Abschreibungen ziehen Steuerersparnisse nach sich und bescheren Ihnen eine steuerliche Zusatzrendite.

Die Steuerersparnis setzen Sie am besten für eine Sondertilgung des Darlehens und damit indirekt für den Vermögensaufbau ein. Dann stimmen sogar die Sprüche „Steuern, die Vermögen werden" oder „Gewinnen mit steuerlichen Verlusten".

Doch Vorsicht: Mit diesen Sprüchen treiben unseriöse Anbieter und Vermittler auch heute noch ihr Unwesen. Oft müssen diese Sprüche herhalten, um von hoffnungslos überfinanzierten und renditeschwachen Mietobjekten abzulenken.

Außerdem gilt der banale Satz: Steuern durch Verluste spart nur derjenige, der auch Steuern zahlt. Wer keine Steuern zahlt oder nur einen Steuersatz von deutlich unter 30 Prozent hat, sollte sich von einer Kapitalanlage in eine vermietete Eigentumswohnung eher fernhalten. Umgekehrt gilt: Bei einer Steuerprogression von über 30 Prozent können steuerliche Verluste durchaus Sinn machen, sofern damit wirksam Steuern gespart werden.

Vermietungsverluste sind grundsätzlich mit anderen positiven Einkünften über den **Verlustausgleich** verrechenbar, sofern die Absicht zur Erzielung von Mietüberschüssen besteht. Die sogenannte **Überschusserzielungsabsicht** lässt sich meist anhand einer Langfristprognose beweisen. Es muss ein Totalüberschuss der Mieteinnahmen (einschließlich Umlagen, aber ohne Veräußerungsgewinne und Steuerersparnisse) über die Werbungskosten (einschließlich Abschreibungen) vorliegen.

2017

1	Name / Gemeinschaft / Körperschaft Mustermann	**Anlage V**
2	Vorname Max	X zur Einkommensteuererklärung
3	Steuernummer 191/514/00 339	lfd. Nr. der Anlage 1 X zur Körperschaftsteuererklärung

Einkünfte aus Vermietung und Verpachtung
(Bei ausländischen Einkünften: Anlage AUS beachten)

X zur Feststellungserklärung

Einkünfte aus dem bebauten Grundstück   **25**

Lage des Grundstücks / der Eigentumswohnung

	Straße, Hausnummer	Angeschafft am
4	Musterstraße 1	30122012
5	Postleitzahl / Ort 12345 BEISPIELSTADT	Fertig gestellt am T T M M J J J J
6	Einheitswert-Aktenzeichen 00	53 Veräußert / Übertragen am T T M M J J J J

7 | Das in Zeile 4 bezeichnete Objekt wird ganz oder teilweise als Ferienwohnung genutzt   61   **2**   1 = Ja 2 = Nein   ganz oder teilweise an Angehörige zu Wohnzwecken vermietet   62   **2**   1 = Ja 2 = Nein

8 | Gesamtwohnfläche 54   **84** m²   davon eigengenutzter oder unentgeltlich an Dritte überlassener Wohnraum 55   /   m²   davon als Ferienwohnung genutzter Wohnraum 56   /   m²

		Erdgeschoss	1. Obergeschoss	2. Obergeschoss	weitere Geschosse		EUR
9	Mieteinnahmen für Wohnungen (ohne Umlagen)	€	€	€	€	01	8 400,—
10		Anzahl Wohnfläche m²	Anzahl Wohnfläche m²	Anzahl Wohnfläche m²	Anzahl Wohnfläche m²		
11	für andere Räume (ohne Umlagen / Umsatzsteuer)	€	€	€	€	02	,—
12	Einnahmen für an Angehörige vermietete Wohnungen (ohne Umlagen)				Anzahl Wohnfläche m²	03	,—

Umlagen, verrechnet mit Erstattungen (z. B. Wassergeld, Flur- u. Kellerbeleuchtung, Müllabfuhr, Zentralheizung usw.)

13	auf die Zeilen 9 und 11 entfallen	04	,—
14	auf die Zeile 12 entfallen	05	,—
15	Vereinnahmte Mieten für frühere Jahre / auf das Kalenderjahr entfallende Mietvorauszahlungen aus Baukostenzuschüssen	06	,—
16	Einnahmen aus Vermietung von Garagen, Werbeflächen, Grund und Boden für Kioske usw.	07	600,—
17	Vereinnahmte Umsatzsteuer	09	,—
18	Vom Finanzamt erstattete und ggf. verrechnete Umsatzsteuer	10	,—

19 | Öffentliche Zuschüsse nach dem Wohnraumförderungsgesetz oder zu Erhaltungsaufwendungen, Aufwendungszuschüsse, Guthabenzinsen aus Bausparverträgen und sonstige Einnahmen | Gesamtbetrag €

20 | davon entfallen auf eigengenutzte oder unentgeltlich an Dritte überlassene Wohnungen lt. Zeile 8 | −   € ▸ = 08   ,—

21	**Summe der Einnahmen**		9 000,—
22	**Summe der Werbungskosten** (Übertrag aus Zeile 50)	−	5 490,—
23	**Überschuss** (zu übertragen nach Zeile 24)	=	3 510,—

		stpfl. Person / Ehemann / Lebenspartner(in) A / Gesellschaft EUR		Ehefrau / Lebenspartner(in) B EUR
24	Zurechnung des Betrags aus Zeile 23	20 3 510,—	21	,—

Die Eintragungen in den Zeilen 25 bis 32 sind nur in der ersten Anlage V vorzunehmen.

Anteile an Einkünften aus
(Gemeinschaft, Finanzamt und Steuernummer)

		stpfl. Person / Ehemann / Lebenspartner(in) A / Gesellschaft EUR		Ehefrau / Lebenspartner(in) B EUR
25	1. Grundstücksgemeinschaft	856 ,—	857	,—
26	2. Grundstücksgemeinschaft	858 ,—	859	,—
27	allen weiteren Grundstücksgemeinschaften	854 ,—	855	,—
28	geschlossenen Immobilienfonds	874 ,—	875	,—
29	Gesellschaften / Gemeinschaften / ähnlichen Modellen i. S. d. § 15b EStG			

Andere Einkünfte

		stpfl. Person / Ehemann / Lebenspartner(in) A / Gesellschaft EUR		Ehefrau / Lebenspartner(in) B EUR	
31	**Einkünfte aus Untervermietung von gemieteten Räumen** (Berechnung auf besonderem Blatt)	866	, —	867	,
32	**Einkünfte aus Vermietung und Verpachtung unbebauter Grundstücke**, von anderem **unbeweglichen Vermögen**, von **Sachinbegriffen** sowie aus **Überlassung von Rechten** (Erläuterung auf besonderem Blatt)	852	, —	853	,

Werbungskosten

aus dem bebauten Grundstück in den Zeilen 4 und 5

		Nur ausfüllen, wenn die Aufwendungen für das Gebäude nur teilweise Werbungskosten sind (siehe Anleitung zu den Zeilen 33 bis 49)			Abzugsfähige Werbungskosten
		Gesamtbetrag	Ausgaben, die **nicht** mit Vermietungseinkünften zusammenhängen, wurden durch direkte Zuordnung ermittelt	verhältnis- mäßig ermittelt	
		EUR	EUR		EUR
		1	2	3 %	4
33	Absetzung für Abnutzung für Gebäude (ohne Beträge in Zeile 34) — [X] linear [ ] degressiv **2,00** % [ ] wie 2012 [X] lt.bes. Blatt		X	30	**1 250**,—
34	Erhöhte Absetzungen nach den §§ 7h, 7i EStG, Schutzbaugesetz [ ] wie 2012 [ ] lt.bes. Blatt			31	,
35	Absetzung für Abnutzung für bewegliche Wirtschaftsgüter [ ] wie 2012 [ ] lt.bes. Blatt			60	,
36	Schuldzinsen (ohne Tilgungsbeträge) — M-Bank Baufinanzierung		X	33	**1 850**,—
37	Geldbeschaffungskosten (z. B. Schätz-, Notar-, Grundbuchgebühren)		X	34	,
38	Renten, dauernde Lasten (Einzelangaben auf besonderem Blatt)		X	35	,
39	2013 voll abzuziehende Erhaltungsaufwendungen, die direkt zugeordnet werden können		X	36	,
40	verhältnismäßig zugeordnet werden			37	,
41	Auf bis zu 5 Jahre zu verteilende Erhaltungs- aufwendungen (§§ 11a, 11b EStG, § 82b EStDV) Gesamtaufwand 2013 **57** EUR davon 2013 ab- zuziehen		X	38	,
42	zu berücksichtigender Anteil aus 2009		X	39	,
43	aus 2010		X	40	,
44	aus 2011		X	41	,
45	aus 2012		X	42	,
46	Grundsteuer, Straßenreinigung, Müllabfuhr, Wasserversorgung, Entwässerung, Hausbeleuchtung, Heizung, Warmwasser, Schornstein- reinigung, Hausversicherungen, Hauswart, Treppenreinigung, Fahrstuhl — Siehe Ergänzung z. Anlage V			52	**150**,—
47	Verwaltungskosten — Wohngeld			48	**950**,—
48	Nur bei umsatzsteuerpflichtiger Vermietung: an das Finanzamt gezahlte und ggf. verrechnete Umsatzsteuer		X	58	,
49	Sonstiges			49	**1 290**,—
50	**Summe der Werbungskosten** (zu übertragen nach Zeile 22)				**5 490**,—
51	Nur bei umsatzsteuerpflichtiger Vermietung: in Zeile 50 enthaltene Vorsteuerbeträge			59	,

Zusätzliche Angaben

		stpfl. Person / Ehemann / Lebenspartner(in) A	Ehefrau / Lebenspartner(in) B
52	2013 vereinnahmte oder bewilligte Zuschüsse aus öffentlichen Mitteln zu den Anschaffungs- / Herstellungskosten (Erläuterungen auf besonderem Blatt)	€	€

Einkünfte aus Vermietung (Anlage V)

1

Mieteinnahmen inklusive Umlagen

✓ Steuerpflichtig sind die gesamten Mieteinnahmen, also die Nettokaltmieten plus Umlagen (Betriebskosten-Vorauszahlungen).

✓ Nachzahlungen des Mieters für Betriebskosten des Vorjahrs sind den Mieteinnahmen eines Jahres hinzuzuzählen, Erstattungen an Mieter sind entsprechend abzuziehen.

✓ Achten Sie darauf, dass die monatliche Nettokaltmiete bei verbilligter Vermietung, zum Beispiel an Angehörige, seit 1.1.2012 mindestens 66 Prozent der ortsüblichen Vergleichsmiete ausmacht. Liegt die tatsächliche Nettokaltmiete darunter, können die Zins- und Bewirtschaftungskosten sowie Abschreibungen steuerlich nur anteilig unter Werbungskosten abgezogen werden.

✓ Nur tatsächlich eingegangene Mieten zählen zu den Mieteinnahmen. Mietrückstände werden auf der Vorderseite der Anlage V (Einkünfte aus Vermietung und Verpachtung) nicht berücksichtigt, da sie nicht zu Zahlungseingängen geführt haben.

2

Werbungskosten

✓ Steuerlich abzugsfähig bei vermieteten Wohnimmobilien sind Zinskosten, Bewirtschaftungskosten und Abschreibungen. Diese werden auf der Rückseite der Anlage V (Einkünfte aus Vermietung und Verpachtung) eingetragen.

✓ Schuldzinsen für die vermietete Eigentumswohnung sind steuerlich absetzbar. Abzugsfähig sind aber nur die tatsächlich gezahlten Hypothekenzinsen, nicht die in der Belastung aus Kapitaldienst enthaltenen regelmäßigen Tilgungsbeträge. Andererseits sind auch Kreditnebenkosten der Finanzierung (zum Beispiel Notar- und Grundbuchgebühren für die Grundschuldbestellung und -eintragung) steuerlich abzugsfähig.

✓ Bewirtschaftungskosten sind als Betriebs-, Verwaltungs- und Instandhaltungskosten voll abzugsfähig, falls sie in wirtschaftlichem Zusammenhang mit den Mieteinnahmen stehen und in der Jahresabrechnung des Hausverwalters aufgeführt sind. Von den Hausgeldvorauszahlungen an den Hausverwalter ist die jährliche Instandhaltungsrücklage abzuziehen. Im Gegenzug sind die durch die Entnahme von Rücklagen tatsächlich entstandenen Instandhaltungskosten hinzuzuzählen. Guthaben aus der Jahresabrechnung sind abzuziehen, Nachzahlungen an den Hausverwalter wiederum zu addieren.

✓ Erhaltungsmaßnahmen für das Sondereigentum Wohnung (zum Beispiel Renovierungs-, Instandhaltungs- und Modernisierungskosten) sind steuerlich in voller Höhe abzugsfähig, sofern sie nicht über 15 Prozent der anteiligen Gebäudekosten innerhalb von drei Jahren nach Kauf einer gebrauchten Eigentumswohnung hinausgehen. Bei hohem Erhaltungsaufwand können die Kosten auch gleichmäßig auf zwei bis fünf Jahre verteilt werden.

✓ Die lineare oder gleichbleibende Abschreibung beträgt grundsätzlich jährlich 2 Prozent der anteiligen Gebäudekosten (2,5 Prozent bei Fertigstellung des Gebäudes vor dem 1.1.1925) und ist als Werbungskosten steuerlich abzugsfähig, auch wenn sie nicht im laufenden Jahr zu Ausgaben führt. Grundstückskosten dürfen nicht abgeschrieben werden.

✓ Bei Denkmalschutzobjekten dürfen die Sanierungskosten steuerlich über 12 Jahre verteilt abgeschrieben werden, und zwar je 9 Prozent im 1. bis 8. Jahr und je 7 Prozent im 9. bis 12. Jahr.

3

Steuerlicher Gewinn oder Verlust aus Vermietung

✓ Der Überschuss der Mieteinnahmen über die Werbungskosten stellt den steuerlichen Gewinn aus der vermieteten Eigentumswohnung dar, der zu versteuern ist und zu einer zusätzlichen Belastung an Einkommensteuer inklusive Solidaritätszuschlag führt.

✓ Liegen die Werbungskosten über den Mieteinnahmen, entsteht ein steuerlicher Verlust aus Vermietung, der mit anderen positiven Einkünften ausgeglichen werden kann. Steuerliche Verluste aus Vermietung führen daher zu laufenden Steuerersparnissen.

Auch als Vermieter einer Eigentumswohnung könnten Sie eine Langfristrechnung mit Ermittlung des Totalüberschusses aufstellen. Meist ist dies aber gar nicht erforderlich, da laut einem Schreiben des Bundesfinanzministeriums vom 23.7.1992 bei Immobilien „grundsätzlich von einer tatsächlichen Nutzungsdauer von 100 Jahren auszugehen" ist und bei Vermietungseinkünften der „Beweis des ersten Anscheins für das Vorliegen der Einkunfterzielungsabsicht" spricht.

Vermieter und Kapitalanleger in Immobilien erhalten zwar keinen Sparerfreibetrag auf ihre Mieterträge und können einen Gewinn aus der Vermietung nicht der Abgeltungsteuer von zurzeit nur 25 Prozent eventuell zuzüglich Solidaritätszuschlag unterwerfen. Allerdings können sie Gebäudeabschreibungen von den Mieterträgen abziehen und somit ihre Steuer vermindern. Diese Steuerersparnis durch Ansatz von Abschreibungen wiegt den Nachteil des fehlenden Sparerfreibetrags und des Nichtansatzes der niedrigen Abgeltungsteuer in vielen Fällen auf.

Steuerpflichtige Mieteinnahmen inklusive Umlagen

Grundsätzlich müssen Sie alle Bruttomieteinnahmen versteuern, also die Nettokaltmiete (Zeile 9 der Anlage V) zuzüglich Vorauszahlungen auf die Betriebskosten (Umlagen laut Zeile 13). Wenn nach der jährlichen Betriebskostenabrechnung für ein Vorjahr Nachzahlungen fällig sind und diese vom Mieter auch geleistet werden, sind diese Nachzahlungen im Jahr der Gutschrift auf Ihrem Konto ebenfalls als Mieteinnahme zu versteuern. Betriebskostenerstattungen an Mieter ziehen Sie von den erhaltenen Umlagen einfach ab und berücksichtigen beides in Zeile 13.

Tatsächlich entstandene Mietausfälle führen selbstverständlich direkt zu niedrigeren Mieteinnahmen. Später teilweise ausgeglichene Mietrückstände sowie an Vermieter ausgezahlte Mietkautionen sind aber mit den Mietausfällen zu verrechnen.

Eine **bewusst verbilligte** Vermietung von Wohnungen (zum Beispiel an Verwandte) führt seit 2012 zu einem vollen Werbungskostenabzug, sofern die Miete 66 Prozent der ortsüblichen Vergleichsmiete übersteigt. Dann gilt nach § 21 Abs. 2 EStG die Vermietung ausdrücklich als „vollentgeltlich" mit der Folge, dass alle mit der Vermietung in Zusammenhang stehenden Werbungskosten (Schuldzinsen, Bewirtschaftungskosten, Abschreibungen) in voller Höhe von den Mieteinnahmen abgezogen werden können.

Eine Totalüberschussprognose wie früher bei Mieten zwischen 56 und 75 Prozent der ortsüblichen Vergleichsmiete ist seit 2012 nicht mehr erforderlich. Es ist auch gleichgültig, ob Sie die verbilligte Miete mit einem Angehörigen oder einem Fremden vereinbaren. Die Neuregelung gilt auch für bestehende Mietverhältnisse. Daher ist es sinnvoll, die Höhe der aktuellen Bestandsmieten mit der ortsüblichen Vergleichsmiete laut Mietspiegel zu vergleichen und eventuell nach oben anzupassen, wenn die tatsächlich gezahlte Miete infolge von unterlassenen Mieterhöhungen in der Vergangenheit deutlich unter die ortsübliche Vergleichsmiete gesunken ist. Aus Vorsichtsgründen sollten Sie immer eine Nettokaltmiete von mindestens 70 bis 80 Prozent der ortsüblichen Vergleichsmiete anstreben.

Sonstige Einnahmen sind:
- ▶ Guthabenzinsen aus Bausparverträgen, die vor- und zwischenfinanziert und für Mietobjekte verwendet wurden,
- ▶ Erbbauzinsen als Guthabenzinsen für den Eigentümer von Grund und Boden (sogenannte Erbbaurechtsgeber),
- ▶ Mietvorauszahlungen und Baukostenzuschüsse des Mieters,
- ▶ Nicht rückzahlbare Aufwendungszuschüsse zur Minderung der Zins- und Mietbelastung und öffentliche Zuschüsse zur Finanzierung von Modernisierungskosten.

Für Mieteinnahmen und sonstige Einnahmen gilt generell das **Zuflussprinzip**. Alle Einnahmen sind also grundsätzlich in dem Jahr vom Vermieter zu versteuern, in dem sie ihm auch zufließen. Eine Ausnahme gilt lediglich für regelmäßig wiederkehrende Mieteinnahmen, die bis zu zehn Tage vor Beginn des neuen

Jahres (also Vorauszahlungen für das Folgejahr) oder nach dem Jahr, zu dem sie wirtschaftlich gehören (also Nachzahlungen für das Vorjahr), zufließen. Diese Mieteinnahmen sind nicht im Zuflussjahr, sondern im Jahr der wirtschaftlichen Zugehörigkeit zu erfassen.

Steuerlicher Schuldzinsenabzug

Schuldzinsen für vermietete Immobilien können grundsätzlich in voller Höhe von den Mieteinnahmen abgezogen werden (siehe Zeile 36). Der Schuldzinsenabzug setzt also einen wirtschaftlichen Zusammenhang mit den Mieteinnahmen voraus. Steuerlich abzugsfähig sind in erster Linie die laufend gezahlten Zinskosten für Hypothekendarlehen. Ein einmaliges Disagio (Damnum, auch Auszahlungsverlust genannt) ist bis zu 5 Prozent der Darlehenssumme abziehbar, wenn die Zinsbindungsfrist mindestens fünf Jahre ausmacht. Sofern dies nicht erfüllt ist, muss das Disagio auf die Jahre der Zinsfestschreibung verteilt werden.

Abzugsfähig sind auch einmalige Kreditnebenkosten wie Notar- und Grundbuchgebühren für die Bestellung und Eintragung von Grundschulden, Bereitstellungszinsen oder Wertschätzungsgebühren (siehe Zeile 37 unter „Geldbeschaffungskosten"). Zu den laufenden Kreditnebenkosten zählen außerdem Kontoführungsgebühren und Vorfälligkeitsentschädigungen für abgelöste Hypothekendarlehen im Zusammenhang mit einer weiteren Vermietung.

Laufende Tilgungsbeträge sind steuerlich nicht abzugsfähig, da sie keine Kosten darstellen. Wenn Sie von Ihrer Bank eine Jahresbescheinigung über das Darlehen für Ihre vermietete Eigentumswohnung erhalten, übernehmen Sie daraus nur die jährlichen Zinskosten.

Steuerlich abzugsfähige Bewirtschaftungskosten

Grundsätzlich sind sämtliche Bewirtschaftungskosten für Ihre vermietete Eigentumswohnung steuerlich abzugsfähig, also

▶ Betriebskosten (Grundsteuer, Müllabfuhrgebühren, Feuerversicherungsprämie, Wassergeld, Heizkosten usw.),

▶ Verwaltungskosten (Kosten für Hausverwalter bei vermieteten Eigentumswohnungen, eventuelle Mietwohnungsverwaltung für das Sondereigentum usw.),

▶ Instandhaltungskosten (laufende Erhaltungsaufwendungen für das Gemeinschaftseigentum oder das Sondereigentum Wohnung usw.).

Die Bildung von Instandhaltungsrücklagen ist nicht abziehbar, wohl aber die teilweise oder völlige Auflösung der Rücklage zwecks Bezahlung von Instandhaltungskosten.

Laufende oder einmalige Instandhaltungs- und Instandsetzungskosten zählen in aller Regel zum Erhaltungsaufwand (siehe Zeile 39). Größeren Erhaltungsaufwand können Sie, um den Nachteil der Steuerprogression abzumildern, auf bis zu fünf Jahre gleichmäßig verteilen (Zeile 41).

Handelt es sich hingegen bei umfangreichen Instandsetzungsmaßnahmen um Herstellungsaufwand oder bei Überschreiten der Grenze von 20 Prozent der anteiligen Gebäudeanschaffungskosten innerhalb der ersten drei Jahre nach dem Kauf eines Mietobjekts um anschaffungsnahen Aufwand, sind die Kosten nur zeitanteilig auf dem Wege der Abschreibungen steuerlich abziehbar. Herstellungsaufwand und anschaffungsnaher Aufwand führt also dann nur über die jährlichen Abschreibungen zu Werbungskosten.

Sonstige steuerlich abzugsfähige Werbungskosten (Zeile 49) können beispielsweise sein:

▶ Fahrt- und Reisekosten zu Ihrer vermieteten Eigentumswohnung (zum Beispiel 30 Cent für jeden gefahrenen Kilometer),

▶ Kosten der Mietersuche per Annonce im Internet oder in der Tageszeitung,

▶ Maklerprovision bei Erst- oder Neuvermietung (sofern Sie diese zahlen),

▶ Mitgliedsgebühr für den Haus- und Grundbesitzerverein,

▶ Kosten einer speziellen Rechtsschutzversicherung für vermietetes Haus- und Wohnungseigentum oder einer Mietausfall- bzw. Mietnomadenversicherung,

► Kosten eines häuslichen Arbeitszimmers für die Vermietung von Häusern und Eigentumswohnungen (Vermieter-Arbeitszimmer) bei umfangreichem Besitz von vermieteten Immobilien in Höhe von maximal 1 250 Euro pro Jahr.

Bei Ihrer vermieteten Eigentumswohnung gehen Sie am besten zunächst von der Jahresabrechnung Ihres Hausverwalters aus.

Tragen Sie die Summe aller **Betriebskosten** laut Jahresabrechnung zuzüglich der von Ihnen bezahlten Grundsteuer in Zeile 46 und die **Verwaltervergütung** in Zeile 47 ein. **Instandhaltungskosten**, die durch Entnahme aus der Instandhaltungsrücklage entstehen, zählen zu den Erhaltungsaufwendungen in Zeile 39.

Sofern Ihnen bei Abgabe Ihrer Einkommensteuererklärung die Jahresabrechnung des Hausverwalters für das vergangene Jahr noch nicht vorliegt, können Sie auch wie folgt vorgehen: Von den geleisteten Hausgeldvorauszahlungen für das vergangene Jahr ziehen Sie zunächst die Instandhaltungsrücklage sowie eine eventuelle Erstattung laut Verwalterabrechnung vom letzten Jahr ab. Zusätzliche Instandhaltungskosten durch Entnahme aus der Instandhaltungsrücklage sowie eine eventuelle Nachzahlung aus der vergangenen Jahresabrechnung an den Hausverwalter zählen Sie hinzu.

Es reicht, wenn Sie den so errechneten Betrag dann in Zeile 46 einsetzen. Hier eine Beispielberechnung für die Anlage V zu einer Einkommensteuererklärung für 2016:

Bewirtschaftungskosten laut Hausverwaltung in 2016	
Hausgeldvorauszahlung 2016	3 047,76 €
− Instandhaltungsrücklage 2016	−333,00 €
− Erstattung in 2016 für 2015	−288,10 €
+ Instandhaltungskosten 2015	+439,75 €
	= 2 866,41 €

Alle übrigen Bewirtschaftungskosten wie Grundsteuer und Erhaltungsaufwand für Ihre Eigentumswohnung, die Sie direkt aus eigener Tasche zahlen, führen Sie dann noch in den Zeilen 39 und 49 auf. Wenn möglich, teilen Sie die Summe aller Bewirtschaftungskosten noch auf die Positionen Erhaltungsaufwand (Zeile 39), Betriebskosten (Zeile 46), Verwaltungskosten (Zeile 47) und sonstige Kosten (Zeile 49) auf.

Steuerlich abzugsfähige Abschreibungen (inklusive Denkmalschutz-AfA)

Hohe Abschreibungssätze für Neubauten gibt es schon seit längerem nicht mehr. Generell gilt ein linearer Abschreibungssatz von 2 Prozent pro Jahr (2,5 Prozent bei Fertigstellung des Gebäudes vor dem 1.1.1925). Eine Ausnahme stellt die **Denkmalabschreibung** dar. Danach können Vermieter die Sanierungsbeziehungsweise Modernisierungskosten innerhalb von zwölf Jahren abschreiben, und zwar jeweils 9 Prozent in den ersten acht Jahren und dann jeweils 4 Prozent im 9. bis 12. Jahr (siehe Zeile 33).

Bei Denkmalprojekten teilen sich die gesamten Investitionskosten typischerweise wie folgt auf: 15 bis 20 Prozent für nicht abschreibungsfähige Grundstückskosten, 10 bis 20 Prozent für Gebäudekosten (mit jeweils 2 Prozent beziehungsweise 2,5 Prozent abschreibbar) und der Rest von 60 bis 75 Prozent für die Modernisierungskosten des Baudenkmals.

Das Finanzamt erkennt nur Modernisierungskosten und damit die hohe Denkmalabschreibung an, die vom Denkmalschutzamt zuvor bescheinigt wurden. Außerdem darf der Kaufvertrag auf keinen Fall vor Sanierungsbeginn unterschrieben werden.

Während Denkmalprojekte in den alten Bundesländern nur höchstens 5 Prozent aller Wohnimmobilien ausmachen, liegt der Anteil in den neuen Bundesländern meist deutlich über 50 Prozent.

Daraus zu folgern, dass die Investition in Denkmalprojekte im Osten besonders lukrativ erscheint, ist falsch. Meist sind die angebotenen Objekte wie in Leipzig mit einem Anteil von fast 70 Prozent aller Wohnimmobilien hoffnungslos überteuert. Lukrativ sind sie dann meist nur für Anbieter und Vermittler, die sich auf diesem Spezialmarkt tummeln und oft nicht als besonders seriös bekannt sind.

Vermieter können die Sanierungs- beziehungsweise Modernisierungskosten von Denkmalobjekten innerhalb von zwölf Jahren abschreiben.

Abgesehen von Denkmalprojekten dominiert die **lineare AfA** (AfA = Absetzung für Abnutzung) als gleichbleibende Abschreibung von 2 Prozent der anteiligen Gebäudekosten, falls die vermieteten Wohn- oder Gewerbeimmobilien nach dem 31.12.1924 fertig gestellt wurden (siehe Zeile 33 der Anlage V). Die Aufteilung der Gesamtinvestitionskosten in nicht abschreibungsfähige Grundstückskosten und über die AfA abzugsfähige Gebäudekosten soll laut Bundesfinanzhof grundsätzlich nach der **Verkehrswertmethode** erfolgen.

Oft liegt aber ein Gutachten mit einer Aufteilung des Verkehrswerts auf Bodenwert und Gebäudewert gar nicht vor. Man kann dann den Kaufpreis bereits im notariellen Kaufvertrag in Grundstücks- und Gebäudepreis aufteilen. Das Finanzamt muss sich an diese **Kaufpreisaufteilung** aber nicht halten.

Bei vermieteten Eigentumswohnungen wird häufig mit Erfahrungswerten gearbeitet. Je nach Lage der Eigentumswohnung werden 70 bis 90 Prozent der Anschaffungskosten als anteilige Gebäudekosten angesetzt. Die auch anzutreffende **Restwertmethode**, wonach das Finanzamt den Wert für Grund und Boden laut Bodenrichtwertkarte einfach vom Kaufpreis abzieht und den verbleibenden Wert als Gebäudewert ansetzt, sollten Sie nicht akzeptieren, wenn dadurch ein zu niedriger Gebäudeanteil herauskommt. Schließlich liegt es in Ihrem Interesse, dass der Anteil der Gebäudekosten relativ hoch liegt.

Steuerfreier Veräußerungsgewinn bei Verkauf

Aussitzen zahlt sich aus, wenn Sie **steuerfreie Veräußerungsgewinne** beim Verkauf Ihrer vermieteten Eigentumswohnung erst nach Ablauf von zehn Jahren realisieren, wobei die Zehn-Jahres-Frist vom notariellen Kauf bis zum notariellen Verkauf gerechnet wird.

Die zu Ihrem Privatvermögen zählenden Mietobjekte sollten Sie daher grundsätzlich mehr als zehn Jahre halten. „10 plus x" – wenn Sie diese einfache Halteregel befolgen, fließt Ihnen der Überschuss des Veräußerungserlöses über die Anschaffungskosten steuerfrei zu.

Die Höhe der Veräußerungsgewinne und die Zahl der verkauften Mietobjekte spielt dabei keine Rolle. Es kommt einzig und allein auf die Besitzdauer zwischen Kauf und Verkauf an. Beschenkte oder Erben von Immobilienvermögen zählen die Besitzdauer des Schenkers oder Erblassers mit. Sie treten praktisch in die Fußstapfen ihres Rechtsvorgängers.

Von der Zehn-Jahres-Frist ausgenommen sind nur Immobilien, die ausschließlich zu eigenen Wohnzwecken genutzt wurden, und zwar entweder im gesamten Zeitraum zwischen Erwerb und Veräußerung oder zumindest im Veräußerungsjahr und in den beiden vorangegangenen Jahren. Darunter fallen also nur selbstgenutzte Einfamilienhäuser oder Eigentumswohnungen, nicht aber vermietete Wohnimmobilien. Selbstgenutzte Wohnimmobilien können Sie somit auch vor Ablauf von zehn Jahren mit steuerfreiem Gewinn veräußern.

Wer jedoch bei **Mietobjekten** die Zehn-Jahres-Frist unterschreitet, begibt sich auf gefährliches steuerliches Glatteis. Zunächst einmal wird der Veräußerungsgewinn als Differenz zwischen Veräußerungspreis und Restbuchwert versteuert, sofern der Immobilienkauf nach dem 31.7.1995 erfolgte. Da sich der Restbuchwert aus dem Abzug der Abschreibungen von den Anschaffungskosten ergibt, werden praktisch alle in der Vergangenheit geltend gemachten Abschreibungen rückgängig gemacht und dadurch stille Reserven aufgedeckt.

Sofern Sie mehr als drei Objekte innerhalb von fünf Jahren verkaufen, tappen Sie außerdem noch in die Falle des gewerblichen Grundstückshandels und müssen zusätzlich Gewerbeertragsteuer zahlen.

Wichtig: Bei der Anwendung der sogenannten **Drei-Objekt-Grenze** zählen Objekte mit einer Besitzdauer von mehr als zehn Jahren nicht mit.

Nach Ablauf von zehn Jahren können Sie grundsätzlich so viele Mietobjekte verkaufen, wie Sie wollen. Eventuell anfallende Veräußerungsgewinne fließen Ihnen nach derzeitigem Steuerrecht steuerfrei zu, sofern es sich um Ihr Privatvermögen handelt.

VERMIETUNG UND BEWIRTSCHAFTUNG

Eine erfolgreiche Vermietung und Bewirtschaftung Ihrer Eigentumswohnung muss kein Kunststück sein. Mit dem richtigen Objekt für den richtigen Mieter wird es Ihnen umso leichter gelingen.

Das A und O ist daher die richtige Objekt- und Mieterauswahl. Um hierbei Fehler schon im Vorfeld zu vermeiden, sollten Sie sich besonders sorgfältig um diese beiden Kernpunkte kümmern. Wer sich als Vermieter am liebsten um nichts kümmern will und an das Märchen von angeblichen Sorglos-Immobilien glaubt, wird nicht selten finanziellen Schiffbruch erleiden und seine Sorgen nicht mehr so schnell loswerden.

Objektauswahl

Bei der eigentlichen Objektauswahl (also ohne finanzielle, steuerliche und rechtliche Fragen) hat sich der folgende Kriterienkatalog für die Beurteilung einer Kapitalanlage in Eigentumswohnungen als zweckmäßig erwiesen:

 INFO **SIEBEN BEURTEILUNGSKRITERIEN BEI DER OBJEKTAUSWAHL** Worauf Sie bei Ihrem Mietobjekt vor allem achten sollten:

1 **Standort und Lage:** Makrolage, Mikrolage, Lage innerhalb der Wohnanlage, Tageslicht, Lärm
2 **Größe und Grundriss:** Wohnfläche, Raumaufteilung
3 **Zustand und Ausstattung:** Baujahr, Bau- und Ausführungsqualität, Ausstattungsqualität und Komfort
4 **Modernisierung und energetische Sanierung:** Modernisierungsjahr, Modernisierungs- und Energiesparmaßnahmen
5 **Preis und Miete:** reiner Kaufpreis, nachhaltig erzielbare Jahresnettokaltmiete, Preis-Miet-Verhältnis
6 **Hausverwaltung:** Teilungserklärung und Gemeinschaftsordnung, Höhe des Hausgelds, Jahresabrechnungen und Wirtschaftsplan
7 **Wohnungseigentümergemeinschaft:** Anteil von Selbstnutzern und Vermietern, Beiratsmitglieder, Protokolle der Eigentümerversammlungen

Vor allem Wohnlage, Größe und Ausstattung der Wohnung bestimmen den Mietpreis. Gehen Sie insbesondere bei der Wohnlage keine falschen Kompromisse ein. Die Ausstattung Ihrer Eigentumswohnung können Sie noch ändern, die Wohnlage allerdings nicht. Meist fahren Sie mit einer mittelgroßen und gut ausgestatteten Wohnung in einer mittleren bis guten Wohnlage besonders gut.

Bei der Auswahl einer zur Vermietung geeigneten Eigentumswohnung nehmen Sie am besten den „Als-ob-Standpunkt" ein und tun so, als ob Sie selbst in dieser Wohnung und Umgebung wohnen möchten. Was Ihnen bei der Haus- und Wohnungsbesichtigung zusagt, wird auch Ihren späteren Mietern gefallen.

Mietersuche und -auswahl

Ob Sie bei der erstmaligen Vermietung oder bei einer Wiedervermietung selbst einen Mieter suchen und auswählen oder einen Makler einschalten, entscheiden Sie selbstverständlich ganz allein.

Die Maklerprovision von zwei Monatsnettokaltmieten zuzüglich 19 Prozent Mehrwertsteuer ersparen Sie Ihrem Mieter, wenn Sie provisionsfrei „von privat an privat" vermieten.

Nach dem ab 2015 voraussichtlich geltenden Bestellerprinzip bezahlt künftig immer derjenige die Provision an den Makler, der ihm den Auftrag erteilt („Wer bestellt, bezahlt"). Da dies meistens der Vermieter ist, wird er ab 2015 die Maklerprovision zahlen müssen. Es ist anzunehmen, dass die Anzahl der Privatvermietungen nach dem Motto „provisionsfrei direkt vom Eigentümer" dadurch spürbar steigen wird.

Scheuen Sie eine eigene Mietersuche und -auswahl insbesondere dann nicht, wenn Ihre Eigentumswohnung in der Nähe Ihres Wohnorts liegt. Nur bei weit entfernt liegenden Eigentumswohnungen könnte die Einschaltung eines ortsansässigen Immobilienmaklers empfehlenswert sein.

Die Privatvermietung beginnt mit dem Schalten einer **Mietannonce** in Internetportalen (zum Beispiel ImmobilienScout24) oder in der örtlichen Tageszeitung. Beachten Sie, dass auch Ihre private Immobilienanzeige ab 1.5.2014 nach § 16 Energieeinsparverordnung (EnEV 2014) folgende zusätzliche **Pflichtangaben** enthalten muss:

▶ Baujahr des Gebäudes,
▶ Energieträger der Heizung (zum Beispiel Öl oder Erdgas),
▶ Art des Energieausweises (Bedarfs- oder Verbrauchsausweis),
▶ Energiekennwert (kWh pro qm und Jahr),
▶ Energieeffizienzklasse (von A+ bis H).

Falls Ihnen zum Zeitpunkt der Anzeigenaufgabe noch kein Energieausweis vorliegt, müssen die Angaben zur Art des Energieausweises, zum Energiekennwert und zur Energieeffizienzklasse spätestens bei der ersten Wohnungsbesichtigung den Mietinteressenten vorliegen.

Falls Sie gegen diese Pflicht verstoßen, droht Ihnen ab 1.5.2015 sogar ein Ordnungsgeld. Unabhängig davon hat bereits ab Mai 2014 eine Abmahnwelle durch Rechtsanwälte und Umweltorganisationen wie die Deutsche Umwelthilfe (DUH) begonnen, um bei Privatvermietern und Immobilienmaklern Abmahngebühren im Falle des Fehlens von Pflichtan-

gaben zu kassieren. Die DUH berechnet beispielsweise eine Abmahngebühr von 245 Euro. Sie können diesem möglichen Ärger aber entgehen, wenn Sie in Ihrer Privatannonce von vornherein alle notwendigen Angaben machen (siehe folgendes Musterbeispiel). Die ab 1.5.2014 erforderlichen Pflichtangaben sind in diesem Mietangebot **gefettet**. Die zusätzlichen Angaben erhöhen die Kosten für Ihre Annonce.

Mietangebot im Immobilienteil der Tageszeitung

Düsseldorf-Unterbilk, sehr gut geschn. 3-Zimmer-Wohnung, 85 qm, **Baujahr 1984**, KDB, G-WC, Loggia, TG-Stellplatz, ruhige Wohnlage, **Gas-ZH, Energieverbrauchsausweis, 80 kWH pro qm und Jahr, Energieeffizienzklasse B**, mtl. Kaltmiete 765 € + 50 € TG-Stellpl. + NK, von Privat, Tel. ....

Falls Sie Ihre Mietannonce in einem Immobilienportal (zum Beispiel ImmobilienScout24) platzieren, sind die ab 1.5.2014 erforderlichen Zusatzangaben nicht mit höheren Kosten verbunden. Sie haben bei Internetannoncen viel mehr Möglichkeiten, die von Ihnen zur Miete angebotene Eigentumswohnung ausführlich zu beschreiben, als in der klassischen Kleinanzeige in Zeitungen. Selbstverständlich sollten Sie auch einige Fotos vom Haus und den einzelnen Räumen Ihrer Wohnung ins Internet stellen.

Nach Veröffentlichung Ihrer Mietannonce in der Tageszeitung oder im Internet werden sich erfahrungsgemäß insbesondere in Ballungsgebieten sehr viele Mietinteressenten bei Ihnen telefonisch wegen einer gewünschten Wohnungsbesichtigung melden oder über E-Mail, falls Sie Ihre E-Mail-Adresse bekanntgegeben haben.

Wenn Sie Besichtigungstermine vereinbaren, laden Sie die Mietinteressenten am besten in einem zeitlichen Abstand von etwa 15 Minuten dazu ein. Sehr ernsthafte Mietinteressen-

Mieterselbstauskunft

Ich / Wir bekunde(n) mein / unser Interesse an folgender Wohnung:

Objekt ....
Vermieter: ....
Mietinteressent: ....

Name, Vorname: ....
Geburtsdatum: ....
Geburtsort: ....
Anschrift derzeit: ....
Telefonnummer: ....
E-Mail-Adresse: ....
Beruf: ....
Arbeitgeber: ....
Monatliches Nettoeinkommen: ....

In den letzten drei Jahren wurde ein mit mir / uns bestehendes Mietverhältnis durch fristlose Kündigung des Vermieters beendet: Ja / Nein
In den letzten drei Jahren wurde eine Räumungsklage oder wurden Zwangsvollstreckungsmaßnahmen gegen mich / uns durchgeführt: Ja / Nein

Ich / Wir erkläre(n), dass ich / wir in der Lage sind, alle mietvertraglich zu übernehmenden Verpflichtungen, insbesondere die Zahlung von Mietkaution und vereinbarter Miete (netto kalt plus Betriebskosten) zu leisten.

Ich versichere / Wir versichern, die vorstehenden Angaben vollständig und wahrheitsgemäß gemacht zu haben. Mir / Uns ist bekannt, dass diese Erklärung vom Vermieter zur Grundlage eines Vertragsabschlusses gemacht wird.

Alle nicht mehr benötigten Auskünfte werden vom oben genannten Vermieter unwiederbringlich vernichtet, wenn ein Mietvertrag nicht zustande kommt. Der Vermieter versichert, dass diese Auskunft streng vertraulich behandelt wird.

Anlage
Aktuelle Gehaltsbescheinigung (letzte drei Monate)

....
(Ort und Datum) (Unterschrift des Mietinteressenten)

ten, die Ihre Eigentumswohnung mieten wollen, sollten Sie bitten, eine Mieterselbstauskunft auszufüllen (siehe Muster links). Der Mietinteressent gibt darin Auskunft über seine persönlichen und finanziellen Verhältnisse. Wer die Wohnung wirklich anmieten will, wird diese Mieterselbstauskunft bereitwillig ausfüllen.

Möglicherweise bietet Ihnen ein Mietinteressent von sich aus eine Schufa-Selbstauskunft ein. Auf dieses Angebot sollten Sie selbstverständlich eingehen. Sogar die Übersendung einer persönlichen Bewerbung wie bei der Suche nach einem neuen Arbeitsplatz wird Ihnen teilweise angeboten oder sogar schon bei der Wohnungsbesichtigung überreicht.

Alle Möglichkeiten, die Bonität und damit die Kreditfähigkeit und -würdigkeit Ihres Mietinteressenten und künftigen Mieters zu überprüfen, sollten Sie nutzen. Was einer Bank als Kreditgeber recht ist, sollte Ihnen als Vermieter und „Wohnungsgeber", wie Vermieter früher in Meldeformularen der Einwohnermeldeämter genannt wurden, billig sein. Auch Sie geben Ihrem Mieter praktisch einen Kredit. Statt Geld überlassen Sie ihm Ihre Wohnung zur Nutzung. Ihr Mieter geht damit also ein Dauerschuldverhältnis ein.

Mietpreiskalkulation
Miete ist nicht alles, aber ohne Miete ist alles nichts. Dies muss auch für Sie als Vermieter einer Eigentumswohnung gelten. Es ist Ihr gutes Recht, mit Vermieten Geld zu verdienen. Sie kennen ja den Grundsatz: Von der Miete zur Rendite!

Völlig frei sind Sie bei der Mietpreiskalkulation für vermietete und frei finanzierte Eigentumswohnungen im Gegensatz zu Gewerbeimmobilien aber nicht.

Bei Ihrer Mietpreisforderung müssen Sie sich grundsätzlich nach der ortsüblichen Vergleichsmiete richten. Als ortsübliche Vergleichsmiete wird die Miete für vergleichbare Wohnungen in der Gemeinde oder in vergleichbaren Gemeinden bezeichnet. Die Vergleichbarkeit muss hinsichtlich Art, Größe, Ausstattung, Beschaffenheit und Lage der Wohnungen gegeben sein. Typischerweise wird die ortsübliche Vergleichsmiete als monatliche Nettokaltmiete pro Quadratmeter Wohnfläche angegeben.

Die wichtigste Quelle für ortsübliche Vergleichsmieten stellen die örtlichen **Mietspiegel** dar (auch „Mietrichtwerttabelle" genannt). Dies sind Übersichten der Städte und Gemeinden, die meist im Einvernehmen mit den örtlichen Mieter- und Hausbesitzervereinen aufgestellt werden. Als Vermieter sollten Sie sich den für Ihre Wohnung geltenden aktuellen Mietspiegel beim örtlichen Haus- und Grundbesitzerverein besorgen. Dies geht gegen eine Zahlung einer Gebühr, auch wenn Sie dort nicht Mitglied sind.

Die Tabellenwerte laut Mietspiegel sind die beste Grundlage für eine **Mieterhöhung bei einem laufenden Mietverhältnis**, da Sie die bisherige und seit mindestens einem Jahr geltende monatliche Nettokaltmiete grundsätzlich nur bis zur ortsüblichen Vergleichsmiete erhöhen dürfen. Außerdem dürfen Sie die Bestandsmiete innerhalb eines Zeitraums von drei Jahren grundsätzlich nur um maximal 20 Prozent erhöhen. Nach der im Jahr 2013 zusätzlich eingefügten Kappungsgrenze für Ballungsgebiete in Großstädten sind es nur noch 15 Prozent. Die meisten Großstädte wie Berlin, Hamburg, Düsseldorf und München haben eine solche Kappungsgrenze mittlerweile eingeführt. Ein Musterschreiben für eine solche Mieterhöhung im Bestand finden Sie rechts auf dieser Seite.

In diesem Beispielfall wäre die **Kappungsgrenze** von 15 Prozent eingehalten, da die neue Miete in Höhe der ortsüblichen Vergleichsmiete von monatlich 635 Euro netto kalt nur rund 13 Prozent über der bisherigen Miete von 560 Euro liegt.

Nordrhein-Westfalen hat beispielsweise zum 1.6.2014 eine „Kappungsgrenzenverordnung" für 59 Städte und Gemeinden eingeführt, in denen die Wohnungsnot am größten ist. Außer den Großstädten Düsseldorf, Köln und Bonn finden sich auf dieser Liste auch viele Kleinstädte und kleinere Gemeinden. In diesen 59 Städten und Gemeinden von Nordrhein-Westfalen darf die Miete bei bestehenden Mietverhältnissen innerhalb von drei

---

Mieterhöhung auf die ortsübliche Vergleichsmiete nach § 558 BGB für Ihre Wohnung ....

(Anschrift des Vermieters), 2.10.2017

Sehr geehrte(r) .... (Mieter),

nach § 558 BGB kann der Vermieter die Zustimmung zu einer Mieterhöhung unter den dort genannten Voraussetzungen verlangen.

Sie bezahlen seit dem 1.6.2007 für Ihre 77 qm große Wohnung eine monatliche Nettokaltmiete von 560 Euro, also 7,27 Euro pro qm Wohnfläche. Hinzu kommt die Miete in Höhe von 40 Euro für den TG-Stellplatz, zusammen also 600 Euro.

Laut Mietrichtwerttabelle .... (Stadt) vom 1.7.2017 liegt die ortsübliche Vergleichsmiete für vergleichbare Wohnungen (Baujahr 1986–1999, mittlere Wohnlage) in einer Bandbreite von 7,20 bis 9,30 Euro pro qm Wohnfläche. Der Mittelwert und damit die ortsübliche Vergleichsmiete beträgt daher 8,25 Euro pro qm Wohnfläche.

Das Haus, in dem sich die von Ihnen genutzte Wohnung befindet, wurde im Jahr 1994 erbaut. Bei einer Wohnfläche von 77 qm errechnet sich somit eine neue monatliche Nettokaltmiete von 635 Euro (= 8,25 Euro/qm × 77 qm) plus TG-Stellplatzmiete wie bisher 40 Euro, sodass die neue monatliche Nettokaltmiete insgesamt 675 Euro ausmacht.

Ergänzend zur Mietrichtwerttabelle weise ich Sie zusätzlich auf ortsübliche Vergleichsmieten laut Internetportal Immobilienscout24 für Mietangebote in .... (Stadt und Stadtteil) hin.

Gemäß § 558b BGB ist die erhöhte Miete zum Beginn des dritten Kalendermonats an zu zahlen, der auf den Zugang des Erhöhungsschreibens folgt, also in diesem Falle ab dem 1.1.2018.

Ich darf Sie daher um Zustimmung zur Mieterhöhung bis zum 30.11.2017 bitten. Für den Fall Ihrer Zustimmung können Sie eine Kopie dieses Schreibens verwenden, das Sie der Einfachheit halber zum Zeichen Ihres Einverständnisses unten mit Datum und Ihrer Unterschrift versehen an mich zurücksenden.

Mit freundlichen Grüßen

....
(Vermieter)

Jahren nur um höchstens 15 Prozent erhöht werden, maximal aber bis zur ortsüblichen Vergleichsmiete.

Mietpreisobergrenzen gibt es ab 2015 aber auch für Wiedervermietungen in Gebieten mit nachgewiesen angespannten Wohnungsmärkten, und zwar höchstens 10 Prozent über der ortsüblichen Vergleichsmiete. Diese **Mietpreisbremse** wird jedoch nicht für die Erstvermietung von Neubaueigentumswohnungen und nicht für eine Anschlussvermietung nach umfassender Modernisierung gelten.

Die **Mieterhöhung wegen Modernisierung** macht bisher 11 Prozent der für die Wohnung entstandenen Modernisierungskosten pro Jahr aus. Der Mieter darf die Miete in den ersten drei Monaten der Modernisierung nach der Mietrechtsreform von 2013 nicht mehr mindern.

Diese Mieterhöhung wegen Modernisierung darf neben oder gleichzeitig mit der Mieterhöhung auf die ortsübliche Vergleichsmiete im Bestand geltend gemacht werden.

Die **Mieterhöhung wegen gestiegener Betriebskosten** ist weniger problematisch. Sie empfiehlt sich immer dann, wenn Sie nach Vorlage der jährlichen Betriebskostenabrechnung eine Nachzahlung von Ihrem Mieter verlangen. Um Ihrem Mieter künftig hohe Nachzahlungen zu ersparen, sollten Sie in diesem Fall die monatliche Vorauszahlung für die Betriebskosten ab dem übernächsten Monat anheben und dabei auf die voraussichtlich steigenden Betriebskosten laut Wirtschaftsplan Ihres Hausverwalters hinweisen.

Weiterhin ist die Vereinbarung von Staffel- und Indexmieten möglich. Bei der **Staffelmiete** wird die monatliche Nettokaltmiete für mehrere Jahre im Voraus festgelegt, und zwar durch Angabe der jeweils geltenden Grundmiete für jedes Jahr oder der betragsmäßigen Erhöhung in Euro.

Mit einer **Indexmietklausel** vereinbaren Sie eine Mietpreisanpassung, wenn sich der Index der Verbraucherpreise um insgesamt mindestens drei Prozentpunkte verändert hat.

Ob Ihre Mietinteressenten eine Staffel- oder Indexmiete akzeptieren, hängt auch von den örtlichen Gepflogenheiten ab. In ländlichen Gebieten wird ein solcher Wunsch des Vermieters auf wenig Gegenliebe stoßen, während Mieter in Ballungsräumen oft bereitwillig eine Staffelmiete oder insbesondere eine Indexmiete angesichts momentan niedriger Inflationsraten akzeptieren.

Als **Mietwucher** im strafrechtlichen Sinne gelten im Übrigen Mieten über 150 Prozent der ortsüblichen Vergleichsmiete (Wuchergrenze). Als privater Vermieter einer Eigentumswohnung sollten Sie immer deutlich unter der Wuchergrenze bleiben und auch sonstige Mietobergrenzen nicht überschreiten.

In der Regel wird sich Ihr geforderter Mietpreis in der Spanne zwischen 80 und 110 Prozent der ortsüblichen Vergleichsmiete bewegen. Einer nachhaltig erzielbaren und sicheren Miete sollten Sie immer den Vorzug geben gegenüber einer meist nur kurzfristig maximalen Miete. Angemessene Gewinnerzielung zahlt sich auf Dauer besser aus als absolute Gewinnmaximierung.

Mietvertrag

Der Faktor Geld wird für Sie als Wohnungsvermieter besonders wichtig sein, entscheidet er doch über den aus der vermieteten Eigentumswohnung erzielbaren Mietertrag. Dabei sollten Sie auf eine klare Trennung zwischen Nettokaltmiete und Betriebskostenvorauszahlung achten. Anpassungen der **monatlichen Nettokaltmiete** nach oben sollten möglich sein. Legen Sie daher ausdrücklich im Mietvertrag fest, dass die Mieten nach dem Vergleichsmietenverfahren erhöht werden können, oder treffen Sie von vornherein eine Vereinbarung über eine Staffel- oder Indexmiete.

Legen Sie außerdem unmissverständlich im Mietvertrag fest, welche **Betriebskosten** auf den Mieter umgelegt werden. Am besten beziehen Sie sich dabei auf die in der Jahresabrechnung des Hausverwalters aufgeführten umlagefähigen Betriebskosten plus der von Ihnen direkt an die Stadt oder Gemeinde zu zahlenden Grundsteuer.

Eine vereinbarte **Mietkaution** dient Ihnen zur Sicherung von Ansprüchen aus Mietrückständen oder unterlassenen Schönheitsreparaturen. Sie ist gesetzlich auf das Dreifache der monatlichen Nettokaltmiete beschränkt. Ortsüblich sind teilweise auch zwei Monatsmieten. Legen Sie die erhaltene Kaution selbst auf einem Sparbuch zugunsten des Mieters an, oder lassen Sie sich das Sparbuch zusammen mit einer Verpfändungserklärung der Bank von Ihrem Mieter übergeben.

Der Faktor Zeit spielt bei der Frage der Mietdauer eine Rolle. Meist wird eine unbefristete Mietdauer mit beiderseitiger Kündigungsmöglichkeit vereinbart. Die gesetzliche Kündigungsfrist für Wohnräume beträgt für Mieter grundsätzlich drei Monate. Der Vermieter bleibt bei längerfristigen Mietverhältnissen jedoch an die verlängerten Kündigungsfristen bis zu einem Jahr weiterhin gebunden.

Nicht nur Zeit ist Geld, sondern auch Renovierungsarbeiten in der Wohnung kosten Geld. Nach dem Gesetz müssen Sie als Vermieter die Kosten für Schönheitsreparaturen übernehmen. Sie können zwar die Pflicht zur Übernahme von Schönheitsreparaturen im Mietvertrag auf Ihren Mieter übertragen. Angesichts der Fülle von höchstrichterlichen Urteilen wird dies aber immer schwieriger. Oft bietet sich eine Vereinbarung an, wonach der Mieter lediglich bei Einzug renovieren muss.

Zusätzlich sollten Sie eine Kleinreparaturklausel vorsehen, nach der Ihr Mieter Kosten für kleinere Reparaturen bis zu 75 Euro im Einzelfall oder bis zu 150 Euro im Jahr selbst bezahlt. Oft unterschätzt wird von Mietern und auch von Vermietern die unbedingt zu empfehlende Klausel, dass der Mieter eine ausreichende private Haftpflichtversicherung abzuschließen hat.

Formularmietverträge der Haus- und Grundbesitzervereine regeln darüber hinaus eine Fülle von weiteren Dingen wie Untervermietung, Tierhaltung, Hausordnung oder Betreten der Miethräume durch den Vermieter. Auch wenn diese Regelungen im Einzelfall zu Ärger und Streit führen können, zählen sie nicht zu den Kernpunkten eines Wohnraummietvertrags.

Nach gründlicher Prüfung der Mieterbonität und Klärung der Kernpunkte laut Checkliste machen Sie Nägel mit Köpfen und schließen

einen schriftlichen Mietvertrag mit dem aus Ihrer Sicht geeigneten Mieter ab. Den Ort für die Vertragsunterzeichnung sollte Ihr künftiger Mieter selbst wählen. Das kann seine alte Mieterwohnung, die neue und zurzeit leerstehende Wohnung oder ein Café in der Nähe der neuen Wohnung sein. Nur in den seltensten Fällen werden Sie ihn in Ihr Haus oder Ihre Wohnung einladen.

In den Vorverhandlungen zum Mietvertrag sind Sie sich mit Ihrem künftigen Mieter beispielsweise längst einig geworden über die folgenden Knackpunkte:

 INFO **DIE ENTSCHEIDENDEN PUNKTE BEI DEN VERHANDLUNGEN ZUM MIETVERTRAG** Das ist mit allen Bewerbern für die Wohnung zu klären:

► Einzugstermin,
► Mietdauer (in der Regel unbestimmte Dauer mit gesetzlicher Kündigungsfrist von drei Monaten, eventuell Kündigungsverzicht für ein oder einige Jahre auf Wunsch des Mieters),
► Mietpreis (monatliche Nettokaltmiete, monatliche Vorauszahlung von Betriebskosten mit jährlicher Abrechnung, eventuell zusätzliche Garagen- oder Stellplatzmiete),
► Mietkaution (zwei oder drei Monatsmieten, zahlbar bei Vertragsabschluss).

Sind diese Punkte geklärt, können Sie den endgültigen Mietvertrag schon vorbereiten. Dazu nutzen Sie am besten das Vertragsformular des örtlichen Haus- und Grundbesitzervereins, das Sie gegen eine Gebühr dort erwerben können. Seien Sie sich bewusst, dass in dem beim Schreibwarengeschäft erhältlichen „Einheitsmietvertrag" oder dem vom Deutschen Mieterbund und den Mietervereinen empfohlenen „Wohnungsmietvertrag" zuweilen äußerst mieterfreundliche (und damit vermieterunfreundliche) Klauseln enthalten sind, die nicht in Ihrem Interesse sein können.

Ihr künftiger Mieter wird gegen das von Ihnen vorgelegte Mietvertragsformular nichts Grundsätzliches einzuwenden haben. Eine Diskussion über strittige Details wird sich je nach

Bewerbersituation für Ihre Mietwohnung unterschiedlich gestalten. Der Abschluss des endgültigen Mietvertrags geht fast immer recht zügig über die Bühne. Kommen Sie Ihrem künftigen Mieter entgegen und weisen Sie ihn auf die im Vorgespräch bereits besprochenen Knackpunkte wie Einzugstermin, Mietdauer, Mietpreis und Mietkaution hin. Wie im Leben so häufig, geht es hauptsächlich um die beiden Faktoren Zeit (Einzugstermin und Mietdauer) und Geld (Mietpreis und Mietkaution).

Weisen Sie Ihren Mieter auf eine eventuell vereinbarte Staffel- oder Indexmiete sowie auf die monatliche Umlage der Nebenkosten mit jährlicher Abrechnung hin. Auf eine ausführliche Schilderung der Klein- und Schönheitsreparaturklauseln können Sie eher verzichten. Auch Aspekte wie Untervermietung, Tierhaltung, Hausordnung oder Betreten der Wohnung durch den Vermieter zählen nicht zu den Kernpunkten eines Mietvertrags.

Nach Unterzeichnung des Mietvertrags durch beide Parteien steht dem Einzug Ihres neuen Mieters eigentlich nichts mehr entgegen. Nach Übergabe der Mietkaution werden Sie ihm oder ihr die Haus- und Wohnungsschlüssel kurz vor dem vereinbarten Einzugstermin geben. Fertigen Sie zu diesem Termin ein Protokoll der Wohnungsübergabe an, und notieren Sie darin auch die Stände aller verbrauchsabhängigen Leistungen wie Wasser, Gas, elektrischer Strom usw.

Wenn dann auch die erste Monatsmiete pünktlich auf Ihr Konto überwiesen ist, sind zumindest alle Voraussetzungen für ein reibungsloses und entspanntes Mietverhältnis erfüllt.

Betriebskostenabrechnung und Mietverwaltung

Klare Regelungen über die Umlage der Betriebskosten (vielfach als Nebenkosten bezeichnet) gehören in jeden Mietvertrag. Am besten führen Sie alle nach Anlage 3 zu § 27 Abs. 1 der II. Berechnungsverordnung umlagefähigen Betriebskosten auf und vereinbaren für diese Posten eine monatliche Vorauszahlung mit jährlicher Abrechnung. Zusätzlich beziehen Sie sich auf die umlagefähigen Betriebskosten laut

Jahresabrechnung des Hausverwalters und die von Ihnen zu zahlende Grundsteuer.

Die auf den Mieter umgelegten Betriebskosten stellen für Sie praktisch durchlaufende Posten dar. Als Eigentümer bezahlen Sie beispielsweise Grundsteuer, Feuerversicherungsprämie, Wassergeld, Heiz- und Warmwasserkosten und holen sich das Geld von Ihren Mietern in Form von Vorauszahlungen und eventuellen jährlichen Nachforderungen wieder.

Achten Sie vor allem auch darauf, Grundbesitzabgaben wie Grundsteuer, Müllabfuhrgebühren und Feuerversicherungsprämie auf Ihren Mieter umzulegen. Verwaltungs- und Instandhaltungskosten sind jedoch bei vermieteten Wohnungen grundsätzlich nicht umlagefähig.

Die jährliche **Betriebskostenabrechnung** muss Sie nicht schrecken. Sobald Ihnen die von der Eigentümerversammlung verabschiedete Jahresabrechnung des Hausverwalters vorliegt, ist die Abrechnung für Ihren Mieter fast schon ein Kinderspiel. Dieser Abrechnung sollten Sie einen Auszug über die umlagefähigen Betriebskosten in der Jahresabrechnung des Hausverwalters, die Heiz- und Warmwasserkostenabrechnung sowie den Grundsteuerbescheid beifügen.

Wie ein Anschreiben und eine kurz gefasste Betriebskostenabrechnung in der Praxis aussehen können, zeigt Ihnen das folgende Beispiel (siehe Seite 143).

Die Betriebskostenabrechnung kann auch ein gutes Mittel zur Mieterbindung sein. Machen Sie dabei deutlich, dass Sie nur laufende Betriebskosten auf Ihren Mieter umlegen und darüber hinausgehende Verwaltungs- und Instandhaltungskosten als Eigentümer immer selbst tragen.

Sie können einige verständliche Erläuterungen zur Abrechnung geben und Ihren Mieter insbesondere auf die Steuervergütung für Handwerkerleistungen und haushaltsnahe Dienstleistungen hinweisen. Liegen diese für umlagefähige Betriebskosten entstandenen Lohnanteile beispielsweise bei 500 Euro im Jahr, kann Ihr Mieter davon 20 Prozent gleich 100 Euro direkt von seiner Einkommensteuer absetzen und dies in seiner Einkommensteuer-

Anschreiben zur Betriebskostenabrechnung an den Mieter

(Vermieter) (Ort), 05.06.2017

Frau/Herr ....
Straße Nr. ....
PLZ Ort ....

Betriebskostenabrechnung für 2016

Sehr geehrte/r (Mieter/in),

als Anlage erhalten Sie die Betriebskostenabrechnung für 2016 nebst Belegen. Danach ergibt sich eine Nachzahlung in Höhe von

98,99 Euro

zu meinen Gunsten. Ich darf Sie bitten, diesen Betrag von 98,99 Euro auf mein Konto IBAN ....zu überweisen.

Die Vorauszahlung für Betriebskosten beträgt seit dem 1.7.2015 pro Monat 195 Euro.
Da sich die geschätzten Betriebskosten laut Wirtschaftsplan 2017 auf monatlich rund 208 Euro belaufen, erhöhe ich die monatliche Betriebskostenvorauszahlung ab 1.8.2017 auf monatlich 208 Euro, um Nachzahlungen möglichst zu vermeiden.

Mit freundlichen Grüßen

....
(Vermieter)

Anlagen
wie erwähnt

Muster einer Betriebskostenabrechnung für 2016

Wohnung: (Straße, Hausnummer, Ort)
Mieter: (Vorname, Name)

Betriebskosten (ohne Heizung, mit x gekennzeichnet)
    1 664,62 Euro
Heizkosten (siehe Abrechnung der Fa. ....) 550,38 Euro
Grundsteuer (siehe beil. Bescheid der Stadt ....) 223,99 Euro
= Betriebskosten 2016 insgesamt   **2 438,99 Euro**
minus Ihre Vorauszahlungen: 195 x 12 =   – 2 340,00 Euro
= Nachzahlung zu meinen Gunsten   **98,99 Euro**

Betriebskostenplan für 2017

Betriebskosten lt. Wirtschaftsplan des Verwalters
(mit x gekennzeichnet)   1 726,09 Euro
Heizkosten (mit xx gekennzeichnet)   550,38 Euro
Grundsteuer (wie 2016)   223,99 Euro
= Betriebskosten 2017 lt. Plan   **2 500,46 Euro**

Monatliche Betriebskosten lt. Plan für 2017:
2 500,46 Euro : 12 Monate   = 208,37 Euro
Dies entspricht bei einer Wohnfläche von 79 Quadratmetern monatlich 2,64 Euro pro qm Wohnfläche für umlagefähige Betriebskosten.

Bisherige monatliche Betriebskosten-
Vorauszahlung seit 1.7.2015:   195 Euro
Neue monatliche Betriebskosten-
Vorauszahlung ab 1.8.2017:   **208 Euro**

....
Ort, Datum Unterschrift des Vermieters

erklärung angeben. Für diesen geldwerten, aber leider kaum bekannten Tipp wird jeder Mieter dankbar sein.

Auf eine Mietverwaltung gegen Gebühr können Sie getrost verzichten, wenn Sie die Verwaltung Ihrer Eigentumswohnung als Sondereigentum selbst in die Hand nehmen. Die auch als „Sondereigentumsverwaltung" angebotene Zusatzleistung Ihres Hausverwalters oder eines anderen Verwalters geht meist nicht über die jährliche Betriebskostenabrechnung und die Entgegennahme von Mieterbeschwerden hinaus. Dies können Sie aber auch selbst übernehmen.

Kündigung wegen Eigenbedarfs des Vermieters

Grundsätzlich können Sie den abgeschlossenen Mietvertrag nur dann nach § 573 Abs. 2 BGB fristgemäß kündigen, wenn Sie ein berechtigtes Interesse an der Kündigung haben und dies notfalls auch vor Gericht beweisen können.

Zu den drei eng begrenzten Fällen zählt die Eigenbedarfskündigung. Diese liegt nach § 573 Abs. 2 Nr. 2 BGB vor, wenn „der Vermieter die Räume als Wohnung für sich, seine Familienangehörigen oder Angehörige seines Haushalts benötigt".

Der Begriff „Familienangehörige" wird dabei recht großzügig ausgelegt. Dazu zählen zunächst der Ehegatte oder eingetragene Lebenspartner des Vermieters, außerdem auch Kinder, Geschwister und Eltern des Vermieters. Sogar Nichten und Neffen können nach einem Urteil des Bundesgerichtshofs zu den anerkannten Familienangehörigen zählen.

Als Vermieter müssen Sie nach der Rechtsprechung vernünftige, nachvollziehbare Gründe für die geplante Eigenbedarfskündigung darlegen (zum Beispiel erste eigene Wohnung für Tochter oder Sohn, größere Nähe zum neuen Arbeitsplatz des Vermieters, Umzug im Alter von zu großem Einfamilienhaus in kleinere Eigentumswohnung).

Zwei Ende April 2014 verkündete Urteile des Bundesverfassungsgerichts (BVerfG) und des Bundesgerichtshofs (BGH) haben die Rechte von Vermietern bei Kündigungen wegen Eigenbedarfs deutlich gestärkt. Am 23.4.2014 ließ das Bundesverfassungsgericht die Kündigung einer 57 Quadratmeter großen Wohnung in Berlin zu, obwohl die Mieterin bereits seit 1987 darin wohnte und der Vermieter (ein Chefarzt in Hamburg) diese „Zweitwohnung" nur für mehrtägige Berlinaufenthalte nutzen wollte, um seine uneheliche Tochter zu sehen (BVerfG vom 23.4.2014, Az. 1 BvR 2851/13). Die obersten Richter hielten die Begründung des Vermieters für vernünftig und nachvollziehbar.

Am 30.4.2014 entschied der Bundesgerichtshof, dass die Begründung des Vermieters wegen Eigenbedarfs für seine Tochter und ihren Lebensgefährten ausreichend war. In diesem Fall handelte es sich um eine 158 Quadratmeter große Wohnung in Essen, die von den Mietern seit 1999 genutzt wurde. Die Mieter hielten die Kündigung wegen Eigenbedarfs für unwirksam, da der Lebensgefährte der Tochter im Kündigungsschreiben nicht namentlich erwähnt wurde. Diesen Einwand ließen die Richter aber nicht gelten (BGH vom 30.4.2014, Az. VIII ZR 284/13).

Wichtig gerade auch angesichts dieser vermieterfreundlichen Urteile: Der Selbstnutzungs- oder Eigenbedarfswille darf nicht vorgespiegelt oder frei erfunden sein. Bei vorgetäuschtem Eigenbedarf kann der gekündigte Mieter den Wiedereinzug in die Wohnung verlangen, sofern er diese Täuschung nachweisen kann und die Wohnung noch nicht an einen Dritten vermietet oder verkauft wurde. Falls dies schon erfolgt ist, hat er Schadenersatzansprüche und kann beispielsweise die Erstattung der Umzugskosten in eine andere Wohnung oder einen finanziellen Ausgleich für die höhere Miete verlangen.

Wenn Ihnen im gleichen Haus oder in derselben Eigentumswohnanlage noch eine andere Wohnung gehört, die frei steht oder frei wird, müssen Sie diese bei einer Eigenbedarfskündigung Ihrem Mieter anbieten. Diese Anbietpflicht besteht auch, wenn Sie aus der größeren selbstgenutzten in die kleinere vermietete Eigentumswohnung (oder ausnahmsweise von der kleineren in die größere) im gleichen Haus umziehen wollen. Sie müs-

Als Vermieter müssen Sie nach der Rechtsprechung vernünftige, nachvollziehbare Gründe für die geplante Eigenbedarfskündigung darlegen.

sen in diesem Fall Ihre bisher selbstgenutzte Eigentumswohnung Ihrem Mieter der anderen Wohnung anbieten.

Ihre Gründe für den Eigenbedarf müssen nach Abschluss des Mietvertrags entstanden sein. Außerdem darf sich die geplante Selbstnutzung der gekündigten Wohnung nur auf das Wohnen beziehen, also nicht beispielsweise auf die Nutzung von Praxisräumen.

Auch wenn Sie alle Bedingungen für eine rechtmäßige Eigenbedarfskündigung erfüllen, kann Ihnen der Mieter noch einen Strich durch Ihre Rechnung machen. Er kann unter Berufung auf die Sozialklausel des § 574 BGB der Kündigung widersprechen und die Fortsetzung des Mietverhältnisses verlangen. Dies kann bei älteren und gebrechlichen oder auch bei schwer erkrankten Mietern gegeben sein, für die eine Beendigung des Mietverhältnisses eine ganz besondere Härte bedeuten würde.

In solchen Fällen ist es meist sinnvoll, möglichst schon im Vorfeld eine gütliche Einigung über einen Mietaufhebungsvertrag herbeizuführen, in dem auch eine Abstandszah-

lung oder Umzugsbeihilfe für den Mieter vereinbart wird. Möglicherweise können Sie Ihrem Mieter auch bei der Suche und Auswahl einer neuen Mietwohnung behilflich sein. Ein langer gerichtlicher Streit mit ungewissem Ausgang bleibt Ihnen auf diese Weise erspart.

Vorgehen bei Mietrückständen

Falls Ihr Mieter eine Mietrate schuldig bleibt, sollten Sie ihn unverzüglich mahnen. Bleibt die Miete trotz Mahnung aus, sollte die fristlose Kündigung für den Fall angekündigt werden, dass auch die zweite Miete ausbleibt. Um den nicht zahlungsfähigen oder nicht zahlungswilligen Mieter so früh wie möglich aus dem Mietverhältnis zu entlassen, bietet sich zwecks Minimierung der Mietausfallrisiken der Abschluss eines Mietaufhebungsvertrags an.

Geht der Mieter auch auf einen Mietaufhebungsvertrag nicht ein und bleibt er trotz Mahnungen weiter im Zahlungsverzug, sollten Sie ihm nach dem Ausbleiben von zwei Monatsmieten unverzüglich die fristlose Kündigung des Mietverhältnisses per Brief zustellen

– entweder durch Einschreiben mit Rückschein oder durch Einwurf des Kündigungsschreibens unter Anwesenheit eines Zeugen in seinen Briefkasten.

Bei Kündigungen wegen Zahlungsverzugs sollten Sie zusätzlich auch das **gerichtliche Mahnverfahren** nutzen. Der Mahnbescheid, den Sie beim zuständigen Mahngericht beantragen, ist ein schneller und kostengünstiger Weg, doch noch zu Geld zu kommen. Entsprechende Formulare finden Sie im Internet oder erhalten Sie im Schreibwarengeschäft. Welches Mahngericht zuständig ist, erfahren Sie unter www.mahngerichte.de. Das Mahngericht erlässt den Mahnbescheid, wenn alle Formalien erfüllt sind. Es prüft also nicht, ob die Forderung zu Recht erhoben wird. Es genügt, dass Sie Ihren Zahlungsanspruch genau beziffern und den Grund „Rückständige Mietzahlungen" nennen.

Der Mahnbescheid wird dann Ihrem Mieter vom Mahngericht zugestellt. Zahlt er, ist die Sache für ihn und für Sie erledigt. Wenn er aber innerhalb von zwei Wochen nach Zustellung Widerspruch gegen den Mahn-

bescheid einlegt, geht das Verfahren in eine Klage über.

Reagiert Ihr Mieter weder durch Zahlung noch durch Widerspruch, können Sie beim Mahngericht einen **Vollstreckungsbescheid** beantragen. Auch dann hat der Mieter wieder drei Möglichkeiten: Er zahlt (dann ist die Sache erledigt), er erhebt innerhalb von zwei Wochen nach Zustellung Einspruch gegen den Vollstreckungsbescheid (dann muss ein Klageverfahren durchgeführt werden), oder er tut gar nichts (dann kommt es zur Zwangsvollstreckung durch den Gerichtsvollzieher).

Ob Sie bei Zahlungsverzug Ihres Mieters erst den Mahnbescheid zustellen lassen oder direkt Räumungsklage einreichen, hängt immer vom Einzelfall ab. Beides können Sie vermeiden, wenn es im letzten Moment doch noch zu einem schriftlichen **Mietaufhebungsvertrag** kommt, der von Ihnen allerdings nicht erzwungen werden kann. Vertrag kommt schließlich von „Vertragen". Sie sind also vom guten Willen Ihres zahlungsunfähigen beziehungsweise -unwilligen Mieters abhängig, ob es zum Mietaufhebungsvertrag kommt.

VERWALTUNG VON EIGENTUMS-WOHNUNGEN

Die Verwaltung von Gemeinschafts- und Sondereigentum kann „aus einer Hand" kommen oder von verschiedenen Parteien erledigt werden.

Wer sich nach gründlicher Überlegung für den Erwerb einer Eigentumswohnung zum Selbstnutzen oder zum Vermieten entschieden hat, muss sich im Klaren darüber sein, dass auch nach dem Erwerb regelmäßig Arbeit anfallen wird: Sowohl die Wohnung wie auch das gesamte Haus müssen nämlich auf Dauer verwaltet werden – und das bedeutet deutlich mehr Arbeit, als wenn man sein Geld einfach zur Bank bringt und auf ein Sparbuch einzahlt. Wohnungskäufer sollten daher schon vor dem Kauf wissen, wie diese Verwaltung in der Praxis in etwa funktioniert und auf welchen rechtlichen Überlegungen sie basiert – auch, um damit Fehler aus Unkenntnis zu vermeiden, die im Nachhinein möglicherweise schwierig zu beheben sind.

Im Rahmen der Kaufentscheidung sollten daher am besten schon folgende Fragen geklärt werden:

▶ Welche Fähigkeiten und Kenntnisse sind für die Verwaltung des gemeinschaftlichen Eigentums und des Sondereigentums erforderlich?
▶ Habe ich die Zeit dafür, den mit der Verwaltung verbundenen Aufwand auf Dauer zu betreiben?
▶ Welche Aufgaben können und wollen meine Miteigentümer und ich selbst an einen Profi delegieren?
▶ Auf was sollten meine Miteigentümer und ich bei der Auswahl des Verwalters achten, und mit welchen Kosten müssen wir rechnen?

Um die Verwaltung in der Praxis verstehen zu können und damit Antworten auf diese Fragen zu bekommen, ist ein kleiner Ausflug zu den rechtlichen Grundlagen der Immobilienverwaltung unverzichtbar.

GRUNDLAGEN FÜR DIE VERWALTUNG

Die wichtigste rechtliche Grundlage beim Kauf und der Verwaltung einer Eigentumswohnung ist die Teilungserklärung, die mit der Gemeinschaftsordnung und dem Aufteilungsplan eine zusammenhängende Urkunde bildet. In der Praxis spricht man oft vereinfachend nur von der Teilungserklärung. Diese Urkunde ist für den Käufer, aber auch für den Notar und das finanzierende Kreditinstitut, sehr wichtig: Zentrale Aufgabe der Teilungserklärung und des Aufteilungsplans ist es nämlich, das individuelle Sondereigentum jedes Miteigentümers genau zu definieren und es gegenüber dem Gemeinschaftseigentum abzugrenzen. Hier wird also festgehalten, wo das Sondereigentum genau liegt und was es umfasst. Diese formale Aufteilung eines Wohngebäudes erfolgt in der Praxis meistens durch den oder die Alleineigentümer eines Hauses, zum Beispiel Eheleute oder Erbengemeinschaften, aber auch durch eine Projektgesellschaft oder – zunehmend – durch eine Bauherrengemeinschaft. Bei der Aufteilung spielt es überhaupt keine Rolle, ob das Haus schon steht oder erst später noch gebaut wird, oder ob im Falle einer Baulückenschließung der Altbau schon steht und der Neubau noch nicht.

Der Aufteilungsplan

Der Aufteilungsplan ist im Grunde eine Bauzeichnung für jede Wohnung im Haus und alle Räume, die im Gemeinschaftseigentum stehen, ergänzt um Zeichnungen der Wohnungsschnitte und der Außenansichten des Gebäudes einschließlich des Dachgeschosses und gegebenenfalls einer Empore. Diese Bauzeichnungen werden dann zum Aufteilungsplan, wenn für jeden der zu demselben Wohneigentum gehörenden Räume dieselbe Nummer auf den Grundrissen und Ansichten eingetragen wird und dieser Aufteilungsplan anschließend zusammen mit der Teilungserklärung nebst Gemeinschaftsordnung notariell beurkundet wird. Der Notar muss dabei prüfen, ob die rechtlichen Voraussetzungen für die Aufteilung erfüllt sind, bevor das Grundbuchamt dieses später ebenfalls prüft.

Aus dem Aufteilungsplan kann man sich als Käufer also anhand der einheitlichen Nummer rechtsverbindlich über die Lage und die Größe der im Sonder- und Gemeinschaftseigentum stehenden Gebäudeteile informieren. Sollte es in der Teilungserklärung zu Abweichungen vom Aufteilungsplan kommen, was in der Praxis immer mal wieder vorkommt, dann ist in der Regel der Aufteilungsplan die juristisch relevante Unterlage. Achtung: Das kann also bedeuten, dass Sondereigentum an einzelnen Räumen, die mit keiner Nummer gekennzeichnet sind, nicht rechtswirksam entstanden ist und daher von gemeinschaftlichem Eigentum für diese Räume ausgegangen werden muss.

Die Teilungserklärung

In der Teilungserklärung wird genau beschrieben, welche Sonder- oder Teileigentumseinheiten neben der Wohnung, die man gerade erwerben will, sonst noch bestehen.

Der Begriff **Sondereigentum** bedeutet, dass die so bezeichnete Einheit zu Wohnzwecken genutzt werden darf.

Der Begriff **Teileigentum** legt hingegen fest, dass die so bezeichnete Einheit gerade nicht zu Wohnzwecken genutzt werden darf. Das können Gewerbeeinheiten im Erdgeschoss des Hauses oder die Arztpraxis in der ersten Etage oder auch eine nicht ausgebaute Dachgeschosseinheit sein.

Alle Räume, die Sonder- oder Teileigentumseinheiten bilden, müssen dabei „in sich abgeschlossen sein", also baulich vom Gemeinschaftseigentum eindeutig getrennt sein (§ 3 Abs. 2 Satz 1 WEG).

Und noch eine Voraussetzung muss erfüllt sein: Es muss ein eigener abschließbarer Zugang vom Gemeinschaftseigentum gegeben sein.

Vereinfachte Vorschriften gibt es für Garageneinstellplätze: Diese gelten als abgeschlossen, wenn ihre Flächen als dauerhafte Markierungen ersichtlich sind (§ 3 Abs. 2 Satz 2 WEG).

Miteigentum am gemeinschaftlichen Eigentum

Wenn man eine Wohnung kauft, erwirbt man in Deutschland automatisch nicht nur das Sondereigentum, sondern das „Sondereigentum verbunden mit einem Miteigentumsanteil am gemeinschaftlichen Eigentum". Dieser Miteigentumsanteil, der mit dem Sondereigentum an einer Wohnung oder eines Teileigentums untrennbar verbunden ist, ist in der Teilungserklärung festgelegt und wird in Bruchteilen zu jeweils Hundertsteln, Tausendsteln, Zehntausendsteln oder vergleichbaren Bruchteilen am Gemeinschaftseigentum ausgedrückt.

Gegenstand des Sondereigentums

In Hinsicht auf die Rechte und Pflichten, aber auch auf die Kosten lohnt sich ein zweiter Blick in die Teilungserklärung nebst Gemeinschaftsordnung: Dort ist auch erklärt, was genau zu „meiner" zukünftigen Wohnung, also meiner „Sondereigentumseinheit" gehört und was nicht: Gehören zum Beispiel die Heizkörper und die Thermostatventile zu meinem Sondereigentum oder zum Gemeinschaftseigentum? Oder die horizontal verlaufenden Wasserleitungen ab dem Abzweig in meine Wohnung? Und wie verhält es sich mit „meinem" Balkon? Sind diese Bestandteile und Einrichtungen meinem Sondereigentum zugeordnet? Denn nur, wenn

etwas davon meinem Sondereigentum zugeordnet ist, kann ich als Wohnungseigentümer in der Regel ganz alleine entscheiden, wann und wie ich die Dinge instandhalten und instandsetzen möchte. Und dann ist es auch üblich, dass ich die Kosten der Instandhaltung und Instandsetzung dafür alleine tragen muss. Für die Kosten, die sich aus der Instandhaltung und Instandsetzung des gemeinschaftlichen Eigentums ergeben, gilt hingegen, dass diese auch gemeinschaftlich zu tragen sind. Hierzu später mehr.

Sondernutzungsrechte

In manch einer Teilungserklärung nebst Gemeinschaftsordnung stößt man auf den Begriff eines „Sondernutzungsrechts". Ein Sondernutzungsrecht sieht vor, dass jemandem exklusiv das alleinige Recht der Nutzung eingeräumt wird, zum Beispiel für einen bestimmten Bereich des Gartens, für eine Terrasse oder einen Kfz-Stellplatz. Wenn so ein Sondernutzungsrecht vereinbart ist, dann darf auch nur der Inhaber dieses Sondernutzungsrechts diesen Teil des Gemeinschaftseigentums nutzen und hat damit alle Gebrauchsvorteile und -rechte. Alle übrigen Miteigentümer sind von dem ansonsten bestehenden „Mitgebrauchsrecht am gemeinschaftlichen Eigentum" (§ 13 Abs. 2 WEG) ausgeschlossen.

Die Sondernutzungsberechtigten dürfen dieses Sondernutzungsrecht aber ausschließlich in der Weise ausüben, wie es in der Gemeinschafts- oder Hausordnung geregelt ist. Somit wird sichergestellt, dass die im Gemeinschaftseigentum stehenden Flächen, Anlagen und Einrichtungen vor wesentlichen Eingriffen durch den einzelnen Sondernutzungsberechtigten geschützt bleiben.

Grundsätzliche Voraussetzung dabei ist, dass die Sondernutzungsrechte in der Teilungserklärung und in der Abgeschlossenheitsbescheinigung so genau bestimmt sind, dass man erkennen kann, auf welches Objekt (zum Beispiel „Kfz-Einstellplatz Nr. 2 gemäß Aufteilungsplan und Teilungserklärung") und auf welchen Miteigentumsanteil an einer Wohnungs- oder Teileigentumseinheit sich diese Rechte beziehen.

In der Teilungserklärung und dem Aufteilungsplan wird das individuelle Sondereigentum jedes Miteigentümers genau definiert und gegenüber dem Gemeinschaftseigentum abgegrenzt.

Verkauf eines Sondernutzungsrechts

Sondernutzungsrechte, wie das an dem beschriebenen, in Teilungserklärung und Aufteilungsplan hinreichend bestimmten Kfz-Stellplatz Nr. 2, kann man auch verkaufen – jedoch nur an einen anderen Miteigentümer. Dieser andere Miteigentümer kann auch ein Bruchteilseigentümer sein. Das sind zum Beispiel Eheleute, die gemeinsam Eigentümer einer Wohnung sind. Wenn aber nur einer der Eheleute das Sondernutzungsrecht an einem Kfz-Stellplatz von einem anderen Eigentümer erwerben will, dann darf er das, wie der BGH entschieden hat (Urteil v. 10.5.2012, V ZB 279/11). Der Verwalter sollte dann mittels eines entsprechenden Grundbuchauszugs und gegebenenfalls weiterer Informationen des Grundbuchamts über die neuen Eigentumsverhältnisse informiert werden, um die mit dem Sondernutzungsrecht im Zusammenhang stehenden Kosten entsprechend verteilen zu können.

Die Gemeinschaftsordnung

Die „Gebrauchsregeln für die Wohnungseigentümergemeinschaft" findet man in der Gemeinschaftsordnung. Diese hat die Aufgabe, das Zusammenleben aller jetzigen und zukünftigen Mitglieder der Wohnungseigentümergemeinschaft im Grundsatz zu regeln. Solch ein Regelwerk kennen viele Menschen zum Beispiel aus dem Vereinsleben: Die Gemeinschaftsordnung einer Wohnungseigentümergemeinschaft ist mit der Satzung eines Sportvereins vergleichbar.

Nutzungsregeln zu Art und Umfang des Gebrauchs

Hier finden sich zum Beispiel Regeln, die klarstellen, ob eine Wohnung freiberuflich oder gewerblich genutzt werden darf und gegebenenfalls unter welchen Auflagen. Oder Regeln, die die Nutzung von Garten- oder Außenanlagen beschränken. Oder Regeln darüber, wie die Gewerbeeinheit im Erdgeschoss, also eine Teileigentumseinheit, jetzt und in Zukunft genutzt und gebraucht werden darf. Denn wer will schon gerne, dass irgendwann genau unter seiner Wohnung eine Kneipe eröffnet wird?

Die Regeln zu Art und Umfang des Gebrauchs können auch Grundlage dafür sein, unter welchen Bedingungen die jeweiligen Eigentümer von mehreren nebeneinander oder übereinander liegenden Wohnungen diese miteinander verbinden dürfen, ohne die Gemeinschaft darüber beschließen zu lassen. Gut ist es, wenn dort dann auch genau steht, wie sich die Zusammenlegung zweier Wohnungen auf die Verwaltung des gemeinschaftlichen Eigentums auswirkt: Ändert sich durch die Zusammenlegung zweier Einheiten etwas an der Kostenverteilung der gemeinschaftlichen Kosten oder an den Stimmrechten auf der Eigentümerversammlung?

Zustimmung zum Kauf

Eine oft anzutreffende Regel ist, dass der Verwalter dem Verkauf einer Wohnung zustimmen muss. Diese Verfügungsbeschränkung (§ 12 WEG) hat den Zweck, dass der Verwalter prüfen kann, ob mit dem Käufer Risiken für die Gemeinschaft verknüpft sind, die den Hausfrieden stören könnten, zum Beispiel eine bekannte persönliche oder finanzielle Unzuverlässigkeit des möglichen Erwerbers. Der Verwalter wird dazu vom Notar angeschrieben, muss zeitnah eine Entscheidung fällen und gegebenenfalls dann seine Zustimmung zum Kauf notariell erteilen.

Der Verkäufer muss dabei den Verwalter unterstützen, zum Beispiel indem er den Kaufinteressenten bittet, dem Verwalter Auskünfte zu erteilen. Die Entscheidung des Verwalters ist dann bindend.

Kostenverteilungsschlüssel für gemeinschaftliche Kosten

Eine der in der Praxis wichtigsten Gebrauchsregeln ist die Kostenverteilung der gemeinschaftlichen Kosten. In der Gemeinschaftsordnung ist oft geregelt, welche Kostenarten, zum Beispiel die Frisch- und Abwasserkosten oder die Bewässerungskosten des Gemeinschaftsgartens, auf die Wohnungen jeweils direkt oder über einen „Kostenverteilerschlüssel" verteilt

werden. Wenn in der Gemeinschaftsordnung nichts geregelt ist, dann gilt der gesetzliche Verteilerschlüssel: Der Anteil bestimmt sich für die einzelnen Wohnungen nach dem Verhältnis der Miteigentumsanteile am Gemeinschaftseigentum, abgekürzt „MEA" (§ 16 Abs. 1 und 2 WEG).

In der Praxis ist in vielen Teilungserklärungen vereinbart, dass statt der Quote am gemeinschaftlichen Eigentum – also der Miteigentumsanteile – die Quote der Wohn- und Nutzfläche als Verteilungsschlüssel zugrunde gelegt wird. Immer häufiger trifft man auch auf die Regel, dass die Wasserkosten, genau wie die Heizungskosten, nach Verbrauch abgerechnet werden. Ganz oft liest man auch, dass die Kosten der Verwaltung nach Einheiten abgerechnet werden sollen: Egal, wie groß die Einheit ist, die Kosten der Verwaltung sollen für jede Einheit gleich hoch sein.

In der Gemeinschaftsordnung kann man auch Vereinbarungen finden, nach denen die bestehenden Regeln zu den „Verteilerschlüsseln in der Gemeinschaftsordnung" geändert werden dürfen, wenn eine bestimmte Mehrheit der Eigentümer diese Regeländerung auf einer Eigentümerversammlung beschließt. Solche Regeln nennt man „Öffnungsklauseln". Sinn macht das, wenn zum Beispiel im Zuge einer Modernisierung oder Sanierung der Wasserinstallation in jeder Wohnung Verbrauchsmesser (Wasseruhren) eingebaut werden.

Und seit dem 01.07.2007 gibt es auch noch die Möglichkeit, auf Basis des Wohnungseigentums per Beschluss einige Kostenverteilungsschlüssel zu ändern. Ob und wie man Verteilerschlüssel per Beschluss abändern kann, wird im kommenden Kapitel ausführlich dargestellt.

Stimmrecht in der Eigentümerversammlung

Die Miteigentumsquote am gemeinschaftlichen Eigentum kann noch eine weitere wichtige Bedeutung haben: Sie ist oft die Grundlage für das Stimmrecht, das der Käufer in einer Eigentümerversammlung hat. Wenn sich das Stimmrecht nach der Höhe der Miteigentumsanteile richtet, nennt man das „Wertprinzip".

Wenn hingegen nichts anderes in der Teilungserklärung geregelt, also vereinbart ist, gilt das „Kopfprinzip": Danach hat jeder Eigentümer eine Stimme – egal wie viele Einheiten er besitzt (§ 25 Abs. 2 WEG).

In Teilungserklärungen und Gemeinschaftsordnungen findet man auch oft die Regel, nach der sich das Stimmrecht nach der Zahl der Wohnungen, dem „Objektprinzip", richtet.

Es gibt keine gesetzlichen Bestimmungen zur Berechnung der Miteigentumsanteile. Üblicherweise erfolgt sie für die einzelnen Wohnungseigentums- oder Teileigentumseinheiten nach ihrem Wohn- und Nutzflächenverhältnis. Das heißt, dass einer kleinen Wohnung wenige Miteigentumsanteile zugewiesen werden, einer großen Wohnung viele. Wenn dann die gemeinschaftlichen Kosten nach dem Verhältnis der Miteigentumsanteile verteilt werden, zahlt eine kleine Wohnung auch weniger und eine große Wohnung mehr der gemeinschaftlichen Kosten.

Achtung: Im Rahmen der Teilungserklärung kann der Aufteilende die Stimmrechts- oder Kostenverteilung auch anders geregelt haben. Als Käufer sollten Sie prüfen, in welchem Verhältnis die in der Teilungserklärung vereinbarten Miteigentumsanteile, die Wohn- und Nutzflächen, die anzuwendenden Kostenverteilerschlüssel und das auf der Versammlung anzuwendende Stimmrecht miteinander stehen, wenn Sie sich vor Überraschungen schützen möchten.

Eine nachträgliche Änderung der Quote am Grundstück, der Miteigentumsanteile (MEA) oder des vereinbarten Stimmrechtsprinzips ist nur mit Zustimmung aller Wohnungseigentümer möglich. Diese müssen dann eine Änderung der Teilungserklärung notariell protokollieren lassen. In der Praxis kommt so eine nachträgliche Änderung der Teilungserklärung kaum jemals zustande.

Einschränkung der Stimmrechtsvertretung

Oft ist in der Gemeinschaftsordnung geregelt, wer genau die Vertretung in der Versammlung ausüben darf, zum Beispiel der Ehegatte, ein anderer Miteigentümer oder der Verwalter. Diese Regel soll es ermöglichen, dass die betroffenen Eigentümer auf der nicht öffentlichen Versammlung möglichst nah bei den Entscheidungen sind und nicht fremden Dritten, beispielsweise einem Rechtsanwalt, die Teilnahme ohne stichhaltigen Grund ermöglichen.

Weitere Regeln in der Gemeinschaftsordnung

Manchmal finden sich Regeln, die einem Bauträger, der sowohl ein Haus aufteilt als auch vor oder nach der Aufteilung bestimmte Baumaßnahmen vornehmen möchte, dafür die notwendigen Rechte einräumen, natürlich ohne Zustimmung von anderen Miteigentümern. Dabei kann es sich zum Beispiel um den Austausch von Fenstern (in der Regel Gemeinschaftseigentum) in allen Wohnungen handeln. Denn manchmal ist bei der Aufteilung eines Altbaus noch nicht klar, welcher Mieter während der Bauphase wohnen bleibt und welcher auszieht. Dann möchte sich der Bauträger das Recht vorbehalten, auch noch einige Jahre später diesen Austausch der Fenster zu eigenen Kostenlasten durchführen zu dürfen.

In vielen Gemeinschaftsordnungen sind weitere Regeln aufgestellt, die die Aufgabe haben, das Zusammenleben von Anfang an zu regeln. In einigen Gemeinschaftsordnungen finden sich ganze Hausordnungen, die zum Beispiel ganz detaillierte Regelungen zur Tierhaltung, zum Musizieren oder zu den Ruhezeiten vorsehen.

Damit ist die Gemeinschaftsordnung sowohl beim Kauf einer Wohnung als auch für die Verwaltung in der täglichen Praxis von nicht unerheblicher Bedeutung.

DAS GEMEINSCHAFTS-EIGENTUM VERWALTEN

Schon der Inhalt und das Zusammenspiel von Teilungserklärung, Gemeinschaftsordnung und Aufteilungsplan machen deutlich, dass zur Verwaltung des gemeinschaftlichen Eigentums juristische Kenntnisse erforderlich sind. Zur erfolgreichen Verwaltung des gemeinschaftlichen Eigentums ist aber noch ein ganzes Paket an kaufmännischen, organisatorischen, diplomatischen, technischen und eben auch juristischen Kenntnissen und Fähigkeiten nötig.

Organe der Verwaltung

Der Gesetzgeber hat mit der Schaffung des Wohnungseigentumsgesetzes ausdrücklich das Ziel verfolgt, den Wohnungseigentümern grundsätzlich die Verwaltung ihres gemeinschaftlichen Eigentums zu überlassen (§ 20 WEG).

Die Verwaltung des gemeinschaftlichen Eigentums obliegt gemäß § 20 WEG folgenden Verwaltungsorganen:

▶ **DEN WOHNUNGSEIGENTÜMERN** nach Maßgabe der §§ 21–25 WEG: Die Wohnungseigentümer treffen ihre Entscheidungen in der Eigentümerversammlung als oberstem Beschlussfassungsorgan.

▶ **DEM VERWALTUNGSBEIRAT** gemäß § 29 WEG, sofern einer bestellt ist: Der Verwaltungsbeirat kann aus den Reihen der Wohnungseigentümer gewählt werden und hat die Aufgabe, den Verwalter in seiner Arbeit zu unterstützen, ihn aber auch zu kontrollieren.

▶ **DEM VERWALTER** nach Maßgabe der §§ 26–28 WEG: Der Verwalter ist das ausführende Organ der Wohnungseigentümergemeinschaft und per Gesetz mit den unverzichtbaren Mindestaufgaben der

ordnungsgemäßen Verwaltung beauftragt, sobald auch nur ein Miteigentümer dieses verlangt (§ 21 Abs. 1 WEG). Damit will der Gesetzgeber eine unverzichtbare Handlungsfähigkeit von Wohnungseigentümergemeinschaften sicherstellen. Das heißt aber gleichzeitig: Auch diese unverzichtbaren Mindestaufgaben können durch die Miteigentümer einer Wohnungseigentümergemeinschaft in einer geeigneten Art der Selbstverwaltung geleistet werden – wenn alle Miteigentümer dieses ausdrücklich wollen.

Rechtliche Grundlagen

Die rechtlichen Grundlagen, nach denen das gemeinschaftliche Eigentum verwaltet werden muss, bleiben dieselben – unabhängig von der Größe der Eigentümergemeinschaft. Diese sind:

▶ Das Wohnungseigentumsrecht gemäß des zum 01.07.2007 grundlegend novellierten Wohnungseigentumsgesetzes („WEG"),

▶ Die Entscheidungen des Bundesgerichtshofs insbesondere seit dem Jahr 2009,

▶ Die bestandskräftigen Urteile der vorherigen Instanzen,

▶ Die Vereinbarungen der Teilungserklärung nebst Gemeinschaftsordnung und Aufteilungsplan,

▶ Die bestandskräftigen und wirksamen Beschlüsse der Eigentümergemeinschaft,

▶ Die Hausordnung,

▶ Zum Teil die Heizkosten- und die Betriebskostenverordnung.

Neben diesen rechtlichen Grundlagen finden sich insbesondere im Bürgerlichen Gesetzbuch weitere Grundsätze, die in bestimmten Fällen Anwendung finden – und nicht zuletzt sogar im Grundgesetz.

Weiterentwicklung der rechtlichen Grundlagen seit 01.07.2007

Dem Gesetzgeber war es aufgrund der vielen Erfahrungen seit Schaffung des Gesetzes über das Wohnungseigentum und das Dauerwohnrecht beziehungsweise des Wohnungseigentumsgesetzes vom 15. März 1951 bis Ende der 90er-Jahre des letzten Jahrhunderts wichtig, der Verwaltung des gemeinschaftlichen Eigentums einen der heutigen Zeit angepassten Rahmen zu geben. Die Überlegungen des Gesetzgebers mündeten in die WEG-Novelle, die zum 01.07.2007 in Kraft getreten ist. Dieser novellierte Rahmen soll einerseits mehr Raum für individuelle Lösungen im täglichen Zusammenleben zulassen, andererseits aber auch klare Grenzen aufzeigen, die im Sinne eines gedeihlichen Miteinanders nicht überschritten werden dürfen. Seit der Novelle gilt auch bei Rechtsstreitigkeiten das unter Privatleuten übliche Prozessverfahrensrecht.

Ergänzt wird die WEG-Novelle durch die höchstrichterliche Rechtsprechung des Bundesgerichtshofs (BGH) insbesondere seit dem Jahr 2009. Diese Urteile wirken sich in nicht unerheblichem Ausmaß auf die Verwaltung des gemeinschaftlichen Eigentums aus.

Verwaltung durch den Profi oder in Eigenverantwortung?

Gerade in kleinen Wohnungseigentümergemeinschaften (WEGs) kommt oft der Gedanke auf, ob man die Eigentumsverwaltung nicht komplett selbst erledigen kann. Die Gründe dafür sind vielfältig: Die gerade bei kleinen Eigentümergemeinschaften vergleichsweise hohen Kosten der Verwaltung sollen eingespart werden, es gab schlechte Erfahrungen mit einem professionellen Verwalter oder einfach aus der Not heraus, dass man sich auf keinen geeignet erscheinenden professionellen Verwalter verständigen kann.

Aus der Erfahrung heraus rät der Verbraucherschutzverein „wohnen im eigentum e. V." nur kleineren WEGs mit bis zu 10 Eigentümern und einem hohen Anteil an Selbstnutzern, die Selbstverwaltung zu übernehmen, und auch nur, wenn in der Gemeinschaft ein gutes Klima herrscht und die Miteigentümer teamfähig sind. Die Eigentümer sollten dann über das fachliche Know-how und die für die Verwaltungsarbeit notwendige Zeit verfügen. Auch sollten sie wissen, worauf sie sich da einlassen, welche Vorteile und welche Belastungen sich ergeben können. Die Miteigentümer müssen sich auch über die Haftung des Verwalters und über den Schutz durch Verträge und Versicherungen informieren und daraus geeignete Konsequenzen ziehen.

Nach „wohnen im eigentum" ist es nicht sinnvoll, das gemeinschaftliche Eigentum in Selbstverwaltung zu organisieren, wenn ein erheblicher Instandhaltungs- und Instandsetzungsbedarf vorhanden ist. Bedenken gegen die Verwaltung in Eigenregie bestehen auch dann, wenn die rechtlichen Strukturen, die Eigentums- und Besitzverhältnisse sowie die Sondernutzungsrechte nicht zur Zufriedenheit aller Miteigentümer geregelt sind.

Gabriele Heinrich, Geschäftsführerin des Vereins, betont, dass die Selbstverwaltung durch alle Miteigentümer klare Vorteile bringen kann, wenn bestimmte Voraussetzungen gegeben sind:

So ist die Aufstellung eines „Geschäftsverteilungsplans", der jedem Eigentümer einen klar definierten Aufgabenbereich zuordnet, eine wesentliche Grundlage für das Gelingen der Selbstverwaltung durch alle Miteigentümer. Es sind aber auch andere Mischformen der Selbstverwaltung denkbar, wie zum Beispiel die Selbstverwaltung mit einem internen Verwalter, also einem Miteigentümer, der für die Gemeinschaft die gesetzlichen Aufgaben des Verwalters erledigt.

Oder ein ganz genau bestimmter Teil der Verwaltungsarbeit wird an einen professionellen, externen Verwalter delegiert, während der Rest durch die Miteigentümer selbst verwaltet wird.

Auch bei diesen Mischformen sind die Verbindlichkeit und die Klarheit über die Aufgabenverteilung grundlegend, um anschließend Konflikte zu vermeiden. Der Verein empfiehlt auch bei solchen Mischformen den Abschluss von schriftlichen Verträgen, gerade auch um die meist ehrenamtlich tätigen Miteigentümer rechtlich abzusichern.

INFO

CHECKLISTEN ZUR ENTSCHEIDUNGSFINDUNG Der Verbraucherschutzverein „wohnen im eigentum e. V." hat auf seiner Homepage Checklisten bereitgestellt, mit deren Hilfe die Miteigentümer einer Wohnungseigentümergemeinschaft zu einer dauerhaften Entscheidung gelangen können, ob sie die gesetzlichen Mindestaufgaben des Verwalters für das Gemeinschaftseigentum in einer Form der Selbstverwaltung übernehmen wollen. Zu finden sind diese Checklisten unter www.woh nen-im-eigentum.de/eigentumswohnung/verwaltung/ selbst-verwaltung.html.

Verwaltung durch die Wohnungseigentümer

Die Verwaltung des gemeinschaftlichen Eigentums steht den Wohnungseigentümern gemeinschaftlich zu – soweit das Gesetz selbst oder eine vom Gesetz abweichende, wirksame Vereinbarung der Wohnungseigentümer nicht etwas anderes vorsieht (§ 21 Abs. 1 WEG). Der Gesetzgeber sieht durch diese Regel vor, dass für Verwaltungsmaßnahmen grundsätzlich die Zustimmung aller Eigentümer in Form eines einstimmigen Beschlusses erforderlich ist – es sei denn, es gibt Ausnahmen: Diese müssen aber genau beschrieben und rechtswirksam sein, sodass alle Eigentümer vor Überraschungen geschützt werden.

Ausnahmen vom Prinzip der Einstimmigkeit

Der Gesetzgeber hat seit jeher eine Ausnahme zugelassen, um die alltägliche Verwaltungsarbeit zu erleichtern: Beschlüsse können mit einfacher Stimmenmehrheit der anwesenden oder vertretenen Miteigentümer gefasst werden, wenn es sich um Maßnahmen ordnungsge-

mäßer Verwaltung handelt. Zu einer ordnungsgemäßen, dem Interesse der Gesamtheit der Wohnungseigentümer entsprechenden Verwaltung gehören insbesondere die:

► Aufstellung einer Hausordnung,
► ordnungsgemäße Instandhaltung und Instandsetzung des gemeinschaftlichen Eigentums,
► Feuerversicherung des gemeinschaftlichen Eigentums zum Neuwert sowie die angemessene Versicherung der Wohnungseigentümer gegen Haus- und Grundbesitzerhaftpflicht,
► Ansammlung einer angemessenen Instandhaltungsrückstellung,
► Aufstellung eines Wirtschaftsplans gemäß § 28 WEG,
► Duldung aller Maßnahmen, die zur Herstellung einer Fernsprechteilnehmereinrichtung, einer Rundfunkempfangsanlage oder eines Energieversorgungsanschlusses zugunsten eines Wohnungseigentümers erforderlich sind,
► Bestellung und Abberufung des Wohnungseigentumsverwalters nach § 26 Abs. 1 und 2 WEG,
► Bestellung eines Verwaltungsbeirats nach § 29 Abs. 1 WEG und
► Beschlussfassungen über den Wirtschaftsplan und Sonderumlagen, die Jahresabrechnung und die Rechnungslegung nach § 28 WEG.

Aus praktischer Sicht haben solche Ausnahmen eine große Bedeutung: Dem Bereich der ordnungsgemäßen Verwaltung ist der größte Teil der Verwaltungsmaßnahmen zuzuordnen. Und bei genau diesen Verwaltungsmaßnahmen reicht es aus, wenn bei einer beschlussfähigen Eigentümerversammlung die Mehrheit der anwesenden oder durch Vollmacht vertretenen Eigentümer einem Beschlussantrag zustimmt.

Betriebskosten und Kosten der Verwaltung

Mit der WEG-Novelle sind weitere Verwaltungsmaßnahmen hinzugekommen, über die die Miteigentümer mit einfacher Stimmenmehrheit beschließen können – und die einen bedeutenden Einfluss auf die tägliche Verwaltung des gemeinschaftlichen Eigentums haben:

Die Wohnungseigentümer können beschließen, die Betriebskosten und die Kosten der Verwaltung dauerhaft anders zu verteilen, als es im Gesetz oder in der Teilungserklärung nebst Gemeinschaftsordnung geregelt ist. Die Bedingungen dafür sind, dass der oder die neuen Kostenverteilerschlüssel ordnungsgemäßer Verwaltung entsprechen und gegebenenfalls nach Verbrauch oder Verursachung erfasst werden können. Wenn diese Bedingungen erfüllt sind, dann besteht für die Eigentümergemeinschaft eine Wahlfreiheit (§ 16 Abs. 3 WEG).

Der Gesetzgeber hat damit ein wirksames Instrument geschaffen, um ungerechte Kostenverteilungsschlüssel, die bei der Aufteilung des Hauses in der Teilungserklärung vereinbart wurden, dauerhaft ändern zu können.

Instandhaltung und Instandsetzung

Zur ordnungsgemäßen Verwaltung gehört auch die ordnungsgemäße Instandhaltung und Instandsetzung des gemeinschaftlichen Eigentums. Dieser Bereich ist in der Praxis von so großer Bedeutung, dass er hier genauer erklärt werden und mit dem zum 01.05.2013 in Kraft getretenen Mietrechtsänderungsgesetz in Verbindung gebracht werden soll.

Unter **Instandhaltung** sind alle Maßnahmen zu verstehen, die geeignet sind, um normale und verbrauchsbedingte Abnutzungserscheinungen zu beseitigen oder vor drohenden Schäden zu schützen. Die Maßnahmen müssen dazu dienen, den bei Erschaffung des Wohnungseigentums bestehenden technisch einwandfreien, gebrauchs- und funktionsfähigen Zustand sowie den bestimmungsgemäßen Gebrauch einer baulichen Anlage aufrechtzuerhalten. Die Instandhaltung geschieht durch pflegende, erhaltende und vorsorgende Maßnahmen wie zum Beispiel das Ölen von Türen.

Unter **Instandsetzung** kann hingegen grundsätzlich die Wiederherstellung des ursprünglichen ordnungsgemäßen Zustands gesehen werden. Ziel ist also die Wiederher-

stellung eines ursprünglich vorhandenen Zustands sowie des bestimmungsgemäßen Gebrauchs. Im seit dem 01.05.2013 geltenden Mietrecht wird für die Maßnahmen Instandhaltung und Instandsetzung der Begriff „Erhaltungsmaßnahmen" (§ 555a Abs. 1 BGB) verwendet. Diese Maßnahmen sind vom Mieter zu dulden.

Öffentlich-rechtliche Vorschriften

Im Rahmen der ordnungsgemäßen Instandhaltung und Instandsetzung des gemeinschaftlichen Eigentums müssen auch öffentlich-rechtliche Vorschriften beachtet werden. So muss zum Beispiel bei Maßnahmen an der Fassade geprüft werden, inwieweit die Energieeinsparverordnung in der jeweils gültigen Fassung anzuwenden ist. Und wenn diese anzuwenden ist, dann kann die Gemeinschaft nur noch über das Wie der Instandsetzungsmaßnahme entscheiden, nicht mehr über das Ob.

Auch wenn ein Gebäude erst lange nach der Fertigstellung in einen baulich-technisch einwandfreien Zustand gebracht wird, der nach Aufteilungsplan, Teilungserklärung und Gemeinschaftsordnung eigentlich von Anfang an hätte geschaffen sein müssen, zählt das als eine Maßnahme, die unter den Begriff „ordnungsgemäße Instandhaltung und Instandsetzung" des gemeinschaftlichen Eigentums fällt. Und damit fallen diese Maßnahmen in den Verwaltungsbereich, in dem mit einfacher Stimmenmehrheit beschlossen werden kann, ob eine solche Maßnahme auch umgesetzt werden soll.

Beispiel: Malermäßige Instandsetzung einer Fassade. Nicht immer wollen die Eigentümer mehrheitlich, dass eine bestimmte Instandsetzungsmaßnahme auch schnellstmöglich umgesetzt wird. Ein Beispiel dafür ist die malermäßige Instandsetzung einer Fassade, die über die Jahre dreckig und fleckig geworden ist. Für diese Entscheidung kann es viele Gründe geben. Einer der Hauptgründe liegt oft in den fehlenden finanziellen Reserven der Wohnungseigentümergemeinschaft. Diese Reserven nennt man in einer Wohnungseigentümergemeinschaft Instandhaltungsrücklage oder Instandhaltungsrückstellung.

Vorbereitung größerer Erhaltungsmaßnahmen

Um trotzdem im Rahmen der ordnungsgemäßen Verwaltung zu verwalten und Frieden in der Gemeinschaft zu wahren, kann sich in solchen Fällen ein schrittweises Herangehen an diese Maßnahme über mehrere Jahre als zielführend und ordnungsgemäß erweisen: So kann die Gemeinschaft beschließen, zunächst die jährliche Zuführung zur Instandhaltungsrücklage zu erhöhen. Diese Entscheidung trifft die Gemeinschaft bei dem Beschluss über den jährlichen Wirtschaftsplan. Dafür ist eine einfache Stimmenmehrheit ausreichend.

Auf der kommenden Versammlung kann dann ein Grundlagenbeschluss gefasst werden, die Fassade unter Wahrung der öffentlich-rechtlich notwendigen Regeln instandsetzen zu lassen. So ein Beschluss liefert dann die Grundlage für das weitere Vorgehen.

Auf dieser Basis kann die Gemeinschaft einen Architekt beauftragen, zum Beispiel zum März des Folgejahrs eine Ausschreibung für die Fassadeninstandsetzung zu erstellen und mehrere Anbieterangebote einzuholen. Damit bekommt die Gemeinschaft einen Überblick über die notwendige Art und den Umfang der Kosten der Instandsetzungsmaßnahme, insbesondere durch die Vorlage mehrerer vergleichbarer Angebote. Und wenn dann die notwendigen Mittel angespart sind, kann die Gemeinschaft einen Mehrheitsbeschluss fassen, die Fassade – gegebenenfalls auf Basis einer dann aktualisierten Ausschreibung nebst aktualisierten Angeboten – auch wirklich streichen zu lassen.

Mehrere Versammlungen bei größeren Bauvorhaben

Dr. Oliver Elzer, Richter am Kammergericht in Berlin, Fachautor und Seminarleiter, sieht es als quasi zwingend an, dass bei größeren Baumaßnahmen mehrere Versammlungen durchzuführen sind, in der Regel mindestens zwei bis drei. Diese umfassen mindestens diese Folge von Beschlüssen:

▶ Grundlagenbeschluss,
▶ Ausführungsbeschluss,
▶ Gegebenenfalls Mangelbeseitigungsbeschluss.

Beispiel: Folgeschaden durch Eindringen von Feuchtigkeit. Durch eindringende Feuchtigkeit aus dem Mauerwerk oder aus dem Keller kommt es zu einem Feuchtigkeits- und Schimmelproblem in der darüber liegenden Erdgeschosswohnung. Ein durch Untersuchungen bestätigter Mangel im Gemeinschaftseigentum führt also zu einem Schaden in einem Sondereigentum und gegebenenfalls zu weiteren Konsequenzen, zum Beispiel einem Mietausfall. Wenn hier die Gemeinschaft keine geeignete Maßnahme zur Instandsetzung (des Gemeinschaftseigentums) beschließt und damit den Belastungen des betroffenen Wohnungseigentümers entgegenwirkt, hat dieser einen Individualanspruch auf die Durchführung ordnungsgemäßer Verwaltung. Eine zu geringe angesparte Instandhaltungsrücklage der Gemeinschaft ist in diesem Fall kein stichhaltiges Argument, um notwendige Mängelbeseitigungen zu verweigern: Im Notfall muss dafür dann eine Sonderumlage erhoben werden, also eine Einmalzahlung aller Miteigentümer, um das Liquiditätsproblem in der Wohnungseigentümergemeinschaft zu beseitigen (siehe dazu: BGH-Urteil vom 17.10.2014 – V ZR 9/14). Der betroffene Eigentümer hat nicht das Recht, selbst Maßnahmen am Gemeinschaftseigentum durchführen zu lassen, die aus seiner Sicht angemessen sind (§ 21 Abs. 2 WEG). Er muss sich zur Durchsetzung seines Individualanspruchs notfalls an das zuständige Gericht wenden und dieses auffordern, eine Entscheidung zu treffen.

Ein weiterer Aspekt: Die Kosten, die dem Eigentümer für die Beseitigung des Schimmelproblems in seinem Sondereigentum entstehen, sind nicht von der Gemeinschaft zu zahlen, sondern gehen auf seine eigene Rechnung. Jede Partei trägt hier ihr eigenes Risiko: der Sondereigentümer das Risiko für sein Sondereigentum, die Wohnungseigentümergemeinschaft für das Gemeinschaftseigentum. Anders liegt der Fall nur, wenn die Gemeinschaft bei den Baumaßnahmen im Gemeinschaftseigentum das Sondereigentum zerstören muss: Dieser „Aufopferungsschaden" ist dem Sondereigentümer zu ersetzen (§ 14 Abs. 4 WEG).

INFO

SANIERUNG BEI ECHTEM HAUS-SCHWAMM Wenn gravierende Mängel an der Bausubstanz vorliegen wie beim Befall mit echtem Hausschwamm, dann genügt nur eine Sanierung, die den allgemeinen Stand der Technik sowie die Regeln der Baukunst beachtet, den Grundsätzen der ordnungsgemäßen Verwaltung bei Instandsetzungsmaßnahmen im Sinne des § 21 Abs. 3 WEG. Da nach allgemeinem Verständnis DIN-Vorschriften den Stand der allgemein anerkannten Regeln der Technik wiedergeben, sind solche Sanierungen grundsätzlich DIN-gerecht auszuführen (BGH-Urteil vom 24.05.2013 – V ZR 182/12).

Neben diesen Maßnahmen ordnungsgemäßer Verwaltung, die alle mit einfacher Stimmenmehrheit beschlossen werden können, gibt es seit der WEG-Novelle weitere Ausnahmen vom Prinzip der Einstimmigkeit gemäß § 21 Abs. 1 WEG.

Das Stufenverhältnis für bauliche Maßnahmen

Vor dem 01.07.2007 war es oft so, dass ein oder wenige Eigentümer Maßnahmen, die über die ordnungsgemäße Verwaltung hinausgingen (zum Beispiel der Einbau eines Aufzugs), verhindern konnten, obwohl die Mehrheit der Eigentümer diese Maßnahme wollte. Solche Eingriffe wurden damals jedoch als bauliche Veränderung angesehen und mussten den Regeln des damals geltenden Wohnungs-

eigentumsrechts entsprechend einstimmig beschlossen werden, um wirksam zu werden. Viele Maßnahmen wurden durch die Opposition Einzelner dauerhaft verhindert. Ausnahmen waren nur möglich, wenn bereits in der Teilungserklärung eine besondere Regelung, eine Öffnungsklausel wirksam eingetragen war.

Vor diesem Hintergrund hat sich der Gesetzgeber vor der WEG-Novelle viele Gedanken über weitere Ausnahmen zu den bis dato geltenden gesetzlichen Beschlusskompetenzen gemacht. Das Ziel des Gesetzgebers war es, mit der WEG-Novelle die Handlungsfähigkeit einer Mehrheit der Wohnungseigentümer deutlich zu stärken, insbesondere auch, um die energetische Sanierung von Wohngebäuden mit mehreren Eigentümern leichter durchzusetzen und um Umbauten für mehr Wohnkomfort für die wachsende Anzahl älterer Menschen Rechnung zu tragen, die damit in ihren Eigentumswohnungen bleiben können. Um diese Ziele zu erreichen, hat der Gesetzgeber mit der WEG-Novelle im Jahr 2007 das „Stufenverhältnis baulicher Maßnahmen" entwickelt: Je nach Stufe der baulichen Maßnahmen sind andere Beschlusskompetenzen erforderlich.

Modernisierende Instandsetzung

Auf der ersten Stufe stehen alle baulichen Maßnahmen, die als „modernisierende Instandsetzung" bezeichnet werden. Ein Beispiel dafür könnte eine fleckige Fassade mit einigen Putzschäden sein. Die Voraussetzungen für das

Das Stufenverhältnis für bauliche Maßnahmen

	Zu beschließende Maßnahmen	Erforderliche Zustimmung
1. Stufe	Instandhaltung / Instandsetzung nach § 21 Abs. 5 Nr. 2 WEG (= pflegende, erhaltende und vorsorgende Maßnahmen, alle Reparaturmaßnahmen); hierzu zählen auch modernisierende Instandsetzungen (vgl. § 22 Abs. 2 WEG), zum Beispiel eine wärmedämmende Fassade, wenn Nutzen und Kosten vernünftig abgewogen werden	**Einfache Mehrheit**
2. Stufe	Modernisierungsmaßnahme entsprechend § 555b Nr. 1 bis 5 BGB oder Anpassung an den Stand der Technik (Eigenart der Wohnanlage nicht ändern und keinen Wohnungseigentümer gegenüber einem anderen unbillig benachteiligen) nach § 22 Abs. 2 WEG	**Doppelt qualifizierte Mehrheit:** Mehrheit von drei Viertel (75 %) aller stimmberechtigten Eigentümer nach Köpfen **und** mehr als die Hälfte aller Miteigentumsanteile
3. Stufe	Allgemeine bauliche Veränderungen nach § 22 Abs. 1 WEG	Einstimmig: Zustimmung **aller beeinträchtigten** Eigentümer

Vorliegen einer modernisierenden Instandsetzung sind:

▶ Es muss ein Instandsetzungsbedarf vorhanden sein.

▶ Der Mehraufwand für den „Modernisierungsanteil" muss vor dem Hintergrund eines angemessenen Nutzungszeitraums in einem vernünftigen Preis-Leistungs-Verhältnis stehen. Als Modernisierungsanteil könnten in diesem Fall die Mehrkosten für das zusätzliche Anbringen einer Wärmedämmung herangezogen werden.

Der Maßstab eines vernünftigen, wirtschaftlich denkenden und erprobten Neuerungen gegenüber aufgeschlossenen Hauseigentümers darf dabei nicht zu eng an dem jetzt bestehenden Zustand ausgerichtet werden, wenn die im Wohnungseigentum stehenden Gebäude nicht zum Schaden aller Wohnungseigentümer vorzeitig veralten und an Wert verlieren sollten, so Herr Dr. Elzer, Richter am Kammergericht in Berlin. Konkret bedeutet das: Bei einer modernisierenden Instandsetzung darf über die reine Reparatur oder Wiederherstellung des Urzustands hinausgegangen werden, wenn die Neuerung eine technisch bessere oder wirtschaftlich sinnvollere Lösung darstellt.

INFO **NOTWENDIG: DIE KOSTEN-NUTZEN-ANALYSE** Um zu beweisen, dass es sich um eine wirtschaftlich sinnvolle Lösung handelt, ist einerseits eine Kosten-Nutzen-Analyse erforderlich, in der die Kosten der reinen Instandsetzung denen der modernisierenden Instandsetzung gegenübergestellt werden müssen. Andererseits bedarf es einer Prognose der jeweiligen Unterhaltskosten über einen angemessenen Vergleichszeitraum. Nur wenn die darauf fußende Kosten-Nutzen-Analyse belegt, dass die erzielbaren Einsparungen die entstehenden Mehrkosten annähernd aufwiegen, sind die Voraussetzungen für eine modernisierende Instandsetzung gegeben (BGH Urteil vom 14.12.2012 – V ZR 224/11). Diese modernisierenden Instandsetzungsmaßnahmen können dann mit einfacher Stimmenmehrheit beschlossen werden.

Modernisierungen

Auf der zweiten Stufe der baulichen Maßnahmen stehen die Modernisierungen. Der Begriff wird in der juristischen Definition aus dem Mietrecht aus § 555b abgeleitet. Nach der Mietrechtsänderung im Jahr 2013 sind Modernisierungen bauliche Veränderungen, wenn durch diese

▶ Endenergie nachhaltig eingespart wird,

▶ nicht erneuerbare Primärenergie nachhaltig eingespart wird oder das Klima nachhaltig geschützt wird,

▶ der Wasserverbrauch nachhaltig reduziert wird,

▶ der Gebrauchswert nachhaltig erhöht wird,

▶ die allgemeinen Wohnverhältnisse auf Dauer verbessert werden

▶ und wenn diese aufgrund von Umständen durchgeführt werden, die keine Erhaltungsmaßnahmen nach § 555a sind.

Der Rechtsprechung des BGH zufolge gibt diese Definition mehr Raum für eine großzügigere Handhabung des Modernisierungsbegriffs als zuvor.

So können die Wohnungseigentümer unabhängig von einem vorhandenen oder nicht vorhandenen Instandsetzungsbedarf der beständig wirksamen Wertminderung ihrer Wohnanlage entgegenwirken, indem sie Modernisierungen beschließen, die den „Erfordernissen der Zeit" entsprechen.

Dafür genügt es schon, wenn die Maßnahme „aus Sicht eines verständigen Wohnungseigentümers eine sinnvolle Neuerung darstellt, die voraussichtlich geeignet ist, den Gebrauchswert des Wohnungseigentums nachhaltig zu erhöhen". Im Grundsatz kann auch eine optische Veränderung eine Gebrauchswerterhöhung bewirken, wenn zum Beispiel veraltete Materialien durch zeitgemäße ersetzt werden sollen und das äußere Erscheinungsbild der Wohnanlage ansprechender gestaltet werden soll.

Aber auch hier ist Vorsicht geboten: Wenn die entstehenden Kosten beziehungsweise die Mehrkosten nicht im vernünftigen Verhältnis zum erzielbaren Vorteil stehen, ist zu bezweifeln, ob diese Neuerung tatsächlich sinnvoll ist.

Die Abwägung dieser Frage wird, wenn sich die Gemeinschaft in diesem Punkt nicht gütlich einigen kann und einer oder mehrere Eigentümer gegen einen entsprechenden Beschluss der Eigentümerversammlung Klage erheben, von einem Richter des zuständigen Gerichts getroffen.

Modernisierungen und erforderliches Quorum: Für die Entscheidung, ob es sich um eine sinnvolle Modernisierungsmaßnahme handelt, ist also ebenfalls der erzielbare Vorteil mit einer Kosten-Nutzen-Analyse zu belegen. Dieser muss aber bei einer Modernisierung nicht unbedingt finanzieller Natur sein (§ 22 Abs. 2 Satz 1 WEG in Verbindung mit § 555b Nr. 4 BGB). Wenn die Prüfung durchgeführt wird und die Gemeinschaft zu dem Ergebnis kommt, dass mit der Modernisierung ein entsprechender Vorteil erzielt wird, kann sie mit einer doppelt qualifizierten Mehrheit beschlossen werden. Das heißt, dass nach Köpfen mehr als 75 Prozent aller stimmberechtigten Eigentümer und gleichzeitig mehr als die Hälfte aller Miteigentumsanteile einem Beschlussantrag zu einer Modernisierungsmaßnahme zustimmen müssen.

Bauliche Veränderungen

Auf der dritten Stufe der baulichen Maßnahmen stehen die allgemeinen baulichen Veränderungen. Bei einer baulichen Veränderung muss es sich um

▶ eine auf Dauer angelegte Maßnahme handeln,

▶ die nach Entstehung des Wohnungseigentums erfolgt,

▶ die zur Umgestaltung des gemeinschaftlichen Eigentums gehört und über die erste Stufe der baulichen Maßnahmen (modernisierende Instandsetzung) hinausgeht.

Beispiel: Ein Zaun im Vorgarten. Stellen Sie sich vor, im Vorgarten Ihrer Wohnungseigentümergemeinschaft liegen ständig Hundehaufen, die nicht nur unschön aussehen, sondern den ehrenamtlich gartenpflegenden Miteigentümern beim Rasenmähen manchmal regelrecht „um die Ohren fliegen". Die vorhandene Hecke reicht einfach nicht aus, um die vierbeinigen

Besucher abzuschrecken. Ein zusätzlicher grüner Metallzaun mit einer Höhe von nur 60 Zentimetern scheint ideal, um das Problem auf Dauer in den Griff zu kriegen. Unglücklich für die Gartenaktivisten ist, dass es sich bei dem Bau eines Zaunes rechtlich bereits um eine bauliche Veränderung handelt.

Bei einer baulichen Veränderung ist die Zustimmung aller beeinträchtigten Eigentümer erforderlich. Der Begriff der Beeinträchtigung oder auch des Nachteils ist dabei weit auszulegen: Jeder vermeidbare Nachteil eines geordneten Zusammenlebens ist in diesem Sinne ein Nachteil (unter Bezugnahme auf § 14 WEG). Dabei soll aber auch berücksichtigt werden, dass nicht jeder subjektiv wahrgenommene Nachteil von einem neutralen Dritten ebenso wahrgenommen wird. Und genau darum geht es: Ob durch die vorgeschlagene Baumaßnahme wirklich ein Nachteil für einen der Miteigentümer vorliegt, ist anhand konkreter und objektiver Kriterien zu messen, also zum Beispiel danach, ob ein unbefangener dritter Wohnungseigentümer in der entsprechenden Lage die Veränderung als Beeinträchtigung empfinden kann.

Die mit der Maßnahme verbundenen Kosten und auch die Haftung sind hingegen kein Nachteil in diesem Sinne, denn: Die der baulichen Veränderung (gemäß § 22 Abs. 1 WEG) nicht zustimmenden Wohnungseigentümer sind von den Kosten gemäß § 16 Abs. 6 Satz 1 Halbsatz 2 WEG dafür befreit.

Aus diesem Grunde ist es sinnvoll, dass bei der Protokollierung des Stimmenergebnisses zu einem Antrag für eine bauliche Veränderung **namentlich** aufgeführt wird, wer dem Antrag zugestimmt hat, wer sich enthalten hat und wer dagegen gestimmt hat. Denn: Wenn der Antrag mehrheitlich zustande kommt, dann kann der Versammlungsleiter dieses auch verkünden. Die Eigentümer, die die bauliche Veränderung partout nicht wollen, können dann innerhalb einer Frist von einem Monat diesen Beschluss vor Gericht anfechten. Tun sie das nicht, ist der Beschluss für die bauliche Veränderung wirksam zustande gekommen.

Beantragung einer baulichen Veränderung

Um die Erfolgsaussichten eines Beschlussantrags zu erhöhen, sollte der Eigentümer, der die bauliche Maßnahme durchführen will,

▶ seinem konkreten und ausformulierten Beschlussantrag Zeichnungen oder Skizzen (hier der neu einzubauenden Terrassentür) beifügen sowie

▶ eine Stellungnahme des Architekten bzw. Bausachverständigen, gegebenenfalls auch des Statikers beilegen, dass mit dieser Maßnahme keine Nachteile für die Gebäudesubstanz entstehen.

▶ ausdrücklich erklären, dass er die Kosten für den Einbau der Terrassentür und aller damit verbundenen Arbeiten – und gegebenenfalls der Folgekosten – alleine trägt,

▶ angeben, welche bauausführende Firma die Arbeiten wann durchführen würde und

▶ zusichern, dass er einen Bausachkundigen mit der Bauleitung und Abnahme der Terrassentür beauftragt beziehungsweise die Kosten eines Bausachkundigen trägt,
sofern die Gemeinschaft dieses aus Gründen der Sicherheit möchte, und

▶ sich verpflichten, die Gewährleistungsansprüche gegenüber der bauausführenden Firma an die Gemeinschaft
abzutreten.

Der Eigentümer sollte sich auch Gedanken machen, wie es mit den Folgekosten aussieht: Gegebenenfalls sollte er eine zusätzliche Verpflichtungserklärung anbieten, dass alle Folgekosten, die aus dieser baulichen Veränderung resultieren könnten, dauerhaft nicht von der Gemeinschaft, sondern vom jeweiligen Wohnungseigentümer zu tragen sind – auch wenn er selbst einmal seine Wohnung verkauft.

Neben den formalen und juristischen Aspekten des Beschlussantrags sollte eines nicht vergessen werden: Die Eigentümergemeinschaft besteht aus Menschen aus Fleisch und Blut. Am besten ist, der Antragsteller überzeugt die übrigen Miteigentümer, zum Beispiel durch ihre aktive, dauerhafte und konstruktive Einbeziehung bei der Verwaltung des gemeinschaftlichen Eigentums, dass auch bei diesem Antrag alles korrekt und ordnungsgemäß vor sich geht.

Beantragung von baulichen Änderungen

Die Beantragung von baulichen Veränderungen erfolgt in der Praxis häufig von einzelnen Eigentümern, die davon ausgehen, dass mit dieser baulichen Veränderung die Rechte anderer Wohnungseigentümer nicht beeinträchtigt werden und die diese bauliche Veränderung auf eigene Kosten durchführen wollen. Es kann sich zum Beispiel um den Einbau einer zweiten Terrassentür in einer Dachgeschosseinheit handeln, die das äußere Erscheinungsbild nicht ändert. Im Kasten links daher ein Praxistipp am Beispiel des Einbaus einer Terrassentür.

Änderung von Kostenverteilungsschlüsseln im Einzelfall

Die doppelt qualifizierte Mehrheit, die zur Beschlussfassung über Modernisierungsmaßnahmen notwendig ist, sieht der Gesetzgeber auch in einem anderen Fall vor: Wenn nämlich in einem Einzelfall Kosten einer Maßnahme der Instandhaltung, Instandsetzung, modernisierenden Instandsetzung, baulichen Veränderung oder Aufwendungen im Sinne des § 22 Abs. 1 und 2 WEG anders verteilt werden sollen, als es das Wohnungseigentumsgesetz oder die Teilungserklärung mit Gemeinschaftsordnung geregelt haben. Diese Ausnahme im Einzelfall setzt voraus, dass bestimmte Bedingungen erfüllt werden: Der zu beschließende Kostenverteilerschlüssel muss dem Gebrauch oder der Möglichkeit des Gebrauchs Rechnung tragen. Was bedeutet das?

Beispiel: Eine Balkoninstandsetzung. Nehmen wir an, in einer Wohnungseigentumsgemeinschaft gibt es Wohnungen mit Balkonen und Wohnungen ohne Balkone. Wenn die Balkone dem Gemeinschaftseigentum zugeordnet sind, müssten sich üblicherweise alle Wohnungseigentümer gemäß dem für die Gemeinschaft geltenden Kostenverteilerschlüssel an den Kosten der Instandsetzung der Balkone beteiligen. Es müssten also auch die Eigentümer für die Maßnahme zahlen, die gar keinen Balkon haben und ihn damit auch nicht nutzen können. In einem solchen Fall entspricht es dem Gerechtigkeitsempfinden vieler Menschen, wenn nur die Miteigentümer für die Balkoninstandsetzung zahlen müssen, die auch wirklich einen Balkon nutzen können.

Der Gesetzgeber nennt dieses „Verteilungsgerechtigkeit" – und fordert diese als weitere Bedingung dafür, dass im Einzelfall ein abweichender Kostenverteilerschlüssel mit doppelt qualifizierter Mehrheit beschlossen werden kann. Es gibt weitere Bedingungen: Einzelne Eigentümer dürfen nicht unbillig benachteiligt werden, und der Eigentumsschutz gemäß Artikel 14 Abs. 1 Grundgesetz muss gewährleistet sein. Und nicht zuletzt muss auch die Maßstabskontinuität eingehalten werden. Bei dem Beispiel mit den Balkonen bedeutet das, dass nicht in diesem Jahr beschlossen werden kann, dass nur diejenigen zahlen, die einen Balkon haben – und im kommenden Jahr wieder alle Miteigentümer zahlen sollen: Das würde der Maßstabskontinuität widersprechen.

Die genannten Beispiele und Regeln machen deutlich, dass die in § 20 WEG normierte Eigenverwaltung durch die Wohnungseigentümer eine komplexe Angelegenheit mit vielen Beteiligten ist – und auch nach der WEG-Novelle ein nicht geringes Konfliktpotenzial bietet.

Verwaltung durch den Wohnungseigentumsverwalter

Die Rolle des Wohnungseigentumsverwalters bei der Verwaltung des gemeinschaftlichen Eigentums gemäß § 27 WEG kann als „Spagat" verstanden werden zwischen der Eigenverwaltung durch die Wohnungseigentümer und der Notwendigkeit einer gewissen Handlungsfreiheit, die nur durch unabdingbare Mindestbefugnisse dieses Verwalters gewährleistet ist.

Dieser Spagat wird manchmal bei der jährlichen Eigentümerversammlung deutlich sichtbar. Der Verwalter lädt zu dieser in der Regel ein und bereitet sie vor. Die Formalien rund um die Versammlung und die Regeln der für diese Gemeinschaft geltenden Gemeinschaftsordnung muss der Verwalter kennen und darauf achten, dass diese eingehalten werden. Die Beschlüsse fassen jedoch ausschließlich die Miteigentümer.

Aufgaben im Rahmen der Eigentümerversammlung

Die Eigentümerversammlung, oft als „Parlament" der Wohnungseigentümer bezeichnet, ist das oberste Beschlussorgan. Hier wird über die Art und Weise, den Gegenstand und den Umfang, über den Termin und die Dauer der Verwaltungsmaßnahmen entschieden, zum Beispiel über die Instandsetzung der Fassade und über deren Finanzierung.

Die **ordentliche Eigentümerversammlung** wird regelmäßig mindestens einmal pro Jahr vom Verwalter einberufen, bei Bedarf, zum Beispiel aufgrund einer größeren baulichen Maßnahme, auch öfter, dann als **außerordentliche Eigentümerversammlung** (§ 24 Abs. 1 WEG). Die Eigentümer können fordern, dass eine außerplanmäßige Versammlung stattfinden soll, wenn mindestens 25 Prozent der Miteigentümer „nach Köpfen" das fordern und das dem Verwalter mit Begründung schriftlich mitteilen.

Ort und Termin der Versammlung legt der Verwalter – in der Praxis oft in Absprache mit dem Verwaltungsbeirat – fest. Die Versammlung muss zu Zeiten stattfinden, in denen die Eigentümer üblicherweise auch kommen können, also zum Beispiel am späten Nachmittag oder am frühen Abend – aber nicht in den Ferienzeiten des Bundeslands. Man nennt das auch „verkehrsübliche" Zeiten. Auch der Ort der Versammlung sollte so gewählt sein, dass die Teilnahme den Eigentümern nicht unnötig erschwert wird oder gar unzumutbar ist. Und noch etwas: Der Raum, in dem die Versammlung stattfinden soll, muss es ermöglichen, dass die Versammlung auch wirklich „nicht öffentlich" stattfindet. Der offene Teil eines Restaurants ist daher nicht als Versammlungsraum geeignet.

Die Einladung muss schriftlich erfolgen, und zwar mindestens zwei Wochen vor dem angesetzten Termin – es sei denn, der Fall ist besonders dringlich.

Achtung: Wenn die Formalien bei der Einberufung nicht eingehalten werden, könnten diese Verstöße gegen die Formalien Gründe dafür sein, dass die Beschlüsse der Gemeinschaft von einem Miteigentümer vor Gericht erfolgreich angefochten werden.

Teilnahmeberechtigt ist jeder Wohnungseigentümer, der im Grundbuch eingetragen ist, und jeder muss auch eine Einladung bekommen. Bei Eheleuten, die beide im Grundbuch eingetragen sind, müssen also beide Ehepartner eine Einladung bekommen. Bei einer Bruchteilsgemeinschaft zum Beispiel an einem Teileigentum, in dem sich mehrere Kfz-Stellplätze befinden, müssen alle Bruchteilseigentümer geladen werden. Steht eine Wohnung unter Zwangsverwaltung, muss auch der Zwangsverwalter geladen werden. Gleiches gilt auch für einen Insolvenzverwalter.

Bei einem Eigentümerwechsel sieht das Gesetz vor, dass – solange der neue Eigentümer nicht im Grundbuch eingetragen ist – dieser auch nicht an der Versammlung teilnahmeberechtigt ist. Jedoch könnte der alte den neuen Eigentümer in dieser Phase bevollmächtigen, ihn bei der Versammlung zu vertreten. Das Recht, sich vertreten zu lassen, steht nämlich jedem Eigentümer zu. Es könnte aber sein, dass in der Gemeinschaftsordnung Einschränkungen vereinbart wurden, die den Kreis derjenigen, die man bevollmächtigen darf, einschränken: Zum Beispiel könnte es nur gestattet sein, den Ehegatten, einen anderen Miteigentümer oder den Verwalter bevollmächtigen zu dürfen.

Eine solche Vertretungsbeschränkung bedeutet allerdings nicht, dass man nicht zur Versammlung kommen darf, zum Beispiel in Begleitung des alten Eigentümers. Die anwesenden Eigentümer müssen dann aber vom Vorsitzenden gefragt werden, ob sie diese Teilnahme zulassen. Wenn keiner der anwesenden Eigentümer etwas dagegen hat, kann der Gast, hier der neue Erwerber, teilnehmen. Auch andere Gäste können zugelassen werden. Gerade an dieser Stelle ganz am Anfang einer Versammlung ist neben der Kenntnis der Rechtslage ein gewisses Fingerspitzengefühl des Verwalters erforderlich, um für eine konstruktive Stimmung in der Versammlung zu sorgen.

Zusammen mit der Einladung muss der Verwalter **die Tagesordnung** zur Versammlung verschicken. In der Tagesordnung werden alle Tagesordnungspunkte „TOPs" aufgenommen, über die die Gemeinschaft sich aussprechen und Beschlüsse fassen soll. Ein typischer TOP könnte zum Beispiel so lauten: „Malermäßige Instandsetzung der straßenseitigen Fassade aufgrund Verschmutzungen – Feststellung der notwendigen Instandsetzungsmaßnahmen durch Bausachkundigen; Finanzierung dieser Maßnahme aus der angesparten Instandhaltungsrücklage – Aussprache und Beschlussfassung".

Tagesordnungspunkte müssen so beschrieben sein, dass jeder Eigentümer den Angaben entnehmen kann, was eigentlich der „Beschlussgegenstand" der angestrebten Beschlussfassung ist. Und der Beschlussantrag sollte möglichst so eindeutig und „geschlossen" formuliert sein, dass nicht teilnehmende Eigentümer ihren Vertretern mitteilen können, wie sie in der Abstimmung darüber entscheiden wollen. Dadurch soll sich jeder Eigentümer vor der Versammlung hinsichtlich der Folgen eines Beschlusses ausreichend informieren können und vor unliebsamen Überraschungen durch spontan vorgeschlagene Alternativen in der Versammlung möglichst verschont bleiben. Allerdings müssen auch nicht alle Einzelheiten des Beschlussgegenstands in der Tagesordnung stehen – denn die Eigentümer sollen sich ja auf der Versammlung zu diesem TOP aussprechen und wichtige Aspekte zur Beschlussfassung beisteuern. Bei der Benennung des TOPs reichen stichwortartige Begriffe aus.

INFO **KEINE BESCHLÜSSE UNTER DEM TOP „VERSCHIEDENES" ODER „DIVERSES"!** Es ist nicht vorgesehen, dass hier Beschlüsse gefasst werden. Sollten die Wohnungseigentümer das dennoch tun, sind diese nicht automatisch nichtig, aber anfechtbar. Wenn ein unter dem TOP „Verschiedenes" gefasster Beschluss von einem Miteigentümer nachträglich angefochten wird, dann erfolgt im Regelfall die Ungültigkeitserklärung für den nicht angekündigten und deshalb fehlerhaften Beschluss. Der Verwalter sollte daher die Eigentümer auf das Prozesskostenrisiko hinweisen, bevor diese unter dem TOP „Diverses" einen Beschluss fassen.

Die ordentliche Eigentümerversammlung wird mindestens einmal pro Jahr vom Verwalter einberufen.

In der Regel führt der Verwalter beziehungsweise bei einer größeren Verwaltungsgesellschaft der für die Gemeinschaft zuständige, bekannte Mitarbeiter den Vorsitz in der Versammlung. Das muss aber nicht sein. Durch einen sogenannten „Geschäftsordnungsbeschluss", der am Anfang der Versammlung mehrheitlich getroffen wird, kann der Vorsitz zum Beispiel an den Vorsitzenden des Verwaltungsbeirats übergeben werden. Das macht insbesondere dann Sinn, wenn sich die Gemeinschaft über die Wahl des Verwalters aussprechen möchte, ohne dass der jetzige Verwalter dabei sein soll. Oder wenn der Verwalter plötzlich krank wird, die Versammlung aber trotzdem stattfinden soll.

Der Vorsitz kann aber auch an einen neutralen Dritten übertragen werden. Das kann beispielsweise dann sinnvoll sein, wenn in einer bestimmten Angelegenheit die Fronten zwischen den Miteigentümern untereinander, aber auch dem Verwalter und einzelnen Miteigentümern verhärtet sind und man sich gerne der Hilfe eines Rechtsanwalts oder eines Mediators bedienen möchte, um eine Lösung für das Problem herbeizuführen und/oder den Konflikt zu klären.

Der Vorsitzende sollte jedenfalls die Regularien kennen, die für die Durchführung einer Versammlung in dieser Wohnungseigentümergemeinschaft gelten. Denn diese Regularien tragen zu einem reibungslosen und effizienten Ablauf der Versammlung bei. Wenn keine Regularien bestehen, kann der Versammlungsleiter mittels einer Geschäftsordnung solche Regularien beschließen lassen, die den Versammlungsvorsitz, die Abstimmungsmodalitäten, Redezeitbegrenzungen für die Teilnehmer, die Teilnahme dritter Personen und die Zulässigkeit der Speicherung von Daten (Ton- und Bildaufzeichnungen) regeln. Diese Geschäftsordnung kann einmalig gelten oder solange, wie keine neue Geschäftsordnung beschlossen wird. Geschäftsordnungsbeschlüsse müssen nicht in der Tagesordnung angekündigt werden und sind nicht anfechtbar.

Um Beschlüsse wirksam fassen zu können, stellt zu Beginn jeder Eigentümersammlung der Verwalter die Beschlussfähigkeit fest – und prüft auch während der Versammlung, ob die Beschlussfähigkeit noch gegeben ist. Das ist gerade bei größeren Wohnungseigentümergemeinschaften in Versammlungsräumen mit mehreren Ausgängen nicht immer ganz so einfach. Der Gesetzgeber sieht vor, dass eine Eigentümerversammlung dann beschlussfähig ist, wenn mehr als die Hälfte der im Grundbuch eingetragen Miteigentumsanteile – repräsentiert durch stimmberechtigte Wohnungseigentümer – anwesend oder vertreten sind (§ 25 Abs. 3 WEG).

Von dieser gesetzlichen Anforderung kann in der Teilungserklärung nebst Gemeinschaftsordnung abgewichen werden: Es könnte zum Beispiel vereinbart sein, dass die Versammlung unabhängig von der Zahl der vertretenen Miteigentumsanteile beschlussfähig ist. Solch eine Regelung erleichtert eine ordnungsgemäße Verwaltung, gerade wenn viele Kapitalanleger Miteigentümer sind: Diese schaffen es oft nicht, auf die Versammlung zu gehen, und geben oft auch keine Vollmacht ab.

Wird aber der für die Gemeinschaft geltende Anteil nicht erreicht, ist die Versammlung beschlussunfähig. Dann muss zu einer Wiederholungsversammlung einberufen werden. Diese Wiederholungs- oder Zweitversammlung – mit gleicher Tagesordnung – ist dann unabhängig von dem für die Gemeinschaft geltenden Anteil beschlussfähig, wenn in der neuen Einladung explizit darauf hingewiesen wurde (§ 25 Abs. 4 WEG). Die Einladungsfrist beträgt dann erneut mindestens zwei Wochen, es sei denn, es liegt ein Fall besonderer Dringlichkeit vor (§ 24 Abs. 4 WEG).

Achtung: Aufgepasst aber bei sogenannten „Eventualeinladungen"! Diese bedürfen einer ausdrücklichen Regelung in der Teilungserklärung nebst Gemeinschaftsordnung oder einer wirksamen Vereinbarung. Nur wenn klar geregelt ist, dass der Verwalter zusammen mit der ersten Einladung auch gleich eine zweite Einladung mit gleicher Tagesordnung auf denselben Tag verschicken darf, lediglich um eine halbe Stunde zeitverschoben, ist diese Eventualeinladung auch zulässig.

Wird eine Erstversammlung trotz Beschlussunfähigkeit durchgeführt, dann sind diese Beschlüsse nicht unwirksam, sondern lediglich anfechtbar. Gleiches gilt, wenn nur einzelne Beschlüsse trotz Beschlussunfähigkeit getroffen werden. „Anfechtbar" bedeutet in solchen Fällen, dass ein Gericht die so zustande gekommenen Beschlüsse für ungültig erklärt, wenn die Beschlussunfähigkeit ursächlich zur strittigen Beschlussfassung geführt hat oder – anders ausgedrückt – wenn der Beschluss bei ordnungsgemäßer Beschlusslage so nicht zustande gekommen wäre. In solchen Fällen sollte der Verwalter auf das mit der Anfechtung verbundene Prozesskostenrisiko hinweisen.

Der Vorsitzende der Versammlung muss die für diese Gemeinschaft geltenden Stimmrechte beachten. Gehört eine Wohnung mehreren Eigentümern, können diese das Stimmrecht nur gemeinsam ausüben (§ 25 Abs. 2 WEG).

Nur in ganz bestimmten Fällen kann ein Eigentümer vom **Stimmrecht ausgeschlossen** werden. Das ist beispielsweise dann der Fall, wenn ein Miteigentümer einen Handwerksbetrieb führt und die Gemeinschaft darüber beschließen muss, ob genau diesem Betrieb der Auftrag für eine Instandsetzungsmaßnahme erteilt werden soll. Oder wenn ein Eigentümer gleichzeitig Verwalter ist und es um seine Entlastung geht. Oder wenn ein Eigentümer seine Wohnung nicht so nutzt, wie das in der Gemeinschaftsordnung vereinbart wurde und die Wohnungseigentümer nun über einen Rechtsstreit mit eben diesem Eigentümer beschließen wollen (§ 25 Abs. 5 WEG). Ein Stimmrechtsausschluss ist auch dann vorgesehen, wenn ein Miteigentümer rechtskräftig verurteilt wurde, seine Eigentumswohnung zu verkaufen.

Sollten dem Verwalter Stimmrechte mittels frei auszuübenden Vollmachten übertragen worden sein (Vollmacht, nach eigenem Ermessen abzustimmen), dann gilt: Der Verwalter ist vom Stimmrecht dann ausgeschlossen, wenn über die „Entlastung des Verwalters" oder über die „Jahresabrechnung und Entlastung des Verwalters" gleichzeitig beschlossen wird. Er kann aber an eine andere zu bevollmächtigende Person eine „Untervollmacht" für diesen Beschluss erteilen, wenn er damit keine Anweisung verbindet, wie derjenige zu stimmen hat.

Für jede Versammlung muss der Verwalter ein eigenes **Protokoll** anfertigen. In dem Protokoll müssen folgende Angaben enthalten sein (§ 24 Abs. 6 WEG):

► Ort und Datum der Versammlung,
► Name des Versammlungsleiters,
► Datum der Einladung und der Tagesordnung,

► Feststellung der Beschlussfähigkeit durch Angabe der anwesenden und vertretenen Miteigentümer,

► Inhaltsangabe des Tagesordnungspunkts und des jeweiligen Beschlusstextes dazu,

► Ergebnisse der Beschlussfassung in Form der Anzahl der Ja-Stimmen, Nein-Stimmen und Enthaltungen, gegebenenfalls auch mit Nennung des Namens.

Dem Protokoll sind die Teilnehmerliste und die Vertretungs- bzw. Stimmrechtsvollmachten beizufügen, je nach Bedarf auch Zeichnungen oder Skizzen, Kostenangebote oder Stellungnahmen von Sonderfachleuten, wenn diese dazu dienen, den Beschlussgegenstand zu konkretisieren.

Das Protokoll muss vom Versammlungsleiter, dem Vorsitzenden des Verwaltungsbeirats und einem anderen Miteigentümer unterzeichnet werden. Es muss spätestens drei Wochen nach der Versammlung erstellt sein und bei dem Verwalter zur Einsichtnahme ausliegen. Damit können sich die Wohnungseigentümer, die Beschlüsse der Eigentümerversammlung anfechten wollen, vor Ablauf der Anfechtungsfrist von einem Monat nach der Versammlung über den genauen Beschlusstext und die Rechtsfolgen informieren. In der Praxis werden die Protokolle der Versammlungen heute oft per Email an alle Miteigentümer verschickt oder werden zum Herunterladen von einer geschützten Webseite vom Verwalter bereitgestellt.

Führen einer Beschlusssammlung

Nach der WEG-Novelle ist eine weitere gesetzliche Pflicht hinzugekommen: Das Führen einer Beschlusssammlung (§ 24 Abs. 7 WEG). Alle Beschlüsse und gerichtlichen Entscheidungen sind fortlaufend einzutragen und zu nummerieren. Sind sie angefochten oder aufgehoben worden, ist dies anzumerken (siehe im Detail § 24 Abs. 7 Satz 3 WEG). Der Beschlusssammlung wird vom Gesetzgeber eine sehr hohe Bedeutung beigemessen – daher ist sie auch „unverzüglich" vom Verwalter zu führen, also binnen weniger Tage nach der Eigentümerversammlung zu aktualisieren. Tut er das nicht,

kann das ein Grund sein, den Verwalter abzuberufen.

Wenn ein Verwalter fehlt, muss ersatzweise der Verwaltungsbeiratsvorsitzende das Beschlussbuch führen, es sei denn, ein anderer Miteigentümer wurde mehrheitlich dazu bestellt (§ 24 Abs. 8 WEG).

Diese Pflicht zum Führen der Beschlusssammlung ist insbesondere auch deshalb eingeführt worden, weil seit dem 01.07.2007 die Kostenverteilerschlüssel im Rahmen der neu geschaffenen rechtlichen Möglichkeiten dauerhaft geändert werden können – ohne dass dafür jeweils eine Änderung der Grundbücher aller Miteigentümer notwendig ist.

Unser Tipp: Die Beschlusssammlung ist daher die Stelle, an der sich der Käufer einer Wohnung darüber informieren sollte, ob die Kostenverteilerschlüssel, die im Gesetz oder in der Teilungserklärung nebst Gemeinschaftsordnung festgeschrieben wurden, seit dem 01.07.2007 wirksam geändert wurden. Was bedeutet hier wirksam? Es könnte sein, dass die Gemeinschaft zwar eine Änderung des Kostenverteilerschlüssels beschlossen hat – dieser Beschluss vor Gericht aber erfolgreich angefochten wurde. Damit ist gerade nicht der neue, sondern der zuvor bestehende Kostenverteilerschlüssel anzuwenden. Um die Erwerber also vor unliebsamen Überraschungen zu schützen, müssen auch Beschlussanfechtungen und „Urteilsformeln der gerichtlichen Entscheidungen in einem Rechtsstreit gemäß § 43 WEG mit Angabe ihres Datums, des Gerichts und der Parteien" in diese Beschlusssammlung aufgenommen werden.

Grundsätzlich gilt: Die Beschlüsse der Eigentümerversammlung müssen im Rahmen einer ordnungsgemäßen Verwaltung des gemeinschaftlichen Eigentums umgesetzt werden (§ 27 Abs. 1 Ziff. 1 WEG). Alle Wohnungseigentümer und der Verwalter sind daran gebunden. Beschlüsse werden nur dann ungültig, wenn diese innerhalb eines Monats nach dem Beschlussdatum beim zuständigen Gericht angefochten und durch richterliche Entscheidung für ungültig erklärt werden.

Verstoßen Beschlüsse jedoch gegen zwingende gesetzliche Bestimmungen, bedarf es keiner Anfechtung: Solche Beschlüsse sind automatisch „nichtig", sie erlangen gar keine Rechtswirkung. Die Eigentümer sind in einem solchen Fall auch nicht an irgendwelche Fristen gebunden, da sie sich jederzeit auf die Nichtigkeit der Beschlüsse berufen können. Ein Beispiel für einen nichtigen Beschluss ist ein generelles Musizierverbot in dieser Gemeinschaft. In diesem Falle hat der Verwalter, der ansonsten sehr wohl auf die Einhaltung der Hausordnung hinweisen und auch Abmahnungen bei Verstößen aussprechen muss, keine rechtliche Grundlage, auf die er sich berufen kann (§ 27 Abs. 1 Satz 1 2. Halbsatz).

Gesetzlich unabdingbare Aufgaben

Der Verwalter muss das gemeinschaftliche Eigentum auf Basis aller rechtlichen Grundlagen, die für diese Gemeinschaft gelten, und des Verwaltervertrags verwalten. Dreh- und Angelpunkt seiner Arbeit sind dabei die gesetzlichen Aufgaben und Befugnisse, die ihm „unabdingbar" vom Gesetzgeber übertragen wurden. Unabdingbar heißt, dass diese Aufgaben und Befugnisse weder durch Vereinbarungen noch Beschlüsse der Eigentümer eingeschränkt werden können.

Wirtschaftsplan und Abrechnung

Die Aufstellung eines Wirtschaftsplans für ein Kalenderjahr und die jährliche Abrechnung über das vorherige Kalenderjahr sind zwei gesetzliche Kernaufgaben des Verwalters (§ 28 Abs. 1 und 3 WEG).

Der Wirtschaftsplan muss

1 die voraussichtlichen Einnahmen und Ausgaben bei der Verwaltung des gemeinschaftlichen Eigentums,

2 die Soll-Hausgeldzahlungen, die sich aus der Kostenverteilung gemäß der für diese Gemeinschaft gültigen Kostenverteilerschlüssel und den voraussichtlichen Einnahmen und Ausgaben ergeben, sowie

3 die separat auszuweisende Beitragsleistung zur Zuführung zur Instandhaltungsrückstellung enthalten (§ 28 Abs. 1 WEG).

Das folgende Beispiel eines kombinierten Gesamt- und Einzelwirtschaftsplans sollte den aktuellen Anforderungen des BGH zu den Anforderungen an einen Gesamtwirtschaftsplan entsprechen (Urteil vom 07.6.2013, V ZR 211/12): In dem Gesamtwirtschaftsplan müssen die (künftigen) Hausgeldvorschüsse der Wohnungseigentümer nicht ausdrücklich als Einnahmen aufgeführt werden.

Erstellung der Jahresabrechnung

Wie diese gesetzliche Pflicht des Verwalters genau auszuführen ist, darüber gab es seit der Veröffentlichung des BGH-Urteils zur Abrechnung und zum Ausweis der Instandhaltungsrückstellung vom 4.12.2009 (V ZR 44/09) erhebliche Diskussionen und viele formale Varianten. Die „Übergangsphase zur ordnungsgemäßen Erstellung der Jahresabrechnung" kann inzwischen aber als abgeschlossen betrachtet werden, insbesondere auch Dank einiger Musterabrechnungen für Wohnungseigentümergemeinschaften, wie der von Dr. Michael Casser und Frau Astrid Schultheis, die diese als Mitglieder des Verbands der nordrhein-westfälischen Immobilienverwalter im Jahr 2011 der breiten Öffentlichkeit zugänglich gemacht haben. Im Austausch mit renommierten Experten und unter Berücksichtigung der aktuellen Rechtsprechung des BGH wurde diese WEG-Musterabrechnung nun aktualisiert. Die Neuauflage ist in dem Sonderheft 01.2017 der Zeitschrift für Miet- und Raumrecht erschienen (Stand August 2017).

Eine Folge der Erfüllung der gesetzlichen Anforderungen an Jahresabrechnungen ist der erhebliche Umfang einer Jahresabrechnung. Diese kann leicht 15 oder mehr DIN-A4-Seiten umfassen – je nach Größe der Wohnanlage oder der verwendeten Hausverwaltungssoftware und sonstigen EDV-Programme. Inhaltlich muss der Verwalter in dieser Jahresabrechnung alle finanziellen Vorgänge nachvollziehbar und geordnet zusammenfassen. Die Abrechnung muss aus folgenden Teilen bestehen:

▶ Die Gesamtdarstellung aller Einnahmen und Ausgaben,

▶ Die Einzelabrechnungen für jedes Sonder- und Teileigentum,

▶ Die Entwicklung der Instandhaltungsrückstellung,

Berlin, Tag des Beschlusses

Max Mustermann   Musterstr. 11, D-13456 Berlin

Nummer 0038.01002   10 VH 5.OG re   WEG **Musterstr. 11, D-13456 Berlin**

Gesamt- und Einzelwirtschaftsplan 2014   **Beträge in EUR**

Zeitraum :   01.01.2014   bis   31.12.2014

Einzug: 01.01.1989   Auszug :

WEG Sulzaer Str. 11, 14199 Berlin

Abrechnungsposten	zu verteilen für 365 Tage	Verteiler-Schlüssel Gesamt	Anteilig		Ihr Anteil
UMLAGEFÄHIGE KOSTEN					
Be-/Entwässerung	11.000,00-	100,0000	5,6781	MEA	624,59-
Straßenreinigung und Müll	2.200,00-	100,0000	5,6781	MEA	124,92-
Beleuchtung/Gemeinschaft	270,00-	100,0000	5,6781	MEA	15,33-
Sach- u. Haftpflichtvers.	2.600,00-	100,0000	5,6781	MEA	147,63-
Haus-/Fensterreinigung	3.000,00-	100,0000	5,6781	MEA	170,34-
Gartenpflege	2.000,00-	100,0000	5,6781	MEA	113,56-
Schnee-/Eisbeseitigung	900,00-	100,0000	5,6781	MEA	51,10-
Breitbandkabel	1.620,00-	100,0000	5,6781	MEA	91,99-
Wartungen	1.500,00-	100,0000	5,6781	MEA	85,17-
Aufzugskosten	5.000,00-	11,0000	1,0000	Aufzug	454,55-
Hzg. und Warmwasserkosten	24.000,00-			siehe Anlage	2.184,28-
Summe umlagefähige Kosten	**54.090,00-**				**4.063,46-**
NICHT UMLAGEFÄHIGE KOSTEN					
Lfd. Reparaturen	7.140,00-	100,0000	5,6781	MEA	405,42-
Verwaltung	5.000,00-	14,0000	1,0000	Anzahl Einheiten	357,14-
sonst. Kosten (nicht uml.)	200,00-	100,0000	5,6781	MEA	11,36-
Summe nicht uml. F. Kosten	**12.340,00-**				**773,92-**
SOLL-ZUFÜHRUNG INST.-RÜCKSTELLUNG					
Zuw gemäß Wirtschaftsplan	4.360,31-	100,0000	5,6781	MEA	247,59-
Summe Zuführung Inst.-Rückstellung	**4.360,31-**				**247,59-**
SONSTIGE EINNAHMEN					
Zinserträge	100,00-	100,0000	5,6781	MEA	5,68-
Erlöse Waschmarken	30,00-	100,0000	5,6781	MEA	1,70-
Summe sonstige Einnahmen	**130,00-**				**7,38-**
Summe gesamt	**70.920,31-**				**5.092,35-**

	Ihr Anteil
Summe anteilige Beträge	2.908,07-
Summe Festbeträge	2.184,28-
Gesamtkosten	5.092,35-

Nummer 0038.01002 **Max Mustermann** 10 VH 5.OG re   WEG **Musterstr. 11, D-13456 Berlin**

Seite 1

► Sonstige Anlagen wie zum Beispiel die Einzelabrechnung der Heizkosten
► Und optional ein Vermögensstatus, der jedoch keine gesetzliche Pflicht ist.

Diese Darstellung muss eine Aufstellung aller Einnahmen und Ausgaben der gesamten Eigentümergemeinschaft vom letzten Wirtschaftsjahr enthalten. Wünschenswert wäre es, wenn diese Darstellung alle Bankkonten und Kassen nebst Kontoanfangs- und -endbeständen enthält. Und dass auf einen Blick nachvollziehbar ist, von welchem Konto wie viel Geld für welche Maßnahme entnommen wurde. Und wie viel Geld auf welchem Konto eingegangen ist.

In den **Einzelabrechnungen** verteilt der Verwalter in einem ersten Schritt die gemeinschaftlichen Kosten und Erträge auf Basis der vereinbarten Kostenverteilerschlüssel auf die einzelnen Miteigentümer. Dann stellt der Verwalter dar, in welcher Höhe jeder Wohnungseigentümer seine „Hausgeldzahlungen" zur Bewirtschaftung des gemeinschaftlichen Eigentums tatsächlich geleistet hat (**Ist**). Im dritten Schritt macht er deutlich, was jeder Wohnungseigentümer gemäß Wirtschaftsplan hätte zahlen müssen (**Soll**). Im Regelfall, also wenn ein Eigentümer sein Hausgeld zwölf Mal im Jahr pünktlich und in voller Höhe gezahlt hat, entspricht die Ist-Hausgeldzahlung gemäß Kontoauszügen somit der Soll-Hausgeldzahlung gemäß Wirtschaftsplan.

Dann macht der Verwalter einen vierten Schritt: Er stellt die Soll-Vorauszahlungen gemäß Wirtschaftsplan den tatsächlichen Kosten gegenüber – und ermittelt somit die „**Abrechnungsspitze**". Das ist die Bezeichnung für das Guthaben oder die Nachzahlung für das abgerechnete Wirtschaftsjahr, das der einzelne Wohnungseigentümer von der Gemeinschaft erhält oder ihr zurückerstatten muss.

Viele Verwalter bieten den Service an, in der Einzelabrechnung darzustellen, welche der Bewirtschaftungskosten im Falle der Vermietung auf den Mieter **umlagefähig** sind oder nicht. Diese Darstellungsweise hat einen doppelten Nutzen: Einerseits trägt sie dazu bei, die Betriebskostenabrechnung mit dem Mieter zu vereinfachen. Andererseits werden dadurch die Eigentümer in die Lage versetzt, einfache Vergleiche mit den durchschnittlichen Betriebskosten von Miethäusern vornehmen, wie sie zum Beispiel in dem qualifizierten Berliner Mietspiegel veröffentlicht werden.

Die Übersichten über Einzelabrechnungen setzen sich in der Praxis oft aus mehreren unterschiedlichen Listen zusammen: Zum einem gibt es eine Eigentümerliste, aus der alle Soll-Hausgeld-Vorauszahlungen und alle Ist-Hausgeld-Vorauszahlungen gemäß Wirtschaftsplan hervorgehen. Eine separate Aufstellung nennt die Soll- und Ist-Zuführung zur **Instandhaltungsrückstellung**.

Eine weitere Liste umfasst dann, welcher Miteigentümer welche Nachzahlungen und welche Guthaben aus der Jahresabrechnung zu leisten beziehungsweise zu erhalten hat. Ein Kontrollblick vom Verwalter auf den aktuellen Kontostand des laufenden Bankkontos der Gemeinschaft während der Rechnungsprüfung sollte genügen um sicherzugehen, dass auch genügend Liquidität vorhanden ist, die Guthaben ausschütten zu können. Denn es könnte ja sein, dass aktuelle Zahlungsaustände eines Miteigentümers dazu führen, dass auf dem Gemeinschaftskonto eben nicht genug Geld dafür vorhanden ist. Das könnte dann Sonderumlagen erforderlich machen, also Einmalzahlungen durch alle Miteigentümer zur Sicherung der Liquidität der Gemeinschaft.

Die Darstellung des Vergleichs der Soll- und der Ist-Entwicklung der Instandhaltungsrückstellung ist eine zentrale Forderung des BGH gemäß dem Urteil vom 04.12.2009. Mögliche Abweichungen bei diesem Vergleich basieren auf Zahlungsrückständen einzelner Eigentümer. Die Summe der Zahlungsrückstände muss im Rahmen dieser Darstellung deutlich gemacht werden, Einzelaufstellungen der Rückstände sind hingegen nicht erforderlich.

Aufgaben und Befugnisse des Verwalters

Kernaufgaben des Verwalters nach § 27 Abs. 1 WEG sind die Verwaltung gemeinschaftlicher Gelder, die Umsetzung der Beschlüsse der Wohnungseigentümergemeinschaft und Maß-

Die Heizkosten für die einzelnen Eigentumswohnungen sind oft einer der größten und umstrittensten Posten bei der jährlichen Nebenkostenabrechnung.

nahmen im Zusammenhang mit der ordnungsgemäßen Instandhaltung und Instandsetzung des gemeinschaftlichen Eigentums. § 27 Abs. 2 und 3 WEG regeln den Umfang der an den Verwalter übertragenen gesetzlichen Vertretungsmacht der Wohnungseigentümergemeinschaft.

Verwaltung gemeinschaftlicher Gelder

Die Verwaltung gemeinschaftlicher Gelder durch den Wohnungseigentumsverwalter ist Dreh- und Angelpunkt für die Bewältigung der täglichen kaufmännischen Aufgaben des Verwalters. Alle Bankkonten der Gemeinschaft müssen auf den Namen der Wohnungseigentümergemeinschaft lauten, der Verwalter verfügt über die Kontovollmacht für diese Konten. Es ist möglich, die Verfügung des Verwalters über die gemeinschaftlichen Gelder zu beschränken: So könnte zum Beispiel per Mehrheitsbeschluss auf der Eigentümerversammlung beschlossen werden, dass der Verwalter von dem Konto, auf dem derzeit rund 50 000 Euro Instandhaltungsrücklage angespart sind, nur gemeinsam mit einem Mitglied des Beirats verfügen darf.

Der Verwalter ist bei der Verwaltung des Vermögens der Gemeinschaft verpflichtet, die

nicht für die laufende Tätigkeit benötigten Gelder zu marküblichen Konditionen verzinslich anzulegen. Die Anlageform muss aber „mündelsicher" sein.

Aufgrund der Einführung des einheitlichen Euro-Zahlungsverkehrsraums, kurz „SEPA" genannt, muss auch die Verwaltung der gemeinschaftlichen Gelder den Erfordernissen der Zeit angepasst werden. Dadurch ist insbesondere die Vorbereitung der per Lastschrift einzuziehenden Wohngelder auf Dauer aufwendiger geworden: Der Verwalter muss für alle Wohnungseigentümer Mandatsreferenznummern erstellen und diese zusammen mit der Gläubigeridentifikationsnummer jedem Wohnungseigentümer vor dem erstmaligen Einzug mitteilen.

Umsetzung der Beschlüsse der Gemeinschaft

Der Verwalter ist berechtigt und verpflichtet, die Beschlüsse der Gemeinschaft durchzuführen – auch wenn diese fehlerhaft oder anfechtbar sind.

Beispiel: Bau eines Zauns. Kommen wir zurück zu dem Wunsch der Gartenaktivisten, rund um den Vorgarten einen Zaun zu errichten. Und nehmen wir an, die Gemeinschaft hat mehrheitlich – zwei Eigentümer haben dagegen gestimmt – beschlossen, diesen Zaun von Firma ABC gemäß Angebot Nr. 4711 vom 15.05.2014 zu einem Pauschalpreis in Höhe von 3500 Euro aufstellen zu lassen. Dann hat der Verwalter für die Umsetzung dieses Beschlusses zu sorgen und dafür eine angemessene Frist einzuhalten.

Fraglich ist, welche Frist hier angemessen ist. Mit Blick auf alle Eigentümer sollte der Verwalter einen solchen Beschluss erst nach Ablauf der Anfechtungsfrist umsetzen. Wenn dieser nicht angefochten wird, gewinnt der Mehrheitsbeschluss nämlich Bestandskraft – und dann kann der Verwalter mit ruhigem Gewissen dem Zaunbauer den Auftrag erteilen. Anders liegt der Fall, wenn die Eigentümergemeinschaft mehrheitlich die sofortige Durchführung beschließt und den Verwalter ausdrücklich dazu ermächtigt. Dann ist unter angemessen ein kurzer Zeitraum zu verstehen.

Management bei Instandhaltung und Instandsetzung

Kernaufgaben des Verwalters sind alle „Managementaufgaben" im Zusammenhang mit der Instandhaltung und Instandsetzung des gemeinschaftlichen Eigentums im Sinne des § 27 Abs. 1 Nr. 2 WEG: Der Verwalter hat

▶ Mängel am Gemeinschaftseigentum festzustellen,

▶ die Wohnungseigentümer über die festgestellten Arbeiten zu unterrichten,

▶ eine Entscheidung über das weitere Vorgehen herbeizuführen.

Beispiel: Aufgaben des Verwalters bei **Farb- und Putzabplatzungen an einer Fassade**. Der Verwalter begeht die Wohnanlage und stellt dabei fest, dass sowohl die Farbe als auch der Putz der Fassade des hofseitigen Gebäudeflügels („Gartenhaus") an mehreren Stellen abgeplatzt ist. Er beauftragt eine Handwerkerfirma seines Vertrauens damit, die Fassade anzuschauen und ein Angebot über die Instandsetzung der Fassade abzugeben. Die Firma weist nach einem Ortstermin den Verwalter darauf hin, dass ohne die Aufstellung eines Baugerüsts unklar ist, wie viel Putz lose ist, der ab-

geschlagen werden muss. Das sei durch puren Augenschein vom Bodenniveau aus und ohne Gerüst einfach nicht zu erkennen. Damit sei unklar, was genau eigentlich angeboten werden solle. Nun bittet der Verwalter den Handwerker, sowohl ein Angebot für die malermäßige Instandsetzung als auch ein zweites, alternatives Angebot zu erstellen: Dieses soll die Dämmung der Fassade gemäß der aktuellen Energieeinsparverordnung mit Mineralwolle-Lamellenstreifen oder auch mit Polystyrol-Hartschaumplatten sowie den erforderlichen Fassadenanstrich umfassen.

Zur Erfüllung der gesetzlichen Managementaufgaben des Verwalters gehört es, zunächst den Beirat, später alle Eigentümer über die sich ergebenden Schwierigkeiten bei der Ermittlung der Art und des Umfangs der geeigneten Instandsetzung zu informieren und die Angebotsvarianten vorzulegen. Zusätzlich holt er Angebote geeigneter Bausachkundiger (Architekten oder Ingenieure) für die genaue Ermittlung des konkreten Instandsetzungsbedarfs auch unter Berücksichtigung der gesetzlichen Anforderungen – hier insbesondere die gültige Energieeinsparverordnung – ein.

Anschließend bittet er die Beiräte um Stellungnahme zu den beschriebenen Problemen und den Angeboten der Bausachkundigen und erinnert diese damit an die Erfüllung ihrer gesetzlichen Aufgaben (§ 29 Abs. 3 WEG). Zum Abschluss versendet der Verwalter die vorliegenden Angebote nebst Stellungnahmen der Beiräte an die Miteigentümer zur Vorbereitung der Versammlung und der Beschlussfassung.

Die Entscheidung über die weitere Vorgehensweise trifft dann die Eigentümergemeinschaft im Rahmen der ordnungsgemäßen Verwaltung des Gemeinschaftseigentums auf der nächsten Eigentümerversammlung (§ 21 Abs. 5 Satz 2 WEG). Diese muss also über Art, Umfang, Finanzierung und Zeitpunkt der Maßnahmen oder gegebenenfalls zunächst über die Beauftragung eines Bausachkundigen entscheiden.

Der Wohnungseigentumsverwalter muss kein Bausachkundiger sein und weder Art noch Umfang einer geeigneten Instandsetzungsmaßnahme für einen Baumangel erarbeiten

Zu den wesentlichen Aufgaben des Verwalters gehört das „Management" im Zusammenhang mit der Instandhaltung und Instandsetzung des gemeinschaftlichen Eigentums.

können. Die Ermittlung der geeigneten Instandsetzungsmaßnahmen ist ausdrücklich im Aufgabenkatalog derjenigen enthalten, die nach der sogenannten Honorarordnung für Architekten und Ingenieure, abgekürzt der „HOAI", beauftragt und bezahlt werden. In den seltensten Fällen wird der Verwalter gleichzeitig ein Architekt oder Bauingenieur sein, der über diese fachlichen Qualifikationen verfügt – und dafür dann neben dem Verwalterhonorar zusätzlich beauftragt und bezahlt werden muss.

Dringende Fälle der Instandhaltung und Instandsetzung

Natürlich gibt es ganz dringende Fälle, die es wegen ihrer Eilbedürftigkeit nicht zulassen, eine Versammlung der Wohnungseigentümer einzuberufen. In solchen Fällen ist der Verwalter berechtigt, ausnahmsweise selbstständig die erforderlichen Maßnahmen zu treffen (§ 27 Abs. 1 Nr. 3 WEG), um akuten Schaden von den Liegenschaften abzuwenden. Das kann zum Beispiel ein Wasserschaden in einer

Dachgeschosswohnung sein: Der sofort eingeschaltete Dachdecker macht dem Verwalter nach der Begehung deutlich, dass beim nächsten Regen eine Verschlimmerung des Wasserschadens droht. Dann hat der Verwalter nicht nur das Recht, sondern auch die Pflicht, diesen Mangel zur Verhinderung weiterer Schäden schnellstmöglich beseitigen zu lassen.

Fazit: Der entscheidende Maßstab, an dem sich die Pflichterfüllung des Verwalters in solchen Notfällen messen lassen muss, ist die Frage, ob es vertretbar wäre, vor der Entscheidung zur Mängelbeseitigung extra eine außerordentliche Versammlung einzuberufen. Keine Rolle spielen der Auftragsumfang oder die Höhe der Kosten der Maßnahme.

Zusätzliche Verwaltungsaufgaben

Nun ist wahrlich nicht jede Instandhaltungs- und Instandsetzungsmaßnahme so komplex wie eine Fassadensanierung oder so eilbedürftig wie eine Dachabdichtung. Ein Beispiel aus der Praxis: Ein einzelnes Kaltwasserabsperrventil im Keller muss ausgetauscht werden, weil es sich einfach nicht mehr bewegen lässt. Der Ventilaustausch kostet laut Wartungsfirma für die Heizungsanlage rund 200 Euro brutto. Jeder wirtschaftlich denkende Eigentümer wird dann meinen: Wo bitteschön ist das Problem? Bitte, Verwalter, beauftrage doch einfach angesichts dieser relativ geringen Kosten den Austausch des Absperrventils, bevor wir bei einem Wasserschaden nicht mehr den Wasserstrang absperren können! Das „Problem" des Verwalters liegt darin begründet, dass der Gesetzgeber vorgesehen hat, dass die Gemeinschaft auch über solche Instandsetzungsmaßnahmen entscheiden muss – wenn dem Verwalter keine vertraglich vereinbarten weiteren Aufgaben und Befugnisse eingeräumt wurden.

Steuerlich relevante Bescheinigungen über die anteiligen haushaltsnahen Dienst- oder Handwerkerleistungen

Ein Beispiel für eine Ausweitung der Aufgaben des Verwalters durch eine Beschlussfassung der Wohnungseigentümergemeinschaft betrifft die „Ausstellung der steuerlich relevanten Bescheinigungen über die anteiligen haushaltsnahen Dienst- und Handwerkerleistungen" für die einzelnen Sondereigentümer, wie sie im Kapitel „Finanzielle und steuerliche Förderung für Selbstnutzer" näher beschrieben ist. Die Gemeinschaft kann nämlich beschließen, dass diese Bescheinigung zu einer der Aufgaben wird, die der Verwalter für die Gemeinschaft zu leisten hat. Dann muss der Verwalter allen Eigentümern – egal, ob Selbstnutzer oder Kapitalanleger – diese Bescheinigung ausstellen.

Solange die Gemeinschaft diesen Beschluss nicht fasst, muss der Verwalter diese auch nicht für alle Eigentümer ausstellen. Da der Verwalter des gemeinschaftlichen Eigentums aber der Einzige ist, der diese Aufgabe leisten kann, hat jeder einzelne Eigentümer das Recht, die Ausstellung dieser Bescheinigung vom Verwalter gegen eine angemessene Entlohnung zu verlangen. Je weniger Eigentümer diese Bescheinigung verlangen, desto teurer wird diese, weil der Grundaufwand des Verwalters sich nicht auf die Schultern aller Eigentümer – nach einem entsprechenden Kostenverteilerschlüssel – verteilen lässt. Dreh- und Angelpunkte sind also die Kostenverteilung und die Höhe der Vergütung für diese zusätzliche Leistung.

Und genau darum macht es für wirtschaftlich denkende Miteigentümer Sinn, die gesetzlichen Aufgaben und Pflichten des Verwalters um vertragliche Aufgaben und Befugnisse zu erweitern: Damit soll die Effizienz bei der gemeinsamen Verwaltung des gemeinschaftlichen Eigentums durch die Verwaltungsorgane erhöht werden. Der Richter Dr. Elzer hält es für erforderlich, dass in diesem Fall die Gemeinschaft beim Abschluss des Verwaltervertrags auch beschließen muss, dass die gesetzlichen Rechte und Pflichten des Verwalters, gegebenenfalls in Abstimmung mit dem Beirat, ausgeweitet werden sollen. Dafür sei es erforderlich, dass

► für jede Einzelmaßnahme eine genaue Obergrenze
► und eine Obergrenze für alle Maßnahmen, die in dem ganzen Jahr über durch den Verwalter auf Basis dieser Kompetenzen abgewickelt werden dürfen, festgelegt werden.

Diese beiden Obergrenzen müssen dann im Verwaltervertrag schriftlich fixiert werden. Aus juristischer Sicht muss sich nämlich die Ausweitung der gesetzlichen Aufgaben und Kompetenzen sowohl an den allgemeinen Geschäftsbedingungen gemäß §§ 305 ff. BGB als auch an dem Kompetenzgefüge der WEG messen lassen, um wirksam werden zu können.

„Vergemeinschaftung" von Verwaltungskosten

Ein weiterer Grund, die gesetzlichen Aufgaben des Verwalters zu erweitern, besteht in der Senkung der Verwaltungskosten für den Einzelnen durch „Vergemeinschaftung" solcher Aufwendungen und Kosten. Ein Beispiel dafür ist die Ausstellung der steuerlich relevanten Bescheinigungen über die anteiligen haushaltsnahen Dienst- und Handwerkerleistungen für die Eigentümer, die ihre Wohnung selbst nutzen.

Die Gemeinschaft kann mit einfacher Stimmenmehrheit einen Beschluss fassen, dass diese Bescheinigung zu einem Teil der Aufgaben wird, die der Verwalter für die Gemeinschaft zu leisten hat. Dann muss der Verwalter allen Eigentümern – egal ob Selbstnutzer oder Kapitalanleger – diese Bescheinigung ausstellen. Kapitalanleger haben davon übrigens auch etwas, weil sie die Bescheinigung an ihre Mieter weiterreichen können. Diese haben alle umlagefähigen Nebenkosten bezahlt und können die dabei entstandenen haushaltsnahen Dienst- und Handwerkerleistungen bei ihrer Steuererklärung geltend machen.

Die Kosten für die Aufstellung und Bescheinigung zahlt dann die Gemeinschaft an den Verwalter, die Verteilung der Kosten erfolgt im Rahmen der Jahresabrechnung. Die Vergemeinschaftung der Kosten führt also zu einer Senkung der Kosten pro Eigentümer.

Gerade bei einer gesetzlichen Änderung, die einen zusätzlichen Verwaltungsaufwand erfordert, wirkt sich eine „Vergemeinschaftung" pro Eigentümer positiv aus. So hat der Bundesfinanzhof (BFH) entschieden, dass die jahrelange Praxis, nämlich die tatsächlichen Grundstücksgrenzen als Grundlage zur Berechnung steuerlicher Beträge heranzuziehen, nicht im Sinne des Gesetzgebers sei: Der Bezug zum Grundstück sei ein „funktionaler" (BFH-Urteile vom 20.03.2014: V-IR-55/12 und VI-R-56/12). Daraus folgt, dass nunmehr auch die anteiligen Arbeitskosten für Schnee- und Eisbeseitigung sowie Reinigung auf öffentlichem Land und die anteiligen Arbeitskosten für einen neuen Wasseranschluss an das öffentliche Netz durch den Verwalter bescheinigt werden müssen. Die Nachbeschaffung der notwendigen Rechnungsangaben von den Firmen, die nachträgliche Verbuchung dieser Beträge und die Neuausstellung der Bescheinigungen werden einige Stunden in Anspruch nehmen. Für einen einzelnen Eigentümer würde sich dieser Aufwand finanziell wohl nicht lohnen.

Bestellung und Verwaltervertrag

Mit der Bestellung des Verwalters im Rahmen der Eigentümerversammlung beginnt in der Regel die Zusammenarbeit mit dem Verwalter. Der Verwaltervertrag regelt dann die Details: Die Aufgaben und Befugnisse des Verwalters, seine Amtszeit, Kündigungsmodalitäten, Vergütung und Regelung seiner Vollmachten für die gerichtliche und außergerichtliche Tätigkeit. Nicht alle Miteigentümer müssen den Vertrag unterzeichnen: In der Regel wird der

Beschluss gefasst, dass die Beiratsmitglieder diese Aufgabe als Bevollmächtigte der Gemeinschaft übernehmen dürfen und sollen. Der Verwalter muss spätestens alle fünf Jahre erneut bestellt werden. Die Dauer der Bestellung des Verwalters und die Amtszeit im Verwaltervertrag sollten übereinstimmen.

Die Höhe der Vergütung ist insbesondere abhängig von der Anzahl der verwalteten Einheiten der Wohnanlage: Je kleiner die Wohnanlage, desto teurer wird es für den Einzelnen. Die Marktpreise schwanken von Region zu Region. Laut Branchenbericht der Genossenschaftsbanken verschiedener Bundesländer werden Vergütungen von 7 bis 56 Euro pro Monat und Einheit gezahlt. Dazu kommen noch Kosten für zusätzliche Leistungen, sofern diese vertraglich vereinbart sind, zum Beispiel für außerordentliche Versammlungen.

Qualifikation des Verwalters

Der Bundesrat hat am 22.09.2017 das „Gesetz zur Einführung einer Berufszulassungsregelung für gewerbliche Immobilienmakler und Wohnimmobilienverwalter" (BR-Drs.: 610/17) verabschiedet. Es sieht neben der erforderlichen Erlaubniserteilung auch eine Weiterbildungs- sowie eine Informationspflicht über Qualifikation und Weiterbildung des Verwalters gegenüber dem Verbraucher vor. Eigens hierfür wurde der Begriff des Wohnimmobilienverwalters festgeschrieben, der die Wohnungseigentums- und Mietverwaltung umfasst. Die Erlaubnisvoraussetzungen für den Wohnimmobilienverwalter sind geordnete Vermögensverhältnisse, Zuverlässigkeit und eine Berufshaftpflichtversicherung. Wohnimmobilienverwalter benötigen künftig eine Erlaubnis nach § 34c der Gewerbeordnung. Der Sachkundenachweis für Verwalter und Makler, wie noch vom Bundeskabinett im August 2016 beschlossen, ist entfallen. Stattdessen wird eine Fortbildungspflicht eingeführt: 20 Stunden innerhalb von drei Jahren sind in Zukunft obligatorisch.

Die gesetzliche Neuregelung tritt neun Monate nach der Verkündung im Bundesgesetzblatt in Kraft, frühestens am 01.05.2018. Verwalter haben nach Inkrafttreten der neuen Vorgaben dann sechs Monate Zeit, um die erfor-

Formen der Selbstverwaltung

Aus Sicht des Verbraucherschutzvereins „wohnen im eigentum e. V." kommt die **Selbstverwaltung** nur für kleinere WEGs mit bis zu 10 Eigentümern und einem hohen Anteil an Selbstnutzern infrage, wenn in der Gemeinschaft ein gutes Klima herrscht und die Miteigentümer teamfähig sind. Die Eigentümer sollten über das fachliche Know-how und die für die Verwaltungsarbeit notwendige Zeit verfügen. Auch sollten sie wissen, worauf sie sich da einlassen, welche Vorteile und welche Belastungen sich ergeben können. Die Miteigentümer sollten sich über die Haftung des Verwalters und über seinen Schutz durch Verträge und Versicherungen informieren und daraus geeignete Konsequenzen ziehen.

Aus der Erfahrung des Verbraucherschutzvereins ist es nicht mehr sinnvoll, das gemeinschaftliche Eigentum selbst zu verwalten, wenn ein erheblicher Instandhaltungs- und Instandsetzungsbedarf vorhanden ist. Bedenken bestehen auch dann, wenn die rechtlichen Strukturen, die Eigentums- und Besitzverhältnisse und die Sondernutzungsrechte nicht zur Zufriedenheit aller Miteigentümer geregelt sind.

Wenn die Rahmenbedingungen stimmen, kann die Selbstverwaltung durch alle Miteigentümer klare Vorteile bringen. Dafür sollten aber bestimmte Voraussetzungen gegeben sein: Eine wesentliche Grundlage für das Gelingen der Selbstverwaltung durch alle Miteigentümer ist die Aufstellung und Verabschiedung eines „Geschäftsverteilungsplans", der jedem Eigentümer einen klar definierten Aufgaben- und Verantwortungsbereich zuordnet.

Es sind aber auch **Mischformen der Selbstverwaltung** denkbar, zum Beispiel die Selbstverwaltung mit einem internen Verwalter, also einem Miteigentümer, der für die Gemeinschaft die gesetzlichen Aufgaben des Verwalters erledigt. Oder ein ganz genau bestimmter Teil der Verwaltungsarbeit wird an einen professionellen externen Verwalter ausgegliedert – der Rest wird durch die Miteigentümer selbst verwaltet.

Auch bei diesen Mischformen sind die Verbindlichkeit und die Klarheit über die Aufgabenverteilung grundlegend, um anschließend Konflikte zu vermeiden. „wohnen im eigentum e. V." empfiehlt bei solchen Mischformen den Abschluss von schriftlichen Verträgen, gerade auch, um die meist ehrenamtlich tätigen Miteigentümer rechtlich abzusichern.

Die Checkliste auf den Seiten 178/179 soll Ihnen mit sachlichen Auswahlkriterien dabei helfen, die passende Verwaltungsform für eine spezielle Wohnungseigentumsanlage zu finden.

derliche Erlaubnis zu beantragen. „Ob eine 20-Stunden-Weiterbildungspflicht wiederkehrend alle drei Jahre ausreichend ist, um als Verwalter mehr als 60 Gesetze und Verordnungen rechtssicher anwenden zu können, darf bezweifelt werden. Eine Grundqualifikation zur Aufnahme der Tätigkeit als Verwalter ist damit nicht erreicht.", so DDIV-Geschäftsführer Martin Kaßler.

Angesichts des erheblichen Verwaltungsvermögens in den Händen von Wohnungseigentumsverwaltern fordern auch Verbraucherschutzorganisationen wie „wohnen im eigentum e. V." seit Jahren fachliche und persönliche Qualifikationsnachweise bei gewerblich tätigen Verwaltern und sehen die beschlossene Gesetzesänderung als unzureichend an, da der geforderte Sachkundenachweis nicht als Zulassungsvoraussetzung verabschiedet wurde.

Im Jahr 2011 hat der Dachverband Deutscher Immobilienverwalter (DDIV) e. V. eine Berufsordnung beschlossen, die für die in den Landesverbänden organisierten Immobilienverwalter gilt. Die zertifizierte Weiterbildung zum Wohnungseigentumsverwalter und der Rahmenlehrplan zur Ausbildung der Immobilienkaufleute mit dem Ausbildungsschwerpunkt „Wohnungseigentum begründen und verwalten" sind als Schritte der Qualitätssicherung im Bereich der Wohnungseigentumsverwaltung zu werten. Das Vorliegen dieser Qualifikationsnachweise kann ein Argument für die Auswahl des Verwalters sein.

Aus Sicht von „wohnen im eigentum e. V." ist auch das Vorliegen einer Vermögensschaden-Haftpflichtversicherung zwingende Voraussetzung für einen Vertragsabschluss mit einen gewerblich tätigen Verwalter.

Selber verwalten oder delegieren?

Die Verwaltung gemeinschaftlichen Eigentums kann sehr komplex sein, und es gibt viele Beteiligte. Die Bewältigung der Aufgaben erfordert juristische, organisatorische, diplomatische, technische und nicht zuletzt kaufmännische Kenntnisse und Fähigkeiten. Alle Beteiligten müssen sich auch darüber im Klaren sein, dass das im Alltag immer wieder Zeit erfordert. An einen Wohnungseigentumsverwalter kann die Gemeinschaft problemlos die gesetzlich vorgesehenen Aufgaben und Befugnisse delegieren, per Verwaltervertrag auf Basis eines entsprechenden Beschlusses auch deutlich mehr. Und ein Verwalter, der nicht gleichzeitig Eigentümer einer Wohnung in der Gemeinschaft ist, kann aus der neutralen Position des „Fremdverwalters" oft ganz anders an Probleme und Konflikte innerhalb der Eigentümergemeinschaft herangehen als ein „Eigenverwalter" es innerhalb der Gemeinschaft könnte.

In ganz kleinen Gemeinschaften kann der vergleichsweise hohe Preis eines professionellen Verwalters durchaus den Ausschlag dafür geben, dass man sich an die Arbeit der Selbstverwaltung macht.

Verwaltung durch den Verwaltungsbeirat

Die Verwaltungsbeiräte – in der Regel drei an der Zahl – haben die Aufgabe, den Verwalter in seiner täglichen Arbeit zu unterstützen. Das kann ganz praktischer Natur sein, zum Beispiel indem einer der drei Beiräte einem Dachdecker in der Wohnanlage zeigt, wo genau es bei Regen aus der Dachrinne tropft. Auf zwischenmenschlicher Ebene kann ein Beirat im Konflikt zwischen Miteigentümern, aber auch zwischen Miteigentümern und dem Verwalter aktiv zur Konfliktlösung beitragen. Und auf formal-juristischer Ebene kann der Verwaltungsbeirat durch Stellungnahmen zu Kostenvoranschlägen, Ausschreibungen oder Bauvertragsentwürfen, die dann mit der Einladung zur Versammlung verschickt werden, eine einfach zu überquerende Brücke schaffen, um den Miteigentümern und dem Verwalter eine Beschlussfassung auf der Versammlung deutlich zu erleichtern (§ 29 Abs. 2 und 3 WEG).

Prüfung der Jahresabrechnung und des Wirtschaftsplans

Der Beirat hat auch die Aufgabe, die Jahresabrechnung und den Wirtschaftsplan für die Eigentümergemeinschaft auf Richtigkeit und Plausibilität hin zu prüfen (§ 29 Abs. 3 WEG). Dabei sind die Kontobestände auf den Konten der Gemeinschaft auf Basis der Original-Kontoauszüge und die Zahlungen, die von den Kon-

ten geflossen sind, auf ihre Berechtigung hin zu kontrollieren. Über die erfolgte Rechnungsprüfung und über die Arbeit des Verwalters hat er auf der jährlichen Versammlung den Miteigentümern Bericht zu erstatten – bevor dann über Gesamt- und Einzeljahresabrechnung, Gesamt- und Einzelwirtschaftsplan und die Entlastung des Verwalters abgestimmt wird.

Zusammensetzung des Beirats

Die Zusammensetzung des üblicherweise aus drei Miteigentümern bestehenden Beirats sollte möglichst heterogen sein. Hilfreich ist es, einen baufachlich beschlagenen Miteigentümer für diese Aufgabe zu gewinnen, einen kaufmännisch und/oder rechtlich versierten Miteigentümer sowie nicht zuletzt einen kommunikativen Menschen. Ehrenamtlich tätige Beiräte dürfen jederzeit ihr Amt niederlegen, wenn sie das möchten. Auf juristischer Ebene ist das Fehlen eines Verwaltungsbeirats zulässig – auf zwischenmenschlicher und praktischer Ebene ist das oft ein großer Mangel. Aus Sicht von Praktikern kommt der vertrauensvollen, unterstützenden, aber auch kritisch-überwachenden Zusammenarbeit des Verwaltungsbeirats mit dem Wohnungseigentumsverwalter eine nicht zu unterschätzende Bedeutung zu: Ohne die Arbeit des Beirats fehlt nämlich ein wichtiges Bindeglied in dem dauerhaften Kreislauf der ordnungsgemäßen Verwaltung des gemeinschaftlichen Eigentums.

Haftung des Beirats

Als Miteigentümer kann man die konstruktive Arbeit der Beiräte gar nicht hoch genug anerkennen. Die Beiräte haften nämlich für ihr Tun und Nichttun gegenüber den Miteigentümern. Diese Haftung kann entweder durch den Abschluss einer Vermögenschaden-Haftpflichtversicherung und/oder durch einen Beschluss der Gemeinschaft begrenzt werden, die Haftung des Beirats auf Vorsatz oder grobe Fahrlässigkeit zu beschränken. Wenn der Beirat in der jährlichen Eigentümerversammlung mehrheitlich entlastet wird, dann bedeutet das gleichzeitig den Verzicht der Miteigentümer auf bis dahin erkennbar entstandene Schadenersatzansprüche gegenüber dem Beirat.

Checkliste zur Entscheidungsfindung: Wer soll die gesetzlichen Mindestaufgaben des Verwalters gemäß § 27 WEG dauerhaft erfüllen?

	Erfüllung durch professionellen Wohnungseigentumsverwalter	Erfüllung durch gemeinschaftliche Selbstverwaltung aller Eigentümer	Erfüllung durch einen Miteigentümer als „interner Verwalter"	Erfüllung durch individuelle Vereinbarungen einer Mischung aus Selbst- und Fremdverwaltung
Wirtschaftliche Vergleichsgrößen:				
Vergleichspreis eines professionellen Verwalters				
Zusatzkosten gemäß Verwaltervertragsangebot für Sonderaufgaben				
Preisnachlässe bei Versorgern durch Rahmenverträge (Versicherungen, Gaslieferanten, Ablesefirmen etc.)				
Gesamte investierte Arbeitszeit durch Selbstverwaltung				
Kalkulatorischer Stundenlohn bei Selbstverwaltung				
Aufwandsentschädigungen				
Auslagen, Porto				
Kontoführungskosten				
Kosten der Telekommunikation				
Kosten der EDV, insbesondere der Software				
Kosten für Weiterbildung				
Kosten für Formulare				
Vertretungsregelung bei Krankheit				
Abschluss einer Vermögensschadenhaftpflichtversicherung möglich				
Allgemeine Voraussetzungen der WEG:				
Instandhaltungs- und Instandsetzungszustand des Gemeinschaftseigentums				
Anzahl der Eigentümer				
Quote der Selbstnutzer				
Klima in der Gemeinschaft				
Teamfähigkeit der Miteigentümer				
Rechtliche Strukturen innerhalb der WEG klar geregelt				

	Erfüllung durch professionellen Wohnungseigentumsverwalter	Erfüllung durch gemeinschaftliche Selbstverwaltung aller Eigentümer	Erfüllung durch einen Miteigentümer als „interner Verwalter"	Erfüllung durch individuelle Vereinbarungen einer Mischung aus Selbst- und Fremdverwaltung
Fachliche Voraussetzungen der Miteigentümer:				
Persönliche Befähigung mindestens eines Mitglieds der Gemeinschaft durch Grundkenntnisse				
▶ im kaufmännischen,				
▶ im juristischen,				
▶ im baulich / technischen Bereich				
sowie Grundkenntnisse				
▶ im Bereich Mahnwesen / Inkasso sowie				
▶ in Bezug auf Vertragsabschlüsse und -abwicklungen,				
▶ bei Wartungen und Versicherungsangelegenheiten (insbesondere in der Abwicklung von Schadensfällen)				
Persönliche Voraussetzungen der Miteigentümer:				
Genügend Zeit für die Verwaltungsarbeit				
„Gerechtigkeitssinn" vorhanden, da Verpflichtung zur Neutralität gegenüber allen Miteigentümern				
Hohes Maß an Integrität, keine persönliche Vorteilsnahme				
Durchsetzungsvermögen, Konfliktfähigkeit, Gesprächsbereitschaft und Bereitschaft zur Kommunikation der Verwaltungsaktivitäten				
Verhandlungsführung, Versammlungsleitung, Moderationserfahrungen				
Bereitschaft und Zeit zur Teilnahme an Fortbildungen in der Immobilienverwaltung				

VERWALTUNG DES SONDEREIGENTUMS

„Sondereigentumsverwaltung" bzw. „Mietverwaltung" sind insbesondere die Mieterbetreuung bei Vertragsabschluss und bei Mängeln, das Mietinkasso und die Abrechnung der Betriebskosten. Sein Sondereigentum darf jeder Miteigentümer grundsätzlich allein verwalten.

Die Nutzung des Sonder- und Gemeinschaftseigentums durch einen Mieter darf sich dabei allerdings nur in dem Rahmen bewegen, den die Wohnungseigentümergemeinschaft gesteckt hat, insb. in der Gemeinschafts- und Hausordnung. Daher sollte bei Abschluss eines Mietvertrags genau dieser Rahmen auch schriftlich vereinbart werden, in der Regel durch eine Anlage zum Mietvertrag. Mietvertrag und Mietrecht stecken einen weiteren Rahmen ab, der ebenfalls bei der Verwaltung des Sondereigentums beachtet werden muss.

Als Sondereigentümer muss man sich in den eigenen vier Wänden um alles selber kümmern, z. B. Reparaturen oder die Gewährung des Zutritts für den Schornsteinfeger. Vermietet man, muss man bei Mängelanzeigen des Mieters entsprechende Firmen zur Mangelbeseitigung beauftragen – und dafür sorgen, dass der Mieter den Schornsteinfeger in die Wohnung lässt.

Als Vermieter wird man meist über die Miete hinaus monatliche Betriebs- und ggf. Heizkostenvorauszahlungen vereinbaren. Diese monatlichen Zahlungseingänge muss man überwachen. Über diese Vorauszahlungen muss man einmal jährlich mit seinem Mieter abrechnen. Ist ein professioneller Wohnungseigentumsverwalter im Spiel, hat dieser oft die Eigentümer im Blick, die ihre Wohnungen vermieten. Daher unterteilt so ein Verwalter in Wirtschaftsplan und Jahresabrechnung die Betriebskosten nach umlagefähigen und nicht umlagefähigen Betriebskosten im Sinne der Betriebskostenverordnung (BetrKV). Damit hat es der vermietende Wohnungseigentümer einfach: Lediglich die umlagefähigen Betriebskosten dürfen auf den Mieter umgelegt werden.

Wer diese Arbeiten delegieren möchte, muss einen Sondereigentumsverwalter beauftragen und bevollmächtigen. Auch der Wohnungseigentumsverwalter für Vermieter bietet diese Dienstleistung z. T. an. Das lohnt, wenn man weder ortsansässig ist noch Interesse an der kaufmännisch-verwaltenden Tätigkeit hat.

WEG-Abrechnung und Betriebskostenabrechnung mit Mietern

Der BGH musste über das Problem entscheiden, welchen Einfluss die Genehmigung der Gesamt- und Einzeljahresabrechnungen der Eigentümergemeinschaft auf die mietrechtliche Betriebskostenabrechnung hat. Konkret: Darf oder muss ein vermietender Wohnungseigentümer mit der Betriebskostenabrechnung (für das abgelaufene Wirtschaftsjahr) gegenüber seinem Mieter so lange warten, bis seine Einzelabrechnung für das Vorjahr durch die Eigentümergemeinschaft genehmigt ist?

Die Entscheidung des BGH (vom 25.01.2017 – VIII ZR 249/15) ist klar und wurde mit BGH-Urteil vom 14.03.2017 – VIII ZR 50/16 nochmals bestätigt: Der Beschluss über die WEG-Abrechnung ist keine (ungeschriebene) Voraussetzung für die Abrechnung der Betriebskosten. Vielmehr habe der vermietende Eigentümer über die Betriebskostenvorauszahlungen des Mieters grundsätzlich auch dann innerhalb der Jahresfrist abzurechnen. Der Vermieter muss dann die Zahlen aus der Abrechnung der Wohnungseigentumsverwaltung für das letzte Wirtschaftsjahr verwenden, wenn zu diesem Zeitpunkt der Beschluss über die Gesamt- und Einzeljahresabrechnungen der Wohnungseigentümer noch nicht vorliegt.

WAS IST MEINE WOHNUNG WERT?

Viele Immobilienkäufer fragen sich nach einer bestimmten Zeit, was ihre Immobilie eigentlich aktuell wert ist. Das gilt für eine Eigentumswohnung ebenso wie für ein Einfamilienhaus, ein Reihen- oder Doppelhaus oder ein Mehrparteienhaus. Eine konkrete Wertermittlung kann aus verschiedenen Gründen ausgelöst werden:

► Die Wohnung soll verkauft werden.
► Eine familiäre Veränderung zwingt zu einem finanziellen Ausgleich.
► Eine Erbschaft ist eingetreten.

► Eine ungeteilte Erbengemeinschaft soll aufgelöst werden.
► Ein Versicherungsfall ist eingetreten.

Die Wertermittlung – in den meisten Fällen die Ermittlung des Verkehrswerts – kann nach verschiedenen Verfahren vorgenommen werden. Grundsätzlich unterscheidet man
► Überschlagsverfahren (Faustformeln), die einen groben Näherungswert ergeben,
► Verfahren, die den Anforderungen genügen, welche die Rechtsprechung an ein Gutachten stellt.

ÜBERSCHLAG ODER GUTACHTEN?

Überschlagsberechnungen können auf der Grundlage von Herstellungskosten, von Werten der Gebäudeversicherung, von Beleihungswerten des Immobilienfinanzierers oder nach der sogenannten Maklerformel (siehe „Wie wird der Wert bestimmt?", Seiten 184 ff.) vorgenommen werden. Sie haben den Vorteil, dass mit ihrer Hilfe zunächst die Größenordnung des Verkehrswerts schnell abgeschätzt werden kann. Ihr Nachteil ist, dass die eigentlichen Wertermittlungsgrundlagen nur mittelbar in die Überschlagsrechnung eingehen und nicht nachgeprüft werden können.

Dagegen müssen **Wertermittlungsgutachten**, die den Anforderungen der Rechtsprechung genügen sollen, nach den allgemein anerkannten und angewandten Regeln der Schätzlehre angefertigt werden. Diese Regeln sind in der Immobilienwertverordnung von 2010 (ImmoWertV) amtlich niedergelegt. Die

ImmoWertV löste die bis dahin gültige Wertermittlungsverordnung (WertV 98, erlassen im Jahr 1988, zuletzt geändert am 18.08.1997) ab.

In ähnlicher Weise wurden die Wertermittlungsrichtlinien (WertR 2006) von der neuen Richtlinie zur Ermittlung des Sachwerts (Sachwertrichtlinie – SW-RL) von 2012 abgelöst – allerdings nicht in allen Bestandteilen.

Die zeitlich dichte Aufeinanderfolge mehrerer einander ablösender Verordnungen und Richtlinien ist zunächst irritierend. Zustande gekommen ist dies durch die energiepolitische Neuorientierung der Bundesregierung, die das Bauwesen in besonderer Weise berührt. So berücksichtigt die Immobilienwertermittlungsverordnung (anders als die WertV, die sie ablöst) eine Reihe energiepolitisch wesentlicher Aspekte wie die energetische Beschaffenheit des Gebäudes. Sie würdigt auch stärker als zuvor die Auswirkung der städtebaulichen Umstände

Eine fundierte Wertermittlung ist fast nur mit Unterstützung eines Profis möglich.

– gerade sie sind für städtisches Wohnen in einer Eigentumswohnung relevant – auf den Wert einer Immobilie. In den folgenden Fällen brauchen Sie im Allgemeinen ein qualifiziertes Sachverständigengutachten:

► Rechtsstreitigkeiten: Kein Gericht wird bloße Mutmaßungen oder Daumenpeilungen akzeptieren.

► Anfallende Erbschafts- bzw. Schenkungssteuer: Sollte das Finanzamt einen Grundstückswert angesetzt haben, mit dem Sie nicht einverstanden sind, können Sie die Auffassung des Finanzamts nur mit dem Gutachten eines öffentlich bestellten und vereidigten Sachverständigen oder des örtlichen Gutachterausschusses erschüttern.

► Erbauseinandersetzungen und vorweggenommene Erbfolgeregelungen: Sofern die involvierten Erben sich nicht gütlich einigen, kann in der Regel eine akzeptierte Verhandlungsgrundlage nur durch ein formelles Gutachten hergestellt werden.

► Besonders wertvolle Immobilien – Millionenobjekte – finden besonders anspruchsvolle Interessenten: Als Verhandlungsbasis reicht hier eine nach Maklerformel vorgenommene Daumenpeilung in der Regel nicht aus.

SACHVERSTÄNDIGENGUTACHTEN NICHT IMMER RECHTSVERBINDLICH

Das Gutachten eines Sachverständigen bildet nicht automatisch eine Rechtsgrundlage. Das Finanzamt kann, muss aber das Gutachten nicht anerkennen: Der Weg führt dann zum Finanzgericht, das darüber entscheidet, ob das Gutachten anzuerkennen oder ein neues in Auftrag zu geben ist.
Ebenso gilt das für private Beteiligte an einer Auseinandersetzung.

Die Kosten des Gutachtens dürfen allerdings nicht den finanziellen Vorteil aufzehren, den es bewirken soll. Wenn also das Finanzamt 8 000 Euro Erbschaftssteuer fordert und das Verkehrswertgutachten einen Grundstückswert ermittelt, aus dem sich eine Erbschaftssteuer von 7 200 Euro ergäbe, dann dürfte das Gutachten selbst maximal 800 Euro (entsprechend einem Verkehrswert von etwa 150 000 Euro) kosten. Sonst wird das teurer, als es Einsparungen einbringt. Wenn man allerdings einen fünfstelligen Eurobetrag sparen könnte, was angesichts der Steuerklassen und -sätze bei der Erbschafts- und Schenkungssteuer durchaus vorkommen kann, lohnt sich ein Gutachten durchaus.

WIE WIRD DER WERT BESTIMMT?

Es ist nicht Ziel dieses Abschnitts, Sie zum Gutachter auszubilden. Sie sollen aber nach Möglichkeit besser verstehen können, was der Gutachter tut, warum er es tut und worauf sich sein Tun sachlich gründet.

Grundsätzlich kann ein Grundstückssachverständiger das Schätzverfahren frei wählen. Es haben sich aber drei allgemein anerkannte Verfahren herausgebildet, die in der überwiegenden Zahl der Gutachten angewendet werden:

▶ das Vergleichswertverfahren (§ 15 ImmoWertV) einschließlich des Verfahrens zur Bodenwertermittlung (§ 16 ImmoWertV),

▶ das Ertragswertverfahren (§§ 17–20 ImmoWertV),

▶ das Sachwertverfahren (§§ 21–23 ImmoWertV).

Die Wahl des Wertermittlungsverfahrens liegt aber nicht in der Willkür des Gutachters. Dazu sagt der Verordnungsgeber: „Die Verfahren sind nach der Art des Wertermittlungsobjekts unter Berücksichtigung der im gewöhnlichen Geschäftsverkehr bestehenden Gepflogenheiten und der sonstigen Umstände des Einzelfalls, insbesondere der zur Verfügung stehenden Daten zu wählen; die Wahl ist zu begründen." Kurz gefasst für die Praxis: Gewählt werden soll, was üblich, möglich und angemessen ist.

Auch die wesentlichen Bewertungsmaßstäbe gibt der Verordnungsgeber vor: Zunächst müssen „die allgemeinen Wertverhältnisse auf dem Grundstücksmarkt (Marktanpassung)" gewürdigt werden, danach erst „die besonderen objektspezifischen Grundstücksmerkmale des zu bewertenden Grundstücks".

Der Verordnungsgeber schreibt allerdings nicht vor, unter welchen Umständen welches Verfahren zwingend anzuwenden ist. Hierüber wird gelegentlich vor Gerichten durch den gesamten Instanzenweg gestritten.

Auch eine Kombination aus mehreren Verfahren lässt der Verordnungsgeber ausdrücklich zu. Ein Urteil des Bundesgerichtshofs vom 2. Juli 2004 zum Thema ist seitdem oft zitiert worden. Es ist von grundlegender Bedeutung, auch wenn die darin erwähnte Wertermittlungsverordnung inzwischen durch neue Verordnungen und Richtlinien abgelöst worden ist. Vom Bundesgerichtshof wurde seinerzeit ausdrücklich festgestellt: „Die von der Wertermittlungsverordnung aufgegriffenen Ermittlungsmethoden sind nach der Wertung des Verordnungsgebers gleichrangig … Sie können unter Beachtung der Grundsätze eines ordentlichen Ermittlungsverfahrens (§§ 1 ff. WertV 88) bei fachgerechter Erhebung der erforderlichen Daten (§§ 8 ff. WertV 88) einzeln oder kombiniert angewandt werden (§ 7 Abs. 1 WertV 88). Keine der Schätzmethoden verdrängt bei bestimmten Bewertungsgegenständen, etwa bei Renditeobjekten die Ertragswertmethode, von vornherein die anderen Ermittlungsverfahren."

Das Vergleichswertverfahren

Beim Vergleichswertverfahren wird der Verkehrswert des Grundstücks aus den Kaufpreisen für vergleichbare Objekte abgeleitet. Entsprechendes gilt für den Miteigentumsanteil an einem Grundstück und das damit verbundene Sondereigentum. Dieses Verfahren kann sowohl für unbebaute wie für bebaute Grundstücke angewandt werden. Für bebaute Grundstücke können bei diesem Verfahren Vergleichsfaktoren herangezogen werden, die es bei unbebauten Grundstücken nicht gibt: zum Beispiel das Baujahr der darauf errichteten Gebäude.

Beim Vergleichswertverfahren werden tatsächlich erzielte Verkaufspreise zugrunde gelegt. Das sichert dem Verfahren eine besondere Marktnähe. Herangezogen werden Immobilien, die hinsichtlich Lage, Zuschnitt, Bodenbeschaffenheit, Nutzung und sonstiger Beschaffenheit hinreichend mit dem Grundstück übereinstimmen, mit dem es verglichen werden soll.

Die Vergleichspreise sollen regelmäßig den **Kaufpreissammlungen der Gutachterausschüsse** entnommen werden. Die Institution der Gutachterausschüsse für Grundstückswerte wurde erstmals 1960 mit dem damals verabschiedeten Baugesetz der Bundesrepublik Deutschland gebildet. „Zur Ermittlung von Grundstückswerten und für sonstige Wertermittlungen werden selbständige, unabhängige Gutachterausschüsse gebildet", heißt es in § 192 des Baugesetzbuchs. Ziel war und ist, die Transparenz der Marktverhältnisse auf dem Immobilienmarkt sicherzustellen. Dazu werden die real erzielten Kaufpreise möglichst vollständig gesammelt und dokumentiert. Was alles erfasst werden soll, regelt **§ 195 des Baugesetzbuchs**:

▶ Jeder Vertrag, durch den sich jemand verpflichtet, Eigentum an einem Grundstück gegen Entgelt, auch im Wege des Tausches, zu übertragen oder ein Erbbaurecht erstmals oder erneut zu bestellen;

▶ Angebot und Annahme eines solchen Vertrags, wenn sie getrennt beurkundet werden;

▶ Die Einigung vor einer Enteignungsbehörde sowie den Enteignungsbeschluss

▶ Der Beschluss über die Vorwegnahme einer Entscheidung im Umlegungsverfahren, der Beschluss über die Aufstellung eines Umlegungsplans, der Beschluss über eine vereinfachte Umlegung;

▶ Der Zuschlag in einem Zwangsversteigerungsverfahren.

Gutachterausschüsse sind in der Regel Einrichtungen des Bundeslands. Sie werden gebildet für einen definierten Zuständigkeitsbereich, beispielsweise für einen Landkreis, eine kreisfreie Stadt oder für einander benachbarte Gebietskörperschaften. Ihre Geschäftsstellen sind in der Regel bei den Kataster- oder Vermessungsämtern der Landkreise oder der kreisfreien Städte eingerichtet worden. Gutachterausschüsse erfüllen im Wesentlichen folgende Aufgaben:

▶ Führung und Auswertung der Kaufpreissammlung;

▶ Ermittlung von Bodenrichtwerten und sonstigen für die Wertermittlung erforderlichen Daten;

▶ Beobachtungen und Analysen des Grundstücksmarkts und Erarbeitung des jährlichen Grundstücksmarktberichts;

▶ Erteilung von Auskünften aus der Kaufpreissammlung über Bodenrichtwerte und über vereinbarte Nutzungsentgelte;

▶ Erstellung von Gutachten.

Für den Immobilieninteressenten ist besonders der letzte Punkt relevant. Auf Antrag von Behörden oder von Privatpersonen werden Gutachten zu unbebauten oder bebauten Grundstücken erarbeitet. Antragsberechtigt sind Eigentümer (beziehungsweise ihnen Gleichgestellte wie Erbbauberechtigte), Inhaber anderer Rechte am Grundstück und pflichtteilsberechtigte Erben.

Die Kosten für ein Gutachten durch den Gutachterausschuss setzen sich zusammen aus einer Grundgebühr und einem Promilleanteil vom ermittelten Verkehrswert. Da die Honorartafeln der Honorarordnung für Architekten und Ingenieure (HOAI) nicht mehr verbindlich sind, orientieren sich viele Gutachter-

Kosten für ein Gutachten gemäß Gutachterausschuss der Stadt Düren (Nordrhein-Westfalen)

Verkehrswert	Bis 1 Mio €	1 bis 10 Mio €	10 bis 100 Mio €
Grundgebühr	1000 €	2000 €	7000 €
Anteil am Verkehrswert	2 Promille	1 Promille	0,5 Promille

ausschüsse an den Gebührenordnungen ihrer jeweiligen Bundesländer.

Es ist eine Tatsache, dass die Auffassungen über den Wert eines Grundstücks unter Umständen stark voneinander abweichen können. Jeder Verkauf/Kauf ist letztlich ein singuläres Ereignis, und der Verkaufspreis, den eine Immobilie erzielt, kann von sehr vielen Faktoren abhängen. Für den Käufer einer Wohnung, der aus Freiburg im Breisgau zugereist ist, kann der Kaufpreis einer Wohnung in Ribnitz-Damgarten aus subjektiver Sicht sehr günstig sein, obwohl er gemessen an den üblichen Immobilienpreisen an der mecklenburgischen Ostseeküste möglicherweise einen deutlich überhöhten Preis gezahlt hat.

Immer wieder landen solche Differenzen in der Wertermittlung vor den Gerichten. Namentlich über die Frage, welches Wertermitt-

lungsverfahren denn nun anzuwenden sei, wurde gestritten. Das Vergleichswertverfahren ist zwar am stärksten marktorientiert (weil an tatsächlichen Preisen orientiert). Aber als Wirtschaftsgut sind Immobilien untereinander nicht so homogen, dass sie sich ohne Anpassung, das heißt Zu- und Abschläge, miteinander vergleichen ließen. Die Würdigung der Unterschiede und die notwendigen Anpassungen der Vergleichswerte sind naturgemäß entscheidend von der Kompetenz des Gutachters abhängig. Und auch in der Rechtsprechung selbst hat sich nicht sofort eine einheitliche Auffassung gebildet. Der Bundesverband Öffentlicher Banken Deutschlands hat 2012 in einem Gutachten festgehalten, „dass eine Bewertung von Immobiliensicherheiten vorrangig im Vergleichswertverfahren ausgeführt wird." Das Vergleichswertverfahren besitzt also für die Kreditwirtschaft eine herausgehobene Bedeutung. Und auch in der Fachliteratur wird die Praktikabilität des Verfahrens immer wieder hervorgehoben. Diese Bevorzugung in der Praxis stellt aber keine rechtliche bindende Festlegung dar.

Auf dem Markt des Wohnungseigentums wird die Vergleichswertmethode bevorzugt, denn dieses Marktsegment orientiert sich überwiegend an Quadratmeterpreisen (€/qm Wohnfläche). Eine ausreichend große Anzahl von Vergleichspreisen kann im Allgemeinen herangezogen werden, um diese Methode auch für vermietetes Eigentum als einfachste und zuverlässigste Methode anzusehen.

Hierzu hat der BGH in seiner Rechtsprechung ausgeführt: „Steht für den zutreffend ermittelten Markt hinreichendes und aussagekräftiges Vergleichsmaterial zur Verfügung und ist den Verhältnissen des bewerteten Objekts (bei Wohnungseigentum: Lage des Grundstücks, Baujahr, Gebäudeart, Zuschnitt und Ausstattung des Sondereigentums, dessen Größe und Lage innerhalb des Objekts, Bodenwert, hier nach dem örtlichen Richtwert ermittelt, u. a.) Rechnung getragen, kann dem auf dieser Grundlage ermittelten Wert nicht deshalb die Eignung abgesprochen werden, als Maßstab der Überteuerung im Sinne des § 138 Abs. 1 BGB zu dienen, weil ein anders ermittelter Wert hinter ihm zurückbleibt."

Nur in Hessen: Wertermittlung durch Ortsgerichte

Eine Besonderheit, die ausschließlich auf das Bundesland Hessen beschränkt ist, sind die Ortsgerichte, die durch hessisches Landesgesetz am 1.01.1953 geschaffen wurden. Sie sind Hilfsbehörden der Justiz, ihre Mitglieder sind vereidigte Ehrenbeamte.

Die Ortsgerichte sind zuständig, auf Antrag eines Beteiligten oder auf Ersuchen einer Behörde den Wert zu schätzen von: Grundstücken, beweglichen Sachen, Nutzungen eines Grundstücks, Rechten an einem Grundstück, Früchten, die von dem Boden noch nicht getrennt sind, Schäden an einem Grundstück und an Früchten, die von dem Boden noch nicht getrennt sind, soweit die Gegenstände sich in seinem Bezirk befinden. Liegt ein Grundstück in den Bezirken mehrerer Ortsgerichte, so ist das Ortsgericht zuständig, in dessen Bezirk der größere Teil liegt.

Die Schätzungsurkunden über Grundstücke sollen Angaben enthalten über Größe und Bodenwert, Bauart und Wert der Gebäude, Wert der besonderen Einrichtungen, die zum Grundstück gehören, den Gesamtwert.

Die Ortsgerichte folgen dabei einer eigenen Gebührenordnung. Die Gebührenstaffel bei Schätzungen beginnt bei 36 Euro bis 10 000 Euro Schätzwert und erreicht 72 Euro bei 50 000 Euro Wert. Danach steigen die Kosten um jeweils 6 Euro pro angefangene 10 000 Euro Wertansatz.

INFO

NEUE VERGLEICHSWERTRICHT-LINIE 2014 Am 11. April 2014 wurde im Bundesanzeiger die neue Vergleichswertrichtlinie veröffentlicht. Ihre Anwendung soll sicherstellen, dass der Vergleichs- beziehungsweise Verkehrswert von bebauten Grundstücken sowie der Bodenwert bebauter und unbebauter Grundstücke nach einheitlichen und marktgerechten Grundsätzen ermittelt werden kann.

Das Ertragswertverfahren

Beim Ertragswertverfahren wird der Verkehrswert durch eine Renditeberechnung ermittelt. Das Verfahren eignet sich also besonders für Renditeobjekte, bei denen der dauerhaft erzielbare Ertrag im Vordergrund steht, also vor allem im gewerblichen Bereich. Auf selbst genutzte Wohnimmobilien wird das Ertragswertverfahren in der Regel nicht angewendet,

weil der Ertrag hier nicht im Vordergrund steht. Hier ist das Vergleichswertverfahren die Methode der Wahl.

Grundsätzlich kann das Ertragswertverfahren auf eine vermietete Eigentumswohnung angewendet werden, was in der Praxis allerdings eher selten geschieht. Ansatz der Wertermittlung sind die Mieteinnahmen; das Verfahren berechnet den Wert der künftigen Überschüsse aus Einnahmen und Ausgaben (Kosten).

In dieser Übersicht umfasst **der Rohertrag** alle nachhaltig erzielbaren Mieteinnahmen. Ausschlaggebend dafür ist nicht die aktuell erzielte Ist-Miete, sondern die ortsübliche Miete. Zum Rohertrag können neben Miete oder Pacht außerdem gehören:

▶ Entgelte für Benutzung von Stellplätzen,
▶ Entgelte für Nutzung von Gartenanlagen,
▶ Entgelte für Nutzung von Einbaumöbeln oder Kücheneinrichtungen,
▶ Entgelte für Nutzung einer zentralen Waschanlage,

Berechnung nach dem Ertragswertverfahren

Beispiel zur Wertbestimmung nach dem Ertragswertverfahren für eine Eigentumswohnung		
	Werte	Erläuterungen
Grundstücksanteil der Wohnung	25 qm	–
Bodenrichtwert pro qm	160 €	–
Bodenwert	4 000 €	Produkt aus Grundstücksgröße und Bodenrichtwert
Rohertrag	**14 400 €**	Ortsübliche Jahresmiete
Abzüglich Bewirtschaftungskosten	−3 400 €	Verwaltung, Mietausfall, Instandhaltung
Reinertrag der Wohnung	**11 000 €**	Reinerlös pro Jahr
Plus Bodenwertverzinsung	+200 €	Produkt aus Bodenwert und Liegenschaftszins (hier 5 %)
Reinertrag für Wohnung inklusive Grundstücksanteil	**11 200 €**	Summe aus Reinertrag und Bodenwertverzinsung
Vervielfältiger	x 14	Vervielfältiger bei Restnutzungsdauer von 25 Jahren (in diesem Fall beispielsweise 14)
Wohnungsertragswert	156 800 €	–
Vorläufiger Ertragswert	160 800 €	Summe aus Bodenwert (4 000 €) und Wohnungsertragswert
Abzüglich sonstige wertbeeinflussende Umstände	−10 800 €	Wertminderung bei Mängeln
Ertragswert (Verkehrswert)	**150 000 €**	

- ► Entgelte für Gemeinschaftsantenne, Satelliten- oder Kabelanschluss,
- ► Entgelte für Vermietung von Werbeflächen,
- ► Schönheitsreparaturen, die der Mieter durchführt.

Zu den Bewirtschaftungskosten gehören all jene Kosten, die nicht auf den Mieter umgelegt werden können (nicht umlagefähig).

Als Liegenschaftszins gilt der Zins, zu dem der Verkehrswert des Grundstücks marktüblich verzinst wird. Er wird aus den Kaufpreissammlungen der Gutachterausschüsse abgeleitet und dient der Kapitalisierung künftiger Einnahmen und Kosten. Kapitalisierung bedeutet hier die Berechnung des Gegenwartswerts künftiger Zahlungen (also Mietzahlungen), abzüglich künftiger Kosten durch Abzinsung.

Der Vervielfältiger wird aus der Restnutzungsdauer und dem Liegenschaftszins mathematisch abgeleitet.

Wertschätzung nach der Maklerformel

Ein vereinfachtes Ertragswertverfahren ist die Schätzung nach der Maklerformel. Beispiel: Ihre vermietete Eigentumswohnung hat einen jährlichen Rohertrag von 24 000 Euro.

Den örtlich geltenden **Faktor** können Sie ermitteln, indem Sie den verlangten Kaufpreis vergleichbarer Wohnungen durch deren Jahresrohertrag dividieren. Eine Wohnung, die zum Beispiel für 650 000 Euro angeboten wird und einen Rohertrag von 48 000 Euro ausweist, ergibt den Faktor von 13,54. Eine andere Wohnung mit einem Kaufpreis von 240 000 Euro und einem Rohertrag von 16 000 Euro ergibt einen Faktor von 15. Wenn Ihnen Daten aus Anzeigen oder Internetportalen nicht sofort ersichtlich sind, kontaktieren Sie den Anbieter. Da die Immobilie ja verkauft werden soll, wird der Anbieter Ihnen auch die relevanten Daten gern übermitteln. Aus dem Durchschnitt der gesammelten Faktoren ergibt sich der Faktor, mit dem Sie rechnen können. In Ihrer Gemeinde haben Sie nach entsprechenden Untersuchungen zum Beispiel einen Faktor von 15 ermittelt.

Daraus ergibt sich nach der Maklerformel (jährlicher Rohertrag x Faktor) mit Ansatz des Ertragswerts ein Verkehrswert von 360 000 Euro (= 24 000 Euro x Faktor 15).

Unter sonstige wertbeeinflussende Umstände können Bauschäden oder allgemeiner Sanierungsstau, aber auch in der anderen Richtung etwa eine überdurchschnittliche energetische Sanierung subsumiert werden.

Diese Grobschätzung ersetzt ein formelles Gutachten nicht. Aber sie hat einen Nebeneffekt: Sie beobachten den Immobilienmarkt aktiv! Sie gewinnen auf diese Weise als Kapitalanleger einen ersten Überblick, wie der Ertragswert einer vermieteten Eigentumswohnung ermittelt werden kann.

Das Sachwertverfahren

Beim Sachwertverfahren wird der Verkehrswert auf der Basis von Grundstücks- und Gebäudeherstellungskosten ermittelt. Vom Wesen her eignet es sich nur für Immobilien, bei denen die Eigennutzung alle anderen Anschaffungsgründe dominiert. Grundsätzlich eignet sich das Verfahren dort und dann, wo die Substanz der Grundstücks inklusive Bebauung vor den Renditeaussichten rangiert. Das Verfahren kann aber auch ergänzend benutzt werden, um den Verkehrswert, der durch ein anderes Verfahren ermittelt wurde, zu validieren. Es eignet sich außerdem für solche Fälle, in denen geeignete Vergleichsdaten nicht zur Verfügung stehen, weil es sich um „Ausreißer" handelt (zum Beispiel bei dem seltenen Fall einer Luxusimmobilie in einer billigen Wohngegend oder bei einer heruntergekommenen Immobilie in einer teuren Wohngegend).

Wie funktioniert das Sachwertverfahren? Es wird in drei Stufen erstellt. Zuerst wird ausgehend von den Herstellungskosten unter Berücksichtigung der Alterswertminderung der aktuelle Sachwert der baulichen Anlagen (ohne Außenanlagen) ermittelt.

Danach bestimmt der Gutachter den Sachwert der baulichen Außenanlagen und der sonstigen Anlagen nach Erfahrungssätzen oder nach gewöhnlichen Herstellungskosten (ggf. unter Berücksichtigung der Alterswertminderung).

Zum Schluss wird der Bodenwert ermittelt – in der Regel nach dem Vergleichswertverfahren.

Als Summe aus den drei Posten ergibt sich dann ein **vorläufiger Sachwert**.

Die größte Schwierigkeit beim Sachwertverfahren ergibt sich bei der Anpassung des vorläufigen Wertes an die allgemeinen Verhältnisse auf dem Immobilienmarkt. Dazu muss der Gutachter über viel Sachkenntnis und Erfahrung verfügen.

Berücksichtigt werden auch besondere objektspezifische Grundstücksmerkmale, sofern sie noch nicht anderweitig erfasst sind und sofern sie als wertbeeinflussende Umstände des einzelnen Wertermittlungsobjekts anzusehen sind. Dazu gehören insbesondere:

▶ Bauschäden und Baumängel;
▶ Wirtschaftliche Überalterung des Objekts, sofern es nur noch eingeschränkt nutzbar ist;
▶ Überdurchschnittlich guter Erhaltungszustand;
▶ Freilegungskosten im Falle von Freilegungs-, Teilabriss- oder Sicherungsmaßnahmen;

▶ Bodenverunreinigungen;
▶ Grundstücksbezogene Rechte und Belastungen.

RICHTLINIE ZUR ERMITTLUNG DES SACHWERTS Am 5. September 2012 hat das damalige Bundesministerium für Verkehr, Bau und Stadtentwicklung die „Richtlinie zur Ermittlung des Sachwerts" bekannt gemacht.
Hierin sind unter anderem der Verfahrensgang, die Sachwertermittlung, die Marktanpassung und die Berücksichtigung besonderer objektspezifischer Grundstücksmerkmale ausgeführt. Außerdem findet man in tabellarischer Form eine Beschreibung der Gebäudestandards.

Der gesamte Verfahrensgang beim Sachwertverfahren ist schematisch – der ministeriellen Sachwertrichtlinie folgend – in dieser Übersicht dargestellt:

Ablaufschema bei der Verkehrswertermittlung mittels Sachwertverfahren

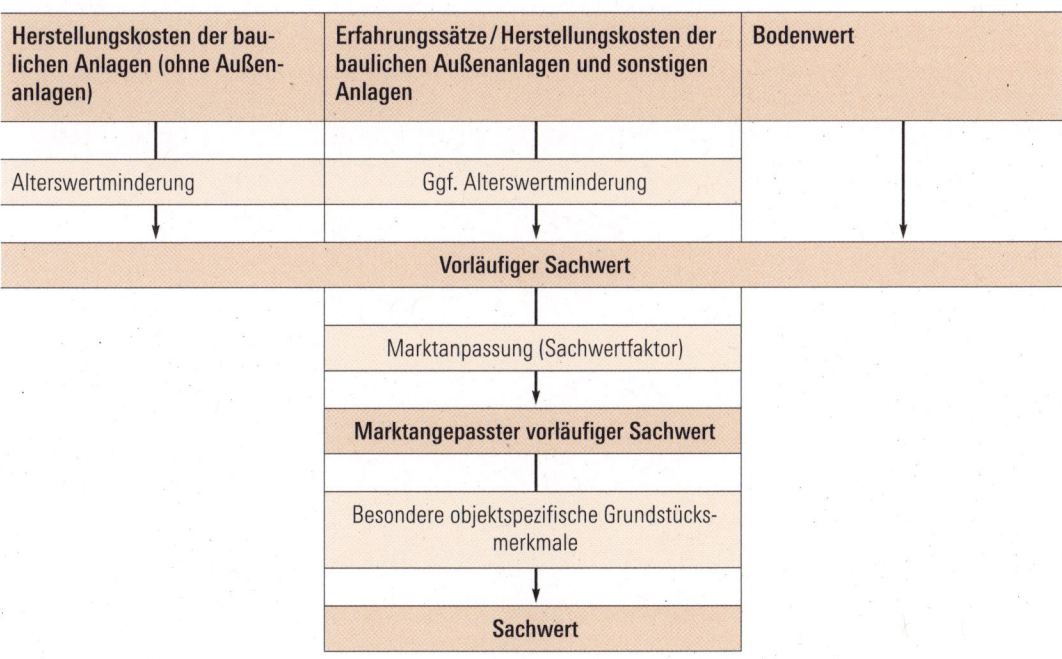

WERTMINDERNDE FAKTOREN

Wertmindernde Faktoren senken nicht nur den erzielbaren Verkaufserlös, wenn eine Wohnung verkauft werden soll. Sie können auch die Lebens- und Wohnqualität beeinflussen, wenn man an einen Verkauf überhaupt nicht denkt. Schwerwiegende Baumängel oder Bauschäden am Gebäude wirken sich auch auf die Wirtschaftlichkeit der eigenen Wohnung aus, selbst wenn diese Schäden Ihr Sondereigentum nicht direkt betreffen.

Baumängel können auch bei einem Neubau auftreten, sollten hier aber die Ausnahme bilden. Häufiger treten Baumängel und Sanierungsstau bei älteren Immobilien auf, und selbst die Modernisierungen, die vor 20 bis 30 Jahren vorgenommen wurden, können heute bereits wieder zum Sanierungsfall werden – nicht unbedingt, weil die Bauteile defekt und unbrauchbar sind, sondern weil der sich entwickelnde Stand der Technik sie veraltet erscheinen lässt. Das ist wie bei einer Maschine: Sie funktioniert noch, wenn man sie ölt, aber sie bleibt in der Produktivität weit hinter modernen Maschinen zurück. So leistet möglicherweise auch die alte Gebäudehülle oder die Heizungsanlage längst nicht mehr das, was moderne Gebäude zu leisten vermögen.

Schlechte Ausstattung wie etwa veraltete Elektroinstallationen, veraltete Heizanlagen, verschlissene Sanitärtechnik und undichte Fenster sind wertmindernde Faktoren.

Probleme, die mit der Lage der Immobilie zusammenhängen, werden Sie nicht abstellen können. Aber bereiten Sie sich auf folgende **kritische Nachfragen** vor, wenn Sie Ihre Wohnung zum Verkauf anbieten wollen:

► Sind größere Veränderungen in dem Gebiet zu erwarten, die das Wohnen belasten könnten?

► Sind besondere Geruchs-, Geräusch- oder Lärmbelästigungen aus der Umgebung oder im Haus selbst festzustellen oder für die Zukunft zu erwarten (zum Beispiel veränderte Flugrouten, Fernstraßen im Bau)?

► Kommt es jahreszeitbedingt – etwa im Winter – zu starken Verschattungen?

► Wie alt ist das Gebäude, und wie lange liegt die letzte umfangreiche Sanierung zurück?

► Wie alt ist die Heizung? Wann ist mit einer (kostenintensiven) Erneuerung zu rechnen?

Schleichender Wertverfall durch Hausschwamm

Besonders tückisch kann sich in einem alten Gebäude der gemeine Hausschwamm austoben. Tückisch deshalb, weil er sich völlig im Verborgenen entwickelt. Nach einem Hausschwammbefall sind historische Holzbautragwerke meist unwiederbringlich verloren. Mit den Konstruktionen geht im schlimmsten Fall auch ein Stück Kulturgut kaputt.

Es heißt hier bei einem Anfangsverdacht also genau zu prüfen. Wird ein Befall nicht umgehend durch einen Sachverständigen für Holzschutz untersucht und anschließend sach- und fachgerecht bekämpft und werden schließlich die tragenden Bauteile nicht von einem Fachmann erneuert, wird das zu einem teils drastischen Wertverfall des Gebäudes führen.

Bei einem Verkauf der Wohnung kann das dann durchaus eine Rolle spielen. Ein Hausschwammbefall, der erst nach dem Verkauf aufgedeckt wird, ist meistens ein schwerwiegender Mangel. Der Käufer wird ihn im Nachhinein kaufpreismindernd rügen wollen. Und: Das Verschweigen eines Hausschwammbefalls beim Verkauf kann zur erfolgreichen Anfechtung des Kaufvertrags und zu einer Schadenersatzforderung gegen den Verkäufer führen.

▶ Weisen Türen und Fenster Undichtigkeiten auf? Fehlt die Trittschalldämmung, knarren die Dielen oder entstehen Geräusche über Abwasserleitungen? Sind Geräusche aus Nachbarwohnungen wahrzunehmen? Wurden schadstoffhaltige Baumaterialien verwendet?

▶ Treten Feuchtigkeitsschäden in der Wohnung oder im Gebäude auf?

▶ Fehlt ein der Wohnung zugeordneter, individueller abschließbarer und trockener Kellerraum?

Wenn Sie sich gründlich mit dem Zustand Ihrer Immobilie beschäftigen und zu nachhaltigen Sanierungsschritten kommen wollen, erstellen Sie mit Unterstützung Ihres „Immobilientherapeuten" ein Stärken-Schwächen-Profil, wie es

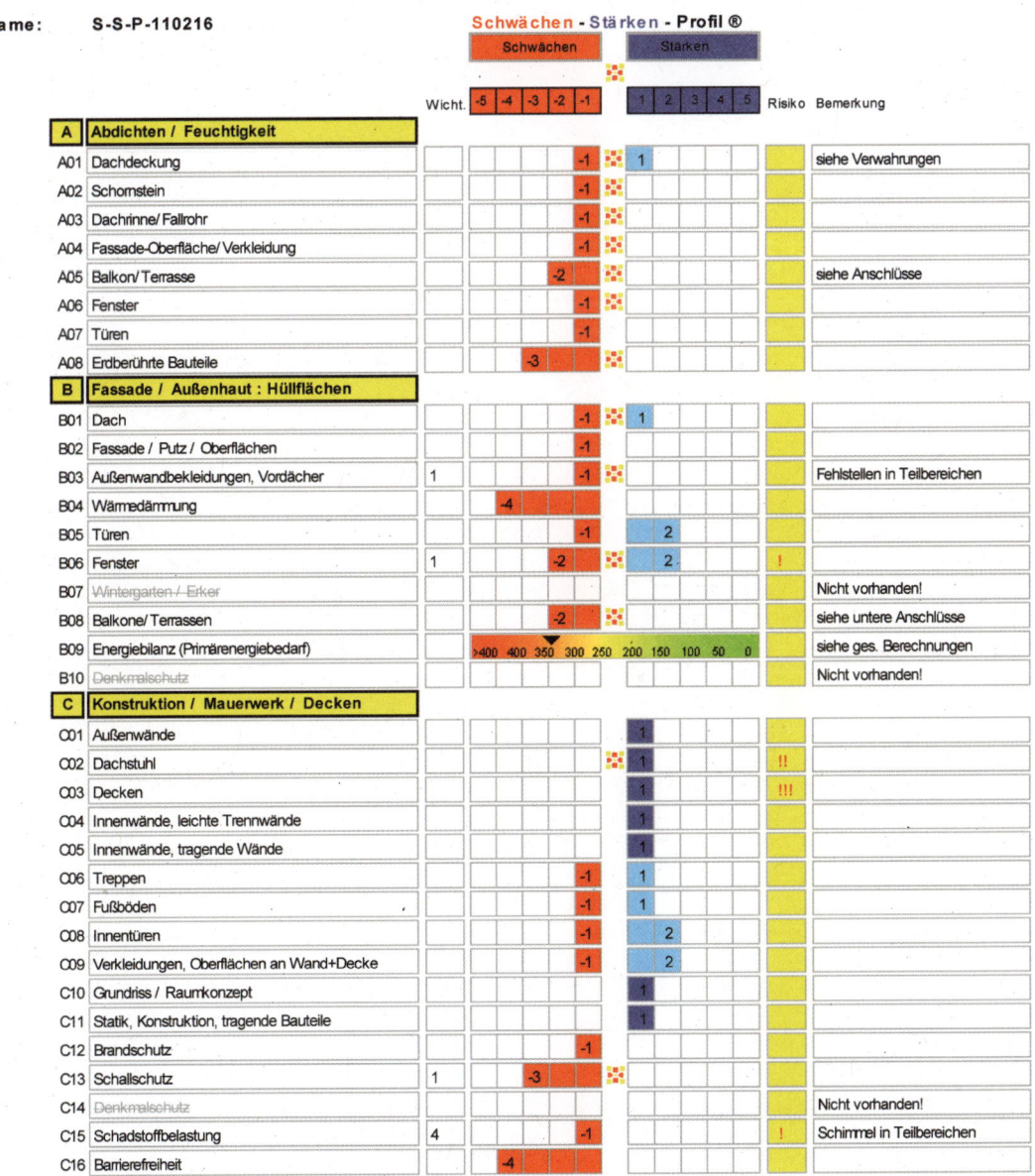

Name: S-S-P-110216

Schwächen - Stärken - Profil ®

	Wicht.	-5	-4	-3	-2	-1		1	2	3	4	5	Risiko	Bemerkung
A **Abdichten / Feuchtigkeit**														
A01 Dachdeckung						-1		1						siehe Verwahrungen
A02 Schornstein						-1								
A03 Dachrinne / Fallrohr						-1								
A04 Fassade-Oberfläche / Verkleidung						-1								
A05 Balkon / Terrasse					-2									siehe Anschlüsse
A06 Fenster						-1								
A07 Türen						-1								
A08 Erdberührte Bauteile				-3										
B **Fassade / Außenhaut : Hüllflächen**														
B01 Dach						-1		1						
B02 Fassade / Putz / Oberflächen						-1								
B03 Außenwandbekleidungen, Vordächer	1					-1								Fehlstellen in Teilbereichen
B04 Wärmedämmung			-4											
B05 Türen						-1			2					
B06 Fenster	1				-2				2				!	
B07 Wintergarten / Erker														Nicht vorhanden!
B08 Balkone / Terrassen					-2									siehe untere Anschlüsse
B09 Energiebilanz (Primärenergiebedarf)		>400	400	350	300	250	200	150	100	50	0			siehe ges. Berechnungen
B10 Denkmalschutz														Nicht vorhanden!
C **Konstruktion / Mauerwerk / Decken**														
C01 Außenwände								1						
C02 Dachstuhl								1					!!	
C03 Decken								1					!!!	
C04 Innenwände, leichte Trennwände								1						
C05 Innenwände, tragende Wände								1						
C06 Treppen						-1		1						
C07 Fußböden						-1		1						
C08 Innentüren						-1			2					
C09 Verkleidungen, Oberflächen an Wand+Decke						-1			2					
C10 Grundriss / Raumkonzept								1						
C11 Statik, Konstruktion, tragende Bauteile								1						
C12 Brandschutz						-1								
C13 Schallschutz	1			-3										
C14 Denkmalschutz														Nicht vorhanden!
C15 Schadstoffbelastung	4					-1							!	Schimmel in Teilbereichen
C16 Barrierefreiheit			-4											

Stärken-Schwächen-Profil für eine Eigentumswohnung in einem Mehrparteienhaus

		Bewertung	Marker	Bemerkung
D	**Gebäudetechnik**			
D01	Heizung	2 … -2	!	siehe Rohrnetz und Heizkörper
D02	Sanitär	-1	!!	Überprüfung der Steigleitungen
D03	Elektro	-1 … 1		
D05	Lüftung			keine mech. Lüftung vorh.
D05	Techninsche Gebäudeausstattung			Nicht vorhanden!
D06	Energiebilanz (Anlagenaufwandszahl)	>2,4 2,4 2,2 2,0 1,8 1,6 1,4 1,2 1,0 0,8		
D07	Brandschutz			Keine Bewertung!
E	**Außenanlagen**			
E01	Gartenanlage/ Bäume/ Pflanzen	-1 … 1		
E02	Einfriedung	-1 … 1		
E03	Grundleitungen/ Wasser/ Abwasser			
F	**Grundstück und Erschließung**			
F01	Städtebauliche Situation	2		
F02	Lage Grundstück	2		
F03	Umfeld zu Grundstück/ Gebäude	2		
F04	Erschließung Straße	2		
F05	Erschließung Medien	2		
G	**Imaterielle Wertigkeit - Architektur**			
G01	Architektur	1		
G02	Ausstrahlung / Ambiente	2		
G03	Raumklima / Behaglichkeit	1		
G04	Raumgröße / Raumhöhe	2		
G05	Dach (Form, Anordnung)	2		
G06	Fenster (Größe, Proportion, Aufteilung)	2		
G07	Türen (Zierelemente / Ornamente)	2		
G08	Wände (Zierelemente / Kunst, Stuck, Marmor)	2		
G09	Decken (Zierelemente/ Kunst, Stuck, Holz))	2		
G10	Schadstoffe / Immission	1		

- Weitere Untersuchungen notwendig   ! - Risiko

hier abgebildet ist. In diesem Profil erfassen Sie die Stärken und Schwächen Ihrer Immobilie in sieben Diagnosekomplexen (A „Abdichten / Feuchtigkeit" bis G „Immaterielle Wertigkeit / Architektur"), die nach der Wichtigkeit sortiert sind: Am wichtigsten ist, dass der Bau trocken ist, sonst brauchen Sie sich anderen Sanierungsüberlegungen gar nicht erst zu widmen.

Wenn Sie das Schwächen-Stärken-Profil im Beispiel als visualisierte Diagnose betrachten, dann sehen Sie sehr deutlich gehäuft auftretende rote Markierungen in entscheidenden Komplexen: Abdichten / Feuchtigkeit, Fassade / Außenhaut / Hüllflächen und Konstruktion / Mauerwerk / Decken. Natürlich können Sie sich über blaue Markierungen freuen, welche die positiven Eigenschaften, die Stärken der Immobilie sinnfällig machen. Allerdings befinden sie sich überwiegend in den Komplexen Grundstück / Erschließung und Immaterielle Wertigkeit / Architektur.

Ziel soll es aber sein, möglichst viele rote Markierungen in blaue umzufärben, das heißt Schwächen in Stärken zu verwandeln. Darum muss aus der Diagnose auch ein Therapievorschlag folgen. Dieser kann „Maßnahmenkonzept" heißen oder „Kostenvoranschlag" oder auch anders. Wichtig ist, dass der Therapievorschlag für Sie transparent ist, das heißt, dass Sie den Zusammenhang zwischen Gebäudediagnose und vorgeschlagenen Sanierungsmaßnahmen nachvollziehen können.

WERTSTEIGERNDE MASSNAHMEN

Nach einer Studie des Instituts der deutschen Wirtschaft, Köln, wird der Wohnungsbedarf in den Ballungsräumen nach wie vor nicht befriedigt. So wurden in Berlin in den vergangenen Jahren lediglich 40 Prozent der benötigten Wohnungen gebaut, in München 43 Prozent und in Hamburg knapp 60 Prozent. In Ballungsräumen gibt es praktisch kein Vermietungsrisiko. Und Selbstnutzer dürfen sich – im Idealfall – daran erfreuen, dass selbst in der Finanzierungsphase der Wertzuwachs ihrer Wohnung die Verbindlichkeiten aus den Darlehen übertrifft.

Demgegenüber entwickelt sich im ländlichen Raum ein Überangebot an Wohnraum. Etwa 950 000 Wohnungen stehen in ländlichen Regionen leer, schätzte das Bundesinstitut für Bau-, Stadt- und Raumforschung 2016.

Eine ausgezeichnete Lage und ein gutes Immobilienklima können immer als wertsteigernde Faktoren für eine Wohnimmobilie angesehen werden. Aber auch andere Faktoren wirken sich positiv auf die Wertsteigerung aus.

Ein wichtiges Ausstattungsmerkmal, das eine Wohnung für den möglichen Wiederverkauf attraktiver macht, ist **der Balkon**. Bei den weiteren wertsteigernden Ausstattungsmerkmalen fällt auf, dass oftmals neuwertige beziehungsweise moderne Details in der Beliebtheitsskala direkt neben klassischen, restaurierten oder im Original erhaltenen Details stehen. Das sind beispielsweise:

▶ Aufzug und barrierefreier Ausbau,
▶ Stuck, Parkett und originale Kassettentüren sowie originale Tür- und Fensterbeschläge,
▶ Gut erhaltene oder aufgearbeitete Doppelkastenfenster oder hochwertige neue Holz-Isolierfenster,

▶ Hochwertige neue Bäder,
▶ Moderne Einbauküchen,
▶ Energieeffizienter Ausbau,
▶ Moderne Haustechnik (Klimaanlagen),
▶ Gartenzugang,
▶ Garagen, geräumige Abstellräume.

Achtung: Werden besondere Ausstattungen von Ihnen mitvermietet, sind Sie als Vermieter auch für die Instandhaltung verantwortlich. Das kann, beispielsweise bei Klimaanlagen, zu zusätzlichen Betriebskosten führen. Auch bei hochwertigen Einbaugeräten oder Sanitäranlagen ist nicht nur die Erstausstattung teuer, sondern unter Umständen auch die Wartung und Erneuerung.

Die Aufwertung der Wohnung: Planung

Sie haben sich entschieden, eine gebrauchte Wohnung Ihrer Wahl zu kaufen oder – wenn sie Ihnen schon gehörte – aufzuwerten. Wenn Ihre Wohnung tipptopp in Schuss ist, alles für Ihren Wohnkomfort enthält und überdies ideal mit Ihren Raumbedürfnissen übereinstimmt, können Sie beruhigt einziehen beziehungsweise sich entspannt zurücklehnen und genießen. Wenn Sie Umgestaltungsbedarf festgestellt haben, beginnt nun die Planungsphase. Sie müssen entscheiden, was und wie viel getan werden muss.

Die Ausschreibung und das Einholen der Angebote können nur auf der Grundlage einer exakten Planung und Leistungsbeschreibung erfolgen. Nach der Vergabe einer Leistung an einen bestimmten Ausführungsbetrieb müssen gegebenenfalls Details präzisiert werden, die sich aus Planungsänderungen oder gleichfalls präzisierten Leistungsbeschreibungen ergeben haben können.

Dann muss die Bauleitung und Qualitätskontrolle dafür sorgen, dass die vereinbarten Leistungen auch vertragsgemäß ausgeführt werden – und dass sie überhaupt so ausgeführt werden können. Es ist einem Ausführungsbetrieb beispielsweise nicht zuzumuten, dass er den Bauschutt, den ein anderes Gewerk hinterließ, auf eigene Rechnung entfernt, um mit seiner Arbeit überhaupt erst beginnen zu können. Dies wäre dann eine Sonderleistung, die der Ausführungsbetrieb dem Bauherren berechnen kann.

Schließlich kann der Bauherr die Leistung auch nur abnehmen, wenn er aufgrund der vorangegangenen Schritte vergleichen kann: Entspricht die geleistete Arbeit der vertraglich vereinbarten Leistung? Und nur aufgrund der Planung und der Leistungsbeschreibung lässt sich am Ende auch alles genau dokumentieren und in einer „Patientenakte" zusammenfassen.

Bestandspläne beschaffen

Exakte Planungsunterlagen sind unabdingbar. Die Planung im Bestand muss aufgrund vorhandener Bestandspläne vorgenommen werden. Wenn Sie viel Glück haben, bekommen Sie bei der Übergabe Ihrer Wohnung auch die vollständigen Bestandspläne. Viele haben dieses Glück aber nicht. Zunächst sollten Sie sich natürlich **beim Verkäufer** darum bemühen, möglichst vollständige Unterlagen zu bekommen. Im Ausnahmefall bilden diese eine komplette Bauakte, in der auch alle späteren Um- oder Einbauten dokumentiert sind. Warum das die Ausnahme ist? Weil nur in Ausnahmefällen der Verkäufer einer einzelnen Wohneinheit auch der Bauherr der gesamten Anlage ist.

Die beste Anlaufstelle dürfte für Sie in der Regel **die Hausverwaltung** sein. Eine Verwaltung, die etwas auf sich hält, bewahrt normalerweise sämtliche existierenden Verwaltungsunterlagen auf.

Auch **die Bauaufsichtsbehörden**, die eine Abgeschlossenheitsbescheinigung ausgestellt haben, müssen Bestandspläne zur Kenntnis genommen haben und verfügen mindestens über Kopien.

Bestandspläne prüfen

Selbst eine vollständige Bauakte bietet keine absolute Sicherheit, dass alles korrekt dokumentiert ist. So können schon während des Neubaus Änderungen gegenüber der Planung vorgenommen worden sein, die nicht dokumentiert wurden. Spätere Umbauten können an den Bestandsplänen vorbeigemauert worden sein.

Der Pfadfinderspruch „Die Karte ist richtig. Die Gegend ist falsch" gilt im übertragenen Sinn auch manchmal für Immobilien: Die Bauakte ist in Ordnung, aber das Gebäude ist es nicht. Bauteile verfielen und wurden nicht mehr ersetzt. Oder sie wurden irgendwann abgebaut und man vergaß, die Dokumentation entsprechend nachzuhalten. Der Abgleich der alten Bestandspläne mit der Wirklichkeit führt – jedenfalls bei älteren Immobilien – oft dazu, dass neue, aktuelle Planungsunterlagen erstellt werden.

Neue Bestandspläne erstellen

Ein genaues Aufmaß des vorhandenen Baus ist die Grundvoraussetzung für eine solide und wirtschaftliche Planung. Zu einer soliden Planung gehören

► **Der Lageplan** als Grundvoraussetzung; die richtigen Außenmaße und die korrekte Lage des vorhandenen Bauwerks sind dargestellt.

► **Grundrisse**, enthaltend Raumgrößen, die Türen und Fenster, die Konstruktionsarten, Raumhöhen, Deckenhöhen, Unterzüge, Wandstärken usw.

► **Schnitte und Ansichten** bilden das Pendant zum Grundriss; sie zeigen die erhabenen Teile des Gebäudes.

Bestandsplan, Entwurfsplan, Genehmigungsplanung

Anhand der aktuellen und stimmigen Vorgaben müssen Sie prüfen, wie sich Ihre Wünsche und Bedürfnisse mit den tatsächlichen baulichen Gegebenheiten in Übereinstimmung bringen lassen. Nun kommt es darauf an, mit einer pfiffigen Planung das Maximum aus der Wohnung herauszuholen und dabei die Grenzen des Gemeinschaftseigentums zu beachten.

Die Genehmigungsplanung muss erfolgen, wenn für die erforderlichen Sanierungs-, Modernisierungs- und Umbaumaßnahmen ein Bauantrag einzureichen ist. Der Bauantrag hat zum Ziel, bei der zuständigen Behörde eine Baugenehmigung zu erwirken.

Im Zuge der Vereinfachungen der Genehmigungsverfahren und der Verschlankung der behördlichen Bürokratie hat sich für bestimmte Bauvorhaben die Praxis der Genehmigungsfreistellung durchgesetzt. Für dieses Freistellungsverfahren müssen aber immer noch die Planungsunterlagen erstellt und bei der Bauaufsichtsbehörde eingereicht werden. Die muss dann innerhalb einer relativ kurzen Frist (in Nordrhein-Westfalen zum Beispiel etwa ein Monat) entscheiden, ob die eingereichten Unterlagen die Genehmigungsfreistellung rechtfertigen oder ob aus unterschiedlichen Gründen dennoch ein Baugenehmigungsverfahren erforderlich ist.

Fachleute – Sachverständige – Experten

Das Spektrum der Anpassung Ihrer Wohnung an Ihre Bedürfnisse kann von „einfach frische Farbe drüber" bis „komplett umbauen" reichen. Das Wohnungseigentumsgesetz spricht in § 14 von der Verpflichtung des Wohnungseigentümers, sein Sondereigentum instand zu halten. In § 21 wird die „ordnungsgemäße Instandhaltung und Instandsetzung" des Gemeinschaftseigentums als Aufgabe der Wohnungseigentümergemeinschaft festgelegt. „Bauliche Veränderungen und Aufwendungen, die über die ordnungsgemäße Instandhaltung und Instandsetzung" des Gemeinschaftseigentums hinausgehen, regelt § 22 WoEigG.

Baumaßnahmen im Sondereigentum Ihrer Wohnung und im Gemeinschaftseigentum können nach dem Grad der Eingriffstiefe gestaffelt betrachtet werden:

▶ **Instandhaltung:** Erhaltung, Sicherung und gegebenenfalls Wiederherstellung der Funktionsfähigkeit
▶ **Instandsetzung:** nur leichte Überarbeitung, wo defekte Bauteile vorhanden sind
▶ **Reparatur:** Austausch, teils Erneuerung von defekten Teilen

▶ **Sanierung:** Überarbeitung der gesamten Immobilie ohne besonderen Anspruch
▶ **Modernisierung:** Anpassung an heutigen Stand der Technik

Relativ früh sollten Sie – bei größeren Umbauten gemeinsam mit Ihrem „Immobilientherapeuten" – klären, ob und welche Experten eingeschaltet werden müssen, zum Beispiel Statiker, Holzschutzgutachter, Vermesser usw. Je unübersichtlicher die bauliche Situation, desto eher sollte ein solcher „Facharzt" eingeschaltet werden.

Die Maßnahmen- und Leistungsbeschreibung

Jetzt müssen alle Ihre Wünsche umgesetzt werden. Jeder Architekt oder Bauingenieur weiß darüber zu berichten, wie unterschiedlich – teilweise extrem unterschiedlich – die Angebote von Bau- und Handwerksbetrieben auf Ausschreibungen ausfallen können. Ihr „Immobilientherapeut" weiß damit umzugehen.

Ausführungsplanung

Auf der Grundlage der Entwürfe bzw. der Genehmigungsplanung werden die Planungsunterlagen so weit ausgearbeitet, dass das Bauvorhaben nach deren präzisen Vorgaben realisiert werden kann. Vielfach werden hier auch Details mithilfe von Zeichnungen und Darstellungen in größeren Maßstäben zwischen 1:20 und 1:5 (ausnahmsweise bei wichtigen Details auch 1:1) ausgeführt. Zur Ausführungsplanung gehören auch die Planunterlagen für spezielle Aufgaben oder für einzelne Gewerke, zum Beispiel Elektropläne oder Fliesenpläne.

Ausschreibung und Einholen der Angebote

Was korrekte Leistungsbeschreibungen im Einzelnen enthalten sollen, wird in der Norm DIN 18299 vom September 2016 beschrieben. Sie fixiert die allgemeinen technischen Vertragsbedingungen, die für Bauarbeiten jeder Art bezüglich der Baustoffe, der Ausführung, der Haupt- und der Nebenleistungen sowie der Abrechnung gelten. Die Normen gelten für Neubau ebenso wie für Bauen im Bestand.

Die Vergabe- und Vertragsordnung für Bauleistungen (VOB/A in der letzten überarbeiteten Fassung, zurzeit vom Januar 2016) legt in § 7 unter anderem fest: „Die Leistung ist eindeutig und so erschöpfend zu beschreiben, dass alle Bewerber die Beschreibung im gleichen Sinne verstehen müssen und ihre Preise sicher und ohne umfangreiche Vorarbeiten berechnen können." Erschöpfend heißt freilich nicht, dass jede Eventualität, die während der Arbeit eintreten kann, auch in der Leistungsbeschreibung ausformuliert dargestellt wird – dem Handwerker quasi jeder Handgriff vorgeschrieben wird. Das Gebot der „erschöpfenden" Beschreibung darf auch dem Gebot der Eindeutigkeit nicht im Wege stehen.

Der Text mit den relevanten Vorgaben für die Leistungsbeschreibung der Vergabe- und Vertragsordnung für Bauleistungen Teil A (VOB/A) ist einzusehen unter der Adresse: https://dejure.org/gesetze/VOB-A.

Eine Ausschreibung ist zwar keine Geheimwissenschaft, aber durchaus eine Sache für Fachleute. Handwerker merken, wer den Ausschreibungstext verfasst hat. Sie können Ausschreibungen so lesen wie Personalchefs Zeugnistexte lesen. Und sie werden ihr Angebot entsprechend darauf abstimmen.

Grundsätzlich gilt das Prinzip der einheitlichen Ausschreibung. Das heißt, ein fertiger Ausschreibungstext wird nicht mehr verändert, auch wenn im Lauf der Ausschreibungsfrist neue Erkenntnisse hinzukommen. Nur wenn alle Angebote von der gleichen Grundlage ausgehen, sind Preise vergleichbar. Also: keine Änderung in Masse und Inhalt der ausgeschriebenen Leistung. Zunächst werden die Angebote verglichen, dann der richtige Partner (Handwerker, Ausführungsbetrieb) ausgewählt. Erst danach kann man mit dem Partner die Leistungen seinem Angebot und seiner Kalkulation nach gegebenenfalls anpassen.

Das neue Bauvertragsrecht

Der Bundestag hat am 9. März 2017 nach längerem Ablauf ein Gesetz beschlossen, das ab dem 1. Januar 2018 das Bauvertragsrecht in der Bundesrepublik Deutschland verändert. Die Veränderungen betreffen verschiedene Paragrafen des Bürgerlichen Gesetzbuches (BGB). Insbesondere Urteile des Europäischen Gerichtshofes haben dazu geführt, dass Deutschland „nachrüsten" musste. Mit dem Gesetz werden spezielle Regelungen für den Bauvertrag, den Verbraucherbauvertrag sowie den Architektenvertrag und den Ingenieurvertrag in das Werkvertragsrecht des BGB eingefügt.

Das Kapitel 1 des Gesetzes schafft mehr Klarheit bei Problemen wie der kaufrechtlichen Mängelhaftung.

Das Kapitel 2 des Gesetzes fügt mit den Paragrafen 650a–v den Bauvertrag und den Verbraucherbauvertrag in das Werkvertragsrecht ein. Ferner kommen ein Architekten- und Ingenieurvertrag und einen Bauträgervertrag als neue werkvertragsähnliche Verträge dazu. Der neue Bauvertrag bzw. Verbraucherbauvertrag bildet dabei den Kern der Novelle; er ist auch für den Eigentümer einer Wohnung, etwa hinsichtlich aller Umbau- und Rekonstruktionsvorhaben, relevant.

Die wesentlichen Neuerungen im Bauvertragsrecht lassen sich so zusammenfassen:
► Änderungen der kaufvertraglichen Vorschriften und der Mängelgewährleistung (Ersatz der Ein- und Ausbaukosten sowie des mangelhaften Materials bei der Leistungskette Werkvertrag – Kaufvertrag)
► Neuregelungen beim allgemeinen Werkvertragsrecht (Fiktive Abnahme; Abschlagszahlung; Kündigung aus wichtigem Grund)
► Neue Vorschriften beim Bauvertrag / Verbraucherbauvertrag (Anordnungsrecht des Bestellers, Vergütungsanpassung, Rechtschutz), Architektenvertrag / Ingenieurvertrag, Bauträgervertrag
► Änderungen des Einführungsgesetzes zum BGB (Informationspflichten bei Verbraucherverträgen; Baubeschreibung und Widerrufsbelehrung des Bauträgers)

DIE VERGABE DER ARBEITEN

Erst wenn alle Kriterien für eine Auftragsvergabe geklärt sind, kann die Vergabe selbst erfolgen. Erfahrungsgemäß können bereits kleine Ungenauigkeiten bei der Ausschreibung und Vergabe der Arbeiten später zu langwierigen und unerfreulichen Auseinandersetzungen führen. Das einzige Kraut, das dagegen gewachsen ist, heißt: Transparenz und Genauigkeit bei der Ausschreibung und Vergabe. Ihr Bauplaner oder Architekt ist derjenige, der dieses Kraut am besten einzusetzen versteht.

Bauleitung und Qualitätskontrolle

Jetzt, wo die eigentliche Arbeit getan wird, kommt es besonders auf die Qualitätssicherung an – und die beginnt bei einer professionellen Baubetreuung. Qualitätskontrolle steht also nicht am Ende der Arbeiten, sondern muss sie von Anfang an begleiten.

Qualitätskontrolle endet zwar mit der **Bauabnahme**, aber sie beginnt dort nicht erst. Nur eine baubegleitende Qualitätskontrolle dokumentiert technisch einwandfreie Bauleistungen oder macht auf Nachbesserungsbedarf aufmerksam. Vernünftigerweise beginnt die Qualitätssicherung schon bei der Planung. Anschließend erfolgt die begleitende Kontrolle der Bauausführung. Ergänzend kann auch der jeweils erbrachte Leistungswert berechnet werden. Das schützt den Auftraggeber vor einer Überzahlung.

Der Bauzeitenplan

Fliegt der Bauschutt auf die Straße, bevor der Container bestellt ist? Können die Putzer und Stuckateure nicht arbeiten, weil der Elektriker noch an den Kabeln herumbastelt? Undenkbar? Leider nicht.

Ein präziser Bauzeitenplan kann das Chaos verhindern. Im Bauvertrag muss seit 2018 eine verbindliche Angabe zum Zeitpunkt der Fertigstellung oder zur Dauer der Bauausführung (BGB § 650 k, 3) enthalten sein. Ein Zeitplan sollte auch in Verträgen mit einzelnen Gewerken verbindlich festgeschrieben werden.

Das Bautagebuch

Im Bautagebuch werden die Ereignisse jedes Arbeitstages festgehalten und dokumentiert. Feste Formvorschriften gibt es dafür nicht. Allerdings sind spezielle Vordrucke gebräuchlich. In jüngster Zeit löst geeignete Software die handschriftliche Notiz immer mehr ab. Das elektronische Bautagebuch dokumentiert und archiviert nicht nur, sondern erlaubt zugleich eine gezielte Auswertung und damit Einflussnahme auf das Projektmanagement.

Gerade bei umfangreicheren Baumaßnahmen ist das Bautagebuch für die Analyse des Bauablaufes von großer Bedeutung. So kann das Baugeschehen detailliert nachvollzogen und beispielsweise die Frage fundiert beantwortet werden, wer für eine Bauzeitverlängerung (und damit für Mehrkosten) verantwortlich ist.

Bauleitung

Die Honorarordnung für Architekten- und Ingenieurleistungen (HOAI 2013) weist in § 34 (Leistungsbild Gebäude und Innenräume) die Begriffe „Objektüberwachung" und „Bauüberwachung und Dokumentation" (gemeinhin unter dem Begriff „Bauleitung" zusammengefasst) der Leistungsphase 8 zu.

Hierauf entfallen 32 Prozent des Gesamthonorars, das für dieses Leistungsbild als

Architekten- oder Ingenieurhonorar vereinbart wurde. Allein daraus kann man schon die große Bedeutung und hohe Verantwortung ermessen, die mit der professionellen Baubetreuung verbunden sind. Den Volltext der HOAI 2013 finden Sie auf der Seite www.hoai.de/online/ HOAI_2013/HOAI_2013.php.

Der Begriff der Bauleitung wird nicht einheitlich gebraucht. Grundaufgaben der Bauleitung sind die Koordination der Bauausführung (Objektüberwachung) hinsichtlich der Übereinstimmung mit der Baugenehmigung, den Ausführungsplänen und den Leistungsbeschreibungen, die Einhaltung der anerkannten Regeln der Technik und der Vorschriften. Dazu gehört auch das gemeinsame Aufmaß mit den bauausführenden Unternehmen. Soweit relevant, kommt auch eine besondere Überwachung der Tragwerke auf Übereinstimmung mit dem Standsicherheitsnachweis hinzu. Grundsätzlich kann man unterscheiden zwischen:

► **Bauleitung vonseiten des Auftraggebers**. Der Sachwalter des Bauherrn übernimmt vorrangig Kontroll- und Koordinierungsfunktion.

► **Bauleitung vonseiten des Auftragnehmers**. Unternehmen, die komplexe Aufträge ausführen, beauftragen ihrerseits bestimmte Mitarbeiter mit der Bauleitung (Bauführer), um den Einsatz von Personal und materiellen Ressourcen sowie die vertragsgemäße Ausführung der Leistung zu koordinieren und zu überwachen.

Die Vertretungsbefugnis des Bauherren-Bauleiters muss klar geregelt sein, denn ohne besondere Vollmacht des Auftraggebers (Bauherrn) darf er keine kostenwirksamen Entscheidungen für den Auftraggeber treffen.

Qualitätssicherung

Bei Bauvorhaben ist „Qualität" vor allem die Einhaltung der vertraglich zugesicherten Eigenschaften. Ein Grundproblem der Qualitätskontrolle ist jedoch, dass sich manchmal die Qualität im Nachhinein nicht mehr zuverlässig prüfen lässt, da die Leistungen eines Gewerks durch die fortschreitende Fertigstellung des

Baus von den Leistungen anderer Gewerke wieder überdeckt werden können. Relevante Bauteile dürfen also nicht „verschwinden", bevor ihre volle Funktionstüchtigkeit überprüft wurde. So muss zum Beispiel beim Einbau neuer Fenster der Anschluss zum Mauerwerk luftdicht ausgeführt werden. Über die Qualität der Ausführung gibt ein Blower-Door-Test Gewissheit. Er sollte erfolgen, bevor die entsprechenden Wandteile verputzt oder verkleidet werden. Wird die Messung mit einer thermografischen Untersuchung kombiniert, kann man mit der Wärmebilddarstellung Leckagen auf die Spur kommen.

Blower-Door-Messung im Altbau

Bei der Sanierung einer Bestandsimmobilie kann eine Blower-Door-Messung schon in der Planungsphase nützlich sein. Zum Beispiel lässt sich so feststellen, ob die vorhandene Dachdämmung hinsichtlich der Luftdichtigkeit noch intakt ist oder ob hier im Rahmen der Sanierung nachgebessert werden muss. Auch für die Förderung des Einbaus einer Lüftungsanlage macht etwa die KfW eine qualifizierte Blower-Door-Messung zur Bedingung.

Sollte bei der Blower-Door-Messung der Einsatz von künstlichem Rauch geplant sein, um eventuelle Leckagen besser zu orten, empfiehlt es sich, vorher die Feuerwehr zu informieren – für den Fall, dass besorgte Anwohner aus der Nachbarschaft einen Feueralarm auslösen.

Abnahme und Dokumentation

Die Umbau-, Sanierungs- oder Modernisierungsarbeiten sind abgeschlossen Jetzt erfolgt die Bauabnahme. Das ist ein wichtiger Schritt. Denn mit der Bauabnahme geht die Beweislast für eventuelle Baumängel vom ausführenden Betrieb auf den Bauherrn über. Einfach gesagt: Vor der Abnahme muss der Handwerker beweisen, dass er korrekt gearbeitet hat. Nach der Abnahme muss der Bauherr beweisen, dass der Handwerker nicht korrekt gearbeitet hat. Mit der Abnahme beginnt auch die Verjährungsfrist für die Gewährleistung. Außerdem wird in der Regel die Schlusszahlung fällig.

Man unterscheidet zwischen behördlicher und privater Abnahme. Bei der **behördlichen Bauabnahme** begutachtet die Behörde (Bauordnungsamt oder Denkmalamt oder weitere involvierte Behörden), ob die Baumaßnahme in Übereinstimmung mit den öffentlichen Normen und Verordnungen durchgeführt wurde. Mehr interessiert die Behörde nicht. Baumängel, die Sie stören würden, etwa schlampig verlegte Fliesen auf der Treppe, stören die Behörde überhaupt nicht, solange die Trittstufenbreite der Treppe korrekt ist.

Bleibt also die **private Bauabnahme**. Sie ist die einzige Möglichkeit, sich vor Fehlern der Handwerker zu schützen. Schwierig wird es, wenn die Arbeit des einen Gewerks die Arbeit eines anderen Gewerks überdeckt. Eine Wand ist schief? Der Putzer sagt, er war's nicht, es war der Maurer. Der Maurer sagt, er war's auch nicht, es stand so im Plan. Wer war's nun wirklich?

INFO

TIPP: ZWISCHENABNAHMEN VOR DEM NÄCHSTEN GEWERK Sobald die Handwerker eines Gewerks die Arbeit beendet haben, sollte ihre Leistung begutachtet werden. Geht das im Einzelfall nicht, soll der Putzer Ihnen vor Beginn seiner Arbeiten schriftlich bescheinigen, dass der Maurer ordentlich gearbeitet hat.
Auch bei anderen Gewerken sollte der „Nachfolger" stets die Fehlerfreiheit seines „Vorgängers" bescheinigen.

Von welcher Art die Abnahme sein und in welcher Form sie stattfinden soll, kann schon in den Bauverträgen geregelt werden. Oft wird das versäumt. Sie dürfen von Ihrem „Immobilientherapeuten" aber erwarten, dass er bei der Vergabe der Arbeiten darauf achtet.

Keinesfalls sollte Ihnen passieren, dass Sie eine Bauleistung „abnehmen", ohne es zu merken. Klingt kurios? Kommt gar nicht so selten vor. Die VOB sieht nämlich verschiedene Arten der Abnahme vor:

Ausdrückliche Abnahme: Der Bauunternehmer oder Handwerker teilt schriftlich oder mündlich mit, dass die Bauleistung vollständig erbracht ist und die Abnahme möglich ist. Der Bauherr hat zwölf Werktage Zeit, das Werk zu begutachten; lässt er die Frist ungenutzt verstreichen, gilt das Werk als abgenommen – die sogenannte fiktive Abnahme (siehe unten). Sinnvoller ist es allerdings, den Termin nicht verstreichen zu lassen, sondern mit dem Handwerker einen Abnahmetermin auszumachen und ein gemeinsames Abnahmeprotokoll zu erstellen. Nehmen Sie diesen Termin gemeinsam mit Ihrem „Immobilientherapeuten" wahr, denn der sieht mit einiger Sicherheit mehr, als Sie sehen können.

Fiktive Abnahme: Die Bauleistung gilt auch dann als abgenommen, „wenn der Unternehmer dem Besteller nach Fertigstellung des Werks eine angemessene Frist zur Abnahme gesetzt hat und der Besteller die Abnahme nicht innerhalb dieser Frist unter Angabe mindestens eines Mangels verweigert hat." (BGB § 640,2) Das neue Bauvertragsrecht stärkt hinsichtlich der fiktiven Abnahme die Position des Handwerkers oder Bauunternehmers, der allerdings gegenüber einem Verbraucher als Abnehmer folgende Pflichten zu erfüllen hat:

▶ Er muss den Verbraucher rechtzeitig auf die Rechtsfolgen einer nicht erklärten Abnahme hinweisen.
▶ Dieser Hinweis muss zusammen mit der Aufforderung zur Abnahme ergehen.
▶ Dieser Hinweis ist in Textform zu geben.

Stillschweigende Abnahme: Die stillschweigende (oder auch konkludente) Abnahme gründet sich auf dem schlüssigen (konkludenten) Handeln des Bauherrn. Nimmt der Bauherr einen Heizkessel in Betrieb und wird dem Handwerker nicht innerhalb von sechs Werktagen eine Mängelrüge zugestellt, darf von einer konkludenten Abnahme ausgegangen werden. In solchen Fällen darf aus dem Handeln des Bauherrn geschlossen werden, dass er die Leistung auch ohne ausdrückliche Willenserklärung akzeptiert.

Förmliche Abnahme: Die förmliche Abnahme findet statt, wenn der Bauherr oder der Bauunternehmer beziehungsweise Handwerker es verlangen. Diese Form der Bauabnahme sollte der Regelfall sein. Beide Seiten haben das Recht, Sachverständige hinzuzuziehen. Dem Bauherrn ist das unbedingt zu empfehlen! Ob die Bauleistung frei von Mängeln ist, kann nur ein Experte schlüssig beurteilen. Der Befund der Abnahme – einschließlich eventueller Vorbehalte wegen bekannter Mängel oder wegen Vertragsstrafen oder geforderter Minderungen (ebenso natürlich Einwendungen des Bauunternehmers / Handwerkers) – wird in das Protokoll aufgenommen. Jeder Vertragspartner erhält eine Ausfertigung des Protokolls.

Dokumentation – mehr als eine Formalie

Der letzte Schritt ist mehr als nur eine Formalie. In dieser Phase muss all das dokumentiert werden, was verarbeitet und eingebaut wurde. Das bedeutet, alle Materialien und Installationsgegenstände – samt Hersteller und / oder Lieferanten – müssen exakt beschrieben und dokumentiert werden. Dabei entsteht eine Art Bedienungsanleitung für Ihre Immobilie.

Was passiert, wenn das unterbleibt? Erst einmal gar nichts. Nach ein paar Jahren jedoch, wenn einzelne Teile vielleicht repariert oder erneuert werden müssen, geht das große Rätselraten los: Von welchem Hersteller war gleich noch mal dieses Waschbecken, und gibt es die dazugehörigen Zahnputzbecher noch? Ein harmloses Beispiel. Aber wenn es um die Heizung oder die Belüftungsanlage geht, die regelmäßig gewartet werden muss, oder um die Art der Dämmstoffe, bei denen man einfach wissen möchte, was man da im Haus hat – in solchen komplizierten wie sensiblen Bereichen des Gebäudes ist es nicht mehr harmlos, wenn die Dokumentation fehlt.

Und hier schließt sich der Kreis zu den Eigenschaften, die den Wert Ihrer Wohnung erhöhen: Wenn Sie Ihr Eigentum später einmal verkaufen wollen, können Sie auf vorbildliche Weise belegen, was Sie alles im Laufe der Zeit zur Verbesserung der Wohnqualität in Ihrer Wohnung investiert haben.

Die „Patientenakte"

Hier sind einige der wichtigsten Elemente / Dokumente, die in einer geordneten Dokumentation zusammengefasst werden sollten:

Bestandteile der Dokumentation

▶ Liste der Handwerker
▶ Liste der Hersteller/Lieferanten
▶ Liste der Ansprechpartner für Havariefälle
▶ Pläne
▶ Baufluchtlinien- und gegebenenfalls Höhenattest des Vermessungsingenieurs
▶ Berechnungen (Flächen etc.)
▶ Bestandszeichnungen der technischen Gebäudeausrüstung
▶ Genehmigungen
▶ Abnahmeprotokolle (Protokolle der bauaufsichtlichen Gebrauchsabnahme)
▶ Fachunternehmererklärungen (Bescheinigungen für alle Gewerke über die fachgerechte mangelfreie Ausführung der Bauleistungen)
▶ Bürgschaften / Gewährleistungsbürgschaften
▶ Nachweise über die Unbedenklichkeit verwendeter Baustoffe und Materialien
▶ Lieferscheine
▶ Zulassungen / Prüfzeugnisse
▶ Beschreibungen von Produkten
▶ Wartungs- und Pflegehinweise
▶ Garantieurkunden für die Haustechnik (Elektro, Sanitär, Heizung, gegebenenfalls Lüftung etc.)
▶ Bedienungsanleitungen
▶ Sofern möglich auch Prospekte von Produkten (Waschbecken, Heizkessel etc.)
▶ Fotodokumentation
▶ Energieausweis nach EnEV
▶ Schornsteinfegerabnahmeprotokoll

Das Ganze sollte dann nach Gewerken geordnet in einem Ordner zusammengetragen werden. Dieser Ordner ist die Bedienungsanleitung für die Immobilie und die aktualisierte „Patientenakte" in einem. Nur so haben Sie für alles einen Nachweis, der auch noch in zehn oder zwanzig Jahren gefunden werden kann. Oder dass ein zum installierten Gerät passendes Ersatzteil – und wenn es nur eine Dichtung ist – auch tatsächlich beschafft werden kann.

Firma	Tischlerei & Treppenbau Musterfirma	01-12

Bauvorhaben **Energetische Modernisierung Mustergebäude**

Ausführung von: 15.07.2010 bis: 30.09.2011

Revisionsunterlagen + Nachweise

Datum:	Vorlage / Beschreibung	✓	vollständig				Bemerkungen
	Abnahmeprotokoll nach VOB						
	Gewährleistungsbürgschaft						
	FU-Erklärung	✓					
	Abrechnung / Schlußrechnung						
	Hersteller- und Liefernachweise für						
	Matrialaufstellung						
	Lieferschein Fenster						
	Herstellerbescheinigung Fenster						
	Lieferschein Haustür						
	Herstellerbescheinigung Haustür						
	Lieferschein Fensterbänke						
	HerstellerbescheinigungFensterbänke						
	Beschläge						
	Griffe / Oliven						
	Beschichtungen						
	Dichtungen						
	Produktdatenblatt Dichtungsband Firma illbruck						
	Prüfzeugnisse / Zulassungen						
	U-Wert						
	WE-Türen mit den db-Werten und rauchdicht						
	Prüfbericht Dichtungsband Firma illbruck						
	Prospekte, Produkbeschreibungen, Wartungshinweise						
	Zeichnungen						

Bemerkungen: In den Hersteller- und Liefernachweisen müssen auch die Nachweise der Lieferung auf diese Baustelle enthalten sein (Lieferschein, etc.).

ENERGIEEFFIZIENT IM BESTAND

Energiewende, Energieeffizienz, Energiekosten – diese Begriffe führt heute fast jeder im Munde, der nicht „out" sein will. Die Europäische Union hat bis 2020 Energiespar- und Klimaziele gesetzt, die das Bauwesen der Mitgliedstaaten erheblich unter Druck setzt.

Schon die **Wärmeschutzverordnung** von 1995 schrieb eine dauerhaft luftundurchlässige Abdichtung der Fassaden und Hüllflächen vor. Das galt seinerzeit zwar nur für Neubauten, mittlerweile werden aber auch viele Altbauten energetisch einer Kur unterzogen. Dass mit undichten Gebäudehüllen, defekten Fenstern und Bauteilen, die als Wärmebrücken wirken, Energie verschwendet wird, ist nicht erst seit gestern bekannt. Doch offenbar haben erst Ressourcenverknappung, Klimaerwärmung und Energiepreisexplosion das längst Bekannte zu einem Problem gemacht.

Unsicherheit entstand aus der mehrfach angekündigten und immer wieder verschobenen Novellierung der Energieeinsparverordnung (EnEV); zurzeit gilt die Fassung von 2013 mit Änderungen, die seit 1. Januar 2016 in Kraft getreten sind. Je dichter und gedämmter die Häuser werden, desto deutlicher drängt sich die Frage auf: Was geschieht mit dem Raumklima, wenn sich Menschen in einem luftdichten Haus aufhalten? Wie lüftet man denn ein komplett gedämmtes und abgedichtetes Haus? Wie kann man Schimmelbildung in einem komplett gedämmten und abgedichteten Haus am besten vermeiden?

Neuralgischer Punkt: Die Fenster

Fenster sind in der Fassade die Schnittstelle zwischen innen und außen. Sie sind damit in energetischer Hinsicht als Bauteil ein kritischer Punkt. Wärmeverluste am Wohngebäude können bei veralteten Fenstern erheblich sein. Das heißt im Umkehrschluss: Mit modernen Fenstern lässt sich ebenso erheblich Energie einsparen.

Seit Bestehen der Bundesrepublik haben wir im Fensterbau vier Phasen erlebt, die eng mit der ökonomischen Entwicklung und den veränderten Rahmenbedingungen im Wärmeschutz zusammenhängen.

▶ Von **1950 bis etwa 1978** dominierten einfach verglaste Fenster sowie Kasten- und Verbundfenster mit zwei Einzelscheiben.

▶ **Ab 1978** kamen nach Inkrafttreten der ersten Wärmeschutzverordnung (WSchVO) zum 1. November 1977 verstärkt Isolierglasfenster auf den Markt.

▶ In einer dritten Phase setzte sich **seit 1995** das beschichtete Wärmedämmglas (Low-E) im Fensterbau durch.

▶ **Seit 2005** werden Fenster mit Dreifach-Wärmedämmglas eingesetzt (2 Low-E-Beschichtungen), deren Marktanteil seit 2009 stark steigt.

Der Verband Fenster und Fassade (VFF) und der Bundesverband Flachglas (BF) schätzen, dass in Deutschland noch immer 21 Millionen Fenstereinheiten (eine zur besseren Vergleichbarkeit gebildete Maßeinheit, die für 1,69 Quadratmeter Fensterfläche steht) aus Fenstern mit Einfachverglasung bestehen. Aber selbst Fenster mit unbeschichtetem Isolierglas, die seit 1978 eingebaut worden sind, genügen heutigen energetischen Anforderungen im Grunde nicht mehr.

Der VFF gliedert den Fensterbestand in Deutschland nach denenergetischen Eigenschaften in fünf Gruppen. Besonders dringend ist der Austausch der 21 Millionen Fenstereinheiten Einfachglas (Typ 1, siehe Tabelle „Energetische Eigenschaften" unten). „Dieser Bestand weist im Durchschnitt aller Baujahre einen sehr ungünstigen Wärmedurchgangskoeffizienten von 4,7 W/(m^2 K) und schlechter auf. Moderne Fenster mit Dreischeiben-Low-E-Glas vom Typ 5 bringen es im Vergleich inzwischen auf 1,1 W/(m^2 K) und besser. Pro Fenstereinheit könnte man bei einem Austausch der Fenster mit Einfachglas im Jahr rund 485 kWh Energie beziehungsweise 49 Kubikmeter Erdgas einsparen." Solare Gewinne sind in dieser Rechnung mit einbezogen.

Das gesamte Einsparpotenzial für Fenster mit Einfachglas wird in Deutschland auf rund 10 Milliarden Kilowattstunden und rund 2,5 Millionen Tonnen CO_2 pro Jahr geschätzt. Der Austausch alter Fenster mit Einfachglas ist aber nicht nur ein ökologisches Gebot, das uns den Klimazielen der EU näherbringt, es ist auch wirtschaftlich vernünftig. Die Kosten, die es verursacht, durch Fenstertausch Energie einzusparen, liegen – auf die Kilowattstunde Energie umgerechnet – schon heute unter dem aktuellen Energiebezugspreis. Selbst die blauäugigsten Optimisten glauben nicht mehr daran, dass Energie in den nächsten Jahren billiger werden wird. Im Gegenteil: Je nachdem, welchen Anstieg der Energiepreise man zu erwarten hat, lohnt sich auch der Austausch von Bestandsfenstern der erläuterten Typen 2 und 3.

Die energetischen Eigenschaften eines Fensters sind durch seinen Wärmedurchgangs-

Fensterbestand in Deutschland 2013

		Mio. Fenstereinheiten*
Typ 1	Fenster mit Einfachglas	21
Typ 2	Verbund- und Kastenfenster	48
Typ 3	Fenster mit unbeschichtetem Isolierglas	220
Typ 4	Fenster mit Zweischeiben-Wärmedämmglas (Low-E)	274
Typ 5	Fenster mit Dreischeiben-Wärmedämmglas (2 Low-E)	32
Gesamt		**595**

* 1 Fenstereinheit = 1,3 m x 1,3 m = 1,69 qm

koeffizienten, den U-Wert, und durch solare Energiegewinne, den g-Wert beschrieben. Ein hoher U-Wert bedeutet, dass viel Energie durch die Fenster verloren geht; angestrebt wird also ein möglichst niedriger U-Wert. Der U-Wert hat sich bei Fenstern in den letzten 50 Jahren um rund 75 Prozent verbessert.

Der Austausch alter Fenster vom Typ 1 (Einfachglas) gegen moderne mit Wärmedämmglas trägt wirtschaftlich unmittelbar Früchte: Die Mehrkosten für das hochwertige Fenster gegenüber einem Bauteil, das nur den Mindestanforderungen entspricht, liegen im Durchschnitt unter den Kosten für Energieträger, die man andernfalls (das heißt im Fall geringerer Wärmedämmung) zusätzlich einkaufen und verheizen müsste.

Steigen die Energiekosten weiter jährlich um 5 Prozent, wäre bei einer durchschnittli-

Energetische Eigenschaften von Fenstern

Fenstertyp	Hauptsächlich verbaut	Durchschnittlicher U-Wert in W/(m²K)	Durchschnittlicher g-Wert in %
1 Fenster mit Einfachglas	bis 1978	4,7	87
2 Verbund- und Kastenfenster	bis 1978	2,4	76
3 Fenster mit unbeschichtetem Isolierglas	1978–1995	2,7	76
4 Fenster mit Zweischeiben-Wärmedämmglas (Low-E)	1995–2008	1,5	60
5 Fenster mit Dreischeiben-Wärmedämmglas (2 x Low-E)	ab 2005	1,1	50

chen Lebensdauer der Fenster von 48 Jahren auch der Ersatz von Bestandsfenstern der Typen 2 und 3 durch neue mit Wärmedämmverglasung wirtschaftlich.

Wenn am Gebäude ohnehin Sanierungsmaßnahmen (zum Beispiel Außendämmung der Gebäudehülle) vorgenommen werden, ist es sinnvoll zu überlegen, ob nicht auch vorhandene Verbund- und Kastenfenster modernisiert oder isolierverglaste Fenster ohne Low-E-Beschichtung ausgetauscht werden sollten.

Übersteigen die Kosten des Fensteraustauschs augenblicklich noch die Kostenersparnis beim Energieverbrauch, die zu erzielen ist, stellen sie dennoch Investitionen in weitere Verbesserungen dar: Die neuen Fenster bringen neben der reinen Energieeinsparung weitere Vorteile bei der Behaglichkeit, bei Komfort, Schallschutz und Sicherheit mit sich. Der Austausch erhöht damit auf jeden Fall den Substanzwert der Immobilie.

Kontrollierte Wohnraumlüftung

Die Frage nach der Lüftung bei einer hochdichten Gebäudehülle scheint in der „Kontrollierten Wohnraumlüftung" (KWL) zu liegen. Schwarzseher meinen schon, dass jeder, der morgens in seinem Schlafzimmer künftig noch vom Gesang der Vögel geweckt werden will, sich dafür ein anderes Land suchen muss. Die Fenster bleiben zu! Zwar gibt es noch keine direkte gesetzliche Vorschrift zum Einbau einer Lüftungsanlage mit Wärmerückgewinnung, aber möglicherweise können wir die angestrebten Energieziele ohne KWL gar nicht mehr erreichen. Und das gilt dann irgendwann auch für das Bauen im Bestand.

Wer bei „Kontrollierte Wohnraumlüftung" an ständig rauschende Lüfter und die sehr spezielle Ästhetik von Röhrensystemen in Innenräumen denkt, liegt falsch. Viele scheuen sich auch vor dem Abhängen der Decken (um etwa 15 Zentimeter), die bei einem nachträglichen Einbau zentraler Lüftungsanlagen in Altbauwohnungen erforderlich ist. Derartige zentrale Lüftungsanlagen sind für eine Wohnung nicht erforderlich.

Hier bieten sich vielmehr **dezentrale Abluftsysteme mit Wärmerückgewinnung** an,

die sich besonders für den nachträglichen Einbau in Bestandsimmobilien eignen. Derartige Systeme können für einzelne Räume passend dimensioniert werden, was sie für Räume mit regelmäßig hoher Luftfeuchtigkeit und Geruchsbelästigung wie Bäder und Küchen (oder Räume, in denen regelmäßig geraucht wird) prädestiniert. Sie können direkt neben dem Fenster oder im Bereich der Fensterbank eingebaut werden. Da sie auf jeden Fall sowohl das Sondereigentum als auch das Gemeinschaftseigentum berühren, wird der nachträgliche Einbau ohne Zustimmung der Wohnungseigentümergemeinschaft allerdings nicht möglich sein.

Dank der Wärmerückgewinnung arbeiten diese Lüftungen sehr energieeffizient. Die Anlage entzieht der warmen Abluft einen Großteil ihrer Energie und heizt damit gleichzeitig die ins Haus strömende Außenluft auf. Das spart Heizkosten. Dezentrale Lüftungsgeräte gibt es bereits ab ungefähr 550 Euro. Im KfW-Programm 153 (Energieeffizient bauen) sind Lüftungsanlagen mit mehr als 80 Prozent Wärmerückgewinnung förderfähig.

Man sollte dabei bedenken, dass manche Menschen mit einem Fenster nicht leben können oder wollen, das nicht mehr geöffnet werden soll oder sich gar nicht mehr öffnen lässt, nur damit das Funktionieren der Lüftung nicht beeinträchtigt wird. Planer übersehen das gern. Sie sind oft Ingenieure und fasziniert von den technischen Möglichkeiten, die sich bieten. Der Bewohner mit seinen lästigen Angewohnheiten (zum Beispiel dem Wunsch, die Fensterflügel weit aufzureißen) wird dann oft als Störfaktor für das energetisch ausgewogene System Haus/Wohnung gesehen.

Alternativen zur Kontrollierten Wohnraumlüftung gibt es natürlich auch. Führende Fensterhersteller bieten die Möglichkeit, das Fenster zu motorisieren. Solche Lösungen bieten sich – nicht zuletzt aus Sicherheitsgründen – vor allem für Dachfenster an. **Intelligente motorisierte Fenster** können mit einer Sensorik ausgestattet werden, die Regen erkennt (und das Fenster selbsttätig schließt sowie nach Ende des Regens wieder öffnet) und auf Sonneneinstrahlung reagiert (und entsprechende Sonnenrollos aufzieht). Die Zeitprogrammierung ist einfach und kann viele voreingestellte Komfortprogramme wie „Guten Morgen", „im Urlaub" oder „Intervalllüften" zur Auswahl stellen. Die Fenster in unterschiedlichen Dachseiten (etwa Nord-Süd-Ausrichtung) können separat programmiert werden. Auch konventionelle Schwingfenster können mit der passenden Motorisierung und Sensorik nachgerüstet werden. Diese Nachrüstsätze zur intelligenten Motorisierung des Fensters sind in der Regel nicht teurer als die Anlagen zur dezentralen Lüftung unter der Fensterbank.

Fassadendämmung oder Innendämmung

Die EU-Richtlinie für energieeffiziente Gebäude schränkt zwar ein, dass die EU-Staaten nur dann Mindestnormen einhalten müssen, wenn „größere Änderungen" vorgenommen werden. Allerdings bestimmt jedes Land selbst, was es als „größere Änderung" definiert. Die deutsche Energieeinsparverordnung in der Fassung von 2014 greift bei der Modernisierung der Gebäudehülle nur dann, wenn die sanierte Bauteilfläche – Außenwand, Fenster, Dach, Decke – 10 Prozent der gesamten entsprechenden Bauteilfläche des Gebäudes übersteigt; ansonsten gilt die „Bagatellregel". Ausbesserungsarbeiten an Putzabplatzungen oder das Ersetzen einzelner Dachziegel löst also noch keine Sanierungspflicht nach EnEV 2014 aus.

Das Sanieren der Fassade und der Austausch der Fenster greifen in das Gemeinschaftseigentum ein. Es versteht sich also, dass diese Maßnahmen nur von der Eigentümergemeinschaft als Ganzes veranlasst werden können. Wenn eine Außendämmung nicht möglich ist (wie beispielsweise regelmäßig bei einer denkmalgeschützten Fassade), kommt eine Innendämmung der Außenwände infrage. Für die Innendämmung gibt es verschiedene Systeme mit unterschiedlicher Wirksamkeit und Empfindlichkeit. Häufig wird eine Trockenbauwand auf einem Ständersystem verwendet, hinter der Dämmstoff eingebracht wird. Am anspruchsvollsten sind Vakuum-Dämmsysteme, die unter einer luftdichten Hülle die Dämmeigenschaften des Vakuums ausnutzen.

Achtung Mehrhausanlage

Doppelhäuser oder Mehrhausanlagen (Reihenhäuser) auf einem einheitlichen Grundstück können auch nach dem Wohnungseigentumsgesetz errichtet worden sein. Das heißt, ein Sondereigentum an den tragenden Bauteilen kann da nicht entstehen. Dafür ist es unerheblich, dass das Gebäude nur eine einzige Wohneinheit (ein einzelnes Sondereigentum) umfasst. Die tragenden Wände, die Fassade, das Dach usw., die bei Mehrparteienhäusern Gemeinschaftseigentum sind, sind auch bei einzelnen Gebäuden einer Mehrhausanlage Gemeinschaftseigentum.

Ein besonderer Vorzug ist die geringe erforderliche Einbautiefe. Eine Vakuum-Dämmplatte von 2 cm Dicke weist die Dämmeigenschaften einer traditionellen Styroporplatte von 20 cm Stärke auf. Die große Einschränkung dabei: Mit dem wahllosen Einschlagen von Nägeln, um Bilder aufzuhängen, ist es dann natürlich vorbei – Befestigungen dürfen nur in die Rahmenkonstruktion der Paneele eingebracht werden.

Energieausweis im Bestand

Heute hat jeder Immobilieninteressent, der ein Haus oder eine Wohnung kauft, das Recht, vom Verkäufer einen Energieausweis zu verlangen. Der Verkäufer muss dem Kaufinteressenten diesen Energieausweis umgehend zugänglich machen. Die Novelle der EU-Richtlinie von 2010 geht noch einen Schritt weiter: Künftig sollen Verkäufer (oder Vermieter) von vornherein verpflichtet sein, ihren Kunden auch ohne Aufforderung einen Energieausweis vorzulegen und auszuhändigen. Bei kommerziellen Anzeigen für Vermietung und Verkauf müssen künftig die Kennwerte der Gesamtenergieeffizienz und des Primärenergiewerts mitgeteilt werden.

Neu ist, dass die Energiespanne bei Wohngebäuden kleiner geworden ist, statt 400 kWh/(m² a) beginnt das obere Segment jetzt bei 250 kWh/(m² a). Eine weitere Neuerung: Die einem Bandtacho ähnliche Darstellung der Energieeffizienz ist zwar geblieben, muss aber ergänzt werden um die Angabe der Energieeffizienzklasse (von A+ bis H), wie man sie von Elektrogeräten kennt.

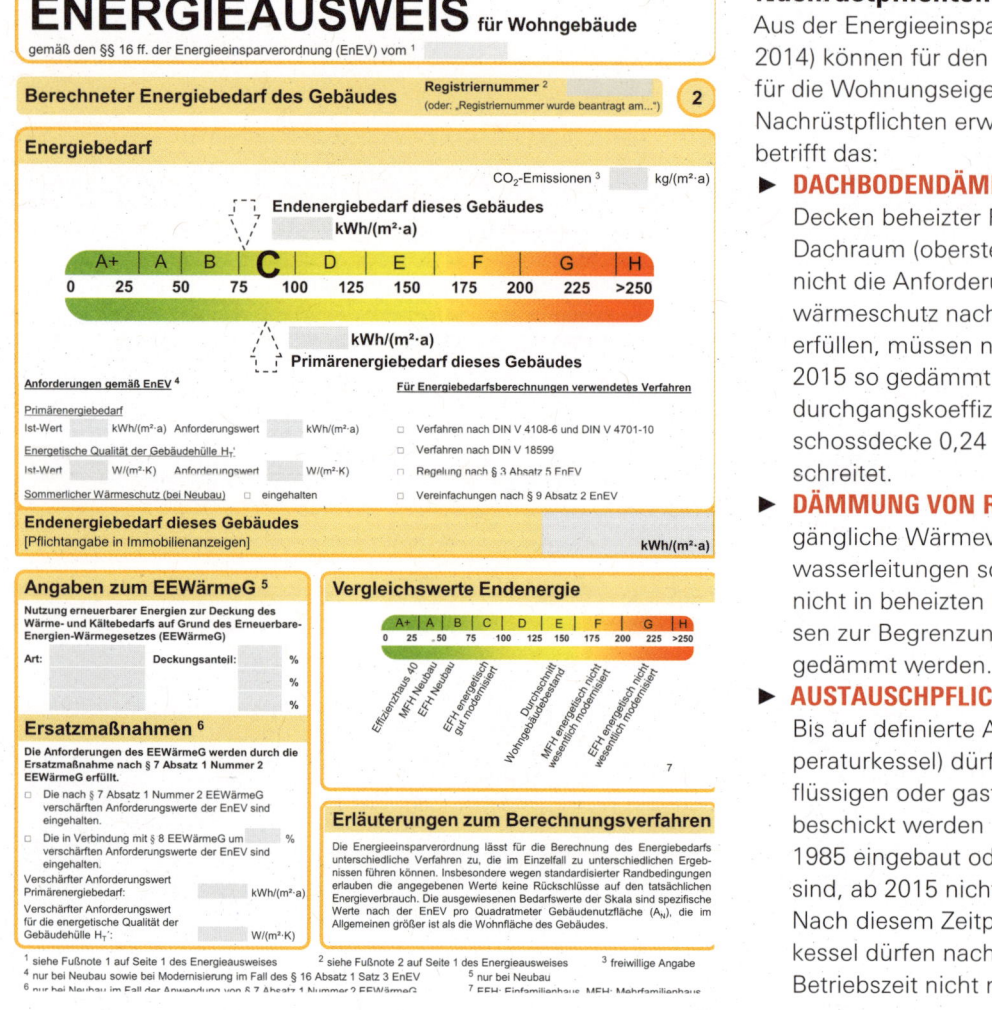

ENERGIEAUSWEIS für Wohngebäude

gemäß den §§ 16 ff. der Energieeinsparverordnung (EnEV) vom [1]

Berechneter Energiebedarf des Gebäudes Registriernummer [2] (oder: „Registriernummer wurde beantragt am...") 2

Energiebedarf

CO_2-Emissionen [3] kg/(m²·a)

Endenergiebedarf dieses Gebäudes kWh/(m²·a)

A+	A	B	C	D	E	F	G	H
0	25	50	75	100	125	150	175	200	225	>250

kWh/(m²·a)
Primärenergiebedarf dieses Gebäudes

Anforderungen gemäß EnEV [4]

Für Energiebedarfsberechnungen verwendetes Verfahren

Primärenergiebedarf
Ist-Wert ___ kWh/(m²·a) Anforderungswert ___ kWh/(m²·a)
Energetische Qualität der Gebäudehülle H_T'
Ist-Wert ___ W/(m²·K) Anforderungswert ___ W/(m²·K)
Sommerlicher Wärmeschutz (bei Neubau) ☐ eingehalten

☐ Verfahren nach DIN V 4108-6 und DIN V 4701-10
☐ Verfahren nach DIN V 18599
☐ Regelung nach § 3 Absatz 5 EnEV
☐ Vereinfachungen nach § 9 Absatz 2 EnEV

Endenergiebedarf dieses Gebäudes
[Pflichtangabe in Immobilienanzeigen] kWh/(m²·a)

Angaben zum EEWärmeG [5]

Nutzung erneuerbarer Energien zur Deckung des Wärme- und Kältebedarfs auf Grund des Erneuerbare-Energien-Wärmegesetzes (EEWärmeG)

Art: ___ Deckungsanteil: ___ %
___ %
___ %

Ersatzmaßnahmen [6]

Die Anforderungen des EEWärmeG werden durch die Ersatzmaßnahme nach § 7 Absatz 1 Nummer 2 EEWärmeG erfüllt.
☐ Die nach § 7 Absatz 1 Nummer 2 EEWärmeG verschärften Anforderungswerte der EnEV sind eingehalten.
☐ Die in Verbindung mit § 8 EEWärmeG um ___ % verschärften Anforderungswerte der EnEV sind eingehalten.
Verschärfter Anforderungswert
Primärenergiebedarf: ___ kWh/(m²·a)
Verschärfter Anforderungswert
für die energetische Qualität der
Gebäudehülle H_T': ___ W/(m²·K)

Vergleichswerte Endenergie

A+	A	B	C	D	E	F	G	H
0	25	50	75	100	125	150	175	200	225	>250

Effizienzhaus 40
MFH Neubau
EFH Neubau
EFH energetisch gut modernisiert
Durchschnitt Wohngebäudebestand
MFH energetisch nicht wesentlich modernisiert
EFH energetisch nicht wesentlich modernisiert
7

Erläuterungen zum Berechnungsverfahren

Die Energieeinsparverordnung lässt für die Berechnung des Energiebedarfs unterschiedliche Verfahren zu, die im Einzelfall zu unterschiedlichen Ergebnissen führen können. Insbesondere wegen standardisierter Randbedingungen erlauben die angegebenen Werte keine Rückschlüsse auf den tatsächlichen Energieverbrauch. Die ausgewiesenen Bedarfswerte der Skala sind spezifische Werte nach der EnEV pro Quadratmeter Gebäudenutzfläche (A_N), die im Allgemeinen größer ist als die Wohnfläche des Gebäudes.

[1] siehe Fußnote 1 auf Seite 1 des Energieausweises [2] siehe Fußnote 2 auf Seite 1 des Energieausweises [3] freiwillige Angabe
[4] nur bei Neubau sowie bei Modernisierung im Fall des § 16 Absatz 1 Satz 3 EnEV [5] nur bei Neubau
[6] nur bei Neubau im Fall der Anwendung von § 7 Absatz 1 Nummer 2 EEWärmeG [7] EFH: Einfamilienhaus, MFH: Mehrfamilienhaus

Quelle: Energieeinsparverordnung, Anlage 6

Nachrüstpflichten

Aus der Energieeinsparverordnung (EnEV 2014) können für den Eigentümer – also auch für die Wohnungseigentümergemeinschaft – Nachrüstpflichten erwachsen. Im Einzelnen betrifft das:

► **DACHBODENDÄMMUNG**: Zugängliche Decken beheizter Räume zum unbeheizten Dachraum (oberste Geschossdecken), die nicht die Anforderungen an den Mindestwärmeschutz nach DIN 4108–2: 2013–02 erfüllen, müssen nach dem 31. Dezember 2015 so gedämmt sein, dass der Wärmedurchgangskoeffizient der obersten Geschossdecke 0,24 Watt/(m²K) nicht überschreitet.

► **DÄMMUNG VON ROHRLEITUNGEN:** Zugängliche Wärmeverteilungs- und Warmwasserleitungen sowie Armaturen, die sich nicht in beheizten Räumen befinden, müssen zur Begrenzung der Wärmeabgabe gedämmt werden.

► **AUSTAUSCHPFLICHT FÜR HEIZKESSEL:** Bis auf definierte Ausnahmen (Niedrigtemperaturkessel) dürfen Heizkessel, die mit flüssigen oder gasförmigen Brennstoffen beschickt werden und vor dem 1. Januar 1985 eingebaut oder aufgestellt worden sind, ab 2015 nicht mehr betrieben werden. Nach diesem Zeitpunkt eingebaute Heizkessel dürfen nach Ablauf von 30 Jahren Betriebszeit nicht mehr betrieben werden.

Interview: Immer das Ganze sehen

Ulrich Zink ist Architekt und Vorstandsvorsitzender
des Bundesarbeitskreises Altbauerneuerung e. V. (BAKA)

Herr Zink, Sie bezeichnen sich selbst gelegentlich als Immobilientherapeut. Das ist mehr als eine humoristische Anspielung auf den Zustand mancher Altbauten. Sind unsere Altbauimmobilien krank?

Ulrich Zink: Die meisten Altbauimmobilien sind nicht krank, aber sie bedürfen unserer Hilfe und Zuwendung. Sanieren heißt heilen. Der Duden definiert das als medizinischen Begriff so: „Eine bestimmte Stelle des Körpers so behandeln, dass ein Krankheitsherd beseitigt wird". Allerdings können wir die Gebäude „krank" machen, wenn wir sie falsch behandeln.

Was sind die häufigsten Fehler, die wir machen?

Ulrich Zink: Es sind vor allem zwei Grundfehler, die ich sehe. Wenn wir nur einzelne Krankheitsherde zu beseitigen versuchen und die Immobilie nicht ganzheitlich sehen, werden wir kein nachhaltiges Ergebnis bei der Sanierung erzielen. Und wenn wir aufgrund einer besonders auffälligen Symptomatik an der Immobilie herumkurieren, ohne zuvor eine Anamnese aufgenommen und eine gründliche Diagnose gestellt zu haben, können wir den Zustand der Immobilie unter Umständen verschlechtern, statt ihn zu verbessern. Kurz gesagt: Ein Gebäude ist ein ziemlich sensibler Organismus.

Wenn Sie sich als Immobilientherapeut einem Gebäude zuwenden, sehen Sie sich dann eher als Hausarzt oder als Facharzt?

Ulrich Zink: Hausarzt ist schon mal ein guter Begriff in diesem Zusammenhang. Wenn wir bei dieser medizinischen Begrifflichkeit bleiben wollen, dann hat wohl der Allgemeinmediziner als erster den ganzheitlichen Blick auf den „Patienten". Aber er wird sich nicht anmaßen, alle Probleme allein zu lösen, sondern wird gegebenenfalls einen Spezialisten, gewissermaßen den Facharzt hinzuziehen. Ob das ein Tragwerksplaner ist, ein Spezialist für Holzschutz oder ein Fachingenieur, der sich um eine optimale Heizungs- und Haustechnik kümmert, hängt natürlich vom Zustand des Gebäudes ab. Aber um es noch einmal ganz deutlich zu sagen: Bevor man eine Therapie beginnt, muss man wissen, woran das Gebäude eigentlich leidet. Es wäre unsinnig, die Fassade zu dämmen, wenn durch ein schadhaftes Dach Wasser eindringt. Die oberste Geschossdecke zu dämmen, ist nur dann eine vernünftige Sache, wenn man sicher ist, dass man mit dem Dämmmaterial nicht einen Hausschwamm zupflastert, der sich vielleicht im Holzwerk schon eingenistet hat. Anamnese und Diagnose müssen immer vor allen therapeutischen Maßnahmen stehen. Der Bundesarbeitskreis Altbauerneuerung hat dafür in Zusammenarbeit mit Spezialisten und in Auswertung der Baupraxis ein Diagnose-Hilfsmittel entwickelt, das sowohl Bauherren und Wohnungseigentümern als auch Fachplanern und Handwerkern eine realistische Gebäudeeinschätzung wesentlich erleichtert. Bestandsimmobilien verlangen nach qualifizierten Antworten, vor allem auf die Fragen: Was ist zu tun? Und was kostet es? Unser Diagnose-Tool „idi-al" gibt diese Antworten.

Gegenwärtig steht die energetische Sanierung von Häusern im Mittelpunkt der öffentlichen Berichterstattung. Es gibt Stimmen, die diese energetische Sanierung für unerlässlich halten, um die Klimaschutzziele zu erreichen. Andere sprechen vom Dämmwahn, bezweifeln die Wirtschaftlichkeit der energetischen Sanierung. Haben wir es damit übertrieben?

Ulrich Zink: Wenn Sie die Fassadensanierung und -dämmung ansprechen, dann ist auch das wiederum nur eine Einzelmaßnahme, die nur dann sinnvoll ist, wenn das Gebäude als Ganzheit betrachtet wird. Zur energetischen Fassadensanierung gehört notwendigerweise die Betrachtung der Fenster. Denn der Dämmstoff an der Außenmauer bewirkt nichts, wenn die Heizenergie durch undichte Fenster verloren geht. Und die Dichtigkeit der Fassade wiederum steht in Zusammenhang mit der Frage, wie die Heizungsanlage dimensioniert sein muss. Eine dichte Gebäudehülle rückt Probleme der Lüftung in den Vordergrund – in ganz anderer Weise als zu der Zeit, als undichte Fenster und Türen für eine gleichsam „natürliche" Belüftung sorgten. Lässt sich eine dezentrale Wohnraumlüftung mit Wärmerückgewinnung installieren?

Kann man die natürlichen Solargewinne nutzen? Wer an die energetische Sanierung eines Gebäudes herangeht, muss sich auch um die Dämmung des Daches oder der obersten Geschossdecke kümmern und sich der Kellerdecke annehmen. Energetische Sanierung heißt also nicht, einfach nur Styropor an die Fassade zu kleben. Wenn Sie eine historisch wertvolle Bausubstanz vor sich haben, eine Denkmalimmobilie gar, können Sie das sowieso nicht machen. Im Übrigen geht es hier nicht nur um Wirtschaftlichkeit im Sinne betriebswirtschaftlicher Einzelposten. Es geht um den Klimaschutz durch Energieeinsparung. Um die volkswirtschaftlichen Folgekosten des Klimawandels, den wir mitverursachen. Das lässt sich nicht als einfache Milchmädchenrechnung darstellen.

Für viele Wohnungseigentümer wird es zum Problem, dass sie in ihrer eigenen Wohnung zwar Einiges machen können, aber für die Gesamtsituation des Gebäudes die Eigentümergemeinschaft zuständig ist.

Ulrich Zink: An gesetzlichen Vorgaben kommt auch die Eigentümergemeinschaft nicht vorbei. Wie gesagt, es geht hier nicht um das Verkleben von Fassaden. Aber wenn zum Beispiel das Dach dran ist, dann ist es sinnvoll, das Dach so zu sanieren, dass damit eine nachhaltige energetische Verbesserung der Gebäudehülle verbunden ist. Alle Bauteile, die man im Rahmen einer Sanierung sowieso anfassen muss, werden zweckmäßigerweise auch unter energetischen Gesichtspunkten bearbeitet. Das liegt im Eigeninteresse der Gemeinschaft. Aber ich komme noch einmal auf die Gebäudeanalyse zurück: Wer eine Wohnung kauft, kauft nicht

nur die Wohnung als Sondereigentum, er kauft auch seinen Anteil am Gemeinschaftseigentum – also am Gebäude, an der Bausubstanz. Es wäre sehr leichtsinnig, nur die Wohnung selbst zu besichtigen und sich am Parkettfußboden und an den Stuckdecken zu delektieren. Nein, schauen Sie sich das ganze Gebäude vom Dach bis zum Keller an. Unser Analyse-Tool „idi-al easy" hilft Ihnen dabei. Und wenn Sie unsicher sind, nehmen Sie sich einen Experten mit. Selbst wenn der Sie ein paar hundert Euro kostet – Sie sind schließlich bereit, das Hundertfache für die Wohnung selbst auszugeben.

IN GUTEN UND IN SCHLECHTEN ZEITEN

Nicht immer kommt man aus eigenem Entschluss zu einer Wohnimmobilie. Manchmal wird man auch aufgrund einer **Erbschaft** vor die Frage gestellt: Soll man die ererbte Wohnung selbst nutzen oder das Objekt umgehend wieder loswerden? Oder bietet sich – mindestens als zeitlicher Aufschub, bis man eine endgültige Entscheidung fällt – eine Vermietung der Wohnung an?

Der Erbfall ist beileibe keine Ausnahme beim Erwerb von Immobilieneigentum. Schon heute kommen rund 38 Prozent aller Erben in den Genuss von Immobilienbesitz (70 Prozent dieser Immobilienerbschaften bestehen derzeit aus Eigenheimen), aber 58 Prozent aller künftigen Erben rechnen laut einer Studie der Postbank damit, in naher Zukunft eine (vom Erblasser) selbstgenutzte Wohnimmobilie zu erhalten. Weitere 20 Prozent gehen davon aus, in absehbarer Zeit eine vermietete Immobilie zu erben (bislang waren es 13 Prozent) – und bei diesen Objekten handelt es sich zu einem Großteil um vermietete Eigentumswohnungen.

In Deutschland, dem ursprünglich klassischen Mieterland, hat besonders die „Wirtschaftswunder-Generation" nach dem Zweiten Weltkrieg verstärkt Immobilieneigentum erworben. Entsprechend erhöht hat sich dadurch der Anteil der selbstgenutzten Wohnimmobilien. In naher Zukunft wird sich das Verhältnis der vererbten Vermögensklassen deutlich vom Geldvermögen hin zu Immobilien verschieben. Acht von zehn Deutschen werden in naher Zukunft Immobilienerben sein.

Der Erbfall führt aber nur scheinbar auf einem kostenlosen Weg zur eigenen Wohnung. Denn unter Umständen fällt Erbschafts- beziehungsweise Schenkungssteuer an, müs-

sen Miterben ausgezahlt, juristische Probleme ausgeräumt und Lasten übernommen werden, die man dem Gebäude äußerlich nicht ansieht. Womöglich muss man in eine geerbte Wohnung mehr Geld hineinstecken, als sie am Immobilienmarkt wert ist. Der Erbe einer Wohnung steht hinsichtlich der Bewertung und Sanierung im Grunde vor den gleichen Pro-

Steuerklassen und Freibeträge bei Erbschaft und Schenkung

Verwandtschaftsgrad	Steuer-klasse	Allgemeiner Freibetrag	Versorgungs-freibetrag*
Ehepartner, eingetragene gleich-geschlechtliche Lebenspartner	I	500 000 Euro	256 000 Euro
Kinder, Stief-, Adoptivkinder sowie Enkel, deren Eltern bereits verstorben sind	I	400 000 Euro	10 300 bis 52 000 Euro **
Enkel, deren Eltern noch leben, Urenkel	I	200 000 Euro	0 Euro
Nur im Todesfall: Eltern und Groß-eltern	I	100 000 Euro	0 Euro
Eltern und Großeltern (nur bei Schenkung), Geschwister, Kinder der Geschwister, Stiefeltern, Schwiegerkinder, Schwiegereltern, geschiedene Ehepartner und Lebenspartner einer aufgehobenen Lebenspartnerschaft	II	20 000 Euro	0 Euro
Eingetragene gleichgeschlecht-liche Lebenspartner	III	500 000 Euro	256 000 Euro
Alle übrigen	III	20 000 Euro	0 Euro

* Nur bei Erbschaft
** Altersabhängig und anrechenbar

blemen wie der Käufer einer gebrauchten Wohnung.

Der Erbschaft (auf juristisch: „Erwerb von Todes wegen") ist die Schenkung (auf Juristisch: „Zuwendung unter Lebenden") steuerrechtlich nahezu gleichgestellt, mit einem Unterschied: Bei der Erbschaftssteuer wird Hinterbliebenen zusätzlich zu ihrem persönlichen Freibetrag ein sogenannter Versorgungsfreibetrag gewährt; den gibt es bei einer Schenkung nicht. Unterschiede gibt es ferner bei der Behandlung von Eltern und Großeltern: Sie werden als Erben (also wenn Kinder und Enkel versterben) anders behandelt als bei einer Schenkung (wenn etwa Kinder ihren Eltern ein Haus schenken wollen).

Eine weitere Steuerbevorzugung trifft Immobilien, die für eigene Wohnzwecke genutzt werden. Das Erbschaftssteuergesetz formuliert das gewohnt umständlich so: Steuerfrei bleiben demnach „der Erwerb von Todes wegen des Eigentums oder Miteigentums an einem im Inland oder in einem Mitgliedstaat der Europäischen Union oder einem Staat des Europäischen Wirtschaftsraums gelegenen bebauten Grundstück im Sinne des § 181 Abs. 1 Nr. 1 bis 5 des Bewertungsgesetzes durch den überlebenden Ehegatten oder den überlebenden Lebenspartner, soweit der Erblasser darin bis zum Erbfall eine Wohnung zu eigenen Wohn-

zwecken genutzt hat oder bei der er aus zwingenden Gründen an einer Selbstnutzung zu eigenen Wohnzwecken gehindert war und die beim Erwerber unverzüglich zur Selbstnutzung zu eigenen Wohnzwecken bestimmt ist (Familienheim)." Entsprechendes gilt bei den so definierten „Familienheimen" für Kinder und Kinder verstorbener Kinder; nur ist hier die begünstigte Wohnfläche auf 200 Quadratmeter beschränkt.

Begünstigt werden auch Renditeobjekte, wenn sie zu Wohnzwecken vermietet werden und nicht zum „begünstigten Betriebsvermögen" oder zum „begünstigten Vermögen eines Betriebs der Land- und Forstwirtschaft" gehören. Dann kann ein verminderter Wertansatz von 90 Prozent des Verkehrswerts angesetzt werden. Das betrifft Grundstücke und Grundstücksteile (also auch Mit- und Teileigentum) im Inland, in einem Mitgliedstaat der Europäischen Union oder einem Staat des Europäischen Wirtschaftsraums.

Einen wichtigen Unterschied gibt es natürlich zwischen dem Kauf eines fremden Wohnungseigentums und dem Erben einer Liegenschaft – möglicherweise von einem nahen Verwandten: die emotionale Aufladung eines „Familienerbstücks". Mag es noch so ein alter Kasten sein – war es etwa die elterliche Wohnung, in der man groß geworden ist, hat man, ob man will oder nicht, eine besondere emotionale Bindung, fühlt man eine besondere Verpflichtung, sich der Wohnung anzunehmen und sogar finanzielle Belastungen auf sich zu nehmen.

Entscheidungen in Immobilienangelegenheiten sind zu kostspielig, um sie aus einer Augenblickslaune oder aus dem Bauch heraus zu treffen. Aber die Entscheidung für oder gegen eine selbstgenutzte Immobilie wird niemals frei von Emotionen sein. Schließlich will man in dieser Wohnung wohnen und vielleicht auch arbeiten – und zum Leben gehören Gefühle ebenso wie der Verstand. Mag der Verstand auch die Entscheidung für oder gegen eine Immobilie bestimmen, wenn man sich in einer Wohnung nicht wohlfühlt, kann der Verstand das Unbehagen nicht schöndenken. Manchmal kann es durchaus nützlich sein,

Steuersätze bei Erbschaft und Schenkung

Steuersatz bei einem Vermögen von:			
Euro	Steuerklasse I	Steuerklasse II	Steuerklasse III
bis 75 000	7 %	15 %	30 %
bis 300 000	11 %	20 %	
bis 600 000	15 %	25 %	
bis 6 000 000	19 %	30 %	
bis 13 000 000	23 %	35 %	50 %
bis 26 000 000	27 %	40 %	
ab 26 000 000	30 %	43 %	

Entscheidungen in Immobilienangelegenheiten sind zu kostspielig, um sie aus einer Augenblickslaune oder aus dem Bauch heraus zu treffen.

dem sogenannten Bauchgefühl zu vertrauen – vor allem dann, wenn es rät, den Verstand kritisch zu schärfen. Gefühl und Verstand haben beim Erwerb einer gebrauchten Wohnung immer nebeneinander ihren Platz. Gut ist es, wenn sie nicht gegeneinander antreten, sondern miteinander arbeiten. Mit anderen Worten: Die Vernunft erwirbt eine Immobilie, das Gefühl kauft eine Wohnung.

Was geschieht im finanziellen Härtefall?

Viele Menschen, die sich gern Immobilieneigentum für eigene Wohnzwecke anschaffen würden, treibt die Sorge um, was „im Fall der Fälle" mit ihrer Wohnung geschehen würde.

Die Sorge ist berechtigt. Die Zeiten selbstverständlicher Dauerarbeitsverhältnisse sind für viele Branchen Geschichte. Selbst wenn Beschäftigungsverhältnisse nicht im ausdrücklichen Sinn als prekär gelten, sind sie doch unsicherer geworden. Wer in die Situation kommt, anstelle seines Erwerbseinkommens Arbeitslosengeld II (genannt: Hartz IV), Sozial-

geld, Sozialhilfe oder Leistungen der Grundsicherung zu beziehen, muss seine Vermögensverhältnisse offenlegen, denn Anspruch auf staatliche Sozialleistungen hat nicht, wer über Vermögenswerte verfügt, von denen er seinen Lebensunterhalt bestreiten kann. Daraus ergibt sich die Frage, ob eine eigengenutzte Eigentumswohnung zum anrechenbaren Vermögen zählt.

Zur Beruhigung: Ein selbstgenutztes Hausgrundstück von angemessener Größe oder eine angemessene Eigentumswohnung sind für Bezieher von ALG II nicht als „Vermögen" anzurechnen. Der Staat denkt hier ganz pragmatisch: Günstiger, als den ALG-II-Bezieher zum Verkauf seiner Wohnimmobilie zu zwingen und ihm dann doch jahrelang Wohnkostenzuschüsse zu zahlen, fährt er offenbar damit, den ALG-Bezieher mietfrei in der Immobilie wohnen zu lassen, die ihm gehört.

Natürlich gibt es auch hier Grenzen des „Angemessenen". Das Bundessozialgericht hat in einer Grundsatzentscheidung für eine vierköpfige Familie eine Wohnfläche von 120 qm als angemessen betrachtet. Für jede Person weniger, die im Haushalt lebt, wären 20 qm abzuziehen. Ein Ehepaar hätte demnach 80 qm in der eigenen Immobilie als angemessen zu beanspruchen. Der gleiche Wert gilt auch für eine alleinstehende Person. Auch für die Grundstücksgröße eines Hauses gibt es einen Richtwert: 500 qm in städtischen Gebieten und 800 qm in ländlichen Gebieten gelten als angemessen. Im Einzelfall, namentlich in Grenzbereichen, sind Abweichungen hinsichtlich der Quadratmeterzahl tolerierbar.

Es gibt aber auch Fälle, in denen die Sozialbehörde auf der Veräußerung des eigenen Vermögens bestehen kann: Vermietete Wohnungen, Zweitwohnungen oder Ferienwohnungen sind nicht geschützt und gelten als anrechenbares Vermögen. Auch die bloße Absicht, eine selbstgenutzte Wohnimmobilie zu errichten, genießt keinen Vermögensschutz. Ein unbebautes Grundstück wird demzufolge als Vermögen angerechnet, ebenso ein Geldvermögen, das zum Zweck der späteren Immobilienfinanzierung angespart worden ist. Das Haus oder die Wohnung muss also schon vorhanden sein.

Auch von dieser Ausnahme gibt es Ausnahmen. Die erste betrifft Hausgrundstücke oder Eigentumswohnungen, die für die Unterbringung behinderter oder pflegebedürftiger Menschen bestimmt sind: Dieser Zweck wäre durch eine Verwertung des Vermögens gefährdet.

Das Gleiche gilt, wenn ein bereits vorhandenes Haus oder eine Eigentumswohnung in einen behindertengerechten oder der Pflegebedürftigkeit angemessenen Zustand versetzt werden soll, zum Beispiel durch Umbau oder Ausbau.

Zwei weitere Ausnahmeregelungen betreffen Härtefalle und den Tatbestand der Unwirtschaftlichkeit. Als unwirtschaftlich gilt eine Verwertung von Immobilienvermögen, wenn bei einer Veräußerung voraussichtlich nur wesentlich weniger als der Verkehrswert erzielt werden kann. Als „wesentlich weniger" gilt bereits ein erwarteter Verkaufserlös, der 10 Prozent unter dem Verkehrswert liegt.

Ob eine besondere Härte angenommen werden kann, hängt von der Prüfung des jeweiligen Einzelfalls ab. Die Maßstäbe für Ausnahmeregelungen wegen besonderer Härte sind aber sehr streng.

SERVICE

GLOSSAR

A

ABGESCHLOSSENHEITSBESCHEINIGUNG Bescheinigung der Baubehörde, dass die Wohnungen oder die nicht zu Wohnzwecken dienenden Räume in sich abgeschlossen sind. Die Vorlage beim Grundbuchamt ist formelle Voraussetzung für die Eintragung von Wohnungs- oder Teileigentum ins Grundbuch. Die Wohnungen müssen einen eigenen abschließbaren Zugang sowie WC, Wasserversorgung und Ausguss haben. Garagenstellplätze gelten als abgeschlossen, wenn ihre Flächen durch dauerhafte Markierungen ersichtlich sind.

ABRECHNUNGSSPITZE Nachzahlung oder Guthaben des einzelnen Wohnungseigentümers für das abgelaufene Wirtschaftsjahr. Die Berechnung erfolgt durch die Gegenüberstellung der für diese Einheit tatsächlich angefallenen Bewirtschaftungskosten und den Soll-Vorauszahlungen gemäß des Wirtschaftsplans für dieses Wirtschaftsjahr.

ANNUITÄT Jährlich gleich bleibende Zahlung für Zins und Tilgung bei Darlehen, wobei der Tilgungsanteil in dem Maße steigt, wie der Zinsanteil infolge sinkender Restschulden sinkt. Fast immer wird die Annuität in Form von monatlichen oder vierteljährlichen Zins- und Tilgungsraten erhoben (unterjährige Zahlung). Bei monatlicher Zahlungsweise beträgt die Rate dann ein Zwölftel der Annuität.

ANNUITÄTENDARLEHEN Darlehen, für die während der vereinbarten Zinsbindung gleichbleibend hohe Raten aus Zins und Tilgung zu zahlen sind. Da die Restschuld durch die Tilgung abnimmt, sinkt der Zinsanteil der Rate mit zunehmender Laufzeit, während der Tilgungsanteil steigt.

ANSCHAFFUNG Kauf einer Immobilie, also entgeltlicher Erwerb im Gegensatz zur reinen Erbschaft oder Schenkung. Als Anschaffungszeitpunkt gilt steuerlich der Tag des wirtschaftlichen Eigentumsübergangs (Übergang von Besitz, Nutzung, Lasten und Gefahr) laut notariell beurkundetem Kaufvertrag.

ANSCHAFFUNGSKOSTEN Kosten beim Kauf einer Immobilie. Zu den Anschaffungskosten zählen der Kaufpreis einschließlich der mit der Anschaffung zusammenhängenden Kaufnebenkosten wie Grunderwerbsteuer, Notar- und Grundbuchgebühren für die Beurkundung des Kaufvertrags und die Eigentumsumschreibung im Grundbuch sowie eventuelle Maklerprovision. Die Kredit- beziehungsweise Finanzierungsnebenkosten (Gebühren für Grundschuldbestellung und -eintragung sowie evtl. Bereitstellungszinsen und Wertschätzungsgebühren) zählen nicht zu den Anschaffungskosten der Immobilie.

ANSCHLUSSFINANZIERUNG Finanzierung im Anschluss an das Auslaufen der Zinsbindung für ein Annuitätendarlehen. Die Anschlussfinanzierung kann sich wiederholen, wenn die Darlehensschuld am Ende der Laufzeit des Anschlusskredits noch nicht vollständig getilgt ist. Mit speziellen Forwarddarlehen kann man sich schon vor Ablauf der Zinsbindung gegen einen Zinsaufschlag einen günstigen Kreditzins für den Anschlusskredit sichern.

ARBEITNEHMERSPARZULAGE Zulage bei Abschluss eines Bausparvertrags für Arbeitnehmer, die ein zu versteuerndes Jahreseinkommen von maximal 17 900 Euro (Alleinstehende) beziehungsweise 35 800 Euro (Ehepaare) haben und eine vermögenswirksame Leistung bis zu 470 Euro pro Jahr auf einen Bausparvertrag einzahlen beziehungsweise 940 Euro, wenn beide Ehegatten Arbeitnehmer sind. Die Arbeitnehmersparzulage beträgt maximal 42,30 Euro pro Jahr beziehungsweise 84,60 Euro für beide Arbeitnehmer-Ehegatten.

ARBEITSZIMMER Zimmer eines Arbeitnehmers, Unternehmers oder Vermieters im eigenen Haus oder in der Mietwohnung, das ausschließlich für berufliche, betriebliche oder Vermietungszwecke genutzt wird. Die anteiligen Kosten des Arbeitszimmers sind steuerlich nur dann voll unter Werbungskosten oder Betriebsausgaben abzugsfähig, wenn das Arbeitszimmer den Mittelpunkt der gesamten beruflichen, betrieblichen oder Vermietungstätigkeit bildet. In den übrigen Fällen bleibt die Abzugsfähigkeit auf 1 250 Euro pro Jahr beschränkt.

AUFTEILUNGSPLAN Bauzeichnung, in der bestimmte Räume (Wohnung) beispielsweise einschließlich der dazu gehörenden Kellerräume als Sondereigentum bezeichnet und mit einer Nummer versehen sind. Aus dem Aufteilungsplan, der mit Unterschrift und Stempel der zuständigen Behörde versehen ist, ergeben sich Lage und Größe der im Sonder- beziehungsweise Wohnungseigentum und im Gemeinschaftseigentum stehenden Gebäudeteile.

AUFLASSUNG Einigung zwischen Verkäufer und Käufer über die Eigentumsübertragung bei Immobilien (gemäß § 925 BGB). Die Auflassung ist von der notariellen Beurkundung des Grundstückskaufvertrags gemäß § 313 BGB zu unterscheiden. Nach § 873 BGB geht das Eigentum an einem Grundstück erst durch Einigung (Auflassung) und Eigentumsumschreibung im Grundbuch über.

AUFLASSUNGSVORMERKUNG Vormerkung in der II. Abteilung des Grundbuchs zur Sicherung des schuldrechtlichen Anspruchs des Käufers auf Eigentumsübertragung bei Immobilien (auch Eigentumsvormerkung genannt). Oft dauert es nach Abschluss des Kaufvertrags eine Weile, bis der Käufer als neuer Eigentümer in das Grundbuch eingetragen wird. Eine Auflassungsvormerkung im Grundbuch schützt ihn davor, dass der bisherige Eigentümer das Grundstück an jemand anderen verkauft. In der Praxis kann ein mit einer Auflassungsvormerkung belastetes Grundstück weder an Dritte verkauft noch beliehen werden.

AUSZUG DES MIETERS Übergabe der Wohnung sowie aller Schlüssel an den Vermieter. Dem Auszug des Mieters geht regelmäßig die fristgemäße oder fristlose Kündigung voraus. Beim Auszug sollte der Vermieter auf einem Schlussabnahmeprotokoll bestehen, um eventuelle Ansprüche mit der Mietkaution zu verrechnen.

B

BAUGEMEINSCHAFT Freiwilliger Zusammenschluss von Bauherren zur Planung, Errichtung oder zum Umbau einer Wohnanlage, eines Mehrfamilienhauses oder einer anderen Immobilie; auch Bauherrengemeinschaft oder Baugruppe genannt.

BAUKOSTEN Kosten für den Bau eines Hauses oder einer Wohnung. Die Baukosten bestehen aus den reinen Baukosten, den Baunebenkosten und den Kosten für Außenanlagen. Die reinen Baukosten werden aus der Multiplikation des umbauten Raumes (in cbm) oder der Wohnfläche (in qm) mit den Kubik- oder Quadratmeterpreisen berechnet. Dabei teilen sich die reinen Baukosten etwa je zur Hälfte auf Kosten für den Rohbau und Kosten für den Ausbau auf.

BAULICHE VERÄNDERUNG Maßnahmen, die über die ordnungsgemäße Instandhaltung und -setzung des Gemeinschaftseigentums hinausgehen. Eine bauliche Veränderung bedarf der Zustimmung durch die Wohnungseigentümer, die durch die Maßnahme über das normale Maß hinaus beeinträchtigt werden.

BAUSPARDARLEHEN Annuitätendarlehen der Bausparkasse, das nach Erfüllung von bestimmten Voraussetzungen wie Mindestsparguthaben und Erreichen der Zielbewertungszahl zugeteilt wird. Die Höhe des Bauspardarlehens ergibt sich aus der Differenz zwischen erreichtem Bausparguthaben und abgeschlossener Bausparsumme oder ist als Prozentsatz der Bausparsumme festgelegt. Mitunter hängt sie auch von den erzielten Zinsen und der Höhe des Tilgungsbeitrags ab. Der Zinssatz für das Bauspardarlehen beträgt meist 2 bis 2,5 Prozentpunkte über dem Guthabenzins, die Laufzeit beträgt in der Regel sieben bis elf Jahre. Bauspardarlehen dürfen nur für wohnungswirtschaftliche Zwecke eingesetzt werden, also vor allem zum Bau, Kauf oder zur Modernisierung von Häusern und Wohnungen, zum Erwerb von Bauland oder zur Ablösung von Altschulden.

BAUSPARSOFORTFINANZIERUNG Abschluss eines tilgungsfreien Darlehens zur Vorfinanzierung eines neu abgeschlossenen Bausparvertrags (Vorausdarlehen). Bis zur Zuteilung des Vertrags zahlt der Bausparer Zinsen für das Vorausdarlehen und die Sparraten für den Bausparvertrag. Mit der Zuteilung löst er das Vorausdarlehen mit der Bausparsumme (Guthaben und Bauspardarlehen) ab.

BAUSPARSUMME Betrag, über den ein Bausparvertrag abgeschlossen wird. Von der Höhe der Bausparsumme hängen die Abschlussgebühr, das Mindestsparguthaben, die Höhe des Bauspardarlehens und der Tilgungsbeitrag ab. Die Bausparsumme wird ausgezahlt, wenn der Vertrag die Voraussetzungen für die Zuteilung (Mindestsparguthaben und Zielbewertungszahl) erfüllt.

BAUSPARVERTRAG Vertrag mit einer Bausparkasse, mit dem ein Bausparguthaben angesammelt werden kann inklusive Zinsen, eventuell Wohnungsbauprämie und Arbeitnehmersparzulage. Nach Ablauf der Sperrfrist von sieben Jahren kann der Bausparer über das Guthaben frei verfügen. Nach Zuteilung des Bausparvertrags kann die gesamte Bausparsumme, bestehend aus Mindestsparguthaben und Bauspardarlehen für wohnungswirtschaftliche Zwecke verwendet werden, also für Bau, Kauf oder Modernisierung einer Immobilie.

BAUWERT Herstellungswert des Gebäudes, aller sonstigen baulichen Anlagen und Außenanlagen inklusive der Baunebenkosten unter Berücksichtigung der technischen und wirtschaftlichen Wertminderung sowie sonstiger wertbeeinflussender Umstände (auch Zeitbauwert genannt). Typischerweise wird der umbaute Raum in Kubikmetern mit dem Raummeterpreis multipliziert. Bauwert und Bodenwert ergeben zusammen den Sachwert einer Immobilie, der Grundlage für die Ermittlung des Verkehrswerts durch Gutachter ist.

BELASTUNG AUS KAPITALDIENST Ausgaben des Darlehensnehmers für Zinsen und Tilgung beziehungsweise Tilgungsersatz. Zusätzlich zur Belastung aus Kapital- beziehungsweise Schuldendienst muss der Selbstnutzer einer Eigentumswohnung die Belastung aus Bewirtschaftung tragen. Belastung aus Kapitaldienst und Bewirtschaftung zusammen ergeben die Bruttobelastung des Selbstnutzers.

BELASTUNG AUS BEWIRTSCHAFTUNG Laufende Belastung des Eigentümers für Betriebs-, Instandhaltungs- und Bewirtschaftungskosten. Umlagefähig auf Mieter sind bei Vermietung der Eigentumswohnung nur die laufenden Betriebskosten.

BELASTUNGSQUOTE Monatliche Belastung aus Kapitaldienst in Prozent des monatlichen Nettoeinkommens. Diese Kennziffer, die bei selbstgenutzten Eigentumswohnungen auf keinen Fall über 50 Prozent betragen sollte, zeigt neben der Eigenkapitalquote die finanziellen Grenzen für potenzielle Selbstnutzer von Wohnimmobilien auf.

BELEIHUNGSAUSLAUF Höhe des Darlehens in Prozent des Beleihungswerts. Je höher der Beleihungsauslauf, desto teurer wird der Kredit.

BELEIHUNGSGRENZE Teil des Beleihungswerts, bis zu dem eine Immobilie beliehen werden kann. Als Grenze für den Realkredit (erstrangige Darlehen, 1a-Hypothek) werden bei Banken üblicherweise 60 beziehungsweise 80 Prozent des Beleihungswerts angesetzt. Die Beleihungsgrenze soll sicherstellen, dass die Bank im Falle des freihändigen Verkaufs oder der Zwangsversteigerung keinen Verlust erleidet. Die günstigsten Zinskonditionen gelten meist nur für eine Beleihungsgrenze von 60 Prozent des Beleihungswerts.

BELEIHUNGSWERT Wert, der vom Kreditgeber für Beleihungszwecke festgesetzt wird. Der Beleihungswert liegt bei Immobilien in der Regel 10 Prozent unter dem Kaufpreis beziehungsweise den Gesamtkosten. Der Beleihungswert soll ein dauerhaft erzielbarer Wert sein, der bei einem späteren freihändigen Verkauf unter normalen Umständen jederzeit erzielt werden kann. Der Beleihungswert wird bei selbstgenutzten Immobilien aus dem Sachwert und bei Mietobjekten meist aus dem Ertragswert der Immobilie ermittelt.

BERFITSTELLUNGSZINSEN Zinsen, die ein Kreditinstitut für einen bereitgestellten, aber vom Kreditnehmer noch nicht abgerufenen Kredit verlangt. Häufig berechnen Kreditinstitute ab dem dritten Monat nach der Darlehenszusage 0,25 Prozent Zinsen pro Monat auf den noch nicht ausgezahlten Teil des Gesamtkredits, andere erst nach dem sechsten Monat oder sogar erst nach einem Jahr.

BESCHLUSSSAMMLUNG Diese Sammlung der Hausverwaltung umfasst alle nach dem 1.7.2007 verkündeten Beschlüsse, gerichtliche Entscheidungen und Anmerkungen über die Anfechtung oder Aufhebung von Beschlüssen. Die Beschlüsse sind fortlaufend einzutragen und zu nummerieren. In die vom Hausverwalter geführte Beschlusssammlung haben nicht nur die Wohnungseigentümer ein Einsichtsrecht, sondern auch Kaufinteressenten.

BETRIEBSKOSTEN Laufende Kosten, die dem Eigentümer durch den bestimmungsgemäßen Gebrauch einer Immobilie entstehen. Hierzu gehören gemäß Betriebskostenverordnung (BetrKO) insbesondere Grundsteuer, Müllabfuhr, Feuerversicherungsprämie, Kalt- und Abwasserkosten sowie Heiz- und Warmwasserkosten. Im Falle der Vermietung werden die Betriebskosten in der Regel auf den Mieter umgelegt und in Form von monatlichen Vorauszahlungen mit jährlicher Abrechnung erhoben.

BETRIEBSKOSTENABRECHNUNG Jährliche Abrechnung des Vermieters über die angefallenen Betriebskosten. Liegen die tatsächlichen Betriebskosten (auch „Nebenkosten" genannt) über den monatlichen Vorauszahlungen, kommt es zu einer Nachzahlung durch den Mieter. Im umgekehrten Falle erhält der Mieter einen Erstattungsbetrag.

BETRIEBSKOSTENSPIEGEL Bundesweite Übersicht des Deutschen Mieterbunds über die durchschnittliche Höhe der Betriebskosten pro Quadratmeter Wohnfläche und Monat. Der Betriebskostenspiegel weist die einzelnen Kosten (zum Beispiel Heizkosten, Kaltwasserkosten, Grundsteuer) sowie die Summe der Betriebskosten aus und ist ein guter Vergleichsmaßstab zu den tatsächlich mit einen Eigentumswohnung verbundenen Betriebskosten.

BEWIRTSCHAFTUNGSKOSTEN Regelmäßig anfallende Kosten, die zur Bewirtschaftung eines Gebäudes oder einer Eigentumswohnung erforderlich sind. Dazu zählen neben den Betriebskosten auch Verwaltungs- sowie Instandhaltungskosten.

BLOWER-DOOR-TEST Differenzdruck-Messverfahren: Mithilfe eines im Gebäude erzeugten Unterdrucks können Leckagen in der Gebäudehülle erkannt, lokalisiert und gezielt beseitigt werden.

BODENWERT Wert des Grund und Bodens, also des unbebauten Grundstücks. Für die Bewertung durch Gutachter werden Vergleichspreise für Grundstücke gleicher Lage und mit gleichen Eigenschaften herangezogen. Typischerweise geht man von Bodenrichtwerten aus, die als durchschnittliche Lagewerte für den Boden von den örtlichen Gutachterausschüssen aus Kaufpreissammlungen ermittelt und in regelmäßigen, meist jährlichen Abständen bekanntgegeben werden.

BONITÄT Kreditwürdigkeit des Kredit- beziehungsweise Darlehensnehmers, die der Kreditgeber (Bank, Versicherung, Bausparkasse) durch Prüfung der persönlichen und wirtschaftlichen Verhältnisse ermittelt. Bei Privatpersonen wird besonderer Wert gelegt auf die Einkommens- und Vermögensverhältnisse, also auf ein gesichertes Einkommen und auf vorhandenes Eigenkapital. Je besser die Bonität, desto mehr steigt die Verhandlungsmacht des Kreditnehmers bei der Kreditverhandlung mit der Bank und desto günstiger fallen demzufolge die Zinskonditionen aus.

D

DARLEHENSVERTRAG Schriftlicher Vertrag zwischen Darlehensgeber und Darlehensnehmer, der im Angebots- oder Zusageverfahren zustande kommt. Der Darlehensvertrag enthält insbesondere Angaben über die Darlehenshöhe (Darlehens- und Auszahlungssumme), Zinsen (Sollzins und anfänglicher effektiver Jahreszins mit Angabe der Zinsbindungsdauer) sowie die Tilgungskonditionen.

DENA Die Deutsche Energie-Agentur GmbH (dena) ist ein Kompetenzzentrum für Energieeffizienz, erneuerbare Energien und intelligente Energiesysteme. Die dena wurde im Herbst 2000 gegründet. Die Gesellschafter der dena sind die Bundesrepublik Deutschland, die KfW Bankengruppe, die Allianz SE, die Deutsche Bank AG und die DZ BANK AG. Das offizielle Leitbild der dena ist es, Wirtschaftswachstum zu schaffen und Wohlstand zu sichern – mit immer geringerem Energieeinsatz. Dazu muss Energie so effizient, sicher, preiswert und klimaschonend wie möglich erzeugt und verwendet werden – national und international.

DISAGIO Vorweggenommene Zinsen, die bei der Auszahlung in Form eines Abschlags von der Darlehenssumme einbehalten werden (auch Damnum oder Auszahlungsverlust genannt). Das Disagio kann steuerlich seit 1996 nicht mehr bei selbstgenutzten Immobilien abgesetzt werden. Bei der Finanzierung von vermieteten Immobilien sind maximal fünf Prozent Disagio steuerlich abzugsfähig bei einer Zinsbindungsdauer von mindestens fünf Jahren.

E

EFFEKTIVZINS Tatsächliche Verzinsung eines Darlehens unter Berücksichtigung verschiedener Kostenbestandteile wie Sollzins, Disagio, Zinsbindungsdauer und Art der Zins- und Tilgungsverrechnung. In die Berechnung des „anfänglichen effektiven Jahreszinses" nach § 4 der Preisangabeverordnung (PAngV) gehen die Kreditnebenkosten wie Wertschätzungsgebühren oder Bereitstellungszinsen nicht ein.
Kreditinstitute sind nach der Preisangabeverordnung verpflichtet, bei Kreditangeboten und im Darlehensvertrag den effektiven Jahreszins anzugeben. Der Effektivzins gibt die tatsächlichen Kosten, den „Preis" eines Kredits, an. Der Effektivzins ist der beste Maßstab, Kreditangebote mit gleicher Zinsbindung zu vergleichen.

EIGENBEDARFSKÜNDIGUNG Fristgemäße Kündigung eines bestehenden Mietverhältnisses durch den Vermieter wegen Eigenbedarfs unter den Voraussetzungen nach § 574 BGB. Der Vermieter kann kündigen, wenn er oder seine Familienangehörigen (zum Beispiel Eltern, Kinder oder Geschwister) die Wohnung selbst nutzen will. Es müssen vernünftige und nachvollziehbare Gründe dafür vorliegen. Eine vorgeschobene Eigenbedarfskündigung, um einen lästigen Mieter loszuwerden, ist nicht zulässig. Das Gericht kann dann die Eigenbedarfsklage als unbegründet zurückweisen.

EIGENHEIM Wohnimmobilie (zum Beispiel Einfamilienhaus, Eigentumswohnung), die vom Eigentümer selbstgenutzt wird. Nach dem II. Wohnungsbaugesetz ist unter einem Eigenheim ein Wohngebäude mit nicht mehr als zwei Wohnungen zu verstehen, von denen eine zum Bewohnen durch den Eigentümer oder seine Angehörigen bestimmt ist.

EIGENHEIMFINANZIERUNG Finanzierung eines selbstbewohnten Einfamilienhauses, einer selbstgenutzten Eigentumswohnung oder einer selbstgenutzten Wohnung in einem Mehrfamilienhaus.

EIGENHEIMRENTE Bezeichnung für die Wohn-Riester-Rente bei der Finanzierung von Eigenheimen. Diese Eigenheimrente muss ab Rentenbeginn nachgelagert besteuert werden, da die Riester-Sparbeiträge mit Zulagen und zusätzlichen Steuerersparnissen gefördert werden.

EIGENKAPITAL Kapital, das aus eigenen finanziellen Mitteln aufgebracht wird (zum Beispiel Bank- und Bausparguthaben, Wertpapierguthaben, Wert des eigenen Grundstücks).

EIGENKAPITALERSATZMITTEL Selbsthilfe (auch Eigenleistung oder „Muskelhypothek" genannt) sowie Fremdmittel, die nicht von Banken oder anderen Finanzierungsinstituten gewährt werden (zum Beispiel Verwandten-darlehen, Arbeitgeberdarlehen, Landesmittel als öffentliche Baudarlehen und Familienzu-satzdarlehen).

EIGENKAPITALQUOTE Eigenkapital in Prozent der Gesamtkosten. Bei der Finanzierung von Eigenheimen sollte die Eigenkapitalquote in der Regel mindestens 20 Prozent betragen. Zum Eigenkapital zählen das reine Eigenkapi-tal sowie Eigenkapitalersatzmittel (zum Bei-spiel Verwandtendarlehen, Selbsthilfe). Die Gesamtkosten sind mit den Investitionskos-ten für die Immobilie identisch.

EIGENTÜMER Wirtschaftlich erwirbt der Bau-herr oder Käufer einer Immobilie Eigentum mit der Abnahme oder dem im Kaufvertrag vereinbarten Eigentumsübergang (Übergang von Nutzen und Lasten). Erst mit Eintragung im Grundbuch wird der Bauherr oder Käufer auch rechtlicher Eigentümer.

EIGENTUMSWOHNUNG Wohnungseigentum nach dem Wohnungseigentumsgesetz (WEG). Wohnungseigentum ist „Sonderei-gentum" des Selbstnutzers oder Vermieters, das untrennbar mit einem Miteigentum am „Gemeinschaftseigentum" eines aufgeteilten Hauses verbunden ist. Die Aufteilung kann sowohl vor dem Bau eines Hauses als auch danach vorgenommen werden und wird dann in dem Aufteilungsplan und der Tei-lungserklärung schriftlich fixiert.

EINZELABRECHNUNG Jahresabrechnung des Hausverwalters über eine einzelne Eigen-tumswohnung, die sämtliche Bewirtschaf-tungskosten aufführt und diese gemäß den gültigen Kostenverteilungsschlüsseln für die Gemeinschaft auf die einzelnen Sonder-eigentumseinheiten umlegt.

ENERGIEAUSWEIS Ausweis über den tatsäch-lichen Energieverbrauch des Haus- bezie-hungsweise Wohnungsnutzers (Verbrauchs-ausweis) oder den geschätzten Energiebe-darf (Bedarfsausweis). Beim Verbrauchaus-weis wird der durchschnittliche Verbrauch von Energie in den letzten drei Jahren er-rechnet und dann anhand einer Skala mit einer Grün-, Gelb- oder Rotmarkierung ver-sehen, um einen geringen, mittleren oder hohen Energieverbrauch anzuzeigen. Der Bedarfsausweis wird aufgrund eines Gut-achtens erstellt, wobei der Gutachter den Energiebedarf auf Basis der verwendeten Baumaterialien, des Hauszustands und der Größe von Haus oder Wohnung ermittelt.

ENERGIEBERATER Berater bei geplanten Maß-nahmen für eine energetische Sanierung des Gebäudes beziehungsweise der Eigentums-wohnanlage. Qualifizierte und zertifizierte Energieberater sind in der Dena-Liste zu fin-den.

ENERGIEEINSPARUNG Einsparung von Heiz-, Wasser- und Stromkosten. Heiz- und Warm-wasserkosten werden zum Beispiel durch Einbau einer neuen Heizung, Dämmung des Gebäudes (Dach, Keller und Außenwän-de) oder den Einbau neuer Fenster einge-spart.

ENERGIEGESETZE Gesetze beziehungsweise Verordnungen zur energetischen Sanierung, insbesondere die Energieeinsparverordnung (EnEV) und das Erneuerbare-Energie-Gesetz (EEG)

ENERGIESPARFÖRDERUNG Förderung des Einsparens von Energie bei Immobilien ins-besondere durch zinsgünstige Darlehen und Zuschüsse der staatlichen Kreditanstalt für Wiederaufbau (KfW)

ERHALTUNGSAUFWAND Steuerlich abzugs-fähiger Aufwand für die Erhaltung von Ge-bäuden. Hierzu zählen vor allem Aufwendun-gen für die laufende Instandhaltung, also die tatsächlichen Instandhaltungskosten ohne die Instandhaltungsrücklage.

ENTWICKLUNG DER INSTANDHALTUNGS-RÜCKSTELLUNG Darstellung des Vergleichs der Soll- und Ist-Entwicklung der Instand-haltungsrückstellung. Abweichungen sind Folgen von offenen Hausgeldzahlungen ein-zelner Miteigentümer.

ERHALTUNGSMASSNAHMEN Oberbegriff für Instandhaltungs- und Instandsetzungsmaß-nahmen aus dem Mietrecht

ERSTFINANZIERUNG Erstmalige Finanzierung von Bau oder Kauf einer Immobilie. Läuft die erste Zinsbindungsfrist aus, kommt es zur Anschlussfinanzierung, sofern die Rest-schuld nicht auf einen Schlag zurückgezahlt wird.

ERTRAGSWERT Summe von Bodenwert und Gebäudeertragswert bei der Wertermittlung von Gebäuden. Das Ertragswertverfahren wenden Gutachter meist nur bei vermieteten Immobilien an. Dabei wird der Gebäudeertragswert durch Kapitalisierung des nachhaltig erzielbaren Jahresreinertrags ermittelt.

F

FESTDARLEHEN Feste Darlehenssumme, die erst am Ende der Laufzeit fällig wird (auch Festbetrags- oder Fälligkeitsdarlehen genannt). Da während der Laufzeit des Darlehens nur Zinsen gezahlt werden, wird die Tilgung ersetzt durch den Abschluss einer Kapitallebensversicherung oder einen Bausparvertrag. Die endfällige Tilgung beim Kombinationsmodell Festdarlehen/Kapitallebensversicherung erfolgt auf einen Schlag am Ende der Versicherungslaufzeit, sofern die tatsächliche Ablaufleistung mit der Darlehenssumme übereinstimmt.

FESTZINS Zins, der für einen vereinbarten Zeitraum (Zinsbindungsfrist) oder für die gesamte Laufzeit eines Darlehens vertraglich fest geschrieben ist. Üblich sind Zinsbindungsfristen von 5, 10, 15 oder 20 Jahren. Ist die Zinsbindungsfrist länger als zehn Jahre, kann der Darlehensschuldner nach Ablauf von zehn Jahren unter Einhaltung einer Kündigungsfrist von sechs Monaten kündigen.

FINANZIERUNGSKOSTEN Kosten, die im Zusammenhang mit der Aufnahme des Fremdkapitals stehen. Dazu zählen vor allem die laufenden Schuldzinsen sowie die Kreditnebenkosten.

FINANZIERUNGSPLAN Plan, der Auskunft gibt über die Art und Weise der Geldbeschaffung für Bau, Kauf oder Modernisierung einer Immobilie. Im Finanzierungsplan sind die Mittel auszuweisen, die zur Deckung der Gesamtkosten dienen (Finanzierungsmittel), und zwar sowohl das Eigenkapital als auch das Fremdkapital. Sinnvollerweise sollte der Finanzierungsplan mindestens bis zum Ende der vereinbarten Zinsbindungsfrist gehen.

FORWARD-DARLEHEN Besondere Form der Anschlussfinanzierung, bei der bereits bis zu fünf Jahre vor Ablauf der Zinsbindungsfrist ein neues Darlehen aufgenommen wird (forward, engl. vorwärts). Hierfür berechnen die Banken Zinsaufschläge, die umso höher ausfallen, je länger die Zinsbindung noch läuft. Ein Forward-Darlehen lohnt sich in Tiefzinsphasen und in der Erwartung steigender Zinsen in der Zukunft.

FREMDKAPITAL Kapital, das aus Fremdmitteln aufgebracht wird. Die Kapital-, Darlehensbeziehungsweise Kreditgeber sind Gläubiger, bei Immobilien sind dies Geldinstitute (Banken, Sparkassen, Bausparkassen, Versicherungen) oder andere Stellen (Bund, Länder, Gemeinden, Arbeitgeber, Verwandte, Bekannte). Im Gegensatz zum Eigenkapital muss das Fremdkapital zurückgezahlt werden und zumindest bei Fremdmitteln der Geldinstitute auch verzinst.

FREMDKAPITALQUOTE Fremdkapital (Hypothekendarlehen, sonstige Kredite) in Prozent der Gesamtkosten. Das Verhältnis von Fremdkapital zu Eigenkapital wird auch Verschuldungsgrad genannt. Bei einer selbstgenutzten Eigentumswohnung sollte die Fremdkapitalquote und damit der Verschuldungsgrad deutlich geringer sein als bei einer vermieteten Eigentumswohnung.

G

GEMEINSCHAFTSEIGENTUM Gemeinschaftliches Eigentum ist alles, was nicht Sonder- oder Teileigentum ist. Typischerweise zählen zum Gemeinschaftseigentum das Grundstück sowie die tragenden Gebäudeteile wie Dach, Keller und Außenwände, außerdem Treppenhaus, Aufzug und Heizungsanlage.

GEMEINSCHAFTSORDNUNG Gebrauchsregeln für die Wohnungseigentümer einer Gemeinschaft untereinander. Die Gemeinschaftsordnung ist der Teilungserklärung meist als Anlage beigefügt.

GESAMTBELASTUNG Belastung aus Bewirtschaftung und Kapitaldienst, also sowohl für Betriebs-, Instandhaltungs- und Verwaltungskosten als auch für Zins und Tilgung eines Hypothekendarlehens.

GESAMTKOSTEN Gesamte Kosten für den Bau oder Kauf eines Hauses oder einer Eigentumswohnung (auch Investitionskosten genannt). Beim Bau setzen sich die Gesamtkosten aus den Grundstücks- und Baukosten zusammen, beim Kauf aus dem Kaufpreis des Objekts plus Kaufnebenkosten.

GRUNDBUCH Öffentliches Register über alle Grundstücke, das beim zuständigen Amtsgericht (Grundbuchamt) geführt wird, in Baden-Württemberg beim jeweiligen Notar. Für jedes Grundstück wird ein gesondertes Grundbuchblatt (auch kurz Grundbuch genannt) angelegt. Das Grundbuch besteht aus dem Bestandsverzeichnis und der I. bis III. Abteilung.

GRUNDERWERBSTEUER Beim Kauf eines Grundstücks oder einer Eigentumswohnung wird Grunderwerbsteuer in Höhe von meist 5 Prozent des Kaufpreises fällig. In Bayern und Sachsen sind es noch 3,5 Prozent und in Schleswig-Holstein bereits 6,5 Prozent. Erst wenn die Steuer gezahlt ist, erteilt das Finanzamt eine Unbedenklichkeitsbescheinigung, ohne die der Käufer nicht in das Grundbuch eingetragen wird.

GRUNDPFANDRECHT Zur Sicherung eines Kredits können Grundstücke mit einem Pfandrecht belastet werden. Kommt der Kreditnehmer seinen Verpflichtungen nicht nach, kann der Grundpfandrechtgläubiger das Grundstück zum Beispiel versteigern lassen. Das Grundpfandrecht wird ins Grundbuch eingetragen und wird als Hypothek oder Grundschuld bezeichnet. Lasten mehrere Grundpfandrechte auf einem Grundstück, wird eine Rangfolge festgelegt. Eine erstrangige Hypothek oder Grundschuld bietet dem Kreditgeber die höchstmögliche Sicherheit.

GRUNDSCHULD Das am häufigsten vorkommende Grundpfandrecht, das in der III. Abteilung des Grundbuches eingetragen wird. Die Grundschuld ist eine dingliche Kreditsicherheit, der im Gegensatz zur Hypothek keine konkrete Forderung des Grundschuldgläubigers zugrunde liegen muss. Daher ist auch die Eintragung von Eigentümergrundschulden möglich.

Mit der Tilgung reduziert sich die Schuld gegenüber dem Kreditgeber, die im Grundbuch eingetragene Grundschuld bleibt jedoch unverändert. Sie kann deshalb auch nach der (Teil-)Rückzahlung eines Darlehens für ein neues Darlehen verwendet werden, ohne dass erneut eine Grundschuld bestellt werden muss.

GRUNDSTEUER Laufende Steuer auf Haus- und Grundbesitz, die sich nach dem Einheitswert bemisst, auf den eine Steuermesszahl angewandt wird. Der sich so ergebende Grundsteuermessbetrag wird vom Finanzamt ermittelt und dem Eigentümer mitgeteilt. Die Gemeinde wendet auf diesen Steuermessbetrag den von ihr festgelegten Hebesatz an und setzt die Grundsteuer fest. Der jeweilige Eigentümer muss die Grundsteuer vierteljährlich (15.2., 15.5., 15.8. und 15.11.) an die Gemeinde zahlen. Vermieter können die gezahlte Grundsteuer als Nebenkosten auf die Mieter umlegen.

H

HAUSGELD Geld, das jedes Mitglied einer Gemeinschaft zur Finanzierung seiner anteiligen Kosten an den laufenden Bewirtschaftungskosten zu bezahlen hat (auch Wohngeld genannt). Die genaue Höhe wird per Beschluss über einen Gesamt- und einen Einzelwirtschaftsplan festgelegt. Über die in der Regel monatlich zu leistenden Hausgeldvorauszahlungen rechnet der Hausverwalter jährlich ab. Im Hausgeld sind die umlagefähigen Betriebskosten sowie die nicht umlagefähigen Kosten sowie die Zuführung zur Instandhaltungsrückstellung enthalten.

HAUSHALT Gemeinsam wirtschaftende Gruppen von verwandten oder anderweitig persönlich verbundenen Personen. Auch eine allein wirtschaftende Einzelperson mit eigenem Einkommen kann einen eigenen Haushalt bilden.

HAUSMEISTER Vom Eigentümer oder von der Eigentümergemeinschaft angestellter Hauswart, der sich um den technischen Zustand des Hauses kümmert und notwendige

Arbeiten ausführt. Hausmeisterkosten kann der Vermieter auf den Mieter umlegen.

HAUSORDNUNG Regeln für die Nutzung der gemeinsam zur Verfügung stehenden Einrichtungen (zum Beispiel Waschküche, Garten) und zum Schutz vor gegenseitigen Belästigungen (zum Beispiel Lärm zu bestimmten Tageszeiten). Bei Eigentumswohnanlagen gibt es eine eigene Hausordnung, die typischerweise am Schwarzen Brett aushängt. Diese Hausordnung sollte dem Mietvertrag beigefügt werden. Der Vermieter kann darüber hinaus weitere Regeln mit dem Mieter vereinbaren.

HAUSVERWALTER Von der Eigentümergemeinschaft bestellter Verwalter eines Hauses mit mehreren Eigentumswohnungen. Der Hausverwalter ist im Gegensatz zum Hausmeister für die wirtschaftliche Betreuung des Hauses und insbesondere die Verwaltung des Gemeinschaftseigentums zuständig. Der Hausverwalter beruft mindestens einmal jährlich eine Eigentümerversammlung ein und erstellt die jährliche Abrechnung über die entstandenen Bewirtschaftungskosten (Verwalterabrechnung). Die Vergütung des Hausverwalters liegt meist zwischen jährlich 200 und 300 Euro pro Wohnung.

HEIZKOSTENABRECHNUNG Jährliche Abrechnung über die entstandenen Heiz- und Warmwasserkosten. Dabei müssen sowohl die gesamten Heizkosten als auch die Verteilungsschlüssel genannt werden. Nach der Heizkostenverordnung sollen mindestens 50 Prozent und höchstens 70 Prozent der Heizkosten nach dem Verbrauch umgelegt werden (verbrauchabhängige beziehungsweise variable Heizkosten) und nur der Rest unabhängig vom Verbrauch (verbrauchsunabhängige beziehungsweise fixe Heizkosten).

HERSTELLUNGSAUFWAND Aufwendungen nach Fertigstellung eines Gebäudes, die im Gegensatz zum Erhaltungsaufwand bei der Vermietung einer Eigentumswohnung steuerlich nicht sofort abzugsfähig sind. Herstellungsaufwand liegt vor, wenn etwas Neues, bisher nicht Vorhandenes geschaffen wird.

Ist dies der Fall, kann die zusätzlich anzusetzende Abschreibung bei vermieteten Immobilien unter Werbungskosten abgezogen werden.

HYPOTHEKENDARLEHEN Sammelbegriff für Kredite, die grundpfandrechtlich über eine Grundschuld oder Hypothek gesichert sind.

I

INDEXMIETE Miete, die entsprechend dem Lebenshaltungskostenindex steigt. Bei vermieteten Wohnungen sind Indexmietvereinbarungen seit 1.9.1993 erlaubt und an bestimmte Voraussetzungen wie Ausschluss der ordentlichen Kündigung durch den Vermieter für zehn Jahre gebunden

INDEXREIHEN Für Grundstücke mit vergleichbaren Lage- und Nutzungsverhältnissen können Indexzahlen erhoben werden. Der Index des Ergebungszeitraums kann mit vorausgegangenen Erhebungszeiträumen vergleichen werden. Die so entstandenen Indexreihen sind aussagekräftig besonders für Bodenpreise, Preise für Eigentumswohnungen und Preise für Einfamilienhäuser.

INSTANDHALTUNG Maßnahmen, die geeignet sind, normale und verbrauchsbedingte Abnutzungserscheinungen zu beseitigen oder vor drohenden Schäden zu schützen. Ein Beispiel dafür ist die Vollwartung einer Aufzugsanlage. Die Instandhaltung hat das Ziel, das Objekt in einem für die Nutzung geeigneten Zustand zu erhalten. Instandhaltungsmaßnahmen sind im Gegensatz zur Instandsetzung eher vorbeugender Natur.

INSTANDHALTUNGSKOSTEN Kosten, die während der Nutzungsdauer eines Gebäudes zur Erhaltung des bestimmungsgemäßen Gebrauchs aufgewendet werden müssen, um die durch Abnutzung oder Alterung entstehenden baulichen oder sonstigen Mängel ordnungsgemäß zu beseitigen. Als Instandhaltungsrücklage sind sechs bis zwölf Euro pro Quadratmeter Wohnfläche im Jahr üblich. Bei Eigentumswohnungen wird die Höhe der Instandhaltungsrücklage von der Eigentümerversammlung auf Vorschlag des Hausverwalters festgelegt. Vermieter können die tatsächlich entstandenen Instandhaltungskosten (nicht die Zuführung zur Instandhaltungsrücklage) steuerlich als Erhaltungsaufwand und damit unter Werbungskosten absetzen.

INSTANDHALTUNGSRÜCKLAGE Rückstellung beziehungsweise Rücklage für Instandhaltungen. Die Höhe der jährlichen Rücklagenbildung bei Eigentumswohnanlagen wird von der Eigentümerversammlung auf Vorschlag des Hausverwalters beschlossen. Als Orientierung dienen oft die Erfahrungssätze nach der II. Berechnungsverordnung. Nicht die gebildete Instandhaltungsrücklage kann der Vermieter steuerlich unter Werbungskosten absetzen, sondern nur die jeweils aufgelöste Instandhaltungsrücklage beziehungsweise die tatsächlich entstandenen Instandhaltungskosten.

INSTANDSETZUNG Behebung von baulichen Mängeln, um den zum bestimmungsgemäßen Gebrauch geeigneten Zustand wiederherzustellen. Instandsetzungsmaßnahmen sind von der laufenden Instandhaltung, die lediglich den Zustand erhalten will, zu unterscheiden. Oft ist aber eine unterlassene regelmäßige Instandhaltung die Ursache für unregelmäßig auftretende Instandsetzungsarbeiten.

INVESTITIONSKOSTEN Gesamtkosten einer Investition. Beim Neubau sind dies die gesamten Grundstücks- und Baukosten einschließlich Bau- und Finanzierungsnebenkosten, beim Kauf der Kaufpreis einschließlich der Kauf- und Finanzierungsnebenkosten.

J

JAHRESABRECHNUNG Jährliche Abrechnung des Hausverwalters, die mehrere Teile umfasst: Die Gesamtdarstellung aller Einnahmen und Ausgaben, die Einzelabrechnungen, die Entwicklung der Instandhaltungsrückstellung und sonstige Anlagen wie die Einzelabrechnung über die Heizkosten.

JAHRESNETTOKALTMIETE Jährliche Grundmiete ohne laufende Bewirtschaftungskosten (auch als Jahresrohertrag bezeichnet). Ausgehend von der Jahresbruttomiete müssen die auf den Mieter umgelegten Betriebskosten abgezogen werden, um die Jahresnettokaltmiete zu erhalten.

JAHRESREINERTRAG Jahresnettokaltmiete minus nicht auf den Mieter umgelegte Bewirtschaftungskosten. Da bei vermieteten Wohnungen typischerweise alle laufenden Betriebskosten umgelegt werden, kann der Jahresreinertrag auch wie folgt ermittelt werden: Jahresnettokaltmiete minus nicht umlagefähige Verwaltungs- und Instandhaltungskosten.

K

KAPITALDIENST Laufende Ausgaben aus Zins und Tilgung zur Bedienung der Darlehen beziehungsweise Schulden (daher auch als Schuldendienst bezeichnet). Die monatliche Belastung aus Kapitaldienst wird auch monatliche Darlehensrate genannt.

KAPITALLEBENSVERSICHERUNG Kombination aus langfristigem Sparvertrag und Risikolebensversicherung. Stirbt der Versicherte während der Vertragslaufzeit, zahlt die Versicherung die Versicherungssumme und die angesammelten Überschüsse an die Hinterbliebenen aus. Im Erlebensfall erhält der Versicherte am Ende der Vertragslaufzeit die Ablaufleistung ausgezahlt. Kapitallebensversicherungen können zur indirekten beziehungsweise endfälligen Tilgung eines Hypothekendarlehens verwendet werden. Ein tilgungsfreies Darlehen wird dann mit einer fälligen Lebensversicherung auf einen Schlag getilgt. Die Lebensversicherung dient in erster Linie dazu, das für die Rückzahlung erforderliche Kapital anzusparen. Nur ein kleiner Teil der Prämie wird für Absicherung der Hinterbliebenen im Todesfall benötigt.

KAPPUNGSGRENZE Grenze, bis zu der die Miete bei vermieteten Wohnungen im Bestand nach dem förmlichen Vergleichsmietenverfahren erhöht werden kann. Bei bestehenden Mietverhältnissen über Wohnungen gilt seit 1.9.2011 eine Kappungsgrenze von 20 Prozent. Das heißt: Mieten können bei Bestandswohnungen innerhalb von drei

Jahren nur bis zu 20 Prozent erhöht werden, maximal bis zur ortsüblichen Vergleichsmiete. Seit 1.5.2013 ist die Kappungsgrenze in Gebieten mit erhöhtem Wohnungsmangel auf 15 Prozent begrenzt worden.

KAUFNEBENKOSTEN Kosten, die mit dem Kauf einer Immobilie im Zusammenhang stehen und steuerlich zu den Anschaffungskosten zählen. Kaufnebenkosten sind beispielsweise: Grunderwerbsteuer, Notargebühren für die Beurkundung des Kaufvertrags, Grundbuchgebühren für die Eigentumsumschreibung sowie Maklerprovision für die Vermittlung des Kaufobjekts.

KAUFVERTRAG Vertrag zwischen Verkäufer und Käufer. Bei Grundstücken bedarf der Kaufvertrag nach § 313 BGB der notariellen Beurkundung. Der vom Notar angefertigte Kaufvertragsentwurf sollte sorgfältig geprüft werden, bevor man den Notartermin wahrnimmt. Eine Reservierungsvereinbarung kann den potenziellen Kaufinteressenten nicht zum Kauf verpflichten.

KOMBINATIONSMODELL Kombinationsfinanzierung von Festdarlehen und Tilgungsersatz. Die bekanntesten Kombinationsmodelle sind Festdarlehen / Kapitallebensversicherung beziehungsweise Festdarlehen/Bausparvertrag. Hierbei werden Lebensversicherungsbeziehungsweise Bausparvertrag zur Sicherung und Tilgung des Festdarlehens abgetreten.

KONDITIONEN Bedingungen über Zins und Tilgung von Darlehen. Man unterscheidet zwischen Standardkonditionen für erstrangige Darlehen bis zu 60 Prozent des Beleihungswerts sowie Individualkonditionen, die auch im Kreditgespräch zwischen Bank und Darlehensnehmer ausgehandelt werden können.

KREDITANSTALT FÜR WIEDERAUFBAU (KFW) Staatliche Bank, die zinsgünstige Darlehen und Zuschüsse insbesondere für selbstgenutzte Häuser und Wohnungen bereitstellt. Förderungsfähig sind die Kosten für Bau, Kauf, Modernisierung und Energieeinsparnis.

KREDITNEBENKOSTEN Nebenkosten bei der Finanzierung, die nicht im Effektivzins enthalten sind. Dazu zählen außer den Kosten der dinglichen Absicherung (Bestellung und Eintragung von Grundschulden) unter anderen Wertschätzungsgebühren, Bereitstellungszinsen, Zinsaufschläge für Teilauszahlungen, Kontoführungsgebühren sowie Notartreuhandversicherungsgebühren.

KREDITRAHMEN Maximale Höhe des Kredits beziehungsweise Darlehens zur Finanzierung von Bau oder Kauf eines Eigenheims. Der Kreditrahmen hängt von der Jahresbelastung aus Kapitaldienst sowie dem Zins- und Tilgungssatz des Darlehens ab.

KREDITSICHERHEITEN Sicherheiten, die der Kredit- beziehungsweise Darlehensnehmer bestellt. Bei Hypothekendarlehen stehen die dinglichen Sicherheiten wie beispielsweise Grundschulden im Vordergrund. Hinzu kommt laut Unterwerfungsklausel die volle persönliche Haftung. Mögliche Zusatzsicherheiten sind: Abtretung von Versicherungsbeziehungsweise Bausparverträgen, Verpfändung von Wertpapierguthaben oder Bürgschaft. Bei Ehegatten, die nicht in Gütertrennung leben, wird üblicherweise die Unterschrift von beiden Ehegatten unter den Darlehensvertrag oder eine Mitverbindlichkeitserklärung des Ehegatten verlangt, der die Immobilie nicht selbst erwirbt.

KREDITWÜRDIGKEIT Persönliche und wirtschaftliche Verhältnisse des Kredit- beziehungsweise Darlehensnehmers (auch Bonität genannt). Man unterscheidet die persönliche Kreditwürdigkeit (Familienstand, Beruf, Dauer des Beschäftigungsverhältnisses) von der sachlichen Kreditwürdigkeit (Einkommens- und Vermögensverhältnisse). Die Kreditfähigkeit setzt im Gegensatz zur Kreditwürdigkeit nur die Volljährigkeit voraus.

KÜNDIGUNGSFRISTEN Frist, die Mieter oder Vermieter bei der Kündigung eines bestehenden Mietverhältnisses einhalten müssen. Bei Wohnungen gilt für Mieter einheitlich die Kündigungsfrist von drei Monaten. Vermieter können die Wohnung nur bei berechtigtem Interesse (zum Beispiel Eigenbedarf) mit einer Kündigungsfrist von drei Monaten (bei einer Mietdauer von unter fünf Jahren), sechs Monaten (bei fünf Jahren) oder neun Monaten (bei einem schon acht Jahre bestehenden Mietverhältnis) kündigen, sofern kein wichtiger Grund für eine fristlose Kündigung vorliegt.

KÜNDIGUNGSSCHUTZ Schutz des Mieters vor ungerechtfertigten Kündigungen. Beim Verkauf der angemieteten Wohnung gilt der Grundsatz „Kauf bricht nicht Miete". Der neue Eigentümer und Vermieter tritt automatisch in das laufende Mietverhältnis ein. Auch der neue Eigentümer und Vermieter kann daher das Mietverhältnis nur bei berechtigtem Interesse und unter Einhaltung der gesetzlichen Kündigungsfrist von – je nach Mietdauer – drei bis neun Monaten oder fristlos bei Vorliegen eines wichtigen Grundes (zum Beispiel Zahlungsverzug) kündigen.

L

LANDESMITTEL Zinsgünstige öffentliche Baudarlehen und Familienzusatzdarlehen sowie eventuell Aufwendungsdarlehen der Länder für die Wohnraumförderung bei selbstgenutzten Häusern oder Wohnungen. Gefördert werden vor allem Familien mit Kindern, sofern die Einkommensgrenzen unterschritten werden. Einen Rechtsanspruch auf Landesmittel gibt es nicht.

LASTENBERECHNUNG Berechnung der Belastung eines Eigentümers eines selbstgenutzten Eigenheims. Zur Belastung gehören sowohl die Belastung aus dem Kapitaldienst als auch die Belastung aus der Bewirtschaftung. Eine Lastenberechnung wird bei Anträgen auf Wohnraumförderung (zum Beispiel Landesmittel) durchgeführt.

LASTENZUSCHUSS Staatlicher Zuschuss zur Belastung eines Eigentümers, der Haus oder Wohnung selbstbewohnt. Zur zuschussfähigen Belastung zählen der Kapitaldienst und die Bewirtschaftungskosten. Ob und wie hoch ein Lastenzuschuss gewährt wird, hängt insbesondere von der Höhe des Familieneinkommens und der monatlichen Belastung ab. Der Lastenzuschuss des Eigentümers stellt eine besondere Form des Wohngelds dar und ist mit dem Mietzuschuss für Mieter vergleichbar.

LOW-E-GLAS Wärmedämmglas (Low Emissivity Glas = Glas mit geringer Abstrahlung), auf das eine dünne Metallschicht (etwa 100 nm) aufgebracht wird, die den Emissionsgrad der Verglasung reduziert. Sie dient als Wärme- und/oder Sonnenschutzschicht.

M

MAKLERPROVISION Vermittelt ein Makler ein Objekt, fällt eine Provision von 3,57 bis 7,14 Prozent des Kaufpreises an, die in der Regel der Käufer zahlen muss (regional unterschiedlich). Bei der Vermietung soll ab 2015 grundsätzlich derjenige die Maklerprovision von maximal zwei Monatsnettokaltmieten zuzüglich Mehrwertsteuer bezahlen, der den Makler auch beauftragt hat (Bestellerprinzip nach dem Motto „Wer bestellt, bezahlt").

MEHRHEITSBESCHLUSS Beschluss der Wohnungseigentümer in der Eigentümerversammlung mit einfacher Mehrheit (zum Beispiel stimmberechtigte Eigentümer, die mehr als die Hälfte der Miteigentumsanteile vertreten) oder mit doppelt qualifizierter Mehrheit (drei Viertel der Eigentümer, die mehr als die Hälfte der Miteigentumsanteile vertreten).

MIETANGEBOT, -ANNONCE Angebot des Vermieters oder eines vom ihm beauftragten Immobilienmaklers für Mietinteressenten. Wird das Mietangebot im Internet oder im Immobilienteil der Tageszeitung veröffentlicht, spricht man auch von Mietannonce.

MIETAUFHEBUNGSVERTRAG Vertrag zwischen Vermieter und Mieter, wonach das Mietverhältnis im gegenseitigen Einvernehmen aufgehoben wird.

MIETAUSFALLVERSICHERUNG Spezielle Risikoversicherung, die bei nachgewiesenen Mietausfällen eintritt und gegen laufende Zahlung der Versicherungsprämie dem Vermieter den entstandenen finanziellen Schaden je nach Versicherungsvertrag ganz oder nur bis zu einem bestimmten Betrag ersetzt.

MIETAUSFALLWAGNIS Grundsätzliches Risiko, dass die Miete wegen Mietrückständen des

Mieters oder wegen vorübergehenden Leerstands ausfällt. Vermietungsunternehmen kalkulieren das Mietausfallwagnis meist mit zwei Prozent der Jahresnettokaltmiete ein.

MIETERAUSWAHL Auswahl des Mieters unter verschiedenen Mietinteressenten, die sich auf ein Mietangebot beziehungsweise eine Mietannonce melden und die Wohnung besichtigen. Bei der Mieterauswahl kommt es vor allem auf die Prüfung der Bonität des Mietinteressenten an.

MIETERHÖHUNG Erhöhung der Wohnungsmiete bei bestehenden Mietverhältnissen. Außer der Mieterhöhung nach dem Vergleichsmietenverfahren sind noch Mieterhöhungen wegen Modernisierung oder wegen gestiegener Betriebskosten erlaubt. Bei Mieterhöhungen nach dem Vergleichsmietenverfahren ist die Kappungsgrenze von 20 beziehungsweise 15 Prozent zu beachten. Künftige Mietsteigerungen können vertraglich durch Staffel- oder Indexmieten vereinbart werden.

MIETERSELBSTAUSKUNFT Selbstauskunft des Mieters auf einem vom Vermieter vorgelegten Formular oder durch Einholung einer Schufa-Auskunft.

MIETKAUTION Sicherheitsleistung bei Abschluss des Mietvertrags in Höhe von maximal drei monatlichen Nettokaltmieten.

MIETPREISÜBERHÖHUNGSGRENZE Grenze, bis zu der die geforderte Miete über der ortsüblichen Vergleichsmiete bei Wohnungen liegen darf. Bei Erst- oder Wiedervermietung und bei Mieterhöhungen wegen Modernisierung oder gestiegener Kapitalkosten liegt die Mietpreisüberhöhungsgrenze bei 120 Prozent der ortsüblichen Vergleichsmiete. Nur bei nach dem 1.1.1991 errichteten Wohnungen darf die Mietpreisüberhöhungsgrenze überschritten werden, sofern der geforderte Mietpreis die laufenden Aufwendungen des Vermieters gemäß Berechnung der Kostenmiete gedeckt. Die absolute Obergrenze liegt bei 150 Prozent der ortsüblichen Vergleichsmiete. Wird auch diese Grenze überschritten, liegt Mietwucher vor.

MIETRECHTSSTREIT Streit über Mietangelegenheiten vor dem zuständigen Amtsgericht.

Es besteht kein Anwaltszwang. In einfachen Fällen (zum Beispiel Nachweis von Mietrückständen) kann der Richter auf Antrag des Vermieters das schriftliche Verfahren zulassen.

MIETRENDITE Laufende Rendite eines Mietobjekts, die sich aus dem Verhältnis von Mietertrag und Investitionskosten ergibt. Bei der Brutto-Mietrendite, die rechnerisch als Kehrwert des Preis-Miet-Verhältnisses anzusehen ist, wird die Jahresnettokaltmiete in Prozent des Kaufpreises berechnet. Zur Berechnung der Netto-Mietrendite werden noch die einmaligen Kaufnebenkosten sowie die laufenden nicht umlagefähigen Bewirtschaftungskosten mit einbezogen. Die Netto-Mietrendite gibt somit den Jahresreinertrag in Prozent der gesamten Anschaffungskosten an.

MIETRÜCKSTÄNDE Nicht gezahlte Mieten oder Betriebskosten über mehrere Monate. Mietrückstände in Höhe von mindestens zwei monatlichen Nettokaltmieten sind ein wichtiger Grund für eine fristlose Kündigung des Vermieters.

MIETSPIEGEL Übersicht der Gemeinde oder von Interessenverbänden der Vermieter und Mieter über ortsübliche Wohnungsmieten (auch Mietrichtwerttabelle genannt). Üblicherweise werden die „Mietspiegelwerte" als monatliche Nettokaltmieten pro Quadratmeter Wohnfläche angegeben. Ihre Höhe hängt von der Lage, der Größe, dem Baujahr und der Ausstattung der Wohnung ab.

MIETVERTRAG Vertrag zwischen Vermieter und Mieter. Bei Wohnungsmietverträgen sind die gesetzlichen Mieterschutzbestimmungen sowie die laufende Mietrechtsprechung zu beachten. Die hauptsächlichen Vertragsdaten sind: Mietobjekt, Mietdauer, Miethöhe einschließlich Betriebskostenregelung, Klein- und Schönheitsreparaturen, Kaution. Falls die Mietdauer mindestens ein Jahr beträgt, muss der Mietvertrag schriftlich abgeschlossen werden.

MIETVERWALTUNG Verwaltung des Sondereigentums Wohnung durch einen externen Verwalter (daher auch „Sondereigentumsverwaltung" genannt) gegen eine vereinbarte Mietverwaltungsgebühr

MIETWUCHER Überschreitung der ortsüblichen Vergleichsmiete um mehr als 50 Prozent, falls der Vermieter die Zwangslage des Mieters, die Unerfahrenheit, den Mangel an Urteilsvermögen oder die erhebliche Willensschwäche des Mieters ausbeutet. Mietwucher ist nach § 291 StGB strafbar.

MITEIGENTUMSANTEIL Anteil des Wohnungseigentümers am Gemeinschaftseigentum. Da der Miteigentumsanteil mit dem Sondereigentum an einer Wohnung verbunden ist, entspricht er in der Regel dem Anteil an der gesamten Wohnfläche. Nach dem Miteigentumsanteil richtet sich die Verteilung der Bewirtschaftungskosten, wenn nicht in der Teilungserklärung oder laut Beschluss in der Eigentümerversammlung ein anderer Verteilungsschlüssel festgelegt wurde.

MODERNISIERUNG VON WOHNUNGEN Verbesserung von Wohnungen durch bauliche Maßnahmen, die den Gebrauchswert der Wohnungen nachhaltig erhöhen oder die allgemeinem Wohnverhältnisse auf Dauer verbessern. Modernisierungskosten zählen bei vermieteten Immobilien in der Regel zum steuerlich abzugsfähigen Erhaltungsaufwand. Im Falle der Modernisierung kann der Vermieter die jährliche Miete um elf Prozent der für die Wohnung aufgewendeten Kosten erhöhen. Eine Senkung auf neun Prozent ist ab 2015 geplant.

N

NACHZAHLUNGSBETRAG Betrag, den der Wohneigentümer nach Verabschiedung der Jahresabrechnung durch die Eigentümergemeinschaft nachzuzahlen hat, falls die tatsächlich angefallenen Bewirtschaftungskosten höher sind als die voraus gezahlten Hausgelder. Mieter müssen bei einer vermieteten Eigentumswohnung nach Erhalt der Betriebskostenabrechnung des Vermieters einen Nachzahlungsbetrag leisten, wenn die tatsächlichen Betriebskosten über der Summe der monatlichen Betriebskostenvorauszahlungen liegen.

NEBENKOSTEN(-ABRECHNUNG) Nebenkosten sind bei vermieteten Wohnungen die Betriebskosten, die laut Betriebskostenverordnung und Regelung im Mietvertrag auf den Mieter umlagefähig sind. Über die tatsächlich entstandenen Betriebskosten erteilt der Vermieter dem Mieter eine Betriebskostenbeziehungsweise Nebenkostenrechnung, die spätestens bis zum Ende des auf das Wirtschaftsjahr folgenden Jahres vorgelegt werden muss.

NETTOKALTMIETE Monatliche Kaltmiete ohne Betriebs- beziehungsweise Nebenkosten. In Mietspiegeln wird die ortsübliche Vergleichsmiete immer als monatliche Nettokaltmiete pro Quadratmeter Wohnfläche angegeben.

NOTARIELLE BEURKUNDUNG Von einem Notar in einem Schriftstück niedergelegte Bestätigung, dass er die Abgabe von Willenserklärungen (zum Beispiel Kaufvertrag über den Kauf einer Immobilie) selbst wahrgenommen und richtig wiedergegeben hat. Notarielle Beurkundungen werden kraft Gesetzes verlangt für den Abschluss von Grundstückskaufverträgen und die Auflassung. Von den Kreditgebern und Gläubigern wird regelmäßig auch die notarielle Beurkundung bei der Bestellung von Grundschulden und Hypotheken gefordert.

NOTARKOSTEN Kosten für die notarielle Beurkundung des Grundstückskaufs sowie die Bestellung und Eintragung von Grundschulden. Die Kosten zahlt der Käufer und Darlehensnehmer. Sie betragen inklusive Grundbuchkosten zirka 1,5 Prozent des Kaufpreises (für den Kauf und die Eigentumsumschreibung) beziehungsweise 0,5 Prozent der Darlehenssumme (für die Grundschuldbestellung und -eintragung).

O

ÖFFENTLICHE BAUDARLEHEN Zinsgünstige oder zinslose staatliche Darlehen zur Förderung des Wohnungsraums und der Eigentumsbildung. Höhe und Voraussetzungen der Förderung, zum Beispiel Einkommens- und Wohnflächengrenzen, sind in den einzelnen Bundesländern sehr unterschiedlich festgelegt. Für Auskünfte und Anträge ist in der Regel die Gemeinde- oder Kreisverwaltung zuständig.

ORTSÜBLICHE VERGLEICHSMIETE Miete für vergleichbare Wohnungen (Art, Größe, Ausstattung, Beschaffenheit, Lage) in der Gemeinde oder in vergleichbaren Gemeinden. Die ortsübliche Vergleichsmiete kann anhand von Mietspiegeln, Mietwertgutachten oder der Benennung von drei Vergleichswohnungen ermittelt werden.

P

PERSONALKREDIT Auf der Bonität, also der Kreditwürdigkeit des Kreditnehmers (zum Beispiel Einkommens- und Vermögensverhältnisse) beruhender Kredit. Bei langfristigen Hypothekendarlehen ist er in der Regel ein gedeckter, also durch Grundschulden oder Hypotheken gewährter Kredit, der bei Überschreiten der für Realkredite festgelegten Beleihungsgrenze genehmigt werden kann.

PRIVATVERMIETUNG Vermietung einer Wohnung von Privat an Privat, also ohne Einschaltung eines Immobilienmaklers.

PROTOKOLLE DER EIGENTÜMERVERSAMMLUNGEN Niederschriften des Hausverwalters über die auf der Eigentümerversammlung gefassten Beschlüsse. Diese müssen spätestens bis eine Woche vor Ablauf der monatlichen Anfechtungsfrist beim Verwalter vorliegen, um sich als Miteigentümer über diese informieren zu können.

R

REALKREDIT Kredit, der durch Grundpfandrechte wie Grundschulden dinglich gesichert ist und im Rahmen der Beleihungsgrenze liegt. Im Unterschied zum Personalkredit liegt die Sicherheit im Beleihungsobjekt und nicht in erster Linie in der Kreditwürdigkeit (Bonität) des Kredit- beziehungsweise Darlehensnehmers.

RENDITE Ertrag einer Vermögensanlage, zumeist ausgedrückt in Prozent des eingesetzten Kapitals. Bei vermieteten Eigentumswohnungen gibt die laufende Netto-Mietrendite an, wie hoch der jährliche Reinertrag in Prozent der Anschaffungskosten ist.

RESTSCHULD Höhe des noch zu tilgenden Darlehens nach Ablauf der Zinsbindungsfrist. Die Restschuld ergibt sich, indem man die bereits erfolgten Tilgungen von der Darlehenssumme abzieht.

RESTSCHULDVERSICHERUNG Risikolebensversicherung mit fallender Versicherungssumme, die im Todesfall für die Restschuld eines Darlehens aufkommt. Eine Restschuldversicherung dient ausschließlich der finanziellen Absicherung der Familie. Im Gegensatz zur Kapitallebensversicherung erhält der Versicherte am Ende der Vertragslaufzeit kein Geld ausgezahlt. Dafür sind die Beiträge sehr viel niedriger.

RISIKOLEBENSVERSICHERUNG Lebensversicherung für den Todesfall mit zeitlich begrenzter Versicherungsdauer, die vor allem zur Absicherung von Hypotheken- und Bauspardarlehen dient. Passt sich die Versicherungssumme laufend der Restschuld mit fallenden Beträgen an, liegt eine Restschuldversicherung vor. Im Falle des Todes wird dann die Restschuld durch die Versicherungssumme getilgt. Eine Restschuldversicherung ist besonders Selbstnutzern von Eigenheimen, die eine Familie zu versorgen haben, dringend zu empfehlen.

RÜCKKAUFSWERT Geldbetrag, den eine Versicherungsgesellschaft nach einer Kündigung einer Lebensversicherung auszahlt.

S

SACHWERT Wert, der Grundstücken und Gebäuden in Anlehnung an die Anschaffungs- oder Herstellungskosten im Rahmen der Bewertung zugemessen wird. Als Substanzwert umfasst der Sachwert sowohl den Bodenwert als auch den Bauwert. Das Sachwertverfahren wird vor allem bei der Bewertung von selbstgenutzten Immobilien angewandt.

SCHUFA Schutzgemeinschaft für allgemeine Kreditsicherung, der nur Banken, Sparkassen, Versandhäuser und andere warenkredit-gebende Unternehmen angeschlossen sind. Der Kredit- beziehungsweise Darlehensneh-mer unterschreibt regelmäßig die Schufa-Klausel, die es dem Kreditgeber erlaubt, eine entsprechende Auskunft bei der Schufa ein-zuholen.

SELBSTAUSKUNFT Auskunft des Kredit- bezie-hungsweise Darlehensnehmers gegenüber dem Kreditgeber oder des Mieters gegen-über dem Vermieter über seine persönlichen und wirtschaftlichen Verhältnisse (Einkom-mens- und Vermögensverhältnisse).

SELBSTNUTZUNG Nutzung einer Immobilie zu eigenen wohnlichen oder gewerblichen Zwecken (auch Eigennutzung genannt). Selbstgenutzte Eigentumswohnungen wer-den als Eigenheime steuerlich wie Konsum-güter behandelt im Gegensatz zu vermiete-ten Wohnimmobilien, die als Investitions-güter gelten.

SOLLZINS Jährlicher Zinssatz, der vom verein-barten Darlehensnennbetrag (Nominal- be-ziehungsweise Bruttodarlehen) berechnet wird. Falls das Darlehen zu 100 Prozent aus-gezahlt wird, liegt der Effektivzins etwa 0,1 bis 0,2 Prozentpunkte über dem Sollzins, da die Zinszahlungen meist in monatlichen Raten erfolgen. Außerdem werden im Effek-tivzins auch noch andere Kreditkosten be-rücksichtigt, aber nicht Bereitstellungszinsen und Wertschätzungsgebühren.

SONDEREIGENTUM Alleineigentum an der Wohnung oder an nicht zu Wohnzwecken dienenden Räumen, das fest mit dem Mit-eigentumsanteil am Gemeinschaftseigentum verbunden ist. Über sein Sondereigentum kann der Wohnungseigentümer grundsätz-lich allein verfügen, es also selbst nutzen oder vermieten. Lediglich beim Verkauf be-nötigt er oft die Zustimmung des Hausver-walters, die aber nur im Ausnahmefall ver-weigert werden kann.

SONDERNUTZUNGSRECHT Recht eines Woh-nungseigentümers, Teile des Gemeinschafts-eigentums (zum Beispiel Terrassen oder Gartenflächen bei Erdgeschosswohnungen, Tiefgaragenstellplatz) allein und ausschließ-lich zu nutzen. Sondernutzungsrechte wer-

den üblicherweise in der Teilungserklärung geregelt.

SONDERTILGUNG Zahlung des Kreditnehmers, die über die im Vertrag vereinbarte regel-mäßige Tilgung hinausgeht. Bei Hypotheken-darlehen sind Sondertilgungen vor Ablauf der Zinsbindung grundsätzlich nicht vor-gesehen. Das Recht auf Sondertilgung muss im Vertrag ausdrücklich vereinbart werden, sonst kann die Bank Sondertilgungen ab-lehnen oder eine Vorfälligkeitsentschädigung verlangen. Die meisten Banken sind bereit, eine Sondertilgung von fünf bis zehn Prozent der Darlehenssumme pro Jahr während der Zinsbindungsfrist vertraglich zu vereinbaren.

SONDERUMLAGE Umlage zur Finanzierung von Instandhaltungs-, Instandsetzungs- oder Modernisierungskosten, falls die Höhe der Instandhaltungsrücklage dazu nicht aus-reicht. Eine Sonderumlage kann auch von der Mehrheit der Wohnungseigentümer beschlossen werden, wenn hohe Hausgeld-drückstände bei Miteigentümern angefallen sind.

STAFFELMIETE Miete, die laut vertraglicher Vereinbarung um einen bestimmten Betrag pro Jahr steigt. Entweder muss die jeweils neue Miete oder die jeweilige Erhöhung angegeben werden, die Angabe von prozen-tualen Mietsteigerungen reicht nicht. Die Laufzeit der Staffelmietvereinbarung darf höchstens zehn Jahre betragen. Bei einem längerfristigen Mietvertrag kann der Woh-nungsmieter vom Sonderkündigungsrecht Gebrauch machen und nach Ablauf von vier Jahren vorzeitig kündigen.

STEUERERSPARNIS Verminderung der Ein-kommensteuer oder anderer Steuern. Bei einer vermieteten Eigentumswohnung kommt es zur Steuerersparnis, wenn die Werbungskosten (Abschreibungen, Schuld-zinsen und Bewirtschaftungskosten) über den Mieteinnahmen liegen und dadurch ein steuerlicher Verlust aus VuV (Vermietung und Verpachtung) entsteht.

STEUERVERGÜTUNG, -BESCHEINIGUNG Be-scheinigung für Lohnanteile in Rechnungen für Handwerkerleistungen und haushalts-nahe Dienstleistungen, die zu einer Steuervergütung in Höhe von 20 Prozent der Lohn-kosten führen. Bei Eigentumswohnungen können sowohl Selbstnutzer als auch Mieter 20 Prozent der in Hausmeister-, Hausreinigungs- und Gartenpflegearbeiten enthaltenen haushaltsnahen Dienstleistungen steuerlich direkt von ihrer Lohn- beziehungsweise Einkommensteuer absetzen.

STIMMRECHT Recht des Wohnungseigentümers, in der Eigentümerversammlung seine Stimme abzugeben. Falls nicht anders geregelt, hat jeder Wohnungseigentümer eine Stimme (Kopfprinzip). Abweichende Regelungen in der Teilungserklärung kommen in der Praxis vor (zum Beispiel Stimmrecht in Abhängigkeit von der Höhe des Miteigentumsanteils).

T

TEILEIGENTUM Alleineigentum an Räumen, die nicht zu Wohnzwecken dienen (zum Beispiel Ladengeschäft, Büroräume). Das Teileigentum gehört wie das Wohnungseigentum zum Sondereigentum.

TEILUNGSERKLÄRUNG Erklärung eines Grundstückseigentümers gegenüber dem Grundbuchamt, dass das Eigentum an dem Grundstück in Miteigentumsanteile aufgeteilt und mit jedem Miteigentumsanteil das Sondereigentum an bestimmten Räumen verbunden sein soll. Voraussetzung für die für Eigentumswohnungen erforderliche Teilungserklärung, die fast immer mit notarieller Beurkundung erfolgt, ist die Abgeschlossenheitsbescheinigung der zuständigen Behörde.

TILGUNG Anteil der Rate, mit dem ein Darlehen zurückgezahlt wird. Der Tilgungssatz beträgt bei Kreditinstituten anfangs häufig nur ein bis zwei Prozent der Darlehenssumme im Jahr. Da die Schuld durch die Tilgung ständig kleiner wird, sinkt der Zinsanteil der Rate, während der Tilgungsanteil steigt. Beispiel: Bei einem Prozent Tilgung und sieben Prozent Zins ergibt sich eine Laufzeit von etwa 30 Jahren. Bei zwei Prozent Tilgung sind es nur noch 22 Jahre.

TILGUNGSDAUER Laufzeit des Darlehens bis zur völligen Entschuldung. Bei Annuitätendarlehen hängt die Tilgungsdauer von der Höhe des Sollzinses und des Tilgungssatzes ab. Bei Festdarlehen mit Tilgungsersatz erfolgt die endfällige Tilgung erst am Ende der Laufzeit beispielsweise durch eine fällig gewordene Kapitallebensversicherung oder einen zugeteilten Bausparvertrag.

TILGUNGSERSATZ Ersatz der regelmäßigen Tilgung durch Abtretung von Kapitallebensversicherungen oder Bausparverträgen. Weitere Möglichkeiten des Tilgungsersatzes: Verpfändung von Wertpapierdepots, Abtretung von privaten Rentenversicherungen oder fondsgebundenen Lebensversicherungen, Fondssparpläne.

TILGUNGSFREIE DARLEHEN Kredite, für die während der Laufzeit nur Zinsen (keine Tilgung) zu zahlen sind. Die Rückzahlung erfolgt auf einen Schlag am Ende der Laufzeit, zum Beispiel aus der Ablaufleistung einer Lebensversicherung oder der Auszahlung aus einem Bausparvertrag. Weil die Schuld während der Laufzeit nicht abnimmt, werden diese Darlehen auch Festhypotheken, Festbetragsdarlehen oder endfällige Darlehen genannt.

TILGUNGSSATZVARIANTEN Vertragliche Vereinbarung, dass der zunächst gewählte Tilgungssatz während der Zinsbindungsfrist mehrmals gewechselt werden kann. Bei einer Erhöhung oder Verminderung des Tilgungssatzes wird die monatlich zu zahlende Rate aus Zins und Tilgung nach oben oder unten angepasst.

U

ÜBERSCHUSSERZIELUNGSABSICHT Absicht, auf Dauer einen Überschuss der Einnahmen über die Werbungskosten zu erzielen (Totalüberschuss). Sofern die Finanzverwaltung die Überschusserzielungsabsicht verneint, liegt eine steuerrechtlich unbeachtliche Liebhaberei vor. Das heißt: Steuerliche Verluste können nicht mit anderen positiven Einkünften verrechnet werden.

UMLAGEN, UMLAGEFÄHIGE KOSTEN Umlage der Bewirtschaftungskosten durch monatliche Hausgeldvorauszahlungen für den Wohnungseigentümer oder bei vermieteten Eigentumswohnungen Umlage der Betriebskosten auf die Mieter durch monatliche Betriebskostenvorauszahlungen.

UNBEDENKLICHKEITSBESCHEINIGUNG Bescheinigung des zuständigen Finanzamts, dass der Eintragung in das Grundbuch keine steuerlichen Bedenken entgegenstehen. Die Bescheinigung wird erteilt, wenn die fällige Grunderwerbsteuer bezahlt worden ist.

V

VARIABLER ZINS Veränderlicher Zins, der während der Laufzeit eines Darlehens an den neuen Marktzins angepasst werden kann. Im Gegensatz zum Festzins entfällt also eine Zinsbindungsfrist.

VARIABEL VERZINSLICHES DARLEHEN Das Kreditinstitut kann den zunächst vereinbarten Zinssatz jederzeit der Zinsentwicklung auf dem Kapitalmarkt anpassen. Steigende Zinsen kann sie an den Kunden weitergeben. Auf der anderen Seite ist sie verpflichtet, den Darlehenszins bei Zinssenkungen herabzusetzen. Kredite mit variablen Zinsen kann der Darlehensnehmer jederzeit mit einer Frist von drei Monaten kündigen.

VERGLEICHSWERT Wert eines Grundstücks, der auf Grund von Vergleichspreisen (zum Beispiel Preise für vergleichbare Grundstücke laut Kaufpreissammlung des örtlichen Gutachterausschusses) ermittelt wird. Es sollen möglichst zeitnahe Kaufdaten und eine ausreichende Anzahl von Grundstücken mit möglichst vergleichbaren Eigenschaften zur Verfügung stehen. Abweichende Merkmale können durch prozentuale Zu- und Abschläge berücksichtigt werden.

VERKEHRSWERT Wert eines Grundstücks oder Gebäudes, der im Falle eines freihändigen Verkaufs jederzeit zu erzielen ist. Der Verkehrswert wird durch den Preis bestimmt, der zum Zeitpunkt der Wertermittlung im gewöhnlichen Geschäftsverkehr nach den rechtlichen Gegebenheiten und tatsächlichen Eigenschaften, der sonstigen Beschaffenheit und der Lage des Grundstücks ohne Rücksicht auf ungewöhnliche oder persönliche Verhältnisse zu erzielen wäre. Der Verkehrswert ist aus dem Ergebnis des angewandten Wertermittlungsverfahrens (Vergleichswert, Ertragswert, Sachwert) abzuleiten.

VERSICHERUNGSDARLEHEN Darlehen einer Versicherungsgesellschaft in Form von Hypothekendarlehen oder Policendarlehen. Voraussetzung für ein Hypothekendarlehen als tilgungsfreies Festdarlehen ist der Abschluss einer Kapitallebensversicherung. Dieses Kombinationsmodell ist aber für Selbstnutzer nicht geeignet, sondern nur für bestimmte Vermieter, bei denen die Rendite nach Steuern aus der Kapitallebensversicherung über dem Effektivzins nach Steuern beim Festdarlehen liegt. Das Festdarlehen wir nach Ablauf des Darlehensvertrags durch die Ablaufleistung der Kapitallebensversicherung auf einen Schlag abgelöst, sofern die Ablaufleistung zur völligen Entschuldung ausreicht.

VERTEILUNGSSCHLÜSSEL Schlüssel beziehungsweise Berechnungsgrundlage, nach der die Bewirtschaftungskosten auf die einzelnen Wohnungseigentümer verteilt werden (zum Beispiel Miteigentumsanteil oder Wohnfläche).

VERWALTERVERGÜTUNG Vergütung für den Hausverwalter, die üblicherweise zwischen 200 und 350 Euro pro Jahr und Wohnung liegt. Die Verwaltervergütung ist frei vereinbar. Zur Orientierung sind die jährlichen Vergütungssätze für Eigentumswohnungen in der II. Berechnungsverordnung geeignet, die aber nur für staatlich geförderte Mietwohnungen verbindlich ist.

VERWALTERVERTRAG Vertrag, den die Wohnungseigentümergemeinschaft mit dem Hausverwalter abschließt. Der Verwaltervertrag regelt die Pflichten und Rechte des Hausverwalters.

VERWALTUNGSBEIRAT Beirat aus dem Kreis der Wohnungseigentümer, der den Hausverwalter unterstützen und kontrollieren soll. Der meist aus drei Personen bestehende Verwaltungsbeirat wird von der Eigentümerversammlung gewählt und ist gesetzlich nicht vorgeschrieben.

VERWALTUNGSKOSTEN Kosten der zur Verwaltung des Gebäudes erforderlichen Arbeitskräfte und Einrichtungen, auch Aufwandsentschädigungen für die Beiräte. Die Verwaltungskosten zählen zu den Bewirtschaftungskosten, die bei vermieteten Wohnimmobilien grundsätzlich nicht auf den Mieter umgelegt werden dürfen. Üblicherweise liegen die Kosten der Hausverwalter zwischen jährlich 200 und 300 Euro pro Eigentumswohnung.

VOLLTILGER Vollständige Tilgung beziehungsweise Entschuldung eines Darlehens bis zum Ende der vereinbarten Zinsbindungsfrist. Einige Banken geben Volltilgern bei einer Entschuldung innerhalb von zehn bis 20 Jahren einen Zinsrabatt bis zu einem halben Prozentpunkt.

VORAUSDARLEHEN Darlehen in Kombination mit einem Bausparvertrag. Im Gegensatz zur Zwischenfinanzierung muss noch das Mindestsparguthaben angespart werden. In dieser Zeit zahlt der Darlehensnehmer Zinsen auf das Vorausdarlehen und Beiträge in den Bausparvertrag. Nach Zuteilung des Bausparvertrags wird das Vorausdarlehen durch die Bausparsumme abgelöst.

VORFÄLLIGKEITSENTSCHÄDIGUNG Ablösesumme, die eine Bank verlangt, wenn ein Kreditnehmer ein Festzinsdarlehen vor Ablauf der Zinsbindung zurückzahlen will. Die Bank darf dabei allerdings nur den Ausgleich des Schadens verlangen, der ihr durch die vorzeitige Ablösung tatsächlich entsteht.

VORMERKUNG Vorläufige Grundbucheintragung zur Sicherung eines Anspruchs auf Eintragung einer Rechtsänderung (zum Beispiel Auflassungs- beziehungsweise Eigentumsvormerkung). Die Vormerkung bewirkt, dass eine Verfügung, die nach Eintragung der Vormerkung über das Grundstück oder das Recht getroffen wird, insoweit unwirksam ist, als sie den Anspruch vereiteln oder beeinträchtigen würde.

W

WERBUNGSKOSTEN Steuerlicher Begriff für Aufwendungen zur Erwerbung, Sicherung und Erhaltung von Einnahmen. Bei vermieteten Immobilien sind Werbungskosten (zum Beispiel Schuldzinsen, Bewirtschaftungskosten und Abschreibungen) steuerlich abzugsfähig. Liegen die Werbungskosten über den Mieteinnahmen, kann der steuerliche Verlust aus Vermietung und Verpachtung mit positiven anderen Einkünften verrechnet werden, so dass eine Steuerersparnis entsteht.

WERTERMITTLUNG Ermittlung des Verkehrswerts von Grundstücken und Gebäuden. Dabei sind drei Ermittlungsverfahren üblich: Vergleichswert, Ertragswert (bei vermieteten Immobilien) und Sachwert (bei selbstgenutzten Immobilien). Für Beleihungs- und Finanzierungszwecke wird der Beleihungswert ermittelt, der sich zwar nach dem Verkehrswert richtet, in der Praxis aber 10 bis 20 Prozent unter dem Verkehrswert liegt, da die Geldinstitute Risikoabschläge vornehmen.

WERTSCHÄTZUNGSGUTACHTEN Gutachten zu Ermittlung des Beleihungswerts oder des Verkehrswerts von Immobilien.

WIRTSCHAFTSPLAN Haushaltsplan über Gesamteinnahmen und -ausgaben der Wohnungseigentümergemeinschaft für das folgende Kalender- beziehungsweise Wirtschaftsjahr nebst der Verteilung auf die Wohnungseigentümer. Der Gesamt- und die Einzelwirtschaftspläne werden vom Hausverwalter aufgestellt und von der Eigentümerversammlung beschlossen.

WOHNEIGENTUMSQUOTE Anzahl der Haushalte, die im Wohneigentum leben, im Verhältnis zur Gesamtheit aller Haushalte.

WOHNFLÄCHE Anrechenbare Grundfläche einer Wohnung oder eines einzelnen Wohnraums. Die Wohnfläche wird meist nach Wohnflächenverordnung (früher II. Berechnungsverordnung) ermittelt. Danach werden Balkone, Loggien, Dachgärten oder gedeckte Freisitze grundsätzlich mit 25 Prozent ihrer Grundfläche als Wohnfläche angerechnet, wobei es Ausnahmeregeln gibt.

WOHNGELD Zuschuss zu den Aufwendungen für Wohnraum in Form des Mietzuschusses (bei Mietern) oder des Lastenzuschusses (bei Eigentümern, die ihr Haus oder ihre Wohnung selbst nutzen). Die Gewährung des Miet- beziehungsweise Lastenzuschusses ist von der Erfüllung bestimmter Voraussetzungen (zum Beispiel Jahreseinkommen und Höhe der zuschussfähigen Belastung) abhängig.

WOHNRAUMFÖRDERUNG Förderung von selbstgenutzten Häusern und Wohnungen durch Landesmittel (zum Beispiel öffentliche Baudarlehen, Familienzusatzdarlehen oder Aufwendungsdarlehen), früher „Wohnungsbauförderung" genannt. Die Bestimmungen zur Wohnraumförderung sind von Bundesland zu Bundesland unterschiedlich.

WOHN-RIESTER-DARLEHEN Für die Tilgung eines zur Eigenheimfinanzierung aufgenommenen Darlehens erhalten Hauseigentümer die gleichen Riester-Zulagen und Steuervorteile wie für einen normalen Riester-Sparvertrag. Voraussetzung ist, dass sie ihr Haus oder ihre Wohnung nach 2007 angeschafft oder gebaut haben und selbst darin wohnen. Das Darlehen muss spätestens bis zum 68. Lebensjahr zurückgezahlt werden. Gefördert werden nur Darlehen, die von der Bundesanstalt für Finanzdienstleistungsaufsicht zertifiziert sind.

WOHNUNGSBAUPRÄMIE Der Staat fördert jährliche Sparleistungen auf einem Bausparvertrag bis zu 512 Euro (Alleinstehende) oder 1 024 Euro (Ehepaare) mit einer Wohnungsbauprämie. Voraussetzung ist, dass das zu versteuernde Einkommen 25 600 Euro bei Alleinstehenden und 51 200 Euro bei Ehepaaren nicht übersteigt und der Bausparvertrag bei Abschluss ab 1.1.2009 für den Bau oder Kauf eines Eigenheims verwandt wird. Die Wohnungsbauprämie beträgt maximal 45 Euro (Alleinstehende) beziehungsweise 90 Euro (Ehepaare) pro Jahr.

WOHNUNGSEIGENTÜMERGEMEINSCHAFT Gemeinschaft der Wohnungseigentümer bei Eigentumswohnanlagen. Die Wohnungseigentümergemeinschaft hat Rechte und Pflichten nach dem Wohnungseigentumsgesetz (WEG).

WOHNUNGSEIGENTÜMERVERSAMMLUNG Oberstes Organ in Eigentumswohnanlagen. Die Versammlung der Wohnungseigentümer wird mindestens einmal vom Hausverwalter einberufen. Außerordentliche Eigentümerversammlungen werden abgehalten, wenn der Hausverwalter dies für erforderlich hält (zum Beispiel bei dringendem Modernisierungs- oder Sanierungsbedarf) oder mehr als ein Viertel der Wohnungseigentümer dies unter Angabe von Gründen (zum Beispiel beabsichtigte Abberufung des Hausverwalters) verlangt.

WOHNUNGSEIGENTUM Sondereigentum an einer Wohnung, das mit dem Miteigentumsanteil am Gemeinschaftseigentum verbunden ist.

WOHNUNGSEIGENTUMSGESETZ Gesetz über das Wohnungseigentum, das insbesondere Regelungen über die Verwaltung und das Miteinander der Wohnungseigentümer in einer Eigentumswohnanlage trifft

WOHNUNGSGRUNDBUCH Beim Amtsgericht geführtes Grundbuch, in dem jedes Wohnungseigentum beziehungsweise jede Eigentumswohnung mit dem Miteigentumsanteil am Gemeinschaftseigentum eingetragen wird.

Z

ZINSBINDUNGSDAUER Zeitraum, für den der Zins entsprechend der Vereinbarung im Darlehensvertrag festgeschrieben ist. Bei Festzinsvereinbarungen geht man üblicherweise von fünf, zehn oder 15 Jahren Zinsbindung aus. Zinsbindungen für die gesamte Laufzeit des Darlehens kommen selten vor. Ist die Zinsbindung länger als zehn Jahre, kann der Darlehensnehmer nach Ablauf von zehn Jahren unter Einhaltung einer Kündigungsfrist von sechs Monaten kündigen. Nach Ablauf der Zinsbindung muss über Zinssatz und neuer Festschreibung neu verhandelt werden.

ZINSEN Als Schuldzinsen Entgelt für die Nutzung von Geldkapital, auch als Preis des

Kredits beziehungsweise Darlehens bezeichnet In die Berechnung des Effektivzinses gehen außer dem Sollzins noch andere preisbestimmende Faktoren ein (Kreditnebenkosten) wie Bereitstellungszinsen und Wertschätzungsgebühren ein. Hinsichtlich der Zinsbindung unterscheidet man zwischen Festzins und variablem Zins.

ZINS- UND TILGUNGSVERRECHNUNG Art der Kontoführung auf dem Kreditkonto. Fast alle Institute verrechnen die Raten des Kunden sofort bei ihrem Eingang. Die Zinsbelastung erfolgt fast immer monatlich und wird von der durch Tilgung verminderten Restschuld berechnet. Im Effektivzins ist die zinserhöhende Wirkung der jeweiligen Zins- und Tilgungsverrechnung bereits berücksichtigt.

ZUTEILUNG Zeitpunkt, ab dem die Bausparkasse die Bausparsumme zur Auszahlung bereithält. Die Zuteilung erfolgt in der Regel zwei bis neun Monate nach dem Stichtag, an dem Mindestsparguthaben und Zielbewertungszahl des Bausparvertrags erreicht sind.

ZWANGSVERSTEIGERUNG Wichtigste Form der Zwangsvollstreckung von Immobilien, die in der Regel auf Antrag der Gläubigerbank vom zuständigen Amtsgericht angeordnet und durchgeführt wird. Der Versteigerungstermin gliedert sich in drei Teile – Bekanntmachungsteil, Bietstunde und Zuschlagsverhandlung. Zuschlagsfähig im Ersttermin sind nur Gebote, die mindestens 50 Prozent des Verkehrswerts betragen. Der Ersteher (auch Ersteigerer genannt) wird bereits mit Zuschlagserteilung Eigentümer der Immobilie.

ZWANGSVERWALTUNG Weitere Form der Zwangsvollstreckung von Immobilien, wenn ein Wohnungseigentümer seinen Zahlungsverpflichtungen gegenüber der Bank nicht nachkommt. Auf Antrag der Bank setzt das Gericht einen Zwangsverwalter ein, der beispielsweise bei einer vermieteten Eigentumswohnung die Mieteinnahmen nach Abzug des Hausgelds an die Bank weiterleitet.

LITERATUR

► Burk, Peter; Weizenhöfer, Günther: **Der Kauf einer Eigentumswohnung – Als Neu- oder Gebrauchtimmobilie**, Stuttgart 2009

► Finanztest; **Spezial Immobilien 2014**, Berlin 2014

► Jaschob, Günter: **Die Modellbildung eines Immobilien-Marktwertbarometers**, Weimar 2013

► Lyncker, Jost von: **Muster-Teilungserklärung ist nicht gleich Muster-Teilungserklärung**, Bonn 2006

► Mannek, Wilfried: **Profi-Handbuch Wertermittlung von Immobilien**, Regensburg 2013

► Mediger, Kai: **Die ökologische Modernisierung von Eigentumswohnungen auf der Basis des neuen WEG**, Baden-Baden 2010

► Seyfried, Karl-Heinz: **Lexikon Eigentumswohnung**, Düsseldorf 2013

► Siepe, Werner: **Immobilienfinanzierung, Die richtige Strategie**, 3. Aufl., Stiftung Warentest, Berlin 2013

► Simon, Jürgen und Wilfried Reinhold, Thore Simon: **Wertermittlung von Grundstücken**, München 2006

► Zink, Ulrich: **Das gebrauchte Haus**, Stiftung Warentest, Berlin 2014

REGISTER

Die Stiftung Warentest wurde 1964 auf Beschluss des Deutschen Bundestages gegründet, um dem Verbraucher durch vergleichende Tests von Waren und Dienstleistungen eine unabhängige und objektive Unterstützung zu bieten. Wir kaufen – anonym im Handel, nehmen Dienstleistungen verdeckt in Anspruch.

Wir testen – mit wissenschaftlichen Methoden in unabhängigen Instituten nach unseren Vorgaben.

Wir bewerten – von sehr gut bis mangelhaft, ausschließlich auf Basis der objektivierten Untersuchungsergebnisse.

Wir veröffentlichen – anzeigenfrei in unseren Büchern, den Zeitschriften test und Finanztest und im Internet unter www.test.de

Die Autoren:

Annette Schaller ist Dipl.-Ökonomin und Dipl. Handelslehrerin. Sie leitet ein Hausverwaltungsunternehmen und ist Ratgeberautorin.

Werner Siepe ist Volkswirt und Mathematiker. Er schreibt seit über 30 Jahren Ratgeber zu Immobilienthemen. Im Buchprogramm der Stiftung Warentest sind von ihm bereits „Immobilienfinanzierung", „Immobilien verwalten und vermieten" und „Meine Immobilie erfolgreich verkaufen" erschienen. Darüber hinaus ist er Ko-Autor von „Unser Bauherren-Handbuch".

Thomas Wieke ist langjähriger Redakteur und Sachbuchautor. Im Buchprogramm der Stiftung Warentest sind von ihm bereits die Ratgeber „Gesundes Wohnen", „Das gebrauchte Haus" und „Die gebrauchte Wohnung" erschienen.

2., aktualisierte Auflage
© 2018 Stiftung Warentest, Berlin

Stiftung Warentest
Lützowplatz 11–13
10785 Berlin
Telefon 0 30/26 31–0
Fax 0 30/26 31–25 25
www.test.de
email@stiftung-warentest.de

USt-IdNr.: DE136725570

Vorstand: Hubertus Primus
Weitere Mitglieder der Geschäftsleitung:
Dr. Holger Brackemann, Daniel Gläser

Programmleitung: Niclas Dewitz

Autoren: Annette Schaller, Werner Siepe, Thomas Wieke

Projektleitung/Lektorat: Uwe Meilahn
Redaktionelle Mitarbeit: Stefanie Proske
Korrektorat: Karsten Treber
Titelentwurf: Susann Unger, Berlin
Layout: Florian Brendel
Grafik und Satz: Sylvia Heisler
Illustrationen: Michael Römer, Berlin (S. 37, 75, 78, 113); Finanztest (S. 80, 81, 99)
Bildredaktion: Sylvia Heisler
Bildnachweis: gettyimages/istock (Titel, U4); Fotolia (S. 21, 114, 134, 165); istock (S. 14, 17, 31, 41); thinkstock (S. 12, 25, 34, 36, 41, 47, 61, 89, 121, 148, 151, 173, 183, 211); shutterstock (S. 38, 71, 85, 94, 145, 17); gettyimages (S. 125); BAKA (S. 191, 192, 201);
Produktion: Vera Göring, Sylvia Heisler
Verlagsherstellung: Rita Brosius (Ltg.), Romy Alig, Susanne Bèeh
Litho: tiff.any, Berlin
Druck: CPI – Ebner & Spiegel, Ulm

ISBN: 978-3-86851-479-7

Wir haben für dieses Buch 100% Recyclingpapier und mineralölfreie Druckfarben verwendet. Stiftung Warentest druckt ausschließlich in Deutschland, weil hier hohe Umweltstandards gelten und kurze Transportwege für geringe CO_2-Emissionen sorgen. Auch die Weiterverarbeitung erfolgt ausschließlich in Deutschland.